EL METRO DE MADRID
DURANTE LA GUERRA CIVIL

Luis María González Valdeavero

EL METRO DE MADRID
DURANTE LA GUERRA CIVIL

ediciones
LA LIBRERÍA

A todos los agentes que formaron y forman parte de la Historia de Metro de Madrid

*La guerra es lo más cínico y brutal que ha inventado el hombre
para destruirse a sí mismo*

(La Trinchera. 25 de febrero de 1937)

En un estado en revolución vense hombres medianos, insignificantes, criminales, no pocas veces, que se agitan, suben y llegan a ocupar los primeros puestos, porque el desconcierto general alienta a los ambiciosos, y no siempre la ambición supone la aptitud y el talento

(Juan Miseria. Padre Luis Coloma. 1924)

AGRADECIMIENTOS

Hemos llegado a la parte más complicada de un libro: no os molestéis nadie porque no aparezca aquí vuestro nombre ya que relacionar a todas las personas que os lo merecéis supondría incluir un capítulo más.

Dicho esto, vaya desde aquí mi profundo agradecimiento a:

Todas las personas cuyos nombres aparecen a lo largo de este libro por contarme lo que vivisteis en directo: hasta hoy no había sido recogido su testimonio en documento alguno. Permítaseme que cite expresamente a Ana María Álvarez Sanz, doña Libertad, hija de Felipe Álvarez Pesquera, electricista que fue de la Compañía Metropolitano de Madrid.

Los familiares y allegados de los protagonistas de las historias relatadas que me han facilitado la información que les transmitieron sus padres, abuelos, hermanos y otras personas cercanas. Cito a Montserrat Ricart Agut, nieta de la conductora de trenes en el metro madrileño Julia Jiménez (a ella le gustaba escribir su primer apellido con g) Sáez; me facilitó detalles del trabajo realizado por su abuela durante la Guerra Civil, tal como ella se lo contó.

Las personas que trabajáis con tanto entusiasmo en las instituciones y archivos relacionados por hacer más fácil mis investigaciones.

La Librería, mi editorial, por confiar en lo que habéis leído: Manu García del Moral creyó en este proyecto desde que le planteé lo que tenía entre manos. Incluso se ha atrevido a escribir el prólogo.

Mis colegas *metreros* Amaia Espina Aramburu y Rafael Valero Huerta. Amaia corrigió hace años la primera versión de un texto que no ocupaba ni la cuarta parte que el resultante final ni tenía visos de transformarse en un libro; Rafa es el autor de las magníficas ilustraciones incluidas en esta obra.

Mi cónyuge Ana y mi hija Gemma: tienen un mérito añadido por aguantarme durante tantas horas dedicadas a que esta nueva arma de construcción masiva haya llegado a buen puerto.

Toda persona que tiene este libro en sus manos: lo que se escribe no sirve para nada si no se lee.

luismaría

Taquillera y viajeros. Recreación del Grupo "Frente de Madrid".
Estación de Chamberí. 23 de febrero de 2014

ÍNDICE

PRÓLOGO

Cualquiera que haya transitado por Madrid, ya sea desde la perspectiva del visitante de paso o de la del residente habitual, habrá entendido lo indispensable que es el metro de Madrid para la supervivencia de la capital, día a día, hora a hora. Un medio de transporte que comenzó a funcionar el 17 de octubre de 1919 y que desde entonces no ha parado de movilizar a millones de pasajeros en su quehacer diario para que puedan llegar a sus trabajos, eventos de toda índole, encuentros con sus parejas o amigos o, simplemente, con la sana intención de explorar esta ciudad infinita.

Madrid no se entiende ni se puede vivir sin el metro. Ese sistema de transporte que a diario surca laberintos de galerías kilométricas para que la ciudad y las almas que la transitan lleguen a sus respectivos destinos. Un universo, en ocasiones invisible, que tampoco se detuvo durante la Guerra Civil, años especialmente duros en los que a la habitual actividad del metro se unieron otros episodios y usos que quedan perfectamente documentados y recogidos en este libro tan interesante como necesario. Una información que además viene de la mano de Luis María González, si no la persona que más sabe del metro de Madrid, sin duda, el mayor experto conocedor y entusiasta que yo me he encontrado jamás sobre este medio de transporte. Por ese motivo, adentrarnos en esta lectura y desfilar por sus capítulos resulta un viaje especialmente placentero, ya que uno no deja de sorprenderse de la cantidad de datos, nombres e historias que el autor ha logrado rescatar del más profundo de los olvidos, ofreciéndonos un relato veraz, ligero y cargado de interés.

En estas páginas asistiremos a una época olvidada por muchos del metro de Madrid pero que alguien tenía que recuperar. Aquí asistiremos a la historia de sus trabajadores, sus incesantes luchas por mejorar sus condiciones y sus huelgas. De forma paralela, veremos también cómo fueron avanzando las infraestructuras de este medio de transporte y cómo se fue tejiendo su red de estaciones, cambiando la denominación de algunas de ellas y acometiendo esas obras que hoy, casi un siglo después, siguen siendo toda una seña de identidad de la capital.

Asistiremos a episodios sorprendentes, como el que nos hablará de la ingeniosa mafia de la boina, al lógico uso de las galerías del metro como refugio durante los bombardeos, el rol especial que ocuparon las mujeres en la compañía durante estos duros años o episodios trágicos como el del denominado Tren de Jaén.

No ha escatimado esfuerzos Luis María en ahondar en esta desconocida etapa de la biografía del metro, dando a conocer usos sorprendentes como el de lugar para guardar desde armamento y municiones a depósito de víveres, o algo tan sencillo como llamativo, como medio de transporte para ir al frente de guerra.

No podía faltar en esta lectura el reseñar uno de los capítulos más negros, así como desconocidos, de la ciudad de Madrid: la misteriosa explosión acontecida en 1938 en la calle Torrijos y sobre la cual lleva merodeando un inquietante misterio y silencio desde hace casi noventa años. Hasta ahora.

Hoy quienes usan a diario las líneas más primitivas del metro de Madrid, con paso casi siempre acelerado y sus miradas fijadas en las pantallas de sus teléfonos móviles no son capaces ni de imaginar las historias que se vivieron en estas galerías y andenes hace casi noventa años, cuando la Guerra Civil interrumpió la rutina de la capital, desembocando en una realidad nunca antes vista y vivida.

Cientos de nombres propios, episodios sorprendentes, usos improvisados, relatos olvidados… todo ello lleva aguardando casi un siglo, oculto, detrás de la biografía del metro de Madrid. Pero esta parte de su relato también era necesario que fuese contada y, por tanto, ser conocida, porque también esta es su historia, y de algún modo, la nuestra.

Estoy convencido de que disfrutaréis de este viaje.

Manu García del Moral Escobedo

LÍNEA 1. LA COMPAÑÍA DEL METROPOLITANO EN MADRID

La actual empresa pública Metro de Madrid, S.A. se constituyó el 24 de enero de 1917 como sociedad anónima con la denominación "Compañía Metropolitano Alfonso XIII" en agradecimiento y homenaje a la intervención decisiva del rey cuando decide adquirir dos mil cédulas de fundación, luego transformadas en acciones, por valor de un millón de pesetas, hecho que una vez anunciado animó a otros suscriptores de modo que pudieron conseguirse los cuatro millones de pesetas que había exigido el Banco de Vizcaya para aportar los otros cuatro prometidos. Esta entidad financiera consideraba que los madrileños tenían que implicarse en el proyecto porque eran quienes iban a disfrutarlo.

Los tres ingenieros fundadores, Antonio González Echarte, Carlos Mendoza y Sáez de Argandoña y Miguel Otamendi y Machimbarrena, se dirigieron a los bancos de Madrid para conseguir el resto del dinero; como respuesta obtuvieron la negativa a invertir en lo que consideraban un proyecto prematuro tras la reunión a la que habían sido convocados por Enrique Ocharán y Rodríguez, director gerente del Banco de Vizcaya. El representante de alguno de estos bancos llegó a manifestar que el metro "no era viable porque los madrileños preferían pasear tranquilamente por la calle piropeando a las modistillas". Con un capital social de diez millones de pesetas y conseguido el 80 por 100 del total era posible cumplir el sueño de los tres ingenieros fundadores. Fue fundamental la intervención de Enrique Ocharán, director gerente del Banco de Vizcaya desde su fundación en 1901 y hasta 1923, y presidente desde 1917 hasta 1935 del primer Consejo de Administración de la Compañía, a la vez que hombre de confianza del rey. Desde que conoció el proyecto presentado manifestó sin titubeos a los tres fundadores que creía firmemente en su viabilidad al tiempo que ofrecía el apoyo económico de la entidad financiera que dirigía.

Carlos Mendoza declaraba en una entrevista fechada en 1944 sobre las dificultades para sacar adelante el proyecto tras la concesión otorgada el 12 de enero de 1917: "Pero el calvario comenzó después de conseguirla. Nadie creía en el Metro. Milagrosamente reunimos los ocho millones iniciales necesarios para las obras. Gracias al Banco de Vizcaya y al inolvidable don Enrique Ocharán, que nos ofreció cuatro millones si Madrid daba los otro cuatro. Pero Madrid no los daba. Hasta que, al fin, el entonces rey, don Alfonso XIII, suscribió un millón y acabó por decidir a los remisos. Y el Metro se hizo."[1]

El representante del rey y defensor de sus derechos como accionista en el Consejo de Administración de la Compañía fue el duque de Miranda, Luis de Silva y Carvajal, que ejercía como secretario de este órgano a la vez que desempeñaba el papel de *hombre puente* entre el rey y los ingenieros fundadores de la Compañía. El rey conocía el proyecto con todo detalle porque al poco tiempo de solicitada la concesión, en concreto el 29 de septiembre de 1914, llamó a Palacio a Miguel Otamendi para que se lo mostrara manifestando un gran interés y un decidido apoyo para el progreso de Madrid.

Sobre la aportación de Alfonso XIII se creó una importante polémica originada por Vicente Blasco Ibáñez que haciéndose eco de algunas publicaciones periodísticas escribía en 1924 en el sentido de que las dos mil cédulas de fundación se le entregaron al rey liberadas sin que realizara desembolso alguno o que su importe le fue devuelto manteniendo la titularidad de las mismas por su apoyo a una concesión que consideraba ilegal al imponer el rey su criterio al del alcalde de la capital a pesar de que había otros proyectos solicitados anteriormente. Los tres ingenieros fundadores publicaron el 10 de diciembre de ese año un comunicado en el diario Abc en el que desmentían las afirmaciones de Blasco Ibáñez desde París remitiendo a los apuntes existentes en los libros contables y al testimonio de las personas que intervinieron en las operaciones financieras para que se pudiese conocer directamente los plazos y el importe de los desembolsos realizados por los accionistas. También escribió en defensa de la aportación del rey José María Carretero Novillo, *El Caballero Audaz*, que calificaba como folleto infame las publicaciones de Blasco Ibáñez además de estar llenas de falsedades y deshonra para España. Lo cierto es que en la sesión de la Junta General de Accionistas de la Compañía celebrada el 14 de marzo de 1919 figura que el duque de Miranda representa las dos mil acciones de S.M. el rey. En la sesión del 11 de marzo siguiente el número de estas acciones ya era de 3.000, que en la de 17 de marzo de 1923 ascendían a 4.030 y en la de 14 de marzo de 1924 a 4.446.

Los ocho millones de pesetas presupuestados eran el coste total de poner en funcionamiento la línea Norte-Sur, distribuidos entre la infraestructura (4.079.775,00), superestructura (979.231,15), reposición de servicios (551.724,85),

---

1 Entrevista de Ramón Escohotado incluida en el epílogo del libro *Mendoza. Vida ejemplar de un ingeniero.* Asociación de Ingenieros de Caminos, Canales y Puertos. Madrid 1945

Tren clásico de la Compañía Metropolitano de Madrid.
Tipo Cuatro Caminos. MR-9.

material móvil y cocheras (1.640.000,00), y constitución de la sociedad, aportación del proyecto e interés durante el segundo año de construcción (749.269,00).

La escritura de constitución se otorgó ante el notario de Madrid D. Dimas Adánez y Horcajuelo, indicándose en la misma una duración de noventa y nueve años y definiendo como objeto social "la construcción y explotación de ferrocarriles y tranvías de tracción eléctrica y, de modo especial, aquellos que son denominados comúnmente metropolitanos, pudiendo también dedicarse a cuantos negocios se deriven de los indicados o se relacionen con la electricidad"; la tramitación del expediente se había iniciado en mayo de 1914 con la presentación del proyecto que contó durante su tramitación con los informes favorables de todos los estamentos oficiales con la única excepción del Ayuntamiento de Madrid.

A seguido, tras la firma de constitución, se reunieron los señores Venancio Echeverría Olalquiaga, en representación del Banco de Vizcaya, y los tres ingenieros de Caminos, Canales y Puertos fundadores de la Compañía, tomando la decisión de nombrar con carácter interino secretario a Miguel Otamendi y presidente a Carlos Mendoza, respectivamente. Deciden fijar el domicilio social de la Compañía en la madrileña calle de Jacometrezo, 66, piso segundo, puerta izquierda, en la oficina de la empresa "Mengemor" y aprueban la instancia presentada por Miguel Otamendi para el cambio de nombre del ferrocarril concedido como Metropolitano de Madrid, así como la transferencia a los tres ingenieros de la concesión otorgada a Otamendi, quien había sido el solicitante y firmante del proyecto.

La primera piedra del futuro Metro de Madrid se colocó el 23 de abril de 1917 en la Puerta del Sol frente al Café de Levante con una gran expectación y la asistencia de dos técnicos del Estado y otros dos del Ayuntamiento; se marcó el emplazamiento del pozo de extracción en el espacio en el que se iban a iniciar las obras de construcción, instalándose por la noche una valla de 15 metros de largo por 12 de ancho; en julio siguiente se puso en la misma la siguiente inscripción: COMPAÑÍA METROPOLITANO ALFONSO XIII. INAUGURACIÓN DE LA LÍNEA NORTE-SUR OCTUBRE 1919. El día 17 de este mes, tal como se había comprometido Miguel Otamendi, se inaugura el metro con el recorrido de ida y vuelta de un tren entre la glorieta de Ruiz Jiménez, en los Cuatro Caminos, y la Puerta del Sol, conducido por el Ingeniero Sr. Zapata en el que viajan las autoridades madrileñas con el rey Alfonso XIII al frente. El 31 siguiente se abren al público las dos estaciones de cabecera, normalizándose el servicio de manera paulatina con la apertura del resto de estaciones durante el mes de noviembre: Iglesia y Bilbao el día 14, y Ríos Rosas, Chamberí, Tribunal y Gran Vía el 18. A los madrileños no les sentó nada bien la llegada de una nueva forma de desplazarse: ya no iban a tener disculpa para llegar tarde a sus citas.

Miguel Otamendi había cumplido con su palabra; cuando se colocó en la valla de la Puerta del Sol el texto de su compromiso hubo quien puso en duda que en tan corto plazo pudieran disfrutar los madrileños de su metro; interrogado en diversas ocasiones por los periodistas y otros miembros de la Compañía sobre el asunto, la respuesta siempre era la misma: "Es muy sencillo; como va a llover, el agua borrará las letras; si puedo cumplir con mi palabra, las vuelvo a pintar; y si no llegamos en fecha, las dejamos borradas."

Conflictividad laboral: 1925 y 1934

Dos conflictos laborales importantes van a afectar al desarrollo de las relaciones entre los agentes (empleados y obreros) y la dirección de la Compañía en el momento del estallido y desenvolvimiento de la Guerra Civil.

El primero en 1925 cuando los mozos y empleados de las estaciones y los obreros de los talleres inician una huelga en la madrugada del 10 al 11 de enero en demanda del abono de los jornales correspondientes a un día de descanso por semana; la dirección de la empresa se negaba a ello y manda una nota que se publica en la prensa el día 15 con el siguiente texto: "La Compañía Metropolitano Alfonso XIII tenía establecido en sus talleres, desde su fundación, el descanso semanal, o sea la semana de cuarenta y ocho horas, a razón de ocho horas diarias. Una gran parte del personal de explotación, por acuerdo convenido, tenía el descanso quincenal en lugar de semanal, pero en compensación cobraba el día de descanso su jornal completo. Por disposición del director general de Orden Público, el 12 de enero los trenes circularon con una pareja de Seguridad en cada coche para evitar sabotajes.

El fallo del Tribunal Ferroviario Regional, que respetuosamente acata la Compañía, ordena se establezca la jornada de ocho horas y el descanso semanal "legal". En el pequeño servicio de Obras de explotación, de acuerdo con los obreros, se trabajaba normalmente diez horas diarias, y al intentar la Compañía, en cumplimiento del fallo, reducirlo a ocho horas, el personal abandonó el servicio, exigiendo se les abonase la jornada de ocho horas, pero trabajando solamente

Trabajadores en los talleres de las Cocheras de Cuatro Caminos.

23

siete horas. Al mismo tiempo, el personal de talleres de explotación exigió que el descanso semanal "legal" se aplicase cobrando su jornal íntegro los domingos, sin trabajar.

La Compañía se ha negado a ello, pues entiende que no existe disposición legal alguna que obligue a las Empresas a abonar el jornal el día de descanso. El transigir en este extremo sería un precedente funesto para toda la industria ferroviaria española, y se propagaría a toda la industria nacional, que por este sólo concepto se encontraría con sus jornales elevados en un sexto, o sea, en un 16,66 por 100."

Con los agentes de estaciones se alcanzó un acuerdo en horas evitando que se produjeran consecuencias importantes para la prestación del servicio de viajeros, circulando los trenes con grandes precauciones. Con los empleados de talleres el conflicto se prolongó tras el abandono de sus puestos de trabajo. Los obreros, a través del Sindicato Nacional de la Industria Ferroviaria, enviaron una nota a la prensa el 14 de enero para aclarar que no se encontraban realizando una huelga en el sentido que lo entendía la empresa sino una protesta contra la dirección del Metropolitano por proceder incorrectamente con los empleados inferiores y tratarlos con desconsideración. Ante la falta de acuerdo durante las negociaciones para resolver el conflicto, el director general de Orden Público dispuso que cada coche del metro fuera escoltado por una pareja de Seguridad para evitar actos de sabotaje, al tiempo que se estrechaba la vigilancia en las estaciones para evitar coacciones y la propagación de la huelga a otros trabajadores de la Compañía. Fueron despedidos 15 obreros del servicio de Vía y Obras y 50 de Talleres por negarse a firmar las Bases de trabajo que les presentaron los capataces. El conflicto se agravó cuando la Compañía anunció que iba a adjudicar las obras del servicio ferroviario relacionadas con la explotación a una empresa externa ya que afectaba esta decisión al personal que se consideraba como fijo tras el fallo judicial.

El 28 de enero de 1925 los agentes que se mantenían en el conflicto con la dirección de la Compañía se dirigen al Tribunal Regional del Trabajo Ferroviario de Compañías Agrupadas presentando un informe detallado sobre los motivos por los que consideran que tienen derecho a su solicitud al entender que la Empresa interpreta de manera torcida el fallo recaído con fecha 24 de noviembre anterior en el Tribunal Regional. Un total de 78 trabajadores que finalmente habían sido despedidos fueron readmitidos en esa última fecha. Entre estos se encontraba Rufino Sanz Camarillo, con la categoría de peón en el servicio de Obras, que reingresó en 1936 por imposición del Frente Popular y el Comité de Control, figurando tras el proceso de depuración al que fue sometido al finalizar la Guerra Civil en la relación de bajas definitivas acordadas por el Consejo de Administración en sesión celebrada el 6 de marzo de 1940; después se ganó la vida como pocero. Había nacido en la provincia de Guadalajara, en la localidad de Cañizar; falleció en Madrid en 1985 a los 86 años.

El segundo conflicto se produce en 1934 durante la huelga revolucionaria de octubre, aunque ya se habían producido algunos incidentes el 1º de mayo anterior cuando agentes de la Compañía impidieron a otros compañeros tomar servicio y les indicaron que debían dirigirse a la Casa del Pueblo a recibir instrucciones, a pesar de que el Consejo de Ministros, tras el paro general convocado con motivo de la celebración de la Fiesta del Trabajo, había acordado expresamente que los coches del Metro debían funcionar todo el día sin interrupción por su carácter de servicio público y estar sujeto a una normativa especial como lo es la Ley general de ferrocarriles. Lo cierto fue que hubo multitud de agentes que no se presentaron voluntariamente en su puesto de trabajo al entender que se podían tomar el día libre como había ocurrido en años anteriores y desconocer las medidas adoptadas por el Ministerio de Obras Públicas. Se produjeron diversos incidentes por actos de sabotaje que alteraron la prestación del servicio y se preparó un decreto en previsión de que se iniciara una huelga el día 2, lo que finalmente no se produjo. El ministro de Obras Públicas se dirigió a los medios de comunicación mediante una nota escrita transmitiendo su convencimiento de que la Sociedad de Obreros y Empleados del Metro integrada en el Sindicato Nacional Ferroviario no amparaba los hechos, pero le generaba dudas que entre las 2 y las 6 de la madrugada del Primero de Mayo se hubieran inutilizado levemente varias agujas, desaparecieran algunos fusibles de los coches y se hubiesen levantado las escobillas de la dresina de servicio; al intentar poner en servicio la subestación eléctrica de Quevedo se comprobó que se habían cometido actos de sabotaje en los cables de alimentación descubriendo que habían sido soltados los empalmes, tanto en los conductores que alimentaban la línea 1 como la 2, tal como comprobaron los técnicos de la Compañía, y añadía su extrañeza de que los autores pudieran ser elementos externos a la Empresa. Aunque los daños materiales no suponían un coste económico destacable no fue posible abrir servicio dada la dificultad para conseguir rápidamente nuevos elementos y la exigencia de tiempo para reparar los daños causados. Se subsanaron los desperfectos permitiendo poner en funcionamiento la línea 1 a partir de las 10 de la mañana con un tren de cuatro coches entre las estaciones de Cuatro Caminos y Atocha con parada en las de Bilbao y Sol; a continuación, partió otro hacia Ventas por la línea 2 y regresó sin novedad a Cuatro Caminos. El servicio se prestó desde ese momento con algunas interrupciones hasta las nueve de la noche, momento en que se decidió suspenderlo para evitar incidentes.

Trabajaron personal civil y militar pertenecientes a diversos organismos: ingenieros de la Asociación de Ingenieros Civiles de España, Centro Electrotécnico de Transmisiones y Estudios tácticos de Ingenieros, Regimiento de Ferrocarriles, Vigilancia de Carreteras, Seguridad, Guardia Civil, Comisaría de Ferrocarriles y Ministerio de Obras Públicas. A todos ellos se les agradeció su comportamiento mediante un comunicado remitido a los medios de comunicación escritos ante la imposibilidad de hacerlo personalmente a cada uno; también se extendió ese agradecimiento a todos los viajeros que utilizaron el metro ese día que apoyaron y contribuyeron a que el servicio se prestase con eficacia. Se gratificó a los agentes, empleados e ingenieros que trabajaron el 1 de mayo con el importe correspondiente a medio mes de sueldo o el equivalente si cobraran jornal, además de anotarles en su expediente personal una nota favorable, extensiva esta a los que no trabajaron y justificaron su ausencia. A los miembros de la Junta de jefes se les concedió a cada uno de ellos una gratificación extraordinaria equivalente a un mes de sueldo. Por exigencia de la Comisaría de Ferrocarriles se le hizo llegar la relación del personal del servicio eléctrico que prestaban servicio la noche del 30 de abril al 1 de mayo en la zona en que se cometieron los sabotajes; la Comisaría lo puso en conocimiento del Juzgado mediante la oportuna denuncia.

No ocurrió lo mismo con el servicio de tranvías que no funcionó para evitar colisiones y conflictos en las calles.

Ya en octubre, a la una menos cuarto de la noche del 4 al 5 habían llegado noticias a la Dirección General de Seguridad sobre el abandono del servicio por parte de los trabajadores de la Compañía; intervino el Gobierno advirtiendo que todo aquel empleado que no se presentase en su puesto de trabajo quedaba despedido y extinguido su contrato de trabajo, al tiempo que enviaron fuerzas de la Guardia Civil para custodiar túneles y estaciones en evitación de incidentes mayores y garantizar que el relevo que se efectuaba a las 6 de la mañana se realizase como de ordinario. Los agentes secundaron la huelga en masa con la única excepción del alto personal. El servicio de metro se reanudó paulatinamente desde primeras horas de la tarde del 5 y se prestó con personal técnico y agentes pertenecientes a la Escala de Complemento, abriéndose con sólo dos trenes por línea las principales estaciones: Cuatro Caminos, Bilbao, Sol, Atocha, Quevedo, Goya y Ventas; desde las diez de la noche del día 5 se comenzó a regular la circulación de trenes, aunque el servicio no se prestaba en su horario habitual; el lunes día 15 se fijó con carácter provisional un horario de apertura a las seis y media hasta el cierre a las veintidós treinta y la apertura de todas las estaciones mientras se reorganizaba la admisión del personal despedido que había solicitado su ingreso de nuevo para poder prolongarlo hasta las 2 de la madrugada. La normalización completa se produjo con fecha 20 siguiente.

Fue preciso conseguir nueva mano de obra por lo que se abrió un plazo de presentación de instancias para cubrir los puestos vacantes; llegaron solicitudes de todos los puntos de España y se organizó un servicio de personal integrado por ingenieros especializados que habían realizado prácticas de conducción de locomotoras eléctricas, aunque estos no llegaron a conducir los trenes por no ser finalmente necesario. También se permitió que los huelguistas despedidos solicitasen el reingreso: no hubo represalias y se les readmitió con la excepción de los que habían sido detenidos por la Policía, habían efectuado sabotajes o estaban sometidos a procesos judiciales.

Los juicios sumarísimos se realizaban mediante consejos de guerra iniciados el día 10 en dependencias de la Cárcel Modelo. En uno de ellos se juzgó por el delito de excitación a la rebelión al agente de la Compañía Roque Hernández Elipe porque se le habían ocupado seis hojas clandestinas el día 11: fue condenado a seis años y un día de prisión mayor, aunque la petición fiscal ascendía a nueve años del mismo tipo de prisión. La primera hoja iba dirigida a los obreros y obreras de la Compañía; otra informaba sobre la revolución en provincias; la tercera se dirigía a los ferroviarios de los sindicatos CNT y UGT; en una dirigida a los soldados se les invitaba a disparar contra la "canalla fascista"; la quinta hacía referencia a la diputada socialista Margarita Nelken, en la que se le hacía dueña de Badajoz y estaba al mando de dos regimientos; en la última se recogía el grito "A las armas", dirigida a los obreros. Su abogado defensor mantuvo que no podía considerarse que las hojas repartidas eran clandestinas porque tenían seis contenidos diferentes al tiempo que invocaba la poca peligrosidad del acusado y la obcecación que presidió sus actos, atenuantes que aceptó el consejo de guerra actuando con firmeza, pero no con ensañamiento. Sin embargo, otro paisano de 19 años que fue juzgado el mismo día fue condenado por hechos similares a doce años de prisión mayor.

Por hechos acaecidos en la noche del 4 de octubre también fue detenido y procesado como autor de un delito de coacciones previsto y penado en el artículo 488 del Código Penal el jefe de estación Antonio Rubio García, secretario del Consejo Obrero de la Compañía. Su actuación consistió en utilizar el teléfono de la estación de la Puerta del Sol para llamar a las demás estaciones y ordenar a los otros jefes que se ponían al aparato que cesara el servicio de manera inmediata y secundaran la huelga general. No se identificó en ningún momento, aunque a la pregunta de uno de ellos sobre de quién había partido la orden le respondió espontáneamente que del "Comité revolucionario" a pesar de que ignoraba si existía tal órgano. En el juzgado manifestó que era cierto que lo hizo tras ser coaccionado por los tranviarios y otros que se concentraban en la Puerta del Sol ante la amenaza de que si el Metro no paraba bajarían ellos mismos a detener el servicio y destrozar todo. Consideró que si entraban todos estos obreros en la estación se

corría el riesgo de que sufrieran daños las personas y las instalaciones. La jurisdicción que tramitó el procedimiento fue la militar hasta el momento en que se
inhibió en favor de la ordinaria porque los hechos se produjeron el 4 de octubre,
con anterioridad al Bando del día 6 por el que se declaraba el estado de guerra.
Su defensa la llevó la abogada María Victoria Kent y Siano quien solicitó a la Sala
en su escrito de 15 de marzo de 1935 la libre absolución del encausado porque
había actuado coaccionado por otros agentes de la Compañía que le advirtieron
de manera agresiva de las consecuencias que tendría para el servicio de metro la
no paralización del mismo. En su favor declaró el también agente Cipriano García
Rollán quien manifestó que vio "al procesado en la Puerta del Sol en el centro de
un numeroso grupo que le decían que bajara al Metro a dar la orden de paro, a lo
que negaba el encartado, viendo que todos, después, entraban en la estación."[2] En
la sentencia del mismo 15 de marzo fue absuelto.

La pérdida de ingresos por venta de billetes durante este mes ascendió a la
cantidad de 472.795,55 pesetas, que sumadas a otras cien mil dejadas de recaudar
por la paralización total del servicio los días 22 de abril y 8 de septiembre debido a
huelgas de marcado carácter político supuso la pérdida del 2,11 por 100 de ingresos respecto al ejercicio anterior. Contribuyeron a la disminución en la recaudación
del primer semestre las huelgas de la construcción y de los metalúrgicos porque
los obreros eran asiduos usuarios del metro; la de los metalúrgicos impidió poner
en funcionamiento los ascensores de Gran Vía, paralizado desde el accidente que
sufrió el entonces existente el día 30 de noviembre de 1932 al rompérsele uno de
sus cables sustentadores. Mientras se realizaban estas obras para volver a poner en
marcha estos ascensores se acordaba por el Consejo de Administración activar los
estudios para instalar otros en la estación de Tribunal; estos serían de gran utilidad
para los viajeros de una de las zonas de Madrid con mayor densidad de población,
aunque ya se había propuesto en 1931su instalación sin que se ejecutarán las obras
por las discrepancias surgidas entre la Compañía y el Ayuntamiento al no permitir
éste que se instalara más que en la calle de Fuencarral cuando la pretensión contraria era la colocar la marquesina en la misma calle esquina a la de la Beneficencia
al lado del Hospicio.

A las doce de la noche del 21 de abril 1934 también se había declarado
de manera insospechada una huelga general por las organizaciones obreras de la
UGT y la CNT como protesta por la celebración de un acto autorizado de Acción
Popular en El Escorial; no había mediado ningún tipo de reclamación ni aviso
previos por lo que se solicitó por la Dirección de la Compañía el envío de fuerza

---

2 AHN_FC-AUDIENCIA_T_MADRID_CRIMINAL,12,Exp.8_0000

Cocheras de Cuatro Caminos. Embocadura del túnel a líneas 1 y 2.

de acuerdo con la Comisaría de Ferrocarriles. Salió de Cuatro Caminos un tren de dos coches conducido por ingenieros de la Empresa que hizo el recorrido hasta Ventas y regresó a su punto de partida; los madrileños que viajaron lo hicieron sin pagar billete por la ausencia de las taquilleras. Un segundo tren inició la marcha; al llegar a Quevedo se detuvo por la presencia de huelguistas de la Compañía por lo que para evitar incidentes y viendo que la fuerza era insuficiente para mantener el orden se acordó con la representación del Estado la suspensión del servicio.

Otra huelga, en el mes de septiembre siguiente, fue aparentemente convocada por los obreros en protesta por la asamblea que se celebraba el día 8 en el Monumental Cinema por unos cinco mil miembros del Instituto Catalán de San Isidro, organización considerada de derechas e integrada por propietarios rurales catalanes.

Los agentes implicados en todos los casos que habían sido despedidos pudieron solicitar voluntariamente el reingreso tras las elecciones generales celebradas en febrero de 1936 que dieron el triunfo al Frente Popular. Se había creado el "Comité pro seleccionados de Servicios públicos" que luego se amplió a todas las profesiones y oficios. A los agentes de Metro afectados se les citó mediante un aviso firmado por el secretario del Consejo Obrero, Marcial Bustos, y publicado en *Mundo Obrero* para que se personasen en la Plaza de la Lealtad, 2, con la finalidad de realizar todos los trámites necesarios para su reingreso. El programa electoral del Bloque Popular recogía el siguiente compromiso: "El Gobierno tomará las medidas necesarias para que sean readmitidos en sus respectivos puestos los obreros que hubiesen sido despedidos por sus ideas o con motivo de huelgas políticas."

Los trabajadores de nuevo ingreso como consecuencia del conflicto de octubre de 1934 fueron mantenidos en plantilla en aras del deseo de pacificación y concordia manifestado por el Gobierno a pesar del sacrificio económico que esa medida suponía para la Compañía y de la posición mantenida por la representación de los obreros despedidos que exigía verbalmente el despido de los entonces ingresados, a lo que se negó la Empresa al considerar que era su obligación moral mantenerlos en sus puestos de trabajo en agradecimiento a su comportamiento durante los sucesos de aquel octubre; el 25 de febrero de 1936 el jefe de personal comunicaba a todos los agentes que por acuerdo del Consejo de Administración de la Compañía no se producirían bajas en la misma a pesar del aumento de personal manteniendo todos las mismas condiciones y retribuciones salariales de los cargos que ocupasen tras acoplar los distintos servicios, tal como había transmitido al ministro de Obras Públicas en la reunión que habían mantenido el sábado 22. La próxima apertura de la línea Sol-Embajadores precisaba para su explotación de nuevos trabajadores que procederían del exceso de plantilla consiguiendo con ello minorar el coste económico.

Los cambios de denominación y de sede

Proclamada la República en 1931, el 21 de abril se publica en la Gaceta de Madrid una disposición que decreta "la supresión de nombres calificativos, signos o emblemas" de cualquier entidad en la que figurase alguna denominación que expresase o reflejase la dependencia o subordinación con el régimen desaparecido, es decir, la Monarquía. La supresión del término Alfonso XIII permitía cumplir con lo ordenado, pero el Consejo de Administración consideraba que era un nombre poco representativo por lo que decidieron añadir Madrid por estar íntimamente ligadas la empresa y la ciudad. Ya el mismo día 21 se entrevistó Miguel Otamendi, director de la Compañía, con el ministro de Hacienda para acatar lo dispuesto siendo aprobada la nueva denominación por el Ministerio de Fomento, denegando el Registro Mercantil la inscripción al considerar necesaria la aprobación por la Junta General de accionistas. El 24 siguiente se publicó una Orden de Dirección

Galería de cables de la Nave de Motores de Pacífico. 5 de abril de 2017.

comunicando a todo el personal que desde ese mismo día la empresa ´pasaba a denominarse Compañía Metropolitano de Madrid.

La decisión definitiva para aprobar la nueva denominación se tomó en la sesión del Consejo celebrada el 27 de mayo siguiente y, por la ya citada exigencia del Registro Mercantil para poder ser inscrita, fue sometida a la Junta General extraordinaria de accionistas de fecha 10 de noviembre que aprobó igualmente la nueva denominación: Compañía Metropolitano de Madrid. Miguel Otamendi siempre mantuvo que era de justicia recuperar el primer nombre de la empresa en agradecimiento a Alfonso XIII por la trascendencia que tuvo para el progreso de Madrid su decidido apoyo.

En julio de 1936 la Compañía Metropolitano de Madrid tenía sus oficinas centrales en la Avenida de Pi y Margall, 7, luego Gran Vía, 29, nombre que asumió el segundo tramo de esta calle madrileña entre la Red de San Luis y la Plaza del Callao. El primer tramo, llamado inicialmente avenida del Conde de Peñalver, transcurría desde la calle de Alcalá hasta la calle de la Montera; el tercero, la avenida de Eduardo Dato, desembocaba en la Plaza de España desde su origen en la Plaza del Callao.

Los tramos formados por las avenidas de Pi y Margall y Conde de Peñalver se unieron bajo el nombre de avenida de la CNT; después se llamó avenida de Rusia, aunque se trataba de un error en el nombre que fue subsanado cambiándolo por el de Unión Soviética; poco antes de acabar 1936 los madrileños la bautizaron como del "Quince y medio" por los obuses lanzados por las tropas nacionales que tenían como objetivo la batería antiaérea instalada en la terraza del edificio de la Telefónica, bendecido como "Dama de los lunares" y también llamado "Queso de Gruyère" por los agujeros que mostraba producidos por los cañones. Tampoco se libraron de los apodos característicos del humor madrileño La Cibeles y Neptuno, apodándolas "La linda tapada" y "La pudorosa", y "El emboscado" respectivamente; y en este pudo leerse antes de ser protegido con sacos terreros un letrero que decía "O me dais de comer o me quitáis el tenedor". Estos cambios de nombre se realizaban informalmente por el pueblo. La actual plaza de Pedro Zerolo fue bautizada como del Guá, porque caían sobre ella, un agujero entre edificios, bombas cual canicas dirigidas al edificio de la Telefónica que se desviaban de su objetivo principal.

La Compañía contaba con dos recintos para depósito de trenes: el 1 en los Cuatro Caminos donde se ubicaban los talleres, los almacenes y el servicio de Material Móvil; constaba de catorce vías en la que cabían tres parejas, seis coches, en cada una quedando medio coche sin cubrir. En este depósito encerraban los coches de la línea Tetuán-Puente de Vallecas numerados del 1 al 32, y los de la línea a Diego de León, del 33 al 56, haciendo un total de 56 parejas. El depósito número 2 en Ventas reunía los servicios de Movimiento, Vía y Obras, y Personal y Sanidad; constaba de diez vías de estacionamiento en las que cabían bajo techado cinco coches completos en cada una; este material móvil circulaba por la línea 2, numerados los coches del 105 al 124, y los del ramal Norte, 101 a 104, además de dos medias parejas, los coches motores M-101 y M-102 dado que sus remolques iban acoplados a los M-41 y M-42 de la línea de Diego de León. Existían otras 6 vías en la Nave de talleres destinadas al mantenimiento de los trenes; un carro transbordador situado en la zona este del depósito permitía pasar un coche entero de una vía a otra o a talleres.

Para la inauguración de la línea a los Barrios Bajos se adquirieron ocho parejas Motor-Remolque numeradas del 57 al 64.

La energía eléctrica para el funcionamiento del metro y de todas sus instalaciones auxiliares era suministrada por las compañías productoras Unión Eléctrica Madrileña e Hidráulica Santillana. Con carácter de reserva, en el caso de que no pudieran suministrarla las empresas proveedoras, la energía se generaba en la Central Eléctrica de la calle de Valderribas, actual Nave de Motores de Pacífico. En ella se alojaban tres motores tipo Diesel de 1.500 CV cada uno fabricados por la casa suiza Sulzer Frères, S.A. de la localidad de Winterthur: entraban en funcionamiento cuando era preciso generar energía eléctrica para garantizar la circulación de los trenes. En esta misma central se transformaba la energía de corriente alterna a continua a través de un equipo de conmutatrices, transformadores y rectificadores. En un edificio anexo al de la Nave se instaló una batería de acumuladores que permitían seguir suministrando energía durante una hora en el caso de que dejaran de hacerlo las compañías citadas y no funcionara ninguno de los motores. A través de una galería subterránea de unos 300 metros llegaba por unos cables la energía desde la Nave de Motores hasta la estación de Pacífico.

La energía que suministraban las compañías se transformaba también en las Subcentrales Eléctricas propias de las calles de Castelló, 37, luego 21, llamada de Salamanca, y Olid, 7, conocida como de Quevedo, anexa a la actual de la calle de Gonzalo de Córdoba, y en la Central Norte de la calle de Francisco de Rojas, propiedad de la Unión Eléctrica. El edificio fue diseñado por el arquitecto Antonio Palacios y Ramilo iniciándose la construcción en octubre de 1922. La inauguración se produjo en junio de 1924 aunque uno de los motores había entrado en funcionamiento el año anterior debido a un período prolongado de sequía.

La prestación del servicio, la vida habitual y el hambre

La Compañía Metropolitano de Madrid continuó con su actividad habitual durante el período de la guerra civil española, aunque sometida a las incidencias derivadas del conflicto bélico que no impidió el transporte de viajeros entre julio de 1936 y abril de 1939. Todo funcionó excepto los ascensores de las estaciones de Gran Vía y de la Puerta del Sol. El personal que prestaba servicio en ellos fue destinado a desarrollar otras funciones, como le sucedió a Isidoro Esquete Azpeitia, que pasó de encargado de los mismos a ocupar un nuevo puesto desempeñando funciones de mozo de estación. Finalizado el conflicto reingresó en la Compañía una vez cumplida la sanción de seis meses de empleo y sueldo que se le impuso tras la resolución del obligatorio expediente de depuración. Volvió a su antigua categoría pasando a ocupar el último lugar del escalafón.

El 17 de julio de 1936 la Compañía tenía un parque móvil integrado por 166 coches, no llegando a diez el número de los que se encontraban fuera de servicio; se produjo un incremento porcentual de un 2,5 por 100 en las averías que se achacaban a defectos de fabricación de las cajas (recinto de viajeros) de tres parejas de coches procedentes de Beasain que se habían puesto en servicio poco antes de julio de 1936.

Incluso la peluquería de empleados situada en el edificio conocido como "Casa Tuduri" a la que se accedía por la calle de Esquilache estuvo en servicio; en

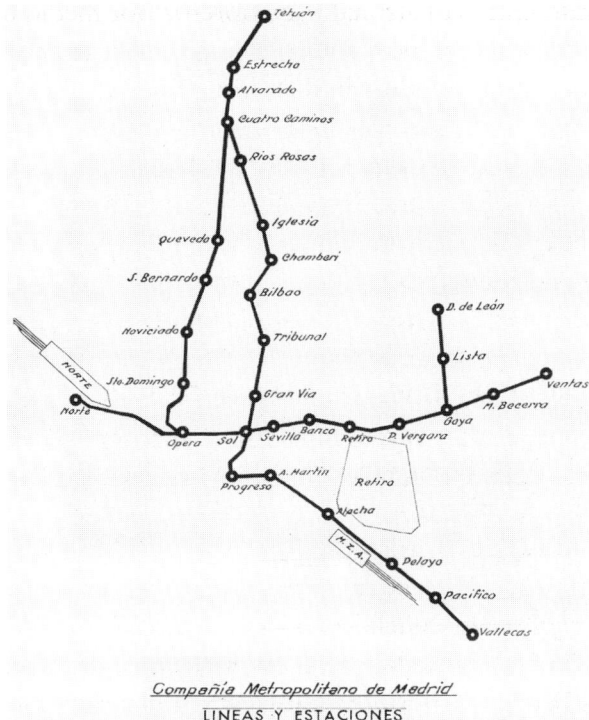

Compañía Metropolitano de Madrid
LÍNEAS Y ESTACIONES

Plano de metro. Julio de 1936. Archivo Cartográfico y de
Estudios Geográficos del Centro Geográfico del Ejército.

ella, los agentes podían cortarse el pelo y afeitarse por un precio módico, quince céntimos de peseta. Esta prestación social pudo mantenerse por la subvención que recibía la empresa encargada de su gestión, a cuyo frente se encontraba Carlos Pedrero de los Santos, que pasó de 150 pesetas mensuales antes del inicio de la Guerra hasta las cuatrocientas que alcanzó progresivamente. A partir de abril de 1939 la cantidad mensual volvió a ser la misma que antes de julio de 1936.

La apertura de la línea 5[3] entre la Puerta del Sol y la Glorieta o Portillo de Embajadores estaba prevista para el mes de junio de 1936. Hubo que retrasar la fecha debido a la huelga del sector de la construcción. El 1 de junio iniciaron esta huelga convocada por el Sindicato Único de la Construcción (SUC) de la CNT en demanda de un aumento de los salarios y la limitación de la jornada laboral cerca de cuarenta mil trabajadores del ramo de la construcción, treinta mil electricistas y ascensoristas. Fue una prueba de fuerza entre los grupos sindicales CNT y UGT que no se ponían de acuerdo en la resolución del conflicto laboral. "Mientras no

---

3 Este número corresponde al orden cronológico de su apertura. Actualmente se corresponde con la línea 3

se firme un Contrato entre la Patronal y los obreros por medio de sus Comités de huelga, y al margen de toda disposición oficial, ni se terminará la huelga, ni habrá paz ni se podrá trabajar en la industria de la construcción" propugnaba a diario la CNT mientras que los patronos manifestaban que en sus relaciones laborales se ajustaban a las disposiciones legales. La postura de la UGT no era tan radical.

El 8 de agosto de 1936, tras poco más de doce meses de obras en las que trabajaron unos 650 hombres, se abrió al público el trozo desde Sol hasta Embajadores de la nueva línea número 5 con una estación intermedia en Lavapiés y 1.466 metros de longitud entre los extremos de sus estaciones terminales, alcanzando los 2.080 metros con la inclusión de la vía de maniobra construida a continuación de la estación de Embajadores y la vía de enlace de 192 metros que nace en Preciados y discurre a lo largo de la calle de Mariana Pineda, que cambió su nombre por el de Maestro Victoria en 1941, hasta enlazar con la línea 2 en la calle del Arenal frente a la Plaza de Celenque.

El metro llegaba ahora a los Barrios Bajos de Madrid, aunque al mismo tiempo se interrumpe la construcción prevista del trozo proyectado desde la Puerta del Sol hasta el barrio de Argüelles tras la movilización de todos los obreros de la construcción para realizar trabajos de fortificación. Los trabajos en esta línea hacia Argüelles ya habían sufrido una paralización anterior por la huelga general iniciada en el sector de la construcción de Madrid el 1 de junio. Los trabajadores estuvieron cuatro meses sin cobrar sus salarios que ascendían a un total de ochocientas mil pesetas, deuda que asumió el Consejo Obrero de la Compañía posibilitando que los hogares de esos obreros no se transformasen en auténticas tragedias.

También había surgido otro conflicto cuando los propietarios del establecimiento "El Encanto", sito en la calle de Preciados, 26, esquina a Rompelanzas, dedicado a la venta de abrigos de piel, paño, seda y lana para señoras y sombreros

Nueva línea del Metro

Ha quedado abierta al servicio público la nueva línea Embajadores-Lavapiés-Sol, que funciona desde las 6,30 de la mañana hasta las 2 de la madrugada.

Inauguración Línea 5 Sol-Embajadores.
Anuncio en prensa. 9 de agosto de 1939

promovieron un pleito por supuestos daños y perjuicios motivados por la instalación junto a su local de un pozo de trabajo en el que se colocaron potentes montacargas. Las partes acudieron a los tribunales y el fallo de la sentencia del Juzgado de 1ª Instancia número nueve fue favorable a los intereses de la Compañía. Ya en octubre de 1935 se quejaban los comerciantes mediante comunicados publicados en prensa de que la actividad de este pozo les producía molestias, cuando podía haber sido instalado en otra zona como la existente en la plaza de las Descalzas, y causaba perjuicios empresariales a las industrias instaladas en las "desdichadas calles" de Rompelanzas, Mariana Pineda y plaza de Celenque. En la sesión del ayuntamiento de Madrid celebrada el 28 de febrero de 1936 el concejal Sr. Muiño rogó al presidente que se requiriera a la Compañía del Metropolitano para que activara la desaparición del citado pozo por los perjuicios que venía ocasionando a los comercios de la calle Rompelanzas y de otras próximas.

Esta línea iba a suponer una gran transformación para estos barrios tan castizos y animosos. Hasta entonces, la única forma de llegar a la Puerta del Sol era en automóvil o a pie, en cuyo caso había que superar una pendiente importante, o tomar un tranvía en las rondas tras una buena caminata; con este medio de transporte se tardaba en llegar al centro de Madrid más que si se subía andando. En la

Acceso a estación Callao desde Gran Vía. Madrid
(Archivo histórico del Partido Comunista de España).

propia Puerta del Sol se construyeron unas pasarelas que permitían cruzarla en tres direcciones distintas sin atravesar la calzada ni descender a las galerías del metro.

Desde este momento las actuales líneas 2 y 3 quedaron conectadas por una vía sencilla de enlace construida en la Puerta del Sol cuya finalidad era permitir el cambio entre líneas del material móvil para su traslado a los talleres cuando necesitaban ser reparados los trenes. Contaba con un apartadero de doble vía. Los trenes también podían cambiar entre las líneas 1 y 2 a través de las Cocheras de Cuatro Caminos.

Las obras hacia Argüelles sufrieron una paralización total y el saqueo y destrucción de todas las instalaciones, medios auxiliares y elementos de construcción: la Compañía decidió su reanudación inmediata tras la finalización del conflicto bélico a pesar de que era un barrio totalmente desolado, pero consideraron que la llegada del metro a esta zona iba a contribuir a que la vida volviese a la normalidad porque serviría para animar a los propietarios a reconstruir las fincas derruidas. El trozo Sol-Argüelles se inaugura el 15 de julio de 1941: incluye las estaciones intermedias de Callao, Plaza de España y Ventura Rodríguez con una longitud total de 1.923 metros.

Debido a su uso con fines militares y la proximidad del frente, sólo y de manera permanente se cerró al servicio habitual de viajeros el trozo del ramal Ópera-Norte el 15 de septiembre de ese mismo año. El de Goya-Diego de León también se cierra desde los primeros meses de la Guerra, en concreto el 11 de noviembre para su utilización con fines exclusivamente militares. En determinados momentos la circulación se limitó a los trozos de Cuatro Caminos a la Red de San Luis y de Ventas hasta Sol.

En noviembre de 1936, el número total de coches era de unos ciento sesenta: en las horas de plena carga de los días de mayor tráfico se encontraban en funcionamiento y reserva ciento cincuenta. El servicio establecido para los viajeros suponía, de manera habitual, la circulación de dieciocho trenes por cada línea; debido a los daños causados por los bombardeos únicamente circulaban trece trenes por la línea 1 entre Tetuán y Puente de Vallecas y otros tantos entre Ventas y Cuatro Caminos por la línea 2. Por la entonces línea 5 circulaban habitualmente dos trenes.

Desde el Consejo Obrero, única organización sindical existente en la Compañía, y órgano auxiliar del Sindicato Nacional Ferroviario de la Unión General de Trabajadores, formado por miembros del citado sindicato, se pedía a los "trabajadores del carril"[4], mil seiscientos diez obreros y empleados, que se esmerasen

---

4 Así denominaba *Fafidriano*, miembro de la Sección de Metro de la CNT, a los agentes de la Compañía Metropolitano de Madrid. *El Luchador Órgano Defensor de los trabajadores organizados del Metropolitano*. Marzo de 1937

Rombo Estación de Norte.

en el mantenimiento del material y las instalaciones. La conservación del material móvil generaba discrepancias y llevaba a los agentes de mantenimiento y a los conductores a denunciar situaciones conflictivas[5] con acusaciones mutuas entre estos y los técnicos de Movimiento: zapatas de freno sin impregnar en aceite por la escasez del mismo, aunque sí había existencias fuera de Madrid, daban lugar a continuos rebases; recalentamiento de los cojinetes por la baja consistencia del aceite utilizado; trenes averiados en mayor número que el que figuraba en los datos oficiales; incluso actos de sabotaje como el caso de un tren que salió a línea con una llanta floja y otro que llevaba un motor sin los cuatro tornillos de sujeción. El ingeniero jefe de la división de Movimiento era Ramón López-Mancisidor Solano, al que veremos más adelante como elemento fundamental en las relaciones entre técnicos y agentes de la Compañía.

En la orden de servicio de fecha 1 de octubre de 1936 se ponía en conocimiento de los servicios de Vía y Obras y Talleres, de quienes dependía la limpieza de estaciones y coches, el procedimiento acordado con el médico jefe para intensificar las medidas de carácter sanitario. El material móvil se desinfectaba con una disolución de hipoclorito de cal al 1/1000 y, en su defecto, de zotal cuando llegaban los trenes a las cabeceras y antes de ser barridos para evitar las epidemias, sobre todo cuando llegaba el verano; todos los coches se pulverizaban diariamente con antiséptico desodorante; cada ocho días se lavaba el interior de los coches con agua y jabón; los asientos de rejilla, lugar ideal para que anidaran insectos con alta facilidad, se desmontaban y esterilizaban en la estufa de Talleres sometiéndolos a

---

5 Acta de la Asamblea General Ordinaria celebrada por el Consejo Obrero del Metro el día 21 de diciembre de 1938, en la Casa del Pueblo, continuación de la del día anterior

Sello del Consejo Obrero de la Compañía Metropolitano
de Madrid. 18 de septiembre de 1938.

la temperatura adecuada, operación esta última que se repetía periódicamente cada tres meses. Para evitar que los microbios campasen a sus anchas y afectasen al personal de manera que le impidiese prestar un servicio tan necesario, los mismos productos, hipoclorito y zotal, se aplicaban en las estaciones antes del barrido; la pulverización con antiséptico desodorante se realizaba en andenes, cabinas y WC. Para evitar la propagación de infecciones por medio de ratas se colocaban cepos en los fosos de los andenes y en aquellos otros puntos en que fueran observadas por los agentes: los cepos se revisaban diariamente, se retiraban los animales cogidos y se renovaban los cebos.

Aunque no a rajatabla, se prohibía fumar, escupir y que se ensuciaran los coches con restos de comida y papeles depositados en ellos, haciéndose constantes llamamientos a los viajeros para que contribuyeran al cumplimiento de las disposiciones sanitarias que redundaban en beneficio de la salud pública.

El Reglamento sanitario de transportes de 7 de julio de 1936 obligaba a las compañías de transporte de viajeros a colocar en lugar visible de todos sus coches un rótulo en el que se indicara claramente la prohibición terminante de escupir en el suelo como continuación de la orden de finales de enero de 1927 del gobernador civil de la provincia de Madrid prohibiendo fumar y escupir en los coches de la Compañía al tiempo que imponía a los infractores una multa de cinco pesetas que tendrían que hacer efectiva a los agentes del Metro, entonces considerados Autoridad. En caso de negarse a ello el infractor era trasladado a la comisaría.

Los trabajadores de la Compañía crearon Brigadas de choque en los talleres. Con gran esfuerzo y sacrificio incrementaron en un porcentaje magnífico la actividad y eficacia de sus tareas para producir material que no se podía importar de fuera y otro de gran calidad destinado al Ejército.

Ya en septiembre se produjeron las primeras escaramuzas cuando las mujeres se manifestaban por la Puerta del Sol al grito de "Pan y carbón, o si no, la rendición" y fueron reprimidas violentamente a tiros por guardias de asalto que causaron numerosas víctimas. Pero los madrileños no se dan realmente cuenta de que están en guerra hasta noviembre de 1936 cuando el estómago comienza a doler de manera permanente por la llegada de un nuevo enemigo: el hambre provocada por el desabastecimiento y las raciones de *lentejas con carne*, como se conocían con el gracejo habitual por tener dentro bichos que flotaban además de ser denominadas como "píldoras de resistencia del doctor Negrín". La carne, el pescado y la fruta se convirtieron en artículo de lujo para quienes podían adquirirlo; sólo era fácil encontrar legumbres y arroz, aunque ya en los primeros meses de 1937 se agudizó el problema al faltar en momentos puntuales judías, lentejas o garbanzos. La leche se reservaba exclusivamente para ancianos, niños, mujeres embarazadas y enfermos, estos con certificado médico. El único pescado que podía encontrarse por Madrid eran las chirlas que los madrileños bautizaron como *garabitas*, nombre del cerro de la Casa de Campo desde el que los atacantes bombardeaban la ciudad porque no las tomaba ni Dios. Las ideas para sobrevivir inventaron la merluza levacuada: se conseguía hirviendo en agua desperdicios y raspas de pescado, se le añadía harina, se amasaba con forma de pescado y se freía.

La carne que llegaba se destinaba con preferencia a los que se encontraban en el frente porque tenían mejor derecho, según manifestaba en febrero de 1937 el camarada Nieto, consejero de Abastecimientos de la Junta Delegada de Defensa. A finales de junio el pan que se entregaba a cada persona era de 150 gramos, cantidad que bajó a 100 tres meses después. En Madrid no quedaban ni gatos … de cuatro patas; no se los veía saltar por los tejados sino cociéndose en los pucheros. Los gatos mataban el hambre, y los perros se morían de hambre. Las ratas de agua también desaparecieron en Madrid.

Por octubre de 1936, en los depósitos de Intendencia abundaban los embutidos, conservas, tocino y mantequilla, y en las mesas de los Estados Mayores el caviar, procedentes de la Unión Soviética: las consecuencias se verían posteriormente porque nadie da nada gratis.

Por los alrededores de la plaza del Carmen se formaban colas para adquirir los huesos de vaca desechados por los carniceros de los servicios de Intendencia al precio de dos pesetas por cada dos huesos. Por medio kilo de jamón, los privilegiados que podían conseguirlo pagaban 150 pesetas, y un kilo de lentejas no se encontraba por menos de veinte pesetas.

Los madrileños no iban desencaminados cuando pensaban que les daban gato por liebre o perro por cordero. El 28 de marzo de 1938 se presentó una denuncia en la Comisaría de Vigilancia del distrito de los Cuatro Caminos contra Patricia Álvarez Diéguez, una vecina de 60 años de la calle de Alejandro Rodríguez que había sido detenida por guardias de seguridad tras haber vendido a Pilar Guardeño de Diego, domiciliada en la calle de Proletarios, dos kilos de carne de perro diciendo que era de cordero por quince pesetas. Patricia fue detenida y procesada. Alegó en su defensa que había reintegrado el precio a la denunciante cuando le fue a protestar por el engaño de que había sido víctima. En el momento de su detención encontraron en su casa otro medio perro preparado para la venta y la piel del mismo. Tras una inspección más detallada los funcionarios de la comisaría encontraron un tipo de restos que podrían ser de caballo en tal estado de putrefacción que solicitaron se procediese a ordenar la desinfección de la vivienda. Antes, había vendido la asadura del perro a otra mujer desconocida indicando que se había encontrado el perro muerto cuando volvía a su casa desde el Asilo de la Paloma[6]. Patricia fue condenada a dos años de privación de libertad y a una multa de cinco mil pesetas que irían destinadas a atenciones de guerra.

El 15 de junio siguiente se inició otro procedimiento judicial con motivo de la denuncia presentada por dos agentes de la Oficina de información y control de la Dirección General de Seguridad contra tres vecinos y una vecina residentes en los términos municipales de Chamartín de la Rosa y Fuencarral que son detenidos al ser sorprendidos vendiendo clandestinamente carne de perro que hacían pasar por cordero lechal al precio de 125 pesetas cada uno. Bajo la apariencia de dedicarse a la profesión de componedores de cacharros y paraguas la realidad era que tenían montado un matadero de perros, infringiendo las leyes de abastecimiento y sanitarias dictadas por el Gobierno con el consiguiente riesgo para "la vida de los ciudadanos honrados e hijos de buena fe".[7] En la sentencia dictada el 17 siguiente fueron condenados cada uno a la pena de tres años de privación de libertad y multa de cien mil pesetas que deberían abonar en el plazo de quince días, y si así no lo hicieren por insolvencia se entendería automáticamente que se sustituiría por la prestación obligatoria de servicios en favor del Estado o de los municipios.

Por entonces, los expertos gastronómicos no existían o no querían darse a conocer. En una de las tascas que había en la calle de Arlabán se formaban grandes colas para conseguir unas exquisitas chuletas asadas que se podían acompañar con dos vasos de vino o de cerveza por comensal. Cuentan las crónicas que eran de perro.

---

6 Archivo Histórico Nacional. Causa General. Causas y sumarios de los Tribunales Populares y Jurados de Urgencia y de Guardia de Madrid. Causa número 1. Tribunal Especial de Guardia Núm. 2

7 AHN_FC-CAUSA_GENERAL,146,Exp.23

En materia de subsistencias se realizaba un control exhaustivo y a la menor sospecha se procedía a la detención de los supuestos autores de las infracciones. Es el caso del agente de la Compañía Ambrosio Hueros Lara: se vio implicado en un procedimiento judicial como vocal de la Cooperativa Libertaria del barrio de Picazo del Puente de Vallecas cuando el delegado de la misma fue detenido acusado de haber vendido unos productos adquiridos legalmente a las cooperativas del diario Informaciones y del Ministerio de Hacienda, a algunas embajadas y a la Casa Pascual, taberna sita en la calle de la Luna como establecimiento dedicado a vinos y comidas a pesar de que estaba autorizado para ello y contaba con las guías correspondientes. En apenas once días se instruyó el expediente y se dictó sentencia el 26 de octubre de 1938 con el resultado de absolución con toda clase de pronunciamientos favorables toda vez que el fiscal había retirado la acusación por lo que los detenidos fueron puestos inmediatamente en libertad.

Las quejas de los madrileños también se encaminaban a mostrar su indignación por los banquetes que se ofrecían a todas las autoridades extranjeras que llegaban a la ciudad mientras se carecía de los víveres indispensables para cubrir las necesidades de la población.

Hambre pasaron los habitantes de Madrid durante los más de treinta meses de asedio, *regulada* primero con cartillas de abastecimiento y luego, desde febrero siguiente, con cartillas de racionamiento por sistema de cupones. Hasta entonces seguían realizando su vida habitual tal como se reflejaba en la prensa, con un cambio visible: la palabra que se pronunciaba a gritos en las despedidas era "¡Salud!" y no "¡Adiós!" Tampoco podía decirse "si Dios quiere", "Virgen mía" o "Dios no lo permita". En una cola, tras más de medio día de espera, una joven a la que le llegó el turno de pedir exclamó ¡Gracias a Dios! Poco tardó un miliciano en dirigirse a ella de manera poco animosa indicándole que aquí no se podía mentar a Dios.

Durante una visita a la Residencia Santa Filipina, en la madrileña Avenida de Burgos, el 9 de enero de 2024, me contaba una señora nacida en 1931 que vivía durante la guerra por Tetuán: "salíamos corriendo a refugiarnos en el metro cuando llegaban las bombas, pero daba lo mismo porque te disparaban desde todas partes. Eso no era lo peor; lo que más no hizo sufrir fue el hambre y teníamos que comer lo que hubiera. Mi padre se iba los domingos a Alcalá de Henares porque había unas huertas y cogía lo que podía para que no nos muriéramos de hambre."

A esta necesidad básica se añadió el frío al que no podían hacer frente por la escasez de combustible, que los llevaba a buscar el calor en el interior del metro, aunque la humedad que soportaban era considerable. La trágica carencia de combustible llevó a los madrileños a hacer uso de los muebles para utilizarlos en la cocina. Cada uno se buscaba la vida para sobrevivir. Hacía mucho frío y no había carbón. En ocasiones era bombardeado el parque de El Retiro; finalizada la caída de las "píldoras" toda vecina que podía se acercaba con mucho cuidado a recoger la leña que se habían encargado de partir los obuses.

El diario independiente *La Voz*, en su sección "Los héroes en ayunas", publicó el 6 de febrero de 1937 una feroz crítica sobre lo que sucedía en Valencia con los alimentos que nunca llegaban a Madrid porque incluso las latas de conserva y los botes de leche condensada se vendían abiertos para que no saliera nada de aquella ciudad y sólo pudieran consumirse allí cuando Madrid lo único que pretendía era disponer de lo imprescindible para alimentarse y no comer peor de lo que se hacía en el Levante, aunque en la costa se degustaban buenos manjares. El mozo de estación Isidoro Tovar González respondió a ese editorial en una columna publicada el 13 de marzo siguiente en *Nuestra Brigada*. Bajo el título *Madre Valencia, los que luchan en la trinchera, te saludan* hacía un llamamiento a la unidad, al tiempo que agradecía a la "Madre Valencia" su hospitalidad y dadivosidad, puntualizando que ni el pueblo de Madrid ni los que se encontraban en el frente iban a consentir ese tipo de opiniones ni en contra de Valencia ni de ninguna otra región española, opiniones que sólo pretendían alborotar.

El sufrimiento que se padecía cuando se perdían los alimentos conseguidos provocaba situaciones tristes y angustiosas. Marcelino Valero García, agente con la categoría de vigilante en el servicio de Estudios y Replanteos, vecino de la calle de Juan de Olías, llegó un buen día a su casa llorando de rabia porque había conseguido una botella de aceite y cuando estaba a punto de dársela a su madre se derramó todo su contenido tras ser atravesada por una bala perdida. El susto de su progenitora fue tremendo al ver como a su hijo le corría un líquido desde el costado derecho: pensaba que era sangre de alguna herida provocada por algún obús.[8]

El hambre no se padeció de manera puntual, sino que estuvo presente en Madrid durante casi toda la Guerra afectando a la moral de sus habitantes tanto física como mentalmente. El diario *La Voz* de 25 de noviembre de 1937, edición de Madrid, en la sección *Aceras de Madrid* decía: "Mucho canto heroico, mucha literatura bonita; pero de comer ¿qué? Cambiamos un saco de romances por medio kilo de patatas, porque de romances tenemos ya atestadas las despensas." Y añadía sin quejarse ni pedir nada lo que era de sobra conocido: los que tenían posibles no tenían que esperar colas y podían darse no uno sino varios homenajes porque "Aquí mismo, en Madrid, hay todavía algunas diferencias que no dicen nada en nuestro favor. En casi todos los grandes hoteles, en bastantes casas particulares, en algunos restaurantes que solo abren sus puertas para los amigos íntimos siempre

---

8 Testimonio de Rafael Valero Huerta, técnico ayudante de Metro de Madrid. 4 de marzo de 2021

hay comida de sobra, aunque a las pobres amas de casa no se les haya dado ese día, oficialmente, más que un real de pimentón." En la Posición Jaca, residencia del general Miaja en la Alameda de Osuna se reunían a la mesa los principales jefes militares profesionales y los cabecillas milicianos invitados por su jefe: "Los menús eran espléndidos, teniendo en cuenta las restricciones impuestas por la guerra. Solían componerse de tres o cuatro platos fuertes, dos postres, café, vinos y licores, aparte de aperitivos y entremeses, todo ello abundante y bien condimentado por hábiles cocineros."[9] A esos *festines pantagruélicos* acudían los conocidos como "rusos", tanto los técnicos procedentes de la URSS y los jefes de las Brigadas Internacionales que tenían sus cocinas propias en las que se condimentaban los alimentos al estilo de sus respectivos países. En 1938, en uno de los plenos del Frente Popular Antifascista de Madrid se acordó habilitar los solares urbanos que reunieran condiciones para utilizarlos como huertas en las que sembrar legumbres y hortalizas para combatir los problemas de alimentación.

Los madrileños encontraban en la tierra algo con lo que intentar tener el cuerpo contento. María Luisa Barbero Flores[10], madre de un agente de la Compañía, cuenta que se iba por los campos con otros críos a recoger los granitos que se perdían tras la siega, los ponían en un barreño, vendían una parte y con la otra intentaban hacer pan para consumo propio. A este trabajo le pusieron como nombre la "rebusca".

Las colas para adquirir alimentos no estaban bien vistas por las autoridades ya que consideraban que sólo suponían la pérdida de un tiempo que se podría dedicar a trabajos relacionados con la industria de la guerra. La norma era que no se podía poner nadie para hacer cola antes de las siete de la mañana porque se corría el riesgo de que los milicianos actuasen. El procedimiento represivo consistía en trasladar a las infractoras a El Pardo y luego hacerlas volver andando. La forma de eludir estas consecuencias era la de darse la vez y esconderse en los portales hasta que llegara la hora, turnos que se respetaban escrupulosamente salvo contadas ocasiones.

Otras colas se generaban motivadas por "vicios burocráticos": las que se podían ver ante el Ministerio de la Guerra en septiembre de 1936 formadas por los campesinos llegados a Madrid en busca de armas que esperaban horas y horas mientras veían a través de los cristales de las ventanas las actitudes ociosas de los funcionarios; o las que se generaban ante el Monte de Piedad para desempeñar

---

9 Así lo relata Regina García en *Yo he sido marxista*. Uno de los días el menú se componía de "puré de cangrejos, salmón a la rusa, solomillo de vaca en su jugo y tarta a la crema, a más de unas espléndidas naranjas de Wáshington de la mejor calidad. Con el café nos sirvieron cognac y vodka"

10 Conversación mantenida el 22 de febrero de 2022

algún elemento allí depositado y que no podían hacerlo los interesados cuando les contestaban lo de "vuelva usted mañana" porque no encontraban la papeleta.

Por el contrario, sí eran una buena imagen de la normalidad las colas que se hacían para entrar a los teatros y las que se formaban para adquirir periódicos. De todas, las más criticadas eran las que hacían los hombres para conseguir tabaco, a las que se acercaban también mujeres para que se lo fumaran sus compañeros. Como cualquier hija de vecina, las actrices más conocidas se bajaban de los escenarios de los teatros a la calle para ponerse en las colas. Una de ellas, Carmelita Sevilla, profesora de la Escuela de Actores, contaba al reportero Juan del Sarto en una entrevista que iba a conseguir lentejas de cualquier forma porque iba a volver a las colas las veces que hiciera falta "hasta que, en el Manzanares, ya convertido en puerto de mar, consigan entrar barcos de gran calado."[11]

La Agrupación de Mujeres Antifascistas de Madrid creó en el verano de 1938 unos grupos conocidos como los "rondines" para vigilar las actividades de la "quinta columna". Actuaban en los lugares en los que había aglomeración de mujeres para escuchar cualquier tipo de conversación o comentario que diese lugar a la desmoralización de los ciudadanos. Las colas de abastecimiento eran un punto en el que se podían escuchar frases sobre la situación y cómo podría resolverse. Las integrantes de los "rondines" estaban preparadas políticamente para combatir esas ideas con argumentos convincentes y también para actuar contundentemente contra sus autores. Su trabajo detectivesco permitía interrogar a alguna mujer cuyas respuestas las llevaban a conocer datos de otros individuos que eran detenidos posteriormente por ser contrarios al régimen republicano.

Las discusiones en las colas eran muy habituales, sobre todo por las personas que no respetaban sus puestos y se ponían chulas alegando que ellas se levantaban a la hora que querían o que le había dado ese número otra persona. Había mujeres que se pinchaban con alfileres en los dedos para que se crearan alborotos al ver la sangre y así avanzar unos puestos. Alguna de estas "incontroladas", a falta de pan, recibió buenas tortas de otras integrantes de las colas que estaban en ellas desde altas horas de la madrugada.

La espera en las colas llegó a traer consecuencias trágicas para un empleado de la Compañía Metropolitano de Madrid y su familia. El electricista Felipe Álvarez Pesquera había ingresado en 1929 como peón, ascendiendo a ayudante y luego a oficial de segunda en el servicio de Talleres; natural de Miguelánez (Segovia), había emigrado hasta Cercedilla porque su padre trabajaba como guardaguias en el funicular de esta localidad de la sierra madrileña. Estaba casado con la madrile-

---

11 *Mundo Gráfico*. 7 de julio de 1937

ña Josefa Inés Sanz Ferreiro. Vivían en la calle de Relatores, 7, en el último piso; cuando se producían bombardeos bajaban a refugiarse a los pisos 1º y 2º que habían sido incautados por el Partido Comunista a sus propietarios, un matrimonio formado por José Manuel Careaga y Concepción Muguiro.

Una mañana, mientras Josefa esperaba en una cola de racionamiento de aceite desde la tarde anterior llamó la atención a una señora que pretendió colarse detrás de ella cuando resultó que había perdido su sitio porque tras la llegada por la noche de los aviones con las bombas se marchó corriendo hasta su casa. Josefa se dirigió a ella impidiendo que se colocara donde no le correspondía[12]; la citada señora, de nombre Vicenta, resultó ser el ama de llaves de un sacerdote, Vicente Sánchez Bergua, que vivía en su mismo edificio, en la calle de Relatores, 7. Vicenta acostumbraba a decir que todas las mujeres que esperaban en las colas eran unas putas; cuando lo hizo esta vez, Josefa le rompió en la cabeza la botella de aceite vacía que tenía al tiempo que le respondió: "La única marrana que hay aquí eres tú que duermes con san Antón"[13]. Felipe y Vicenta tuvieron una hija, Ana María, que en realidad se llama Libertad. Nació en 1936, y cuando contaba con 3 años de edad se presentó la Guardia Civil en casa de unos tíos suyos que vivían en el número 23 de la calle de Fermín Salvochea (antes Molinuevo, y Picos de Europa en la actualidad), 23, Vallecas, exigiendo a su padre que le cambiara el nombre y que la bautizaran, lo que hicieron en la parroquia cercana de San Francisco de Asís, actuando como padrinos los porteros del edificio. Como el día anterior, 26 de julio, se celebraba santa Ana, no se complicaron la vida y le pusieron este nombre.

El riesgo asociado a los conflictos que se producían en las colas era que los milicianos disparasen para solucionarlos.

Finalizada la Guerra, el ama procedió a denunciarla acusándola de roja y de haber provocado la detención del sacerdote en varias ocasiones porque cuando le preguntaban los milicianos por él afirmaba que lo era por ser de conocimiento público, aunque él intentara ocultarlo. El portero de la casa declaró sobre los hechos ocurridos en esa vivienda y el sacerdote también acusó a Josefa como la causante en origen de la persecución sufrida por él y de acudir por las mañanas a la Pradera de San Isidro a mofarse de los cadáveres de los fusilados la noche anterior.

Vicenta también denunció a otras personas, entre ellas a Felipe. El resultado fue que se inició un procedimiento judicial en el que Josefa fue condenada como autora de un delito de adhesión a la rebelión a la pena de treinta años de reclusión

---

12 Conversación con su nieta Ana Isabel Losada Álvarez. 10 de enero de 2022

13 Conversación con su hija Ana María Álvarez Sanz. 11 de enero de 2022.

mayor y Felipe absuelto[14]; se le había pedido por el fiscal la pena de muerte. Josefa cumplió su pena en la cárcel madrileña de Las Salesas y en la Prisión provincial de Santander hasta su liberación provisional a principios de abril de 1942. A Josefa le cambió el carácter desde el momento en que fue detenida y así lo demostraba en ocasiones complicadas. En una de ellas, ya en la cárcel, fue llamada para ser interrogada porque había llegado a conocimiento de los responsables de la prisión que era titular de multitud de propiedades. Inés lo negó, lo que era cierto, aunque luego respondió irónicamente que sí, que tenía tres: la cárcel, el hospital y el cementerio, pero que como ya estaba en la primera, les regalaba las otras dos. La respuesta fue que recibió tal somanta de palos que estuvo tres meses sin poder sentarse.

Ana María vio a su madre tres veces en catorce años porque la niña estuvo interna en un colegio de la calle madrileña de san Francisco de Sales que funcionaba a modo de reformatorio. Josefa no quería hablar ni contar nada por miedo a que las oyeran, pero sí le dijo en una ocasión que un niño de tres años no paraba de llorar en la prisión; le cogió una carcelera por los tobillos y le estampó contra el suelo hasta que se le salieron los sesos. Otra de las pocas veces que habló les refirió que en el turno de tarde entraba una celadora y leía los nombres de las mujeres que iban a morir por la noche: las que no estaban en la lista daban las gracias porque sabían que iban a vivir al menos 24 horas más.

A pesar de la resolución judicial favorable Felipe fue sometido al pertinente proceso de depuración y acabó causando baja definitiva en la Compañía por despido el 15 de mayo de 1939 según propuesta aprobada por la Dirección General de Ferrocarriles, Tranvías y Transportes por Carretera el 12 de diciembre de 1941. Felipe consiguió sacar de la cárcel a su hija, que contaba con tres años de edad. Se trasladaron a vivir a Cercedilla, localidad madrileña en la que tenían familiares. Nadie se atrevía a darle trabajo al "rojo" a la luz del día: iban a buscarle de noche los ricos de derechas para que reparara averías eléctricas sin que se enteraran el resto de vecinos. Solucionaba todas las incidencias de este tipo que se producían en el cuartel de la Guardia Civil, donde Ana María vio una vez como le pegaban dos hostias sin ningún motivo, sólo porque le salió de las narices al guardia. Felipe contrae tuberculosis y muere en este pueblo serrano en septiembre de 1944 cuando contaba con 37 años de edad.

Esperar en las colas significaba que las mujeres que ya trabajaban en fábricas y talleres iban a llegar tarde al trabajo, o no llegaban. El dilema era importante: o trabajaban sustituyendo a los hombres que habían marchado al frente y mantenían la actividad con las máquinas y herramientas o pasaban hambre, ellas y sus familias.

---

14 AGHD. Sumario número 9252

El autor con Ana María Álvarez Sanz Valladolid.
25 de enero de 2025.

Una posible solución era la de crear cooperativas por los sindicatos que garantizaran el abastecimiento.

En las colas las mujeres bromeaban y reían. La fina ironía de los madrileños le sacaba punta a cualquier situación. Publicaba el diario *La Libertad* el 9 de febrero de 1937 una viñeta en su sección "La semana en broma, por Blas"; dos mujeres mantenían esta conversación en la calle:

- Estoy indignada. Quieren quitarnos los únicos buenos ratos que tenemos…
- ¿Van a cerrar los cines?
- ¡Mucho peor!... ¡¡Se proponen suprimir las colas!!

El día de Navidad de 1937 y el 1 de enero siguiente se repartió un huevo por persona, fechas que Madrid bautizó como las de la *fiesta del huevo*. A los aviones que volaban de madrugada les pusieron *el lechero* y a los que llegaban a las once de la noche *el sereno*. Los huevos se podían conseguir, pero a precio de oro. Esto le ocurrió a Fernanda Gallego, una vecina de la plaza de Antonio Zozaya, luego desde 1941 del General Vara del Rey, que compró una docena para hacérselos fritos a sus hijos y tuvo que pagar dos duros por cada uno: el dinero estaba, pero no había alimentos que comprar. Era muy habitual que se pagaran treinta pesetas por doce huevos, y ya se consideraba desproporcionado pagar cincuenta. Una lengua de caballo costaba 35 pesetas y un kilo de longaniza cien, siempre que se pudieran encontrar.

Y sin perder el humor recordaban con sarcasmo uno de los consejos que le daba reposadamente y "con claro y desenfadado entendimiento" Don Quijote a Sancho Panza: "Come poco y cena más poco; que la salud de todo el cuerpo se fragua en la oficina del estómago."[15]

De manera esporádica, la Cruz Roja Española realizaba entrega de alimentos a la población civil en las salidas de las estaciones del metro. No lo anunciaban previamente para evitar colas y aglomeraciones, pero sí comunicaban que esas acciones habían finalizado para no generar falsas expectativas y evitar viajes en balde.

Buscarse los garbanzos se convirtió en un oficio que se practicaba sin distinción de la categoría social de cada uno. El conductor Benigno Sánchez Alonso se vio implicado en un procedimiento judicial por delito de "Acaparamiento y precios abusivos". La cuestión fue que Benigno, que era el presidente del Comité de Vecinos de la calle de la Cabeza, 34, acompañó en un par de ocasiones a su convecino Ángel Jiménez Camacho, guardia municipal, durante unos viajes que realizaron por la provincia de Cuenca de donde regresaban con harina, aceite, huevos, cebollas, quesos y lechugas adquiridos en las localidades de Montalvo y Villares sin contar con autorización para realizar este tipo de operaciones comerciales. Ángel vendía parte de sus adquisiciones a precios muy superiores a los de compra. Finalizó el juicio con la imposición de una multa de cuatro mil pesetas, y subsidiariamente a una pena de cuatro meses de trabajos forzados en beneficio del Estado. Pudo pagar el importe de la multa en mensualidades de 150 pesetas cada una cuando el Tribunal Especial de Guardia número tres de Madrid accedió a ello debiendo hacerlo en los cinco primeros días de cada mes. Había realizado la petición basándose en "que como quiera que tanto mi familia como el dicente no viven más que de un jornal relativamente exiguo en las circunstancias actuales como empleado del metro cuyo jornal asciende a la cantidad de 396 ptas. mensuales y como no tengo de momento la totalidad de la cantidad a que he sido condenado y, por otra parte, la mayor parte del ya dicho jornal para atender a las necesidades más perentorias de mi familia"[16], por lo que solicitaba esa gracia.

---

15 *El Ingenioso caballero don Quijote de la Mancha II*. Capítulo XLIII. De los consejos segundos que dio Don Quijote a Sancho Panza

16 AHN_FC-CAUSA_GENERAL, 157, Exp.57

Una estampa madrileña que desapareció durante la guerra fue la de los mendigos, entre los que se incluían los que se colocaban en las bocas del metro. Cuando los milicianos se encontraban con alguno le interrogaban sobre el porqué de su comportamiento y así comprobaban si la necesidad era real y no se trataba de algún pícaro profesional. Los mendigos reales eran dirigidos a cuarteles, centros de milicias o comedores y allí recibían su ración de comida. La mendicidad se había prohibido expresamente a principios de mayo de 1937: los que estaban necesitados tenían que presentarse en los servicios de Asistencia Social para ser asistidos. En el caso de que se detectara a cualquier persona dando limosna a un pedigüeño ambos serían detenidos, trasladados a la Dirección General de Seguridad y sancionados según procediera.

Otra estampa típica: la aparición de las chinches desde la primavera de 1938. En Madrid no se hablaba de otra cosa cuando llegaron estos parásitos; incluso se encariñaron con los asientos de los coches del metro motivando que se procediese a cambiar el mimbre del que estaban construidos por madera para evitar transmisiones infecciosas.

La alimentación de la población fue una preocupación permanente de las autoridades tanto por la escasez de suministros como por la calidad del género. Los trabajadores de la industria de guerra realizaban en las fábricas y talleres jornadas interminables que les impedían adquirir víveres para su manutención. Se encontraban solos tras la evacuación de sus esposas e hijos y no podían perder el tiempo esperando en las interminables colas[17] para adquirir alimentos dado que las casas de comidas y los restaurantes se encontraban cerrados, ni desplazarse hasta sus domicilios por encontrarse habitualmente distantes del centro de trabajo.

Para solucionar en parte este problema se crearon en las fábricas los comedores colectivos en los que, por un precio módico, de entre 1,50 y 2 pesetas, se podía tomar una comida sana, variada y abundante que eliminaba el plato único. La existencia de comedores colectivos permitía agilizar la evacuación de mujeres y niños porque el marido ya tendría dónde comer; además, la evacuación de la población civil permitiría a los combatientes evitarse las preocupaciones de si sus familiares iban a verse afectados por los bombardeos y si iban a poder comer cuando ellos no pasaban necesidad, cuestiones que les evitaría la desmoralización. Al tiempo, se ahorraban preocupaciones a las autoridades que podrían centrarse en defender la ciudad con los combatientes, únicos que deberían permanecer en ella.

---

17 Tal era el número de muertos que hasta en los cementerios se formaban colas para poder ser enterrado, situación agudizada por los retrasos generados por falta de ataúdes y personal

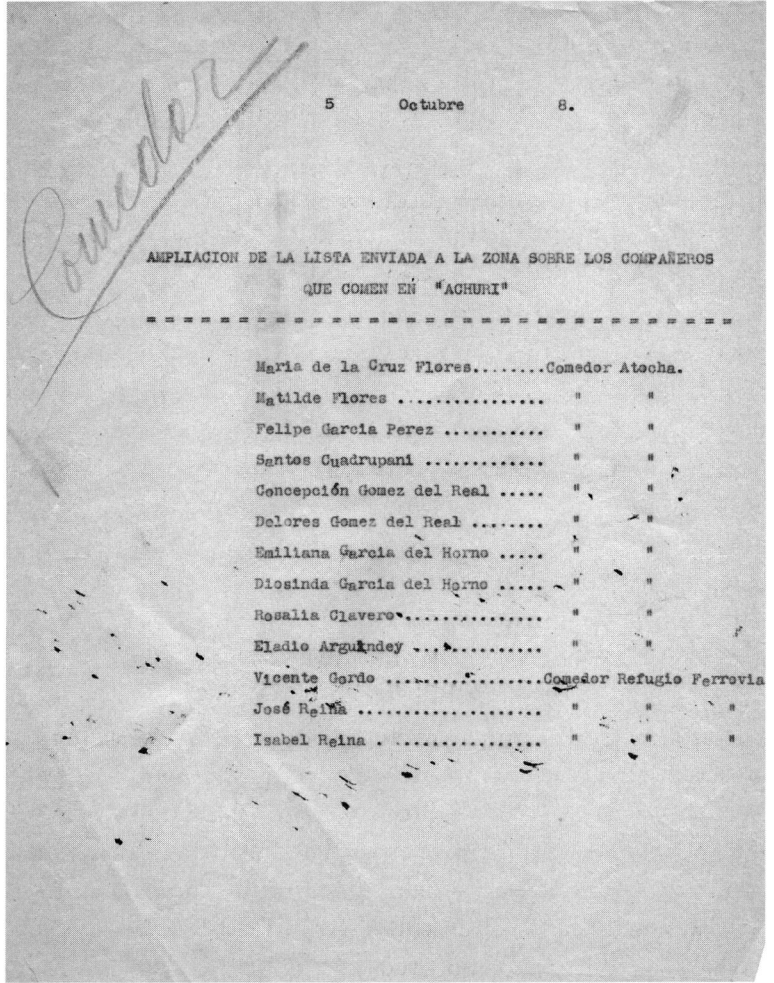

5   Octubre   8.

AMPLIACION DE LA LISTA ENVIADA A LA ZONA SOBRE LOS COMPAÑEROS
QUE COMEN EN "ACHURI"

Maria de la Cruz Flores........Comedor Atocha.
Matilde Flores ....   "   "
Felipe Garcia Perez .... "   "
Santos Cuadrupani .... "   "
Concepción Gomez del Real ..... "   "
Dolores Gomez del Real .... "   "
Emiliana Garcia del Horno ..... "   "
Diosinda Garcia del Horno ..... "   "
Rosalia Clavero...............   "   "
Eladio Arguindey ...\.........   "   "
Vicente Gordo ....,.........Comedor Refugio Ferrovia
José Reina ....   "   "
Isabel Reina . ...   "   "

Relación de agentes de la Compañía que comen en el Restaurate Achuri. 5 de octubre de 1938.

Al no existir suficientes comedores colectivos y no contar con uno propio en la Compañía, los agentes realizaban sus comidas en establecimientos concertados. Hay datos de que en 1938 uno de ellos era el Restaurant *Achuri*, sito en la calle del Príncipe, 39; era propiedad de doña Casilda Maján Avilés, viuda de Cástor Jáureguibeitia Ibarra, torero conocido como *Cocherito de Bilbao*. Este negocio había sido incautado en febrero de 1937 por un grupo de miembros del Sindicato Nacional Ferroviario a los que acompañaba un representante de la Junta Delegada de Defensa para destinarlo a comedor de ferroviarios. La incautación finalizó en diciembre de 1938. En septiembre de este año se comunicó a todos sus usuarios que se iba a cerrar por lo que para seguir recibiendo este servicio deberían elegir entre el Comedor del Refugio Ferroviario o el Comedor de Atocha, previa presentación en las oficinas del Sindicato Nacional Ferroviario, Sección Consejo Obrero del Metro, en la calle de Alarcón, 11, de la "tarjeta abono" expedida por el *Achuri*.

A finales de 1938 se concedió por la Dirección General de Abastos un comedor colectivo de mil plazas, sito en la calle de Santa Engracia, 132, aunque entraría en funcionamiento cuando se ejecutarán unas pequeñas obras para acondicionar el espacio. Antes, se habían realizado gestiones para conseguir un comedor para los 1.800 agentes de la plantilla, aunque los propios empleados de la Compañía entendían que habían tenido una sobrealimentación durante varios meses, caso que no había pasado en ningún otro ferrocarril.[18] Este exceso alimenticio no lo era en términos relativos porque las jornadas que realizaban alcanzaban tal grado de penosidad que era casi imposible calcular y medir el desgaste humano que implicaban.

En diciembre de 1937 la delegación de Abastos había tenido a bien conceder a todo el personal que se encontraba en activo una sobrealimentación por considerar que el trabajo que se realizaba en este ferrocarril era similar al de las minas. El lote asignado a cada empleado se integraba por un kilo de judías, otro de garbanzos y uno más de arroz, medio kilo de lentejas y otro medio de azúcar, un litro de aceite y cien gramos de café. En abril de 1938 se incluyó bacalao en el lote. Pero no era gratis: el pago se realizaba mediante el correspondiente descuento en la nómina del mes siguiente y cada beneficiario tenía que aportar los envases tanto para los artículos sólidos como para el líquido porque se carecía de bolsas y papel para su empaquetamiento por su escasez. Hubo ocasiones en que se recibían donaciones de alimentos, como la que realizó en julio de 1938 la 34ª Brigada Mixta a la Sección Juventud de Metro consistente en 1.322 raciones de pan que se repartió entre todos los trabajadores por decisión del Comité de Control.

Las Brigadas Mixtas se conocían por este nombre porque eran unidades integradas por varias armas: cuatro batallones de Infantería, un escuadrón de Caballería, un grupo de Artillería de campaña, una compañía mixta de ingenieros y transmisiones, una unidad médica, una sección de intendencia y una unidad encargada de las municiones; dependían de un cuartel general que planeaba y ejecutaba las operaciones: El término mixtas también se debe a que estaban integradas por las primeras milicias de voluntarios, reclutas que se incorporaban, oficiales profesionales del Ejército y otros miembros provenientes de los Cuerpos de Carabineros y de la Policía.

Desde el mismo momento en que estalla la Guerra, las autoridades del Gobierno de la República intentan transmitir que la situación en Madrid es de norma-

---

18 Acta de la Asamblea General Ordinaria celebrada por el Consejo Obrero del Metro el día 2 de enero de 1939, en la Casa del Pueblo, como continuación de la de los días 20, 21 y 22 de diciembre de 1938

lidad y que es dueño absoluto de la misma, al tiempo que recomienda serenidad frente a los disparos aislados de los provocadores que pretenden generar un injustificado estado de alarma y que provienen de las terrazas y algunos pisos. A los tiradores aislados se les conocía como *pacos* por onomatopeya del sonido *pac* que se oía cuando chocaban las balas: eran practicantes del *paqueo*. Cuando se localizaba la supuesta ubicación del lugar del que procedían los disparos los milicianos disparaban contra él de manera furiosa, indiscriminada, y estéril la mayor parte de las veces.

El 25 de julio de 1936 Rex Smith, jefe de Redacción de la agencia de noticias estadounidense Associated Press, escribía una carta al subsecretario de Estado Sr. Ureña solicitando autorización para que tres miembros ingleses de la agencia pudiesen volar en un aeroplano hasta Burdeos para conseguir que en todo el mundo pudieran conocer "la verdadera situación de la Capital" a través de la publicación de unas fotos en sus dos mil periódicos, sobre todo "los numerosísimos de Suramérica donde tanto importan las cosas de España" indicando que "Madrid vive una vida normal dentro de los incidentes propios de una revuelta importante". "Madrid está triste, hambriento y gris" era el aspecto que presentaba la capital para el chileno Carlos Morla Lynch el 16 de marzo de 1937.[19]

Días después, el periódico *Hoja Oficial del Lunes* publicaba en la página dos de su edición del 3 de agosto de 1936: "Madrid, capital de la República, ha vivido, como las jornadas anteriores, en plena normalidad. La del domingo, con teatros, cinematógrafos, paseos públicos, metro, tranvías, …, que se han visto abarrotados de población civil que con admirable espíritu de ciudadanía se ha entregado al asueto y a las expansiones propias del día."[20], información que radió el Ministerio de la Gobernación como resumen de noticias del día a las diez y media de la noche. Por la época del año en que nos encontramos, los madrileños vivían casi de manera permanente en las calles para evitar el ambiente tórrido del interior de las casas, los vecinos se reunían hasta altas horas de la madrugada para aprovechar la *fresca* y continuaban al aire libre cuando llegaba la hora de acostarse en colchones colocados en terrazas, balcones, patios, corrales y portales sin techo. Los colchones eran objetos preciados desde que el 13 de octubre de 1936 se publicó en la Gaceta de Madrid una orden del Ministerio de la Gobernación por la que se procedía a su

---

19 *España sufre. Diarios de guerra en el Madrid republicano*

20 Entre otros cines, en el Rialto se proyectaba *Morena clara*, protagonizada por Imperio Argentina y Miguel Ligero; en el Carretas la sesión era continua desde las 11 de la mañana y el programa doble: *Una fiesta en Hollywood*, con Laurel y Hardy, y *El misterioso señor X*, con Robert Montgomery. Los teatros dedicaban sus instalaciones principalmente a la celebración de actos benéficos en favor de los combatientes y los afectados por la guerra y otros propagandísticos

incautación junto con la de las mantas. En las casas habitadas se permitía uno por cama y se requisaba el cincuenta por ciento de los excedentes de esta cifra porque se necesitaba la lana para la confección de prendas de abrigo para los combatientes.

El 23 de agosto se celebró una corrida de toros en Las Ventas con la asistencia de unos veinticinco mil aficionados que abarrotaron la plaza de toros a pesar de los altos precios por ser de beneficencia. Ni el importe de las localidades ni la aparición de un avión, en realidad una avioneta, inmutaron a los madrileños que comprobaron cómo este aparato se dedicaba únicamente a lanzar octavillas. Al principio, para los madrileños todo era una fiesta: nunca pensaron que lo que les venía encima era algo más que un simple atrevimiento militar.

Esta aparente situación de normalidad continúa incluso en los momentos más intensos del asedio. Cuando el político, sindicalista y periodista suizo León Nicole llega a Madrid en noviembre de 1937 por la carretera de Valencia escribe que "la primera mirada, estamos aquí frente al frente, nos deja con la impresión de una vida normal", notando los efectos de la guerra cuando llega a la plaza de Colón y se encuentra la estatua del marino protegida con sacos llenos de tierra descubriendo que la quinta parte de las casas de la ciudad están completamente destruidas. Añade a continuación que "Los habitantes circulan en silencio. Los niños, todavía numerosos, juegan alegremente en el pavimento y las aceras, las mujeres, siempre vestidas con cierta preocupación por la elegancia, se ocupan de sus asuntos, preocupadas por el suministro del hogar."

La población infantil estaba en la calle, sobre todo en las del barrio de Salamanca al que habían sido evacuados los niños con sus familias. Las escuelas no funcionaban porque los maestros se dedicaban a otras labores relacionadas con la guerra. La falta de educación y de adquisición de cultura era un riesgo añadido al aprendizaje de la calle que suponía funestas consecuencias como la pérdida de hábitos de trabajo y de esfuerzo que malograrían en el futuro los beneficios del proceso educativo.

En Madrid sólo se interrumpieron las costumbres religiosas, al menos públicamente: los bautizos, las comuniones, las bodas religiosas y las misas desaparecieron del paisaje madrileño porque los conventos, las iglesias y otros edificios dedicados al culto fueron asaltados, algunos quemados y los que se mantuvieron en pie se convirtieron en cárceles, checas, cuarteles y hospitales de sangre, a pesar de que Manuel Irujo y Ollo, ministro de Justicia, católico y vasco como se definía él, manifestaba en *Frente Libertario* el 18 de agosto de 1937[21] que había propuesto al

---

21 *Frente Libertario* reproduce las declaraciones que el ministro había realizado al corresponsal del diario francés *Le Temps* y publicadas en este

Consejo de Ministros la creación de un Comisariado de Cultos que garantizase las creencias religiosas de cada ciudadano y el funcionamiento de todas las Órdenes y Comunidades eclesiásticas en cumplimiento de lo dispuesto en el Artículo 26 de la Constitución de la República Española de 1931. El Gobierno había creído oportuno autorizar de nuevo el culto católico, aunque en privado, y pronto se abrirían todas las iglesias, hecho que no se produjo porque era imposible su utilización. En la que se encontraba en la calle de Torrijos esquina a la de Porlier entraron los milicianos el 18 de julio de 1936 rompiendo las puertas; a continuación, procedieron a colocar dos orinales en las imágenes.[22]

La persecución a los fieles no impedía que estos se las ingeniasen para cumplir clandestinamente con sus deseos religiosos. Curas amigos de las familias escondidos en sus casas, otros disfrazados de milicianos que se desplazan desde los establecimientos en los que trabajan y algunos más que se encuentran refugiados en sus propios domicilios se encargaban de decir misa y administrar la confesión y la comunión. Las medidas que adoptaban les permitía pasar inadvertidos para el resto de los vecinos y los porteros. En el domicilio del Encargado de Negocios de la Embajada de Chile, Carlos Morla Lynch, se oía misa todos los días: "una ola de beatería" decía el diplomático que existía en su casa de la calle de la Reforma Agraria, 48, hoy Alfonso XII, frente al Retiro.

El empleado de oficinas con la categoría de ordenanza en el departamento de Recaudación Francisco Cota Álvarez tuvo que incorporarse con carácter obligatorio al Ejército rojo el 25 de noviembre de 1937 por ser llamada su quinta, aunque lo hizo tras haber conseguido retrasar seis meses la orden recibida alegando que la Compañía Metropolitano estaba militarizada. Ello no fue óbice para que sus propios compañeros le denunciasen. Alcanzó el grado de Comisario de Compañía, aunque lo ejerció de manera interina mientras se encontraba ausente por enfermedad el titular de su brigada. El nombramiento se produjo porque en su ficha constaba que sabía leer y escribir, a pesar de sus alegaciones en el sentido de que no tenía capacidad para ejercer el cargo ya que carecía de cualquier experiencia política. Mientras estaba en el frente por las provincias de Castellón y Teruel solicitó permiso para visitar a sus familiares aprovechando para que el Padre Agustino Nicolás Urteaga Urrestarazu bautizara a uno de sus hijos el 11 de agosto de 1938 en una vivienda de la calle de Lista, 68, obviando todo tipo de precauciones, aunque previamente le habían advertido de las consecuencias de este acto religioso.[23] Finalizada la Guerra ingresó en la Prisión

---

22 Testimonio de Luis Villarroel Martínez

23 AGHD. Sumario número 2048

provisional de San Juan de Mozarrífar, barrio situado al norte de Zaragoza: su causa fue sobreseída.

A partir del 3 de septiembre de 1936, el Consejo Obrero del Metropolitano, Sección Ferroviaria de Madrid, estableció un servicio nocturno del metro para que pudieran desplazarse los compañeros que trabajaban por la noche: desde las cabeceras de las líneas 1 y 2, de lunes a viernes, de Tetuán y Cuatro Caminos respectivamente salían trenes a las tres, cuatro, cinco y seis de la mañana, y de las estaciones de Vallecas y Ventas a las y media de esas mismas horas. Los sábados y domingos no se prestaba este servicio[24] quedando únicamente en circulación una dresina[25] de las tres que formaban parte del Parque de Material Móvil de la Compañía entre Tetuán y Vallecas para la revisión de la línea aérea. Para poder viajar en estos trenes era preciso estar en posesión del carnet que demostrase la afiliación sindical y de un volante justificativo del trabajo a realizar expedido por la organización correspondiente. A partir del 19 de octubre siguiente se decidió establecer que el precio del billete fuese único: a quince céntimos entre las 22:30 y las 6:30 horas, destinándose esta recaudación íntegramente al Socorro Rojo Internacional. La primera cantidad correspondiente a este servicio nocturno fue de 356,10 pesetas por la venta de 2.374 billetes y se entregó en la primera semana de noviembre junto con otras dieciocho mil pesetas provenientes de la suscripción entre empleados y obreros en favor del SRI. A partir de abril de 1937 el Comité de Control tomó la decisión de que todas sus aportaciones a distintas organizaciones como el SRI o el *Altavoz del Frente* se entregarían a la Junta Delegada de Defensa de Madrid para que esta destinase esas cantidades a quien lo considerase más conveniente sustituyendo el sello de Socorro Rojo Internacional que llevaban los billetes nocturnos por otro que decía "Servicio de Guerra". El SRI correspondió a la solidaridad de los obreros y empleados de Metro repartiendo en abril de 1937 unas 5.500 raciones de comida entre estos y los tranviarios.

También en momentos puntuales, tanto en lo referente a días como a horas, y a consecuencia de los numerosos bombardeos que llegaron a perforar en algunas ocasiones la bóveda del túnel en las estaciones -Atocha el 14 de noviembre de 1936 y Puerta del Sol el 17 siguiente, como ejemplos- y la necesidad de utilizar la Red de metro para fines bélicos, se cerraron otros trozos al servicio de viajeros. En el bombardeo del 17 se vieron afectados más de cien edificios: el número de muertos fue de unos cuatrocientos y el de heridos de novecientos.

---

24 Desde el sábado 10 de octubre de 1936 este servicio nocturno se realizaba los sábados y domingos con tranvías en las líneas de Vallecas, Ventas, Cuatro Caminos, Prosperidad y Puente de Toledo

25 La dresina es un vehículo ferroviario utilizado para el traslado de materiales y personal necesarios para la realización de tareas de mantenimiento y reparación de las instalaciones ferroviarias

Bombardeos sobre la Puerta del Sol. Efectos en el metro.
Ilustración de Rafael Valero Huerta.

Ante el asedio que sufría la capital de la República, y con el fin de dotar de la máxima eficacia a los servicios civiles y militares, el Ministerio de la Gobernación ordenó el 8 de octubre de 1936[26] lo siguiente en cuanto a horarios: "Los servicios del Metropolitano y tranvías cesarán a las once y media de la noche y no se reanudarán hasta las cinco y media de la madrugada. El Metropolitano mantendrá en sus líneas principales un servicio de hora en hora, que sólo podrá ser utilizado por las personas autorizadas a circular. Para ello es requisito presentar el documento que lo acredite al sacar el billete."

---

26 Gaceta de la República del 10. Durante los cuatro meses y medio primeros de la guerra el SRI como institución benéfica había repartido más de un millón de prendas entre todas las personas necesitadas, sobre todo para aquellas que habían perdido sus hogares

Entre otras modificaciones más de horarios, a partir del 5 de junio de 1937, por necesidades del servicio, se suspende la circulación de los trenes nocturnos en todas las líneas entre las 5:00 y 6:30 horas. En septiembre siguiente se publicaba en algunos periódicos la queja sobre la frecuencia de paso de los trenes entre las ocho y las diez de la noche en el trozo de Sol a Vallecas porque se producían intervalos de entre 10 y 12 minutos debido a la reducción de material que ordenaba el responsable del servicio de Movimiento, lamentándose al tiempo de que los trenes de cuatro coches no llevaran dos guardafrenos, que era lo reglamentado, y de la limpieza y vigilancia del funcionamiento de las puertas automáticas con el consiguiente riesgo de accidente para los viajeros.

Desde el 1 de octubre de 1937 el servicio dejó de prestarse entre las 22:30 y 6:30 horas debido a la necesidad de ejecutar determinadas reparaciones indispensables en las instalaciones. Una vez efectuadas estas, a partir del 25 siguiente se pone en conocimiento del público el restablecimiento de la circulación de trenes en la línea 2, Ventas-Cuatro Caminos, y ya el 28 desde Tetuán a Vallecas.

Las estaciones también se cerraban a la misma hora desde ese 1 de octubre. Este hecho motivó que por diversos cauces los trabajadores que realizaban sus tareas en turnos de noche se dirigieran al Consejo Obrero de la Compañía solicitando que se restableciera el servicio por tratarse de una gran ventaja por su rapidez en el desplazamiento a sus talleres, sobre todo cuando Madrid se quedaba a oscuras. Otros ciudadanos solicitaban que no se cerrasen las estaciones por tratarse del único refugio seguro en todo Madrid en caso de ataques nocturnos de la aviación o artilleros. Y añaden, finalmente, que este servicio de apertura lo podía prestar el personal de la limpieza consiguiendo que el gasto de esta medida fuera escaso.

A partir del 1 de febrero de 1938 se cierra el acceso y funcionamiento de la estación de Ópera[27] en la plaza de Fermín Galán, circulando por ella los trenes de la línea 2 pero sin efectuar parada en la misma. La Alcaldía-Presidencia comunicó que se realizaba "por convenir así a las necesidades del servicio, debiendo hacer uso los que vinieran utilizando la estación referida, por más próximas, de las de Santo Domingo y Puerta del Sol."

Ya el domingo 26 de junio de 1938, el servicio se presta hasta la salida a las 24:00 horas del último tren de las cabeceras de las líneas 1 (Tetuán y Puente de Vallecas) y 2 (Ventas y Cuatro Caminos), y Sol de la línea 5, manteniéndose el

---

27 La Estación de Ópera cambió su nombre por el de Fermín Galán y la de Iglesia por el de Pintor Soro-lla tras el requerimiento efectuado al Consejo Obrero de la Compañía del Metropolitano de Madrid por el Consejo Municipal tras acordarse el mismo en la sesión de 28 de mayo de 1937 a propuesta del consejero Sr. Macías; fueron rotuladas definitivamente en julio siguiente

Billete de máquina National. Medidas originales 5 x 3 cms.
Octubre 1937. Estación Fermín Galán, actual Ópera

servicio en el horario nocturno habitual, como el indicado anteriormente del 3 de septiembre de 1936.

Desde el 17 de agosto de 1938 se suspende el servicio de viajeros entre las 10:30 y 12:30 por causa de las restricciones en materia de suministro de energía eléctrica. El 17 de enero de 1939 se cierra el servicio al público entre las 22:20 y 6:30 horas por reparaciones indispensables en las instalaciones. Este cierre supuso un grave inconveniente para los trabajadores nocturnos, que llevó a un grupo de obreros gráficos de Prensa a dirigirse a los camaradas del Ferrocarril Metropolitano de Madrid el 12 de febrero solicitando el pronto restablecimiento de la circulación desde las 22:20 horas para no tener que soportar las inclemencias del tiempo y el tiempo que trasladaban en llegar a sus domicilios desde las distantes zonas en que se encontraban los talleres.

El 19 de octubre de 1938 el Comité de Control respondió a un oficio del Ayuntamiento de Madrid en el que solicitaba la prolongación de la apertura hasta las doce de la noche; la respuesta fue que el horario vigente era temporal y obligado por la necesidad de realizar reparaciones indispensables motivadas sobre todo por la revisión y reparación de las instalaciones de línea aérea para evitar averías cuya finalización ocurriría en breve.

En una declaración firmada en Zaragoza con fecha 4 de octubre de 1938 por el hasta el 5 de marzo de ese año agente de la Compañía Anastasio Tejero Aparicio, mozo y jefe de estación, encontramos diversos aspectos relacionados con la evolución del Metro desde el inicio de la contienda hasta la fecha de su salida de Madrid. Este documento incluye su evolución laboral hasta el momento en que fue movilizado y tuvo que marchar al frente. En la década de los 60, Anastasio formó parte del Consejo de Administración de la Compañía como vocal representante del personal.

En el apartado subrayado "Funcionamiento del Metro" manifiesta: "Este no ha dejado de funcionar casi nada, el material se ha destrozado enormemente. Existencias quedan pocas y los talleres se trasladaron todos a Ventas que es donde trabajan. La línea de Embajadores también funciona con dos trenes y los trabajos de prolongación de ésta están parados todo el tiempo. La circulación se hace con trece trenes en cada línea en vez de los dieciocho que eran antes pues no hay material para dar este servicio. El servicio de trece trenes se da hasta las diez de la noche, de esta hora en adelante funciona un tren cada media hora aparte de los que utilizan guerra de vez en cuando."

La línea de los Barrios Bajos funcionó de manera irregular, con interrupciones del servicio por su utilización para fines relacionados con la guerra. Sabemos que Pedro Sánchez Sánchez[28], nacido en 1915, y tornero de profesión, trabajó en ese túnel durante muchos meses en tareas relacionadas con la producción de material bélico.

Una preocupación añadida de las autoridades de Madrid y de la Compañía fue la ordenación del paso de los viajeros por los trenes. La prensa del 6 de diciembre de 1938 publicaba una nota de la Comisaría General de Seguridad estableciendo las reglas para el uso de los mismos con el objetivo de evitar posibles desgracias y ordenar en lo posible la utilización por el público de los coches de la Compañía: a los coches se accedería exclusivamente por las puertas centrales quedando las dos laterales para la salida al andén y se prohíbe viajar en los topes, entre acoples y en las cabinas de mando de los trenes. Cualquier viajero que no obedeciera las instrucciones de los empleados de la Compañía y de los agentes de la Autoridad era conducido irremediablemente a la comisaría a efectos de imponerle la pertinente sanción. El día 25 de diciembre de 1938 fueron detenidas por un agente policial de servicio, en un edificio cercano a la estación de Tetuán, en la portería de la calle del Doce de Abril, 2, y presentadas ante la Policía en la Comisaría de Seguridad de Chamartín de la Rosa las viajeras Carmen Martínez García y Paula

---

28 Conversación con su hijo Pedro Sánchez Obregón. 2 de octubre de 2020

Estación de Tetuán. Andén 2. 6 de noviembre de 2020.

García Cascales, de treinta y veinticinco años de edad respectivamente, porque al llegar sobre las ocho y media de la mañana a la estación en un tren proveniente de Puente de Vallecas intentaron salir por la puerta central del coche, lo que les reprochó un joven desconocido que se encontraba en el andén, respondiendo Paula con un bofetón, aunque ella lo negó diciendo que únicamente le había empujado para que permitiera su salida porque conocía las normas del metro pero pensaba que no "estaban en vigor en las estaciones de final de trayecto". Intervino a continuación el responsable de estación de 1ª, Pascual Casajús Xatart[29], de servicio en la estación, que al oír voces que partían de uno de los coches obligó a las dos viajeras a salir por una de las puertas laterales; a continuación, y ya en el andén, Carmen pronunció palabras groseras e insultantes para todos los presentes, y otras comparando el estilo y actuaciones de los seguidores del Gobierno, siendo este el momento en que Paula pegó el tortazo al joven, lo que motivó su procesamiento acusadas de un delito de derrotismo.[30]

La medida adoptada para organizar la entrada y salida de los viajeros a los coches se había tomado como consecuencia de las apreturas que se producían en los andenes del metro. Los agentes de la Compañía actuaban rígidamente generándose grandes atascos para el acceso por la puerta central porque impedían el

29 Pascual superó el expediente de depuración tras finalizar la Guerra con una sanción de diez meses de suspensión de empleo y sueldo

30 Archivo Histórico Nacional. Causa General. Causas y sumarios de los Tribunales Populares y Jurados de Urgencia y de Guardia de Madrid. Causa número 10. Juzgado de Instrucción número 1. Expediente 10/1939

mismo por las puertas laterales incluso cuando ya habían descendido todos los que se apeaban en cada estación. Si lo que se pretendía era poder salir de los coches sin impedimento humano, una vez que se había producido la salida de todos los viajeros lo procedente habría sido permitir también el acceso por las puertas laterales y desatascar la del centro y que nadie se quedase en el andén cuando había espacio en el interior del tren. En enero de 1939 el Comité de Control de la Compañía manifestaba ante la Comisaría General de Vigilancia de Madrid que los agentes de esta introducían cambios en la aplicación de la normativa -provenientes de la Superioridad- generando confusión entre los viajeros porque no se les comunicaban previamente las modificaciones implantadas; se producían molestias y reclamaciones que no podían evitar los empleados de la Compañía que siempre acataban las órdenes. En el escrito se añadía: "Como nuestro Servicio Técnico tiene la experiencia de estos veinte años de explotación, creemos que sería muy conveniente que antes de que fuese dictada por la Autoridad ninguna medida que afectase a la manera de realizar la explotación, se pusiese de acuerdo con dicho Servicio Técnico, para conseguir eficazmente el fin que todos perseguimos, que es el de realizar nuestro transporte en las mejores condiciones para el viajero, Así se evitaría lo que ahora ocurre con las disposiciones que primeramente fueron dictadas por esa Autoridad, y que ahora, después de haberse modificado, han sido nuevamente ordenadas y que la experiencia ha demostrado no son favorables para la buena marcha del Metropolitano." A partir del momento en que las medidas se suavizaron las situaciones conflictivas continuaron y ya en febrero de 1939 desde la prensa se pedía mayor severidad para atajar los desmanes que se producían por la aglomeración de personas en el metro, sobre todo entre las seis y las siete y media de la tarde cuando se iniciaba la reducción de tranvías en circulación basada en criterios de inexistencia de luz solar.

Los coches tenían tres puertas por costado hasta que se pusieron en servicio en 1942 los tipos "Bulevares" y "Salamanca", aunque en 1936 se había alargado desde los 25,300 metros hasta los 29,606 la pareja formada por los coches M-7 y R-7 al tiempo que se modificaba cada uno de ellos con cuatro puertas por costado.

La Guerra Civil no supuso en ningún momento que el personal del Metropolitano cambiara su tradicional estilo de comportamiento basado en la dedicación al trabajo y la honradez en el trato con el público. La bien ganada fama de la amabilidad de las taquilleras y revisoras queda documentada en algún ejemplo concreto. El diario *Pensamiento alavés* publicaba en su edición del 6 de noviembre de 1936 lo que le sucedió a una dama cordobesa recién liberada por el Tribunal de la checa del Círculo de Bellas Artes cuando llega a la estación de Banco de

Prensa. Recreación Grupo "Frente de Madrid"
Estación de Chamberí. 23 de marzo de 2014.

España -probablemente-, o a la de Sevilla: "Eran las diez de la noche cuando la señora cordobesa se encontraba en la calle, a larga distancia de su domicilio y sin un céntimo, decidiendo entonces llegar a una taquillera del *Metro*, informándola de su situación, teniendo la suerte de que se condoliera de ella, dándole un billete hasta la estación más próxima a su casa, con ofrecimiento de que al día siguiente le abonaría su importe, como así lo hizo, acompañándolo de un obsequio." *Cortesía de boca, mucho consigue y nada cuesta*, dice un refrán que podríamos aplicar a las personas que protagonizaron esta situación.

Un caso en el que la honradez de los agentes de la Compañía sale una vez más a la luz fue el que sucedió el 15 de octubre de 1937 en la línea de los Barrios Bajos sobre las dieciocho horas. El responsable de tren número 170, Manuel Garrido Torres, se encontró una cartera, hecho que puso inmediatamente en conocimiento de sus superiores responsables de la línea durante su turno. Al poco tiempo se presentó en la estación de Embajadores una señora llamada Concepción Dans, vecina del 96 de la calle del mismo nombre manifestando que había perdido una cartera con documentos y 4.200 pesetas y estaba intentando recuperarla. Tras los trámites pertinentes, una vez comprobado su contenido, se entregó el *objeto perdido* a la viajera. Tras acabar la Guerra, Manuel se vio implicado en un procedimiento judicial[31] acusado de haber alojado en una vivienda del edificio en el que vivía, en la calle de San Raimundo, antes llamada de Luis Fernández Martínez, 46, a unos doce o catorce evacuados procedentes de Santa Olalla (Toledo) tras la incautación del edificio por fuerzas socialistas de Artillería además de haber sido presidente del comité de vecinos y haber desaparecido de la vivienda en la que residía el casero todos los muebles, ropas y enseres, además de una radio que se llevaron miembros del Sector de Cuatro Caminos que tenía su sede en la calle de Bravo Murillo, 107, y que devolvieron por la intervención del administrador de la casa. Manuel negó en todo momento haber intervenido en los saqueos, ni como autor ni como delator. En el informe emitido el 11 de noviembre de 1939 por el responsable de personal de la Compañía se le califica como "hombre de buena conducta político-social" en todas las épocas, prestando servicio de manera continuada en su puesto de trabajo "siendo respetuoso y disciplinado con sus legítimos jefes, observando buena conducta y actuación." Sin embargo, los informes de la Dirección General de Seguridad le acusaban de extremista y persona carente de todo tipo de moral ya que estaba casado y era padre de seis hijos a los que tenía prácticamente abandonados y hacía vida marital con una empleada de la Compañía con la que también tenía otro hijo. Tras ser juzgado, Manuel fue condenado a la pena de dos años de prisión por el delito de auxilio a la rebelión, aunque se le conmutó por la de un año de prisión menor que cumplió de manera atenuada en su domicilio con la obligación de estar a disposición del juzgado ante el que debía presentarse regularmente.

El inicio de la contienda trajo consigo un problema añadido para la Compañía y el Gobierno. Los agentes de la Compañía, en número de 52, que se integraron voluntariamente en las milicias fueron enviados a las ferroviarias. Algunos fueron destinados al tren blindado, otros estuvieron por el Frente de Guadalajara en el Batallón "Numancia" de las Milicias Sorianas, constando su prestación también en tareas auxiliares, como las realizadas por el jefe de estación Manuel Zapatero Martínez en sus almacenes en Miralrío (Guadalajara), entre octubre de 1936 y febrero siguiente, según figura en el procedimiento sumarísimo de urgencia número 29081 en el Archivo General e Histórico de Defensa.

El conductor Leopoldo Sanz y Sanz también formó parte de estas milicias que partieron para Guadalajara el 21 de julio a las órdenes del comandante Martínez de Aragón llegando posteriormente a alcanzar el grado de comandante[32] tras su incorporación como voluntario en el ejército rojo el 20 de octubre siguiente. Leopoldo intervino en la creación de la 2ª Brigada Mixta, y luego fue destinado

---

31 AGHD. Sumario número 52028

32 AGHD. Sumario número 3936

a la 16ª que operaba en el frente de Levante hasta la terminación de la Guerra, regresando a Madrid el 29 de marzo dirigiéndose nada más llegar a las fuerzas nacionales de Chamartín de la Rosa para realizar la entrega de dos pistolas y una escopeta de caza que obraban en su poder y el coche que utilizaba por razón de su cargo. Fue procesado y condenado a muerte por un delito de auxilio a la rebelión, pena conmutada por la de veinte años de reclusión menor. Leopoldo defendía por escrito desde la trinchera que para triunfar era precisa la existencia de un Mando Único, la exigencia de disciplina y el respeto mutuo. La disciplina había que aplicarla de "arriba a abajo", empezando por los jefes y oficiales que ocupaban cargos de responsabilidad, teniendo que ser estos los primeros en cumplir fielmente con sus obligaciones para evitar que reprender a un inferior cuando se carecía de categoría moral para ello fuera en contra de los intereses del Ejército republicano cuyo único fin era, precisamente, acabar con los inmorales a la vez que traidores, y que para ganar la guerra eran imprescindibles la disciplina, el valor y la voluntad.

Los trabajadores que estaban alistados en las milicias o movilizados dejaron de percibir sus salarios por lo que se les permitía viajar sin abonar el correspondiente billete con la consiguiente disminución de ingresos que, añadido al gasto destinado a las obras de reparación de los daños causados en las instalaciones del Metro por las bombas, llegó a imposibilitar el pago de los salarios. Regularizado el abono del jornal, el 13 de febrero de 1937 el Comité de Control aprueba y publica la decisión del servicio de Explotación para que "A partir del día 16 próximo todos los Milicianos, Movilizados y Militares, cualquiera que sea su clase y graduación, que deseen viajar, deberán adquirir el oportuno billete."

Ya el 19 de julio había sido herido en un combate sobre Atienza (Guadalajara) Enrique Zamarrón Polo. Fue dado por desaparecido al no tener noticias sobre él, pero había fallecido. El diario de izquierdas *La Región* editado en Santander, publicaba el 14 de agosto una entrevista con Enrique, reproducida de *El Norte de Castilla*, mientras se encontraba hospitalizado después de haber sido hecho prisionero por los requetés: el periódico castellano había sido lanzado desde aviones sobre el barrio de La Albericia. Sus manifestaciones contradecían las noticias que se emitían desde Madrid por los canales oficiales. Decía que había salido de la capital con otros milicianos en camiones con la orden de recoger a los heridos para que las tropas no se dieran cuenta de la enorme cantidad de bajas que estaban sufriendo. Añadía que la recluta de voluntarios se encontraba con enormes dificultades porque los obreros no acudían a la llamada de los sindicatos y se escondían o intentaban pasarse al bando nacional tras conocer la realidad de lo que pasaba en los frentes tomando las organizaciones revolucionarias como solución la realización de sorteos para ver qué milicianos iban al frente, siempre que los encontraran,

COMPAÑEROS:

Los trabajadores del Metropolitano, queriendo en todo momento prestar los mejores servicios para el triunfo de nuestra causa, no han dejado de dar cuantas facilidades han podido para que, además de que el pueblo de Madrid tuviera el mejor servicio posible, nuestros compañeros que estaban alistados en las Milicias o movilizados pudieran utilizar gratuitamente nuestro Servicio ya que muchos de ellos no percibían jornal alguno.

Pero en la actualidad además de encontrarse ya regularizado el abono de jornal a todos estos compañeros, los numerosos gastos que tenemos para sostener el servicio, nos obligan a tomar la determinación siguiente:

‹A partir del día 16 próximo todos los Milicianos, Movilizados y Militares, cualquiera que sea su clase y graduación, que deseen viajar, deberán adquirir el oportuno billete.›

Creemos que todos vosotros os dareis cuenta de la razón que nos asiste y prestareis vuestra colaboración para que este Servicio de tanta importancia para todos pueda seguir funcionando como hasta ahora lo ha venido haciendo.

Madrid 13 de Febrero de 1937.

Aprobado:

El Comité de Control

METROPOLITANO DE MADRID
EXPLOTACIÓN

Barrera.-Madrid

Aviso sobre la obligatoriedad de adquirir billete para viajar.
13 de febrero de 1937.

amenazándoles incluso con quitarles la vida. Continuaba haciendo referencia a la carencia de víveres ante la falta de suministro por las provincias leales que se encontraban incomunicadas. Finalmente, hacía referencia a las manifestaciones del comandante Martínez de Aragón, al frente de las milicias comunistas, que acusaba a sus hombres de pusilánimes y carentes de disciplina y valentía para morir como hombres, dedicándose únicamente a defenderse desesperadamente sin ninguna fe en su esfuerzo.

Los empleados del Metro se distinguían por su "valor, honradez e inteligencia"[33] en el frente. Dignos de alabanza, sus rasgos hicieron que en gran número fueran ascendidos al poco de incorporarse a las milicias.

El electricista Eulogio Rincón Sancho llegó a comisario político[34] de Compañía hacia mediados de 1938, ostentando tal cargo hasta la finalización de la contienda. En el frente de la Ciudad Universitaria Leopoldo Sanz y Sanz ascendió a capitán; los jefes de estación José Sampayo González a teniente de Estado Mayor, y luego a capitán; Fernando Muñoz Sánchez a teniente de la sección de ametra-

---

33 *Rail.* 23 de febrero de 1937. Entrevista de Enrique Goñi al comandante de la 2ª Brigada Mixta

34 Los comisarios políticos realizaban labores culturales y propagandísticas a través de la enseñanza a los analfabetos, la confección de los periódicos murales y el fomento de las bibliotecas, además del lanzamiento de proclamas con altavoces hacia las posiciones del bando enemigo. La finalidad era elevar la moral de los combatientes además de realizar labores de organización y disciplina

lladoras; José María Martín de Eugenio a intendente general; José Diaz González, Enrique Gallostra Garrido y Mariano García Martín a tenientes, aunque Enrique llegó a desempeñar temporalmente el cargo de capitán accidental por ausencias del titular de la Compañía; y los mozos de estación Isidoro Tovar González y Berenguer Roy Jadraque a tenientes ayudantes y Urbano Liso Calero, a teniente.

Entre los soldados que se encontraban en el frente de la Ciudad Universitaria, independientemente del bando en el que estuvieran encuadrados, se presumía sarcásticamente de ser *universitarios* sin haberlo imaginado nunca ni saber leer muchos de ellos.

Por esta zona se movía Amando López, soldado aguador del Ejército que se encargaba de llevar en un burro los botijos para que los soldados pudieran hidratarse. Vivía en una casa de la calle, o callejón, de Luis Misson, que daba al convento de las monjas salesianas hijas de María Auxiliadora de la calle de Villaamil. Regresaba del frente a su casa, a menudo lleno de piojos.[35] Su futura esposa, Petronila Hernández, que por aquel entonces contaba con dieciséis años de edad, se refugiaba en el sótano de la casa cada vez que sonaban las sirenas avisando de la llegada de aviones enemigos porque se agarrotaba y no era capaz de correr para llegar hasta las estaciones de metro de Estrecho o Tetuán. Los bombardeos de artillería eran más traicioneros que los aéreos porque las sirenas no los anunciaban y podían estallar las bombas en la cara de los transeúntes. Las sirenas sonaban tres veces para cerciorarse de que las oía todo el mundo. El oficio de Amando era el de porlandista, especialista en el tratamiento de la piedra artificial tanto en su fabricación como en su colocación que le llevó a trabajar en la construcción del Valle de los Caídos hasta que se produjo un error en la colocación de las piedras, se le hizo responsable en parte y aprovechó para no seguir allí con su labor.

En 1936 los ingresos de la Compañía por todos los conceptos -viajeros y ascensores, publicidad, y otros de carácter financiero- disminuyeron un 4,62 por 100 sobre los del año anterior, aunque el resultado final fue positivo por importe de 1.319.935,12 pesetas. El descenso fue espectacular desde las 1.456.503,05 pesetas recaudadas por venta de billetes en junio de 1936 hasta las 1.091.118,05 del mes siguiente.

En 1937 se incrementan los ingresos al pasar el número de viajes efectuados de 105.740.667 (17.316.813,10 Ptas.) a 131.277.158 (23.603.019,85 Ptas.), a pesar de encontrarse cerradas al público las estaciones de Norte, Lista y Diego de León durante todo el año. En 1938 se produce una mínima disminución de ingresos respecto a los del año anterior, incrementándose de nuevo en 1939. En cualquier caso, durante este período siempre hubo beneficios, como en todos los ejercicios anteriores desde 1919.

---

35 Conversación con su nieta María del Carmen Espinosa López. 30 de abril de 2021

La labor de ingeniería financiera de los rectores de la Compañía dio resultado en un tiempo muy breve. En julio de 1936, cuando es preciso paralizar las obras de construcción de la línea 5 hasta Argüelles, se mantenía un saldo negativo con los bancos de 3.790.000 pesetas, incrementándose poco después hasta los cuatro y medio. El motivo fue la obligación de incorporar a la plantilla a los dos mil obreros de las empresas contratistas, entre ellas la constructora Agromán, que perdieron sus puestos de trabajo, y cuyos jornales importaban unas ochocientas mil pesetas. La Banca había permitido un mayor endeudamiento de la Compañía para atender los salarios de estos trabajadores por su confianza en el Comité de Control tanto como la habían tenido con el Consejo de Administración. En agradecimiento al comportamiento del Consejo Obrero el Ministerio de Obras Públicas se hizo cargo posteriormente de estos obreros. Con estas medidas, en abril de 1937 se liquida el déficit bancario.

El personal de la Compañía llegó a achacar la disminución de ingresos en determinados momentos a que no se había implantado el taladro en diversas estaciones para controlar a la salida los billetes cuyo importe se abonaba en función del trozo que se había recorrido: había que indicar a las taquilleras en el momento de adquirirlos cuál era su destino. Tras una reunión con las inspectoras e inspectores de línea se decidió entregarlo como utensilio de trabajo, no apreciándose una variación significativa en los ingresos de esas estaciones[36] porque era tal la aglomeración de viajeros que no era posible controlar todos los billetes. Las revisoras también se quejaban de que los puestos de trabajo no reunían las condiciones para realizar su labor de manera eficaz y de la falta de apoyo de las autoridades cuando se generaban situaciones conflictivas con los viajeros.

En algunos casos las revisoras encontraban apoyos imprevistos. El 13 de enero de 1938 estaban de servicio en la estación de Sorolla[37] Enriqueta Cruz Iturralde y Leocricia Ramírez Pérez cuando sobre las trece horas las hermanas Pilar y Manuela Medrano Ballesteros, que habían entrado por la estación de Bilbao, se negaron a abonar los sesenta céntimos correspondientes al importe de su recorrido más la sanción correspondiente por viajar ambas sin billete al considerarlo abusivo, formándose un gran escándalo. Consideraban que el precio era abusivo porque el importe del viaje era de diez céntimos cada una y que habían pagado, pero Manuela había perdido los billetes. Avisado el jefe de estación Lorenzo Rosado Ruiz, subió acompañado de su padre, Aquilino Rosado Romo, que por ca-

---

36 Acta de la Asamblea General Ordinaria celebrada por el Consejo Obrero del Metro el día 22 de diciembre de 1938, en la Casa del Pueblo, continuación de la de los dos días anteriores

37 Inaugurada con el nombre de Iglesia recuperó el mismo al finalizar la Guerra Civil. El cambio de nombre de Sorolla se produjo el 5 de junio de 1937

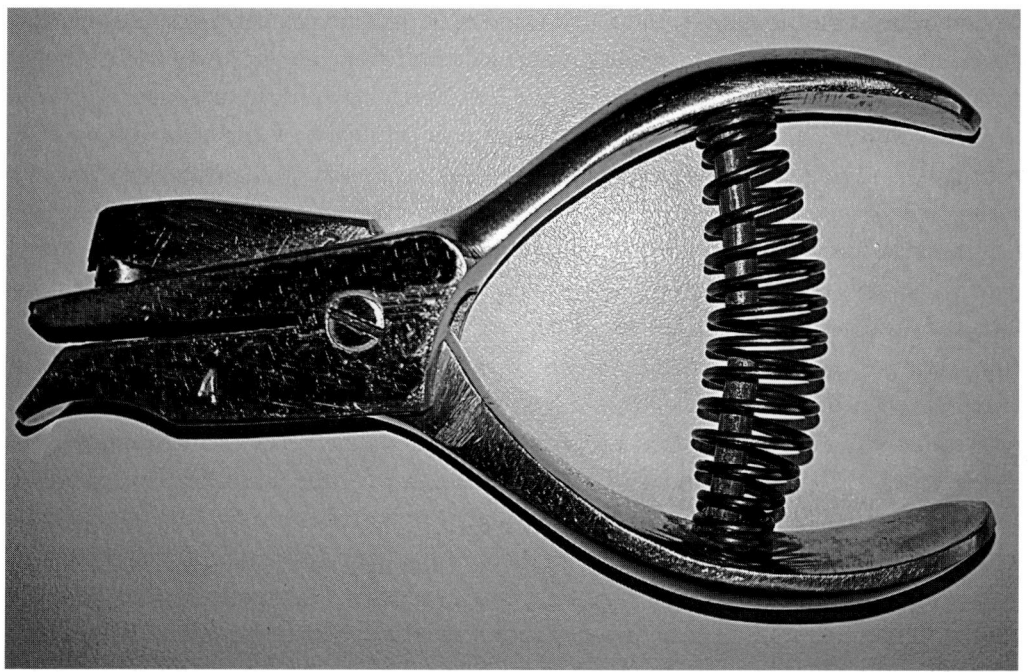

Taladro utilizado para picar billetes.

sualidad se encontraba con él en la cabina del andén dirección Puente de Vallecas. Lorenzo tomó la decisión de que las viajeras se marcharan abonando únicamente el precio del billete desde la estación en la que decían haber entrado para evitar que se produjeran incidentes mayores ante el carisma violento que se estaba generando porque los viajeros se posicionaron en favor de las hermanas. En ese momento Aquilino sacó un arma que había cogido del cajón de la mesa de la cabina del jefe de estación, para la que este tenía licencia, situándose en la escalera de salida en actitud amenazante hacia las dos viajeras a las que indicó que iba a matarlas. Detenidos los cuatro protagonistas, se pasaron unos días en la cárcel, de la que salieron Pilar y Manuela el 22 de enero; Lorenzo y su padre fueron absueltos por el incidente, pero continuaron en prisión acusados de un delito de auxilio a la rebelión militar por el asunto del arma.

Los agentes de estaciones tenían que soportar los corros que se formaban alrededor de los charlatanes y vendedores de todo tipo de baratijas, gorros y otros atributos militares y un tipo de comida que se conocía como "bocadillos a peseta", además de tener que aguantar las correrías de los pilluelos que asaltaban a los viajeros en vestíbulos y andenes. Estos jovencillos eran conocidos como *gorriones*, incrementándose el número de los que ya pululaban por Madrid con los que llegaron de los pueblos al iniciarse la Guerra.

¡Había que sobrevivir! La picaresca hizo su aparición en forma de uniformidad: se llegó a generar la conocida como "mafia de la boina", formada por un grupo de avispados mercaderes que en la calle vendían por quince céntimos gorros de miliciano que permitían pasar por la taquilla sin pagar a quienes los llevaban puestos, levantando el puño y gritando: ¡¡Salud, compañero!! Para convencer a los viajeros de que era preciso pagar el precio del billete se organizaron por el Consejo Obrero servicios de vigilancia en los vestíbulos. Tras tres meses de insistencia consiguieron que todo el que quería viajar en los trenes adquiriera previamente un billete con el argumento de que no solo era necesario mantener los jornales del personal de la Compañía, sino que el metro tenía que seguir funcionando en beneficio de la población de Madrid. La boina triunfó en Madrid: desparecieron los sombreros, las corbatas y los zapatos relucientes *apañaos* por los *limpias*. Si alguien llevaba estas prendas seguro que se trataba de un extranjero. El *sinsombrerismo* era una moda importada de Rusia. El sombrero fue calificado por Solidaridad Obrera como una "indumentaria antiestética, innecesaria, reveladora de la presunta superioridad de la mollera que lo sostiene". El gremio de sombrereros protestó por esta postura que les podía suponer la ruina porque nadie iba a entrar en sus establecimientos en los que también se podían adquirir agua de colonia, bastones, calcetines, camisetas, carteras, chalecos de punto, corbatas, cuentos infantiles, hojas de afeitar, hornillos eléctricos, impermeables, juguetes y pañuelos. El sindicato rectificó manifestando que el sombrero y la boina eran beneficiosos para la salud. Llevar sombrero o corbata no influye en la ideología de la persona, pero parece que estaba mal visto y no era difícil encontrarse con individuos que antes vestían estas prendas y ahora parecían andrajosos calzando alpargatas y vistiendo trajes raídos y sucios. También se eliminaron los cuellos de las camisas, transformándose la moda en una auténtica porquería. Los milicianos tampoco pagaban entrada en los cines ni sus consumiciones en los cafés y en los hoteles.

El viajero desaprensivo se beneficiaba, o lo intentaba, de cualquier situación. Algunos habían observado como los ferroviarios que disfrutaban de abono para viajar gratis en el metro pasaban por las revisiones sin enseñar la tarjeta y diciendo únicamente "abono", de lo que se fiaban las revisoras. Al día siguiente, esos habilidosos ciudadanos realizaban su entrada usando el truco. Por ello, se pidió a todos los ferroviarios que mostrasen su tarjeta en el momento de pasar por el vestíbulo. La Dirección General de Sanidad tuvo que advertir que los brazaletes que llevaban su personal era un mero distintivo para la realización de servicios oficiales que no les autorizaba a viajar gratis en los tranvías y el metro. Los milicianos decían que no iban a pagar el metro hasta que a ellos no les abonasen sus salarios.

Igualmente se advirtió a todos los empleados de la Compañía de las consecuencias que se derivarían del uso incorrecto del pase familiar al acceder por las revisiones y no querer mostrarlo a los agentes de servicio. Debía de presentarse tantas veces como lo solicitasen los compañeros del servicio de Movimiento para facilitar el trabajo de las revisoras: si no se hacía de acuerdo con estas instrucciones les sería retirado por tiempo indefinido. El incumplimiento de las obligaciones derivadas del uso correcto del pase daba lugar a conflictos que eran presenciados por el resto de los viajeros, dañando con ellos la imagen y el prestigio de esta industria ferroviaria. El pase, o billete de libre circulación, era personal e intransferible, se consideraba nulo sin el sello del Comité de Control o la firma del interesado quien debía identificarse cada vez que así le fuera solicitado, pudiendo ser anulado por el Comité cuando este lo estimase oportuno. Los empleados de la Compañía que portasen este documento podían utilizar los asientos de los coches siempre que no fuesen de uniforme y no hubiera viajeros que habían pagado su billete y pudieran utilizarlos. Si no cobraban el sueldo no podían comer ni los agentes ni sus familias. El Metro ya no era de nadie más que de los obreros y no se permitieron disculpas

Aviso colocado en el interior de los coches informando a los viajeros de la obligación de conservar el billete hasta la salida.

para no pagar, incluso las de los milicianos que no tenían para hacer frente al precio del billete porque llevaban dos meses sin cobrar. Una frase que se llegó a oír habitualmente de boca del personal de la Compañía era la siguiente: "Aquí paga hasta Miaja."

Desde la Célula Comunista del Metro se advertía que algunas taquilleras y revisoras no cumplían con su deber permitiendo el paso a viajeros sin billete instando al resto de empleados a que no lo tolerasen velando siempre por los intereses de todos, según recogía *Disco Rojo* en abril de 1937. También manifestaba su malestar por el poco interés de las revisoras a la hora de recoger los billetes a la salida de los viajeros, y la falta de colaboración de los agentes del servicio de Trenes con los mozos cuando eran destinados a las estaciones, con la consiguiente pérdida de ingresos. Por el contrario, hubo casos en los que los viajeros sin billete llegaban a pagar sin protestar y con satisfacción el doble del importe ordinario del mismo cuando eran informados de la labor que realizaban los empleados del Metro y se les demostraba el destino de los ingresos en pro de la lucha.[38]

Otros casos de incumplimiento se dieron entre el personal de estaciones de servicio nocturno que se dedicaban a dormir durante su jornada de trabajo. A estos agentes se les llamó al orden considerando que no podía permitirse que algunos compañeros se estaban jugando la vida en el frente mientras otros se la ganaban durmiendo y el personal de obras, vías, talleres y trenes cumplía con sus obligaciones a rajatabla. Eran pocos, pero no debía tolerarse la existencia de ninguno.[39]

Luego, el 20 de junio siguiente, por acuerdo del Comité de Control, quedaron anulados todos los pases de libre circulación expedidos por la Compañía, extendiéndose uno nuevo que era preciso solicitar por quienes ya lo disfrutaban anteriormente. Cuando en 1938 se producen beneficios en las cuentas de la Compañía, el Consejo Obrero, con fines solidarios, decide suavizar su postura sobre los viajes gratuitos de los miembros de varias organizaciones locales en aras de facilitarles un mejor desempeño de su misión: los ferroviarios disponen de billetes gratuitos y los agentes de Metro pueden viajar sin coste alguno en sus trenes; tranviarios, guardias de seguridad y municipales, policías, carabineros, bomberos, batallones de retaguardia, mutilados y heridos de guerra también viajan gratis además

---

38 *Disco Rojo*. Mayo de 1937

39 En determinados momentos, a lo largo de estos más de 100 años de historia, ha existido en el Metro la figura del *quitasueños*, persona que se dedicaba a evitar que algún agente del servicio nocturno aprovechase determinados períodos de su turno para *echar una cabezadita* y recuperarse de otros quehaceres diurnos

de multitud de pases concedidos a comités políticos y sindicales. El importe de estos viajes gratuitos supone que cada día se ingresan catorce mil pesetas menos.

En momentos puntuales, previa solicitud, se concedían pases de libre circulación. Así ocurrió cuando el 19 de diciembre de 1938 la Escuela Superior de Comisarios de Guerra del Ejército de Tierra pedía un pase valedero por veinte días para los cuatro soldados que llevaban a cabo su abastecimiento ya que no disponían de fondos tras sufrir un accidente la furgoneta que utilizaban habitualmente para el reparto; los soldados ya viajaban en metro, pero abonando el correspondiente billete. En otros casos se trataba de que los niños en edad escolar pertenecientes a escuelas de los ateneos libertarios y otras organizaciones pudieran desplazarse gratuitamente para realizar actividades educativas, solicitando incluso que se les reservase un coche expresamente para ello.

Para evitarse males mayores, los que sí adquirían su billete todos los días eran los amigos de lo ajeno, los habituales carteristas. Sin afirmar que se debiera a su trabajo, en la sección *Pérdidas* del diario *La Libertad* del 26 de diciembre de 1936, se publica que "El miliciano Virgilio Tudela Marchante, de la cuarta brigada mixta, cuarto batallón, cuarta compañía, ha perdido la cartera con retratos, carnet de

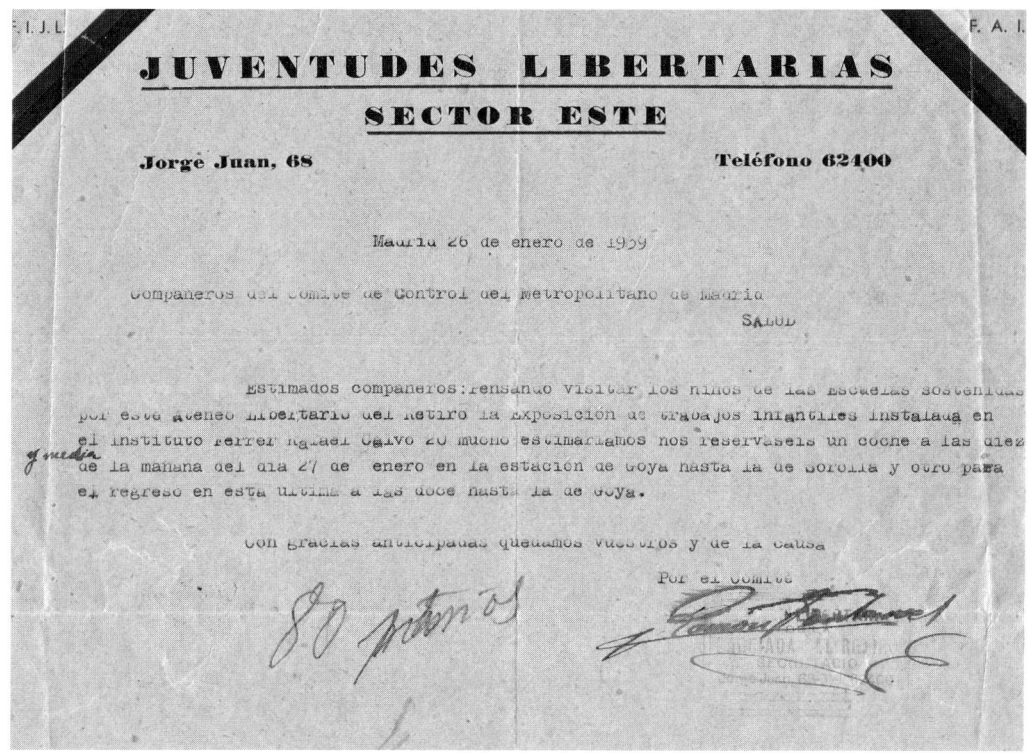

Solicitud de reserva de un coche para escolares. Sector Este de las Juventudes Libertarias.

identidad, carnet de miliciano y cincuenta pesetas. La cartera es moruna, con dos gomas, y otra cartera con fotografías y carnet de miliciano a nombre de Manuel Hernández Hurtado. La pérdida fue desde la estación del "Metro" dé la Puerta del Sol a la de la Iglesia." Lo que no dice la noticia es si el uniforme de Virgilio había sido *acariciao* con un *chito*.

En la Gaceta de la República número 297 del 24 de octubre de 1938, por Orden del día 21 del Ministerio de Comunicaciones y Transportes, el ferrocarril Metropolitano de Madrid junto con los de Gran Metro de Barcelona y Metropolitano Transversal de Barcelona quedaron incluidos en la Red Nacional de Ferrocarriles, creada por Decreto del 21 de octubre de 1937 del Ministerio de Comunicaciones, Transportes y Obras Públicas y compuesta por todas las líneas ferroviarias tanto de vía ancha como de vía estrecha, de las que se había hecho cargo el Estado a través del Consejo Nacional de Ferrocarriles que se encargaba de su dirección, administración y explotación. Estaba integrado por un presidente[40] y dieciocho vocales, nueve en representación del Estado, seis de la representación obrera y tres de los jefes de los Servicios Centrales de carácter técnico.

En el metro la vida transcurría casi tan habitual como siempre: se producían hechos de todo tipo. El 26 de agosto de 1936 fue arrollado por un tren del metro en la estación de Atocha el agricultor de 34 años Francisco Rodríguez Álvarez. No hay certeza de cómo ocurrieron los hechos ignorándose si fue empujado a la vía por sus perseguidores o se arrojó voluntariamente para huir de la persecución a la que venía siendo sometido, según denuncia de su viuda, Fermina Navarro Zamorano.[41]

Los viajeros realizaban propuestas para la mejora del servicio. Conocemos el caso de uno que se autodefine como "pacífico republicano nada más y nada menos"; se dirige al gobernador civil de Madrid, y este al Consejo Obrero de la Compañía el 9 de enero de 1939. Los hechos se habían producido el día 2 anterior, sobre las tres de la tarde cuando un tren que circulaba entre las estaciones de Banco de España y Retiro quedó detenido a causa de una avería en el fluido eléctrico; el reclamante tuvo que caminar por las vías hasta la estación de Retiro totalmente a oscuras "dentro de la desorganización y el confusionismo y alarmante momento"; y continuaba diciendo: "la censura que hago y que es la que todo el público se hacía constante, es la completa imprevisión que tiene la Empresa para todos los casos, muy en particular para el ocurrido el no disponer tanto los coches como en todas las estaciones de algunos faroles para estos casos

---

40 El cargo correspondía al director general de Ferrocarriles y Tranvías

41 AHN_FC-CAUSA_GENERAL,1505,Exp.2

de alarma, como así mismo el que no se le preste la debida y humana ayuda a las mujeres y niños, dejando a la libre iniciativa del público el salvarse como pueda, no ocurriendo una verdadera catástrofe por pura casualidad". Parece que este tipo de incidencias se producían a menudo proponiendo el viajero como solución que en la cabina del conductor se dispusiera de un farol y en los últimos coches de los faroles encarnados, y en las estaciones de los necesarios; añadía que tenían que colocarse extintores ante el riesgo de incendio porque "el público encendía papeles para alumbrarse en el recorrido, y eso podría producir un incendio si se tiran debajo de los coches donde hay combustible de grasas". Finalizaba el escrito en los siguientes términos: "Y no le hago más extensa la presente porque no crea es animosidad ni intransigencia ni con los momentos actuales ni contra el Comité de Empresa, terminando diciendo que en forma alguna está compensado el ingreso que hace el público, con el proceder y desorganización más completa que vienen haciendo muchos empleados de la Compañía, por lo que mi queja y censura se une a las infinitas que diariamente se producen y que demuestra claramente la INCAPACIDAD TOTAL DE TODO EL COMITÉ." Desconocemos la respuesta de la Compañía al gobernador civil.

El personal de la Compañía

Todas las personas que querían trabajar estaban obligadas a integrarse en alguna organización sindical. La falta de afiliación, o la imposibilidad de demostrarla, traía consecuencias tan desagradables como ser amenazado de muerte, tal como le ocurrió al jefe de estación especial y teniente de Ingenieros Jerónimo García Aragón[42] que realizaba tareas de aparejador de obras en el Batallón de Zapadores Minadores del 4º Cuerpo del Ejército, levantando parapetos y construyendo refugios por el centro de Madrid durante unos quince días. Cuando se encontraba de servicio en la estación de la Puerta del Sol el 19 de julio de 1936 y pasó por la misma otro empleado de la Compañía que le amenazó se vieron obligados a intervenir en su defensa los agentes Enrique Goñi y Juan Nafría Mateo, delegados en el Consejo Obrero de los jefes de estación y de los agentes del servicio de Obras respectivamente que se encontraban en ese momento en el lugar de los hechos.

A pesar de las reticencias por cuestiones ideológicas y políticas de alguno de los representantes de los trabajadores los jefes de servicio permanecieron en sus puestos. Se hizo previamente una selección de los elementos técnicos responsables de la represión de Octubre, que fueron separados de sus puestos. Los que per-

---

42 AGHD. Sumario número 49.538

manecieron, vigilados y controlados por el Consejo Obrero fueron los siguientes: Mariano Nuez Devesa, ingeniero jefe de Explotación; Manuel Martín Hernández Farrula, jefe adjunto de Explotación; Mariano Calzada Burillo, ingeniero jefe de Estudios y Replanteos; José Bochaca Nadeau, jefe administrativo; Andrés Tuduri Sánchez, ingeniero jefe de Servicios; Ramón López-Mancisidor Solano, ingeniero jefe de Movimiento; José Rodríguez Bravo, jefe del servicio Eléctrico; Salvador Ortega Gómez, jefe de Material Móvil; Antonio Mayandía Burillo, ingeniero jefe de Vía y Obras, y José Luis Córdoba Machimbarrena, letrado auxiliar.

El 5 de septiembre de 1936 Carlos Laffite y Miguel Otamendi, subdirector y director respectivamente, dirigieron una carta al presidente del Consejo Obrero de la Compañía que suscribía el resto del personal técnico manifestando su deseo

Petición individual de Alta en el Sindicato UGT.

de afiliarse a una organización sindical: el Sindicato Nacional Ferroviario parecía ser el indicado por tratarse de trabajadores que prestaban sus servicios en un ferrocarril. Además de los responsables técnicos indicados anteriormente se incluían en la relación los siguientes: Manuel Lamana Lizarbe y Manuel Humarán Arsuaga, ingenieros de Estudios; Nicanor Bujarrabal Gómez, ayudante de Obras Públicas; Francisco Pallarés Pastor, subjefe del Servicio Eléctrico; Enrique Luis Garralón Francescone, jefe de la Central eléctrica; Ramón Duerto Belloqui, subjefe del servicio de Vía y Obras, y Juan José Inciarte de Córdoba, ingeniero de Minas.

Tras la desaparición del Consejo de Administración, el Consejo Obrero y los técnicos formaron el Comité de Dirección en sustitución del primero.

Teófilo Molinero Lumbreras (i), presidente y Miguel Furió Camarena (d), vicesecretario del Consejo Obrero del Metro. Revista *Nuestra Brigada*. 30 de mayo de 1937

Coche clásico de la Compañía Metropolitano de Madrid.
Tipo Cuatro Caminos alargado. M-6.

El respeto a las vidas y jerarquía del personal técnico fue impuesto por Teófilo Molinero Lumbreras, que a lo largo de este libro aparecerá repetidas veces intercediendo a favor de otros compañeros, como máximo responsable del Consejo Obrero de la Compañía con la única finalidad de sacar adelante una empresa esencial para Madrid y evitar cualquier acto que redundara en perjuicio del Metropolitano, industria considerada como un elemento esencial de la Economía Nacional. Cuando los técnicos se desplazaban por la línea se les daba protección con una escolta de agentes de la Compañía, tal como hacía el soldador José Hernández Rey con el Sr. López-Mancisidor.

Algunos de estos técnicos fueron detenidos en más de una ocasión. La intervención de los miembros de la dirección política y sindical de la Compañía suponía prácticamente su inmediata puesta en libertad. Uno de los casos es el de Ramón López-Mancisidor, denunciado y detenido el 29 de noviembre de 1937 por encontrársele una ficha de Acción Popular. Desde la Comisaría de Chamberí fue trasladado a la Dirección General de Seguridad y luego a la Prisión de Velázquez, 16. Aun conociendo su filiación política, a las pocas horas se presentó el conductor Eufrasio Díaz Rodríguez con una orden de libertad expedida por el propio comisario general de Seguridad[43]. Otro caso sucedió en julio de 1936 con Antonio Mayandía, que fue detenido y encarcelado en El Escorial. Enterado el Consejo Obrero, Molinero autorizó a Mariano Nuez Devesa para que pusiera en nombre del Comité de Control un telegrama urgente al Comité local, cuyos representantes se dirigieron al gobernador de la prisión para que le trataran con todas las consideraciones, consiguiendo que fuera puesto inmediatamente en libertad. Acompañado por el conductor Casildo Gutiérrez Serradilla, Teófilo se trasladó personalmente en un automóvil para recogerle a él y su familia y regresarlos a Madrid.

En la sesión del Consejo de Administración celebrada el 20 de mayo de 1939 el director gerente se dirigía a sus miembros en estos términos: "Todos los técnicos trabajaban unidos en apretado haz, con el mismo espíritu de disciplina y lealtad a la Empresa, que les había unido en la huelga de octubre de 1934 cuando consiguieron con el auxilio de las fuerzas militares que el Metropolitano fuese el único medio de transporte urbano en Madrid que no suspendió servicio un solo día, y este trabajo de los técnicos se dirigió ahora a una doble finalidad: la de defender el material móvil y las instalaciones para que el ansiado día de la liberación de Madrid no se viese privada la Capital de tan importante instrumento de transporte y la de procurar que el Gobierno rojo no se incautase del Ferrocarril y sus fondos recurriendo al sistema de la resistencia pasiva en el envío de datos de inventarios y balances, etc. a pesar de las apremiantes órdenes telegráficas que desde Barcelona se recibían, especialmente en los últimos meses. Ambas finalidades se consiguieron cumplidamente."

Como ocurre normalmente cuando estalla un conflicto de esta envergadura se producen situaciones sumamente desagradables entre los propios agentes de la Compañía, como la que sucedió en la estación de Retiro cuando al inspector Manuel Antonio Fernández Rodríguez le fue requerida su documentación por un miliciano que dio marcha atrás cuando el agente le mostró el pase, manifestando posteriormente aquél que la situación había sido provocada por iniciativa de la revisora Esperanza Toscano Hidalgo, que se encontraba de servicio en el vestíbulo y a quien había llamado la atención por no cumplir con sus funciones ni ella ni otras empleadas, con la finalidad de conseguir que Manuel Antonio se marchase de la estación al verse intimidado por estar considerado como persona de derechas.

En otras ocasiones se luchaba en el puesto de trabajo por lograr objetivos comunes. Es el caso de Petra Fernández Hidalgo, taquillera de 2ª afiliada a la CNT, que consiguió evitar las discordias entre compañeros. Se dedicó con ahínco a fomentar la unión de los trabajadores que prestaban servicio en la estación de Príncipe de Vergara para conseguir un modelo de convivencia y solidaridad entre todos

---

43 AGHD. Sumario número 67160

los obreros, fueran republicanos, socialistas, comunistas o anarquistas y evitar que la falta de unidad fuese un arma en poder de los enemigos del Frente Popular. Era el momento de que los dos grandes sindicatos, UGT y CNT, trabajaran en aras de lograr la unidad política y sindical de la clase obrera, en este caso no contra la dirección de la Empresa sino en aras de la defensa de la Patria. La plantilla de esta estación estaba integrada por las taquilleras de 2ª Enriqueta Poveda Jarque, Elena Hidalgo Saavedra y Teresa Barberán Campoamor; las revisoras fijas Fernanda Barrero Santiago, Pilar Barberán Campoamor, Cipriana Rodríguez Hernández, Ignacia Sánchez Tudela, Dolores Gómez Marchante y Trinidad García Pemón, y los responsables de estación de 2ª José Medina Millán, Antonio Ruiz, y Santos Cuadrupani Hernández.

Petra tuvo que declarar en el procedimiento judicial[44] incoado al jefe de estación Isidoro Nieva Sánchez porque este le había dado dos armas que habían intentado depositar ambos en la Tenencia de Alcaldía de Chamberí el día 30 de marzo de 1939. No pudieron hacerlo porque les dijeron que era muy tarde, y que volvieran el 1 de abril siguiente. Petra las guardó en su casa para que no fueran sustraídas por desconocidos, entregándolas el 31 de marzo a los agentes policiales junto con el resguardo que les habían facilitado cuando intentaron deshacerse de ellas legalmente. Una de las armas pertenecía a Manuel Nieva Gascuñana, guardia civil y padre de Isidoro, que se la había dejado cuando se sintió perseguido por el Frente Popular antes de trasladarse a Barcelona para trabajar en el Ministerio de la Guerra. La otra era propiedad de su padre político.

En otras ocasiones se produjeron denuncias entre compañeras sobre la ideología sumamente marxista de algunas "como lo demuestra el hecho de que con anterioridad al Movimiento tenía a sus hijos sin bautizar y a los cuales durante el período rojo les dio nombres rusos", declaraba Aurora Murado Hernando el 17 de enero de 1941 en la causa contra María Rosa Escobar de la Puente, aunque es más cierto que sí habían sido bautizados en la Parroquia de Santa Teresa y Santa Isabel, sita en la Glorieta de Iglesia con los nombres de Hortensia Olga (1933), Manuel (1934) y Andrés Fernando (1940), según certificó el teniente mayor de la citada parroquia.

Nada más comenzar la Guerra, las personas que bajaban "a tomar el metro" pudieron observar un cambio muy visible: la sustitución del uniforme habitual de los agentes de cada categoría profesional por el mono azul para todo el personal de la Compañía, tanto masculino como femenino, decisión adoptada como símbolo de igualdad. La nueva uniformidad era también obligatoria para el resto del personal. Vestir con el mono azul por la calle, incluso para desplazarse al trabajo, fue consi-

---

44 AGHD. Sumario número 457

Control policial en el andén de una estación
Ilustración de Rafael Valero Huerta.

derado como agravante en algún caso cuando comenzaron a celebrarse procedimientos judiciales después del 1 de abril de 1939 ya que se asimilaba a la práctica del marxismo. Es el caso de la taquillera Manuela Casla Velasco, que vivía en el 9 de la calle del Dr. Esquerdo. Como su domicilio no estaba lejos de su puesto de trabajo en el servicio de Material Móvil ubicado en el recinto de Ventas, iba y venía por la calle vestida con el mono "por las pocas facilidades que tenían en el taller para lavarse."[45]

El nuevo uniforme se venía entregando cada seis meses, pero las circunstancias productivas obligaron a prorrogar estos plazos para la mayor parte del personal en función del trabajo que realizaba cada uno y el consiguiente deterioro. Se mantuvo el plazo original para los agentes de determinadas secciones de Obras, Vía y Talleres, ampliándose hasta los dos años desde la última entrega en el caso del personal de oficinas y subalterno. Ante la escasez de género, Teófilo Molinero consiguió durante un viaje a Barcelona realizado en abril de 1937 que una fábrica catalana suministrase la cantidad necesaria para fabricar los uniformes.

---

45 AGHD. Sumario número 67167

Los agentes del Metro que prestaban servicio en la Red estaban autorizados y obligados a registrar todo tipo de bultos, paquetes y maletas que portasen los viajeros. Publicaba la prensa del miércoles 16 de septiembre de 1936, el diario *La Libertad* entre otros, que las señoritas María García Santos, taquillera de 2ª, y Esperanza Toscano Hidalgo, revisora fija, encontrándose de servicio en la estación de Retiro con el cometido de picar billetes se dirigieron a una señora que estaba en el vestíbulo para que les mostrara el contenido de una maleta ante lo que la viajera pretendió que incumplieran con su misión ofreciéndoles cinco mil pesetas. Las empleadas se negaron, avisaron al jefe de estación, y este lo comunicó a las autoridades competentes. Encontraron en su poder un total de dieciséis mil pesetas y diversos títulos de Deuda, acciones y obligaciones de Compañías. Esta persona resultó ser una religiosa llamada Isabel Arruiz Gayo, quien alegó que las llevaba porque se trasladaba de domicilio. Fue enviada al Comité de Control del Metro haciéndose cargo de la investigación la Brigadilla de García Atadell.

María y Esperanza fueron felicitadas por el Consejo Obrero de la Compañía y gratificadas con una paga y quince días de permiso. Finalizada la Guerra fueron juzgadas resultando absueltas porque en el cumplimiento de su misión, tal como les había sido ordenado, no habían realizado ninguna actuación que supusiera la comisión de algún tipo de delito. También por mediados de septiembre se encontró en esta estación un saco de los usados en las lavanderías lleno de ropa. Se entregó al jefe de estación por si era reclamado por algún viajero; no fue así, sino que al día siguiente apareció otro más depositado en el mismo lugar. Se inspeccionó su contenido encontrándose en el primero vestiduras y objetos religiosos, y en el segundo pistolas, escopetas y municiones: se hicieron cargo de todos estos materiales las milicias dirigidas por el citado García Atadell.

El tipógrafo Agapito García Atadell Paz fue el responsable de la checa de Martínez de la Rosa, en el número 1 de la calle del mismo nombre esquina al Paseo de la Castellana. Era famoso por la acumulación de botines conformados por las incautaciones que realizaba su Brigada y por su comportamiento con los individuos que iba a ejecutar al día siguiente a los que asesinaba por motivos económicos y que invitaba a cenar la noche anterior con grandes lujos; después, invitaba a tomar el té a sus viudas. Huyó de Madrid hacia Levante con un certificado en el que se acreditaba que era periodista cubano con residencia en Murcia. Se trasladó en barco a Marsella donde obtuvo un visado en el consulado cubano. Fue detenido en Santa Cruz de la Palma, capital de la isla canaria de La Palma, cuando huía en barco a La Habana. Se le ocuparon bienes valorados en unos trescientos millones de pesetas. Trasladado a Sevilla, fue juzgado y ejecutado a garrote vil el 15 de julio de 1937.

El responsable de Estación de 1ª, Mariano Jiménez Fernández, escribía en la edición de julio de 1937 de *Disco Rojo* un poema titulado *Llamada* en el que pedía a los agentes de la Compañía su ayuda y los estimulaba ante la situación en la que se encontraba Madrid:

"Responsable de estación
despierta si estás dormido,
y oye al pueblo enardecido
dando vivas a la unión.
Vete el Metro presuroso
y defiende esa bandera,
que del Mundo es la primera:
la del madroño y el oso.
Lleva la bomba prendida,
para que al romper permita
que en la tierra removida
se junte una flor marchita
con una vida perdida.
¡La Patria lo necesita!

*****

Conductor que un tren conduces,
deja ya la manivela,
antes de perder las luces
que alumbran la pasarela.
Coge el tren que de enemigos
el camino va limpiando,
cual campesino segando
de la llanura los trigos.
Mueve la ametralladora
frente al grupo que se agita
con intención destructora,
y haz siempre que se repita
tu descarga salvadora.
¡La Patria lo necesita!

*****

Bellísima taquillera,
ya no te es dado escuchar
el ruido que hace al marchar
tu máquina billetera;
es más grande tu labor,
teniendo por techo el cielo,
dar a un herido consuelo
bajo un sol abrasador.

Tú siempre tendrás valor,
si es que la muerte te invita
a presenciar con dolor
como hasta el hombre te quita
en quien pusiste tu amor.
¡La Patria te necesita!

*****

Y tú, linda revisora,
no examines el billete
que te ha entregado un pillete
y que no es válido ahora.
Consulta tu corazón,
que él te marcará el camino
para alcanzar tu destino
en alas de la razón.
Ya no tendrás desazón.
Tu misión es bien bonita:
ser del Mundo el armazón,
de nuestra España mezquita
y del fascismo un ciclón.
¡La Patria te necesita!

*****

Mecánicos y pintores,
electricistas valientes:
enrolaos en los frentes,
en las brigadas mejores.
Llevad a los de señales,
limpieza, obras y vías,
que son las fuerzas bravías
que han de allanar los bronchales.
¡Oh, dichosa juventud!
En vuestra misión bendita
va encerrada la virtud
que sobre España gravita
de odiar la esclavitud.
¡La Patria te necesita!

*****

Respecto de mi consejo,
nunca debéis olvidar
que estoy dispuesto a luchar,
aunque ya voy siendo viejo.

> Y si para la victoria
> bastara la vida mía,
> hoy mismo la entregaría
> para alcanzar esa gloria.
> ¡Ya me daría por pagado
> si al caer en la trinchera
> mi cuerpo un lienzo cubriera
> rojo, amarillo y morado,
> o más bien una bandera
> roja, como mi pasado!

La difícil situación que se vivía en Madrid y en la Compañía no impedía que el régimen disciplinario laboral siguiera aplicándose de conformidad con lo establecido en la normativa vigente. Conocemos el caso del conductor Manuel Díaz Castizo para el que el técnico del servicio de Movimiento, R. Mancisidor, proponía al Comité de Control el 11 de octubre de 1938 la sanción de suspensión de empleo y sueldo durante 10 días: 8 por abandono del servicio e indisciplina ante el inspector de circulación Pedro Lebrero Díaz y 2 por la resistencia a no entregar a su debido tiempo los informes que se le habían solicitado; la suspensión incluiría el apercibimiento de un mayor castigo. El expediente se había iniciado cuando Manuel llegó el 18 de septiembre anterior sobre las 22:40 horas a la estación de Cuatro Caminos conduciendo el tren número 11 y se negó a continuar hasta Tetuán porque había sobrepasado su jornada habitual en más de una hora y no tenía relevo; en primer lugar se lo comunicó al jefe de estación de la línea 1, Antonio Delgado Illescas, quien manifestó que no tenía nada que ver ; acudió el inspector de circulación, que se encontraba en la cabina de la línea 2, comunicando a Manuel que no tenía orden de relevarle; este respondió que estaba muy cansado de no tener relevo todos los días y que siempre había creído que cuando se producían retrasos en los relevos del personal se buscaban otros para hacerlos. El inspector de circulación se subió en el tren, cerró las puertas y lo condujo hasta Tetuán donde quedó encerrado. Desconocemos el resultado de la propuesta de sanción.

EL CONSEJO OBRERO Y EL COMITÉ DE CONTROL

Una semana después del inicio del conflicto armado se crea en Madrid por decreto el Comité de Intervención provisional en las industrias para ejercer el control de todas ellas al tiempo que asume la dirección inmediata de todas las que considere necesarias con el requisito de una simple comunicación a los directores actuales de aquéllas. En la práctica, se incautaron las industrias privadas por comités de obreros, entre ellas el Metropolitano de Madrid que consigue seguir siendo gestionado por su Consejo Obrero desde el 18 de julio de 1936. Este Consejo toma la decisión de expulsar a los directivos que más se habían significado contra los trabajadores al tiempo que desaparecía el Consejo de Administración. En las empresas se repartieron unas hojas que todos los trabajadores tenían que cumplimentar para continuar en sus puestos de trabajo, pero en la Compañía no se entregaron a sus empleados.

Los consejos obreros eran unos órganos auxiliares del Sindicato Nacional Ferroviario. El de la Compañía se transformó en Comité de Control en enero del 37. Este órgano del Metropolitano tenía como misión estudiar junto con los técnicos "el perfeccionamiento y mayor desarrollo de la industria"[46] para garantizar la viabilidad de la Compañía a través de medidas acordadas entre todos ellos, y la mejora de las condiciones laborales fiscalizando la actividad de todos los trabajadores, técnicos incluidos, y canalizando las quejas e iniciativas emanadas desde todos los servicios. Sus resoluciones solo podrían ser válidas y productivas tras una discusión noble evitando con ello caer en los defectos de los consejos de administración anteriores para no caer en la toma de decisiones dictatoriales.

En Metro sólo existía el sindicato UGT como defensor de los intereses de los agentes a través del Consejo Obrero. Cuando se crea el Comité de Control en enero de 1937 la CNT entra a formar parte del mismo e intenta atribuirse algunos logros alcanzados obviando que la permanencia de la Industria se había conseguido por la labor de los miembros de la UGT en el Consejo que colaboraban con las actividades de la Guerra a través de las ayudas que entregaban a diferentes organizaciones. Un número importante de trabajadores se dieron de baja en la UGT para afiliarse a la CNT; esta, para conseguir nuevos miembros, llegó a argumentar que los miembros del Comité estaban "comiendo a dos carrillos"[47], dirigiéndose con mayor ahínco al personal femenino. Desde la UGT se manifestó que quienes se cambiaban de sindicato, salvo determinadas excepciones, no tenían ningún apego a ninguno de ellos. A pesar de esta división, desde la sección sindical de Metro del Sindicato Nacional Ferroviario se decía a los compañeros de la Federación Nacional de Industria Ferroviaria que convenía ir unidos para defender los intereses de todos los trabajadores independientemente de cómo pensaran, fueran socialistas, anarquistas o comunistas. En cualquier caso, la CNT criticaba abiertamente que la UGT había realizado un control y no una incautación de la Compañía que era lo procedente como postulado revolucionario de los trabajadores.

El Comité de Control del Metro se integraba por seis miembros, tres de la Unión General de Trabajadores y tres de la Confederación Nacional del Trabajo:

---

46 *Disco Rojo*. 15 de marzo de 1937

47 *Disco Rojo*. 1 de agosto de 1937

por la UGT formaban parte del mismo la oficial de oficinas María Román Blanco, el conductor Teófilo Molinero Lumbreras y el jefe de tren Antonio de la Vera Cotillo; por la CNT el jefe de negociado Ramón López Táppero, el conductor Germán Palencia Martín y el electricista encargado Melitón Balza Lazcano. Por acuerdo de la Federación Nacional de Industria Ferroviaria (CNT) estos tres delegados fueron sustituidos en diciembre de 1938 por Juan Alonso Echevarría, ayudante adelantado de fragua, Francisca Rodríguez Hernández, revisora eventual, y el conductor Francisco Hervás Marchamalo. En marzo de 1939, Juan fue sustituido por el mozo de estación Emilio Díez González. Este ya había ocupado el puesto desde octubre de 1937 al tiempo que el agente con idéntica categoría Juan Férez López, que sólo estuvo ocho días en el Comité como delegado de recorrido de línea ya que fue movilizado y destinado a la 77 Brigada Mixta hasta que a principios del 39 pasó a la segunda compañía, de nueva creación, del 9º Batallón de ametralladoras en el que desempeñó con carácter interino el cargo de comisario político de Brigada mientras se encontraban por la localidad de Ontígola (Toledo).

María Román fue designada para el cargo de secretaria del Consejo Obrero "únicamente en atención a mis méritos como mecanógrafa y buena empleada, sin que en esta designación tuviera parte el sindicato ni otras causas políticas", según sus propias declaraciones efectuadas en Madrid el 16 de mayo de 1939 ante el Sr. Juez Militar de Ferrocarriles. María había sido nombrada secretario (sic) de la Dirección el 20 de agosto de 1936 al tiempo que Juan Ramos lo era como jefe de Personal y Pascual Sala como médico jefe. Estos nombramientos son uno de los pocos actos que se le permitió realizar a Miguel Otamendi como director gerente en función de sus atribuciones atendiendo a los deseos manifestados por el Consejo Obrero de la Compañía.

Unos 350 agentes de la Compañía estaban afiliados a los sindicatos católicos. La lista en la que figuraban relacionados fue ocultada por María Román tras dársela Teófilo Molinero. Se la entregó posteriormente a Ramón López-Mancisidor Solano para que supiera quienes eran las personas de confianza. María también destruyó copias de unas fichas que había remitido la Dirección General de Seguridad en la que se relacionaban los trabajadores a represaliar y unas cartas del personal de cuando la huelga de 1934. En el informe emitido por Miguel Otamendi a petición de la autoridad judicial figura: "La impresión no obstante es que esta Srta. no sólo no ha mantenido en ningún momento una línea de violencia, sino que ha sido siempre opuesta a ella en cuantos casos se han presentado, procurando defender en todo momento personas y cosas". También intervino decisivamente en el caso de Pilar Alcázar Manteca para evitar que se la incluyera en la relación de la Gaceta y fuese cesada. Igualmente, consiguió que no fuera despedida una hermana de Pilar.

Ramón Ávalos Cañada, único empleado que prestaba servicio en las oficinas de Material Móvil y Talleres de Ventas, fue por iniciativa del Consejo Obrero, durante tres o cuatro meses, uno de los instructores de los agentes de Metro que se integraron en esas milicias. Mientras estuvo en el Comité de Control Antonio defendió los intereses de la empresa de manera pacífica. Tras el proceso de depuración causó baja definitiva en la Compañía en 1940 motivándose en su contra que no había hecho constar en el pliego de descargos su condición de instructor militar. Estuvo trabajando posteriormente en la fábrica de la empresa "Manufacturas Metálicas Madrileñas, S. A."[48] siendo uno de los promotores para la creación de su Comité de Empresa del que formó parte como secretario general. También trabajó como vigilante en otras empresas de construcción, entre ellas Entrecanales y Távora, S.A., desde noviembre de 1946 hasta el mismo mes de 1949.

Antonio de la Vera se incorporó en los primeros días de la guerra como voluntario durante tres meses a las milicias ferroviarias que combatían en la provincia de Guadalajara. Participó en la toma de Sigüenza y alcanzó el grado de sargento. Tras ser reclamado por el Sindicato Ferroviario de la Unión General de Trabajadores regresó a la Compañía para formar parte del Comité de Control. Volvió al frente cuando fue movilizada su quinta, siendo destinado al de Extremadura.

A principios de la década de los 50 Antonio fue contactado por un antiguo compañero de Metro, Rafael Montes Granados, que le presenta a un tal "Carlos", amigo suyo, recién llegado de Francia, que le propone la creación del Comité de Empresa y la reactivación del Partido Comunista en la Compañía Metropolitano. Antonio es reacio a aceptar este cometido porque en ese momento ha conseguido estar al margen de todo tipo de actividad que no sea su trabajo, aunque le pone en contacto con otros empleados y ex empleados: Miguel Barahona Menchén, Julio Gómez Jiménez, José Valenzuela Bartolomé, Cecilio Fernández-Gil Serrano y Juan Nafría Mateo. Antonio inicia nuevamente su actividad política y sindical con el reparto en los talleres de unas hojas en las que se pedía la movilización de los obreros y obreras de la Compañía Metropolitano de Madrid a través de su asistencia a un juicio que se iba a celebrar en la Magistratura de Trabajo porque habían reclamado su participación en el reparto de los beneficios líquidos de 1951 que les correspondían, consistentes en cincuenta jornales, importe que les negaba la Di-

---

48 El origen de esta empresa se remonta a 1923 cuando el ingeniero industrial navarro Ricardo Goizueta Díaz monta una fábrica de transformados de aluminio dedicada a la fabricación de baterías de cocina con el nombre de "Manufacturas de Aluminio". Estaba situada en la calle del Teniente Coronel Noreña, 26, en los alrededores de la madrileña plaza de Legazpi. Tuvo otras factorías en Villaverde, Paracuellos de Jarama y Alicante y oficinas regionales en trece provincias españolas además de en Madrid

rección, que no se había presentado a un juicio anterior por el mismo asunto. En los coches que circulaban por la línea se encargó de informar a los viajeros "Carlos" arrojando las mismas hojas. A los simpatizantes se les pedía que entregarán las cantidades de dinero con las que pudieran contribuir para hacerlo llegar a los presos que se encontraban en la cárcel de Burgos o para "echar un guante" a sus familias. El tal "Carlos" resultó ser Isidro Montes Granados, mozo de estación en la Compañía hasta la finalización de la guerra, que se exilió en Francia y no fue localizado para ser juzgado en el procedimiento que se abrió contra los participantes en la reconstrucción del Partido Comunista de España: había regresado a Francia. Isidro se había alistado como voluntario en el Ejército Popular en el que llegó a ser teniente y comisario político. En Francia pasó por varios campos de concentración y se alistó en un regimiento de zapadores extranjeros tras iniciarse la II Guerra Mundial. Le detuvieron los alemanes y le trasladaron a un campo de concentración en Polonia y luego a otro alemán. El 22 de enero de 1941 fue deportado al campo de concentración de Mauthausen del que fue liberado el 5 de mayo de 1945. Después de 1975 viajo a España y regresó a París donde falleció el 8 de enero de 1980.

Como miembro del Comité de Control, Ramón López Táppero era sabedor de las órdenes de detención contra otros empleados, detenciones que no tenían como requisito ser inmediatas. En agosto de 1936 a través de su hijo Juan López Mansilla, también empleado de la Compañía y soldado de las milicias ferroviarias, supo que había una orden de detención contra el empleado de Metro con la categoría de auxiliar administrativo Antonio Mayor Astoreca, que se encontraba de baja médica, a quien informó a través del oficial administrativo Alejandro Rivera Sanz González de su próxima detención con la finalidad de que abandonase su domicilio habitual en la avenida de Reina Victoria, 14, y se escondiera. Cuando el 7 de agosto le enseñaron a Antonio un documento en el que ponía "SINDICATO FERROVIARIO. Deténgase a Antonio Mayor y ejecútese", se negó a abandonar su domicilio en el que se encontraba enfermo, trasladándose a continuación la Dirección General de Seguridad quedando detenido y siendo trasladado al día siguiente a la Cárcel Modelo.[49]

Germán Palencia Martín, vallisoletano de Villanueva de San Mancio, y sin experiencia como directivo sindical, siempre se expresaba y manifestaba en sentido moderado oponiéndose abiertamente a todo acto de indisciplina o de violencia. En sus declaraciones en la Causa General afirmó que los seleccionados para ser cesados mediante la publicación en la Gaceta en agosto de 1936 lo fueron durante la celebración de una asamblea a la que no asistió por estar en desacuerdo con la

---

49 AGHD. Sumarios números 3231 y 66228

Placa Stolpersteine dedicada a Isidro Montes Granados.
Calle de Sánchez Barcaiztegui, 7 (actual). 26 de junio de 2024.

forma de proceder del Consejo Obrero que solo admitía como oradores a aquellos empleados a los que consideraba sus favoritos.

Francisca Rodríguez Hernández había ingresado en Metro procedente de la Standard, en la que también había formado parte del Comité de Control, manifestado ella misma "que los cargos que ha tenido en las dos Sociedades, cree sea debido a las simpatías que le tenían sus compañeros, no a su personalidad política, pues nunca hizo propaganda ni entiende nada de estos asuntos sindicales.", como consta en su declaración ante el Juez Militar de Ferrocarriles el primero de agosto de 1939.

Emilio Díez fue sometido a juicio por tenencia de explosivos, resultando absuelto. Es cierto que en el registro[50] efectuado en su casa de la calle de Alcalá, 41, le fueron encontradas "seis bombas de manos, de mecha, un puñal, dos balas de

---

50 Por orden del ministro de la Gobernación todo grupo de elementos armados que efectuasen registros domiciliarios haciéndose pasar por miembros de las milicias del Frente Popular sería considerado faccioso advirtiendo de que caería sobre él todo el peso de la ley

Fachada del edificio de la Subestación Eléctrica de Salamanca.
Calle de Castelló, 21 (antes 23).

fusil Mauser, una máquina fotográfica marca "Kodak", y una pistola marca "Star" calibre 9 m/m corto" con licencia para su uso ya que le había sido entregada en su condición de vocal del Comité de Control, además de un cargador con siete cápsulas. En el sumario 203 de 1938 del Tribunal Popular Especial de Madrid encontramos el relato de cómo los soldados que dormían en las estaciones solían dejarse olvidadas bombas, machetes y otros objetos de uso de la tropa, que eran recogidos por los agentes de servicio y entregados a los miembros del Comité para su traslado y depósito en el Comité Regional de Defensa de la CNT, sito en Serrano, 111. En otras ocasiones eran depositados en algún estamento militar dado que Emilio desempeñaba las tareas de armero en la 39 Brigada Mixta.

Melitón Balza Lazcano estaba al frente de la Fábrica de luz eléctrica de la calle de Castelló, 23, Subestación Eléctrica de Salamanca del Metropolitano de Madrid, actualmente fuera de servicio desde finales de la década de los 70 del Siglo XX. Defendía a ultranza la labor sindical y revolucionaria de los trabajadores del Metro integrados en la CNT a través de la Federación Nacional de la Industria

Ferroviaria. Criticaba enérgicamente con dureza, y amargura a la vez, a los compañeros del Sindicato Nacional Ferroviario porque al estallar la Guerra se limitaron a realizar un control y no la incautación como entendían los anarquistas que marcaban los postulados revolucionarios. Igualmente, atacaba la estrategia de la Compañía, a la que calificaba de burguesa, porque esta se había endeudado de manera deshonesta para conseguir los fondos destinados a la construcción de las nuevas líneas con la única idea de repartir mayores dividendos entre los accionistas. Así lo expuso en junio de 1937 en un mitin celebrado por los trabajadores del sector ferroviario en el Cine Durruti, luego San Carlos y ahora Teatro Kapital, en la calle de Atocha, en el que realizaban una defensa encendida contra los ataques de otras organizaciones ferroviarias que acusaban a la FNIF, sus militantes y los miembros de sus comités de pretender "robar" afiliados a la UGT con falsas promesas sobre la diferencia entre una y otra organización sindical.

Se incorporó a mediados de julio de 1936 a las milicias de la Sierra como voluntario. Por declaraciones del jefe de la Subestación Eléctrica que le sustituyó parece que utilizaba la Fábrica para realizar interrogatorios a personas detenidas por ser consideradas derechistas junto con el portero de la casa número 22 de la misma calle. Melitón fue calificado desde siempre como elemento peligroso por los jefes de la Compañía.

El de Melitón es, tras acabar la Guerra Civil, uno de los casos en los que empleados de la Compañía Metropolitano de Madrid fueron condenados a muerte judicialmente y ejecutadas la sentencias en sus propios términos. La fecha oficial de su fallecimiento es la del 21 de abril de 1939 por fusilamiento tras ser declarado autor de un delito de adhesión a la rebelión por haber señalado el 3 de septiembre de 1936 a un falangista en la cola de la carnicería de la calle de Jorge Juan que fue detenido por dos milicianos no volviendo a tener noticias del mismo. Había marchado como voluntario con las milicias de la CNT al inicio de la Guerra. Por entonces, el sistema de comunicaciones oficiales no funcionaba de manera ágil y efectiva: Melitón era buscado todavía en 1941 hasta que en diciembre de este año se comunicó que no vivía. Incluso en agosto de 1941, el jefe de Personal de la Compañía Metropolitano de Madrid, Sr. Bañón, comunicaba a la autoridad judicial que se ignoraba su paradero.

Otros casos conocidos son los de Tomás López-Tola Muñoz, toledano de Dos Barrios, entregado al piquete de ejecución el 17 de julio de 1939. Había sido guardia de asalto durante la Guerra. Su paisano Reyes Sánchez-Peña Loarces lo fue el mismo día. Fueron condenados como autores del delito de adhesión a la rebelión militar por haber participado en varios asesinatos ocurridos en la localidad toledana de Dos Barrios, de la que eran oriundos y de haberse repartido en una taberna de la calle madrileña de Alvarado, 11, el botín de los robos que efectuaban. Este establecimiento era propiedad de su paisano Antonio Perea Pedraza.

Igualmente, el empleado de Talleres Daniel Magaz García, natural de Bilbao, fue ejecutado el 31 de julio siguiente cuando contaba con 35 años de edad. Fue condenado por el delito de adhesión a la rebelión tras ser acusado de ser confidente de la Policía roja, de lo que presumía entre los trabajadores de los talleres, y de haber denunciado a varios compañeros de Metro, entre los que se encontraban Servando Marne Mansilla, que fue internado en un campo de trabajo de Alcalá de Henares y destinado al Batallón Disciplinario de Trabajo número 1 durante dos años por el delito de desafección al Régimen tras haber desplegado propaganda a favor de Falange Española en los talleres del Metropolitano. También fue acusado de denunciar a Antonio Jareño Beteta, oficial mecánico desaparecido en septiembre de 1936 de su domicilio en la calle de Carolinas, 5, detenido en los talleres de las cocheras de Cuatro Caminos y trasladado a la checa de Fomento habiendo resultado muerto. En su expediente judicial figuran declaraciones en las que, con cierta sorna, se dice que Daniel trataba a su compañera sentimental con tal grado de maldad que en una ocasión que llegó a casa embriagado la mujer, de nombre Valeriana, le vertió una sartén de aceite hirviendo en la cabeza.

El 16 de mayo de 1940 fue fusilado en el Cementerio del Este Enrique Fuertes Yarza, de profesión mecánico, a los 34 años de edad tras ser juzgado por un delito de rebelión militar en el Consejo de Guerra celebrado en El Escorial el 31 de agosto del año anterior. Se le acusaba de todos los asesinatos, robos y saqueos sucedidos en El Pardo, además de usar ropa y objetos de personas asesinadas por sus ideas derechistas. Enrique se había visto envuelto en la cuestión planteada en 1924 cuando los trabajadores considerados personal jornalero de la Compañía que llevaban al menos un año de servicio reclamaron su inclusión como obreros de plantilla o fijos y que se proveyese de credenciales al personal que cobraba sus haberes en nómina mensual; acudieron a la vía judicial ante el Tribunal Regional de Trabajo Ferroviario de Madrid a Aragón y Compañías Agrupadas, que dictó una resolución acorde a sus pretensiones. En El Pardo había fundado la Casa del Pueblo y entró a formar parte del Consejo Municipal en la sesión extraordinaria celebrada el 6 de marzo de 1936 como miembro de la Comisión Gestora de la Administración Municipal al ser nombrado por el gobernador civil tras las elecciones de febrero; en esa sesión fue elegido para ocupar el cargo de Primer teniente de alcalde, ejerciendo como alcalde interino temporalmente durante la ausencia del titular, Francisco Maeso Córdoba. Fue nombrado delegado de Tráfico y miembro de la Comisión Permanente de Consumos y Abastos, formando también parte de la de Pesas y Medidas en la que se turnaban por semanas todos los concejales. Ya

a principios de 1938 se le eligió como encargado de realizar en su localidad propaganda de la situación económica, política y militar de España tras el telegrama
recibido del gobernador civil de la provincia indicando que era preciso contar con
un consejero del Municipio para este cometido.

Enrique destacaba por su firme defensa del cumplimiento de las normas en
materia municipal solicitando que sus compañeros concejales cumplieran con su
cometido y respetaran los acuerdos que se tomaban en las diferentes sesiones. En
febrero de 1937 protestó enérgicamente y solicitó la adopción de medidas legales
contra Joaquín Juverías Rico, Sebastián Baeza Iglesias e Isidoro del Val del Moral
por disfrutar de doce días de permiso cuando se les habían concedido seis a cada
concejal para visitar a sus familiares evacuados en Murcia. Les acusaba de mantener una "conducta incalificable, de poca moralidad y desconsideración a la Corporación y más teniendo en cuenta las circunstancias anormales porque atraviesa
en la actualidad"[51] porque sólo pensaban en divertirse. Los afectados alegaron en
su descargo que se habían quedado sin gasolina y que el retraso se debía también
a una intervención quirúrgica de la compañera de Sebastián Baeza. Igualmente era
rotundo en lo referente a las medidas que deberían de tomarse con los compañeros que no asistían a las sesiones sin justificar su ausencia.

En la sesión extraordinaria del 12 de julio de 1938 se aceptó su dimisión
como consejero tras ser presentada por imposibilidad de ejercer el cargo al haberse
incorporado a filas del Ejército Popular de la República. Poeta aficionado y buen
dibujante, se despedía de su esposa e hijas en una carta escrita en la cárcel de Porlier
el día anterior a su muerte en la que les transmitía el convencimiento de que le mataban no por ser un asesino o un ladrón sino por defender un ideal sagrado de Justicia
y Libertad por el que siempre había luchado y al que había dedicado sus sacrificios
y sus desvelos, incluso pagándolo con su vida y teniendo la conciencia muy limpia.

El presidente del Consejo Obrero del Metro desde 1934, Teófilo Molinero,
en una conferencia realizada en noviembre de 1938 en la sede del *Altavoz del Frente*
de la calle de Alcalá, 62, defendía la actuación del órgano que presidía considerán-
dola beneficiosa para todos ya que en ese momento la Compañía contaba con un
saldo positivo de cinco millones de pesetas y el material móvil en perfecto estado,
a pesar del descontrol que observaron cuando cogieron las riendas de la Empresa.
El movimiento de viajeros pasó de 350.000 diarios a 500.000 y la recaudación de
50.000 a 70.000 pesetas.

Teófilo siempre fue considerado como muy buena persona y humanitario.
Defendía al Metropolitano y a todos sus agentes siendo esencial su actuación para

---

51 Sesión del Pleno del Ayuntamiento de El Pardo de 18 de febrero

la conservación de todos los elementos y órganos fundamentales de Centrales, Material Móvil, Talleres y túnel. Decía que este ferrocarril "daba y tenía que dar pan a mucha gente." A principios de marzo de 1939 estableció guardias permanentes con personal de su confianza para garantizar el estado de las principales instalaciones de la Compañía antes de ser reemplazados por miembros de Falange. Y solidario: en un documento encontrado en el Archivo General e Histórico de Defensa (Expediente 12432) consta que el 22 de enero de 1938 donó en el Hospital de Sanidad Militar, en la calle de Maudes, 15, un pollo para los heridos que se encontraban en él.

En el caso del asesinato de Avelino Bayo Colás, que se tratará más adelante, parece ser que no quiso firmar el aval que podía haberle salvado la vida. En presencia del industrial Basilio Vallejo Abad y del bombero Nicomedes Romero Velasco, el 6 de septiembre de 1936 manifestó a la esposa del detenido que él no podía entrar en la sede del 5º Regimiento para ese fin ya que había sido amenazado porque avalaba a muchas personas del Metro; a las dos horas fue visto por Saturnina, esposa de Avelino, y sus dos acompañantes en el interior de esa sede, indicándoles a la salida que su marido estaba más seguro dentro que fuera porque en la calle corría el riesgo de que le matasen. La versión de Teófilo, corroborada por María Román, es que realizó todo lo que estaba en su mano para conseguir la liberación y que no fue posible ignorando quien le había denunciado, detenido y asesinado. La esposa de Avelino estuvo hablando con el conductor Gervasio Gutiérrez Cobo para que interviniera en favor de su marido, manifestándole que no le iba a pasar nada y que se marchara para su casa porque era una hora muy avanzada, el camino de regreso era largo, e iba a perder el último tranvía. Saturnina también estuvo hablando con el soldador José Hernández Rey y le aseguró que desconocía quien podía haber mandado a dos mujeres a detener a su marido porque no le conocía añadiendo que él no tenía influencia alguna para disponer sobre el personal. El soldador Mariano López González declaró en sede judicial que si se hubiera firmado el aval en favor de Avelino no habría servido para nada porque en otra ocasión se presentó con un aval para liberar al también detenido José Bochaca Nadeau y no le fue admitido.

En otra ocasión, Teófilo consiguió la liberación de Ángel Mora, agente que fue detenido por falangista y trasladado a una checa a pesar de encontrarse internado en el sanatorio de Valdelatas afectado de tuberculosis. La esposa de Ángel, Isabel Martínez Lázaro, tuvo que desplazarse en multitud de ocasiones a la sede del Consejo Obrero para interesarse por la situación de su marido. Isabel afirma que en una de estas oyó a un empleado del metro burlarse de Avelino Bayo una vez que estaba muerto comentándose entre el personal que algunos agentes de la

Compañía se habían ido a ver su cadáver a la Dehesa de la Villa mofándose del mismo. Mariano Rodríguez Díaz reconoció que acudió en compañía de Carmen Jaramillo Rodríguez a ver quién era el empleado que decían había aparecido muerto, pero tratándole en todo momento con el debido respeto. Carmen dijo que acudió porque no se quería creer que fuera cierto lo que se comentaba. De mutuo acuerdo, Teófilo logró que Ángel fuera jubilado y con ello evitar que siguieran molestándole.

Teófilo consideraba honradamente que el cargo que desempeñaba lo ocupaba por su preocupación permanente en la defensa de los derechos de los trabajadores, a los que tenía como hermanos, sin ningún otro interés porque si hubiera pretendido hacer carrera política como muchos otros lo habría conseguido. Desde el primer momento intentó defender los intereses del Metro evitando desmanes y perjuicios tanto para las personas como las cosas, consiguiendo que no se formaran milicias armadas ni se practicaran detenciones ni registros. Es cierto que portaba pistola, pero como elemento para su defensa y protección personal ante el comportamiento de determinados elementos extremistas.

En julio de 1937 participó en una asamblea de ferroviarios convocada por la Primera Zona del Sindicato Nacional Ferroviario en la que defendió la unidad de todos los obreros y la buena disposición de los afiliados a la UGT para discutir sobre puntos concretos con los de la CNT. Se refería, lamentando la situación, a los 47 compañeros del Gran metro de Barcelona seleccionados para ser despedidos porque se habían negado a llevar el distintivo de la CNT.

Teófilo había nacido en 1899 en la localidad soriana de Peñalba de San Esteban. Fue alumno de Antonio Machado en el Instituto General y Técnico de Soria durante el curso 1908-1909. El ayudante de Obras Públicas Adolfo Bujarrabal Gómez, que intervino en las obras de construcción del primer trozo de la línea 2 entre Ventas y Sol, también fue alumno de Machado durante el mismo curso. Adolfo se tituló como ingeniero y fue destinado en enero de 1938 a la Compañía de carreteras número 19 como capitán asimilado.

El poeta sevillano Antonio Machado Ruiz tenía ocho años cuando llegó por primera vez a Madrid en 1883. En 1907 abandonó la capital para trasladarse a su nuevo destino en Soria como catedrático numerario de Lengua Francesa. Regresó en 1912 y conoció los primeros meses de la Guerra Civil de primera mano siendo muy apreciado y valorado por el 5º Regimiento en el que quiso el destino que volviera a coincidir con Teófilo Molinero. Aunque se negaba a ello, fue convencido por el poeta León Felipe y el escritor Rafael Alberti y salió evacuado de Madrid en compañía de su madre y otros familiares hacia Valencia el 24 de noviembre de 1936 escoltado por miembros de este regimiento. Previamente había sido homenajeado junto a otros "sabios españoles" entre los que se encontraban el doctor Pío del Río Hortega, director del Instituto del Cáncer y el catedrático de la Universidad Central Enrique Moles Ormella. Fueron obligados a salir de Madrid por decisión del 5º Regimiento que quería salvar la cultura y evitar la desaparición de sus integrantes. Fue el encargado de responder en nombre de todos los homenajeados: "Yo no me hubiera marchado; estoy viejo y enfermo. Pero quería luchar al lado vuestro. Quería terminar una vida que he llevado dignamente, muriendo con dignidad. Y esto sólo podría conseguirlo cayendo a vuestro lado, luchando por la causa justa como vosotros lo hacéis." Antonio Machado falleció en la localidad francesa de Collioure el 22 de febrero de 1939 sin haber conseguido su objetivo de escribir la historia del 5º Regimiento: "Los hechos grandes deben quedar en bronce si es posible".

Los médicos, catedráticos, investigadores y poetas ilustres abandonaron Madrid junto a sus familias en dos autobuses escoltados por milicianos y cuatro tanques blindados que transportaban los libros que estaban escribiendo y los equipos de investigación necesarios para continuar con los trabajos que habían iniciado.

También ocupó el puesto de presidente del Consejo Obrero el agente del servicio de Vía y Obras Vicente Morales González, aunque solo durante dos días; desde agosto de 1937 era delegado por la UGT de los agentes de ese servicio. Fue procesado, constando en su expediente[52] la declaración del ingeniero de la Compañía Mariano Nuez Devesa, quien manifestó que le conocía por haberle tenido a sus órdenes en el trabajo desde 1925 hasta 1934, "mereciéndole como persona un buen concepto, así como bastante inculto, e infeliz, como lo prueba el hecho de haber aceptado el cargo de presidente del Consejo Obrero y haber tomado posesión de dicho cargo el día antes de la entrada de las Tropas Nacionales en Madrid."

LA DEPURACIÓN DEL PERSONAL

Al tomar el control de la Compañía el Consejo Obrero se produjo la inmediata depuración del personal. Los integrantes del Consejo de Administración fueron obligados a abandonar sus cargos, o como decía Carlos Mendoza: "no se podían celebrar las sesiones del Consejo de Administración por la ausencia de sus miembros". Tras el fallecimiento de Enrique Ocharán Rodríguez, considerado como el primer presidente de la Compañía, Carlos Mendoza fue elegido para ese cargo en la sesión del Comité de Dirección de fecha 21 de abril de 1936. Antonio González

---

52 AGHD. Sumario número 27677

Echarte y Venancio Echevarría Careaga fueron designados vicepresidentes primero y segundo respectivamente.

El resto de empleados y obreros fueron respetados en sus puestos de trabajo siempre que hicieran acatamiento leal al Gobierno e inspiraran confianza. Se realizaron una serie de despidos conforme a la Ley en número inferior a un 10 por 100 del total de la plantilla. "La primera preocupación del Consejo Obrero, fue dotar a nuestra Industria de una dirección técnica leal e inteligente, lo que se consiguió expulsando con un elevado sentido humanitario, aquellos técnicos que más se distinguieron por su odio a los trabajadores en la represión de Octubre, quedando los restantes, convenientemente vigilados y controlados por la Organización.", según se recoge en la Memoria del Consejo Obrero presentada a la Asamblea celebrada entre los días 20 y 22 de diciembre de 1938.

En septiembre de 1936 la Directiva de la Compañía publicó un aviso para conocimiento de todos los agentes en los que relacionaba una serie de compañeros a los que se felicitaba expresamente por haber demostrado "la consciencia y capacidad de la clase obrera, en momentos en que la negligencia constituye un delito de alta traición, por los peligros que pueda acarrear a la causa que defendemos." La enhorabuena se hacía extensiva al resto del personal que "sabemos que cumple". Los nombres de los agentes que figuran en este documento son los siguientes con la categoría de jefe de estación: Francisco Perpiñán Sáez, Santos Cuadrupani Hernández, Pascual Casajús Xatart, Nemesio González Martínez, Carlos Sánchez de Zarca Cerezo, Ely Huici Zufiaurre, Vicente Arrojo Basquero, Juan José Llamas Asuaga, Fernando Delgado Illescas, Juan Guzmán López, José Pérez Cortés, Isidoro Nieva Sánchez, José Medina Millán, Manuel Campos Gallego y Baldomero Rodríguez Barrio; con la categoría de revisora: Patrocinio Chaveinte Cuesta, Julia López Díaz, Concepción Pérez Morilla, Emilia Álvarez Martínez, Petra Calvo Masedo, Juana López García, Petra Medel Hernández, Carmen García González, Apolonia Calvo Fernández, Carmen Mayoral Cordero, Concepción García Madorrán, Antonia Rodríguez Cárdenas, Trinidad Martín García, Manuela Moreno Martínez, María Fernández del Álamo, Consuelo Sánchez Díaz, Pilar Velasco Losada, Milagros Herráiz Vivaracho, Isabel Campillo, Natalia Gamo Lastra, Bonifacia Alcalá Fandós, Ángeles López Pérez, Trinidad Baena Roldán, Ermita Mos Taboas, Aurelia Domingo, Leocricia Ramírez Pérez y Josefina Pérez Suárez.

Los tres Ingenieros fundadores de la Compañía: Carlos Mendoza (d), Antonio González Echarte y Miguel Otamendi (i).

LOS INGENIEROS FUNDADORES DE LA COMPAÑÍA Y EL ARQUITECTO ANTONIO PALACIOS

Los tres ingenieros fundadores de la Compañía Metropolitano Alfonso XIII y el arquitecto Antonio Palacios vivieron situaciones muy distintas durante el período de la Guerra Civil, todas ellas pendientes de la situación en la Empresa con vistas a conseguir mantenerla en funcionamiento como servicio fundamental para los madrileños y evitar su desaparición para que una vez finalizada la contienda pudiera seguir facilitando la movilidad de todas las personas.

MIGUEL OTAMENDI Y MACHIMBARRENA

Miguel Otamendi y Machimbarrena continuó como director por ser "figura relevante y técnico creador del Metropolitano…; primero porque nunca ha sido político; además, porque su prestigio técnico está por encima de toda idea de partido y, sobre todo, porque desde el primer momento nos ha sido tan fiel y es tan valiosa su misión que tenemos a orgullo conservarlo y proclamarlo así para satisfacción nuestra", decía uno de los miembros del Comité de Control al redactor Domingo Orellana[53]. El cargo venía a ser simbólico toda vez que no podía obrar por cuenta propia sino siguiendo los dictados del Consejo Obrero y el Comité de Control. Tuvo que afiliarse, en bloque junto con el resto de ingenieros de la Compañía, y así lo hizo el 1 de octubre de 1936, al Sindicato Nacional Ferroviario (UGT) porque se impedía trabajar a los no afiliados, al tiempo que se le reducía su sueldo en algo más de un 65 por 100. Además, se expedían certificados de trabajo por los comités

---

53 Revista *Blanco y Negro*. 1 de septiembre de 1938

Certificado de trabajo. Oficial de 1ª del Servicio Eléctrico
(Propiedad de Luis Martínez Fernández, agente de Metro).

de control de las empresas que eran solicitados habitualmente por los guardias y milicianos.

Los ingenieros que trabajaban en el recinto de Ventas también eran protegidos por agentes de la Compañía designados por el Consejo Obrero. Entre otros, Mariano Nuez Devesa, jefe de Explotación, con domicilio en la calle de Almería número 3, en los terrenos del recinto de las Cocheras de Ventas. Mariano López González, con la categoría de ayudante ajustador y vicepresidente del Consejo Obrero de la Compañía hasta noviembre de 1937, fue uno de los guardianes de estos técnicos.

En la madrugada del 1 al 2 de agosto de 1936 fue asaltado el domicilio de la familia Otamendi en la calle de Los Madrazo, 28, piso segundo izquierda, por once milicianos armados ajenos a la Compañía Metropolitano de Madrid con la intención de apresarle a él, a su hermano José María y su esposa e hija, y al resto de hermanos, y desvalijar la casa, que permaneció cerrada desde ese momento hasta la finalización de la Guerra y custodiada por una guardia de empleados de

Calle de Los Madrazo, 28. Domicilio de Miguel Otamendi al
inicio de la Guerra. 14 de noviembre de 2020.

la Compañía designados por Teófilo Molinero. Miguel había conseguido avisar telefónicamente al control obrero de Metro, personándose Teófilo junto con un grupo de personas armadas que consiguieron expulsar a las milicias, La familia fue trasladada a continuación a la pensión del Comercio, en la calle de Pi y Margall, 7, en el mismo edificio en el que se encontraban las oficinas de la Compañía, siendo custodiado desde ese mismo día junto a sus familiares por una guardia puesta por el Consejo Obrero, entre cuyos integrantes se encontraba el conductor Francisco Férez Asensio[54] desde el 21 de noviembre de 1936, que se fue a vivir a la casa de Miguel Otamendi en la calle del Pinar, 13, junto con su mujer y sus siete hijos. Se hizo cargo de la huerta existente y se encargaba de cuidarla junto con su familia

---

54 Fue uno de los agentes que ingresaron en la Compañía al tiempo de su inauguración. El jefe de estación Miguel Furió Camarena también formó en algún momento parte de esa guardia, siendo durante algún tiempo secretario del Consejo Obrero de la Compañía

hasta el momento de la liberación de Madrid[55], obteniendo "algunos productos de los que carecía entonces Madrid"[56] Había dispuesto de un fusil y luego de una pistola para la protección de la familia Otamendi, armas que devolvió en una oficina que se instaló en el metro al efecto. Al acabar la guerra se le encontró un cuchillo sin punta y de pequeñas dimensiones que utilizaba para realizar las labores en el jardín y en la huerta, como "segar alfalfa y arrancar lechugas."[57] Además, acompañaba a Miguel Otamendi siempre que este tenía que salir de su casa para cumplir con sus obligaciones en el Metropolitano. Tras el proceso de depuración, Francisco reingresó en la Compañía en marzo de 1940, no siéndole de abono los haberes que había dejado de percibir durante el tiempo que permaneció suspendido por la Autoridad Militar. En la casa de Los Madrazo también hizo guardia Eustaquio López y López, ordenanza de la Compañía urbanizadora metropolitana y luego portero de la calle del Doctor Santero, 8.

En el chalecito de la calle del Pinar, 13, se refugiaron a finales de marzo de 1939 Teófilo Molinero Lumbreras, María Román Blanco y Francisco Férez Asensio por acuerdo de los miembros de la dirección de la Compañía. Se consideraba un lugar adecuado para garantizar su seguridad antes de pasar a disposición judicial. Francisco declaró el 20 de junio de 1939 ante el delegado provincial de la Falange Española Tradicionalista y de las JONS en relación con el dueño de la finca que "ha estado en muy buena armonía con los rojos opinando igual que ellos, aunque después visto el cariz de los acontecimientos, haya cambiado de ideales."

En otras ocasiones, su casa fue registrada por miembros de las milicias. En una de ellas vieron unas fotos en las que aparecía sonriente junto al Rey Alfonso XIII, que parecía felicitarle. Esta instantánea quisieron utilizarla los milicianos como acusación, hecho que motivó la personación del jefe de Personal Juan Ramos de Antonio y la paralización de sus pretensiones manifestando este "que era una fotografía que se había hecho con motivo de la inauguración del Metro que no tenía nada de particular que su Majestad el Rey felicitase al autor de la obra que tan gran beneficio reportaba a la capital."[58]

Miguel Otamendi tuvo que presentar el pliego de justificación y descargo al que estaban obligados los empleados de la Compañía que habían ingresado en

---

55 Escrito de Miguel Otamendi al Sr. Juez Instructor del Juzgado Militar de Chamberí, de 7 de mayo de 1939

56 Informe de la Compañía Metropolitano de Madrid, en contestación al Juzgado de Ferrocarriles. Junio de 1939.

57 Declaración de Francisco Férez realizada el 4 de mayo de 1939. Procedimiento sumarísimo de urgencia nº 12432. AGHD

58 AGHD. Sumario 62662. Declaración de Miguel Otamendi y Machimbarrena. 7 de mayo de 1940

ella antes del 18 de julio de 1936 y permanecieron en la misma durante el conflicto. Fue examinado en la sesión celebrada por el Consejo de Administración el 20 de mayo de 1939 acordando informar favorablemente su expediente personal de depuración basándose en que su conducta durante el tiempo que duró el conflicto fue de absoluta inhibición en la realización de cualquier actividad que no fuera la propia de su cargo limitada por la intervención de las organizaciones obreras. Se daba traslado de los expedientes a la Jefatura del Servicio Militar de Ferrocarriles por ser de su competencia la resolución de los mismos.

El 1 de septiembre siguiente se decretó que todo el personal de las compañías ferroviarias tenía que ser sometido a un expediente de depuración en el que no solo se trataría su conducta durante el período bélico, sino que se incluiría también la comprobación de sus antecedentes políticos. Para realizar estos trabajos se creó en fecha 9 de octubre una Junta integrada por los jefes de todos los servicios de la Compañía bajo la presidencia del ingeniero jefe de Explotación. Una vez examinados los expedientes de los agentes la Junta remitía las actas con las propuestas correspondientes a la Dirección. Esta las sometía al Consejo para su resolución e inmediata tramitación a la Dirección General de Ferrocarriles, Tranvías y Transportes. Para un mejor conocimiento y cumplimiento de su cometido, la Junta solicitaba del Servicio Militar de Ferrocarriles los datos que estimaba oportunos.

De los otros dos fundadores de la Compañía Metropolitano Alfonso XIII sabemos de su situación durante algunos momentos de este período a través de las conversaciones mantenidas con personas allegadas y los documentos encontrados en diferentes archivos públicos y privados además de diversa literatura.

CARLOS MENDOZA Y SÁEZ DE ARGANDOÑA

Carlos Mendoza y Sáez de Argandoña, presidente del Consejo de Administración[59], fue detenido el 18 de julio y conducido a la cárcel madrileña de la calle del General Porlier de la que salió en libertad gracias a la intervención del delegado especial para Madrid de la Dirección General de Prisiones, Melchor Rodríguez García, asignándole una escolta de protección a través del Sindicato del Metropolitano. De nuevo, el 13 de noviembre de 1936 volvió a ser detenido cuando se encontraba en la casa de su hijo José Luis, en la calle de Juan Montalvo, 31, con el pretexto de que "se habían efectuado unos disparos en un edificio contiguo

---

59 No pudo ejercer este cargo durante la Guerra Civil por ausencia de la mayor parte de los consejeros y no se relacionó en ningún caso con la Compañía

Edificio del antiguo cine Europa.
Sede de la checa del mismo nombre.

que daba a la Av. de la Reina Victoria"[60], cuando la realidad es que la vivienda de los Mendoza estaba a espaldas del lugar de los hechos. Fue trasladado al Cinema Europa, en el número 160 de la calle de Bravo Murillo, un cine madrileño convertido en checa. Poco antes de la hora señalada para su asesinato junto con los de su hermano Manuel y su hijo José Luis fueron liberados del *Europa* el día siguiente al de su detención por un grupo de obreros afectos a Carlos, que fueron a reclamarle según parece también siguiendo instrucciones de Melchor Rodríguez tras la petición de un amigo común, José González de la Rosa, Pepe La Rosa para los amigos. Este era hombre que se manejaba hábilmente entre los *elementos rojos* y estaba muy bien considerado por Melchor con el que le unía una buena amistad desde que se habían conocido en Sevilla cuando pertenecían ambos a la CNT. Volvieron a encontrarse en Madrid dónde Melchor se encontraba sin trabajo por

---

60 Archivo Histórico Nacional. Causa General sobre Madrid. Caja 1530, Exp. 15. Checa del Cinema Europa

su condición de anarquista y Pepe, previa autorización de sus jefes, le contrató en la empresa "Agromán" donde sirvió de elemento moderador cuando los obreros de esta empresa se exaltaban. También acudió Teófilo Molinero a liberar a Carlos Mendoza nada más enterarse de la situación encontrándose que ya lo había sido por intervención de Melchor Rodríguez.

Este mismo 14 de noviembre los tres miembros citados de la familia Mendoza figuran en la relación de personas ingresadas como refugiados en la Legación del Uruguay, sita en la calle del Príncipe de Vergara, 36. Aquí permanecen hasta la salida de José Luis el 23 de enero de 1937, y la de Carlos y Manuel el 4 de febrero siguiente. El resto del tiempo parece que Carlos estuvo residiendo en una vivienda de la calle de Goya, 63, según declara el portero de esta finca en el documento recibido en el Juzgado Militar de Porteros el 4 de abril de 1939, estando protegido por una guardia formada por empleados del Metro.

La detención de las familias Mendoza parece que se produjo como venganza de uno de los miembros de la checa del *Europa* que había sido despedido de la empresa de construcciones "Agromán" por acuerdo unánime del Jurado Mixto. Intentó su readmisión, pero no lo consiguió culpando de ello a Carlos hijo; con la idea de matarle fue a detenerlo, pero no lo consiguió porque se encontraba fuera de Madrid. Entonces, decidió ir en busca de su padre y la familia de su tío Manuel para asesinarlos.

Por datos obrantes en la Causa General de la Fiscalía del Tribunal Supremo, el Carlos Mendoza y su esposa Mercedes que pasaron a Francia el 20 de agosto de 1936 por la frontera de Perpignan tras los preparativos realizados unos días antes en Barcelona por el propio delegado de Prisiones era uno de los hijos del fundador del Metro. Carlos Mendoza Gimeno había prestado sus servicios como ingeniero en la empresa "Agromán", en la que había coincidido con Melchor durante un tiempo mientras este trabajó en la misma. Carlos padre declaró que su hijo había despertado en Melchor una gran simpatía por el espíritu de justicia que pudo apreciar en sus relaciones como ingeniero y empleado en la citada empresa de construcciones.

Un inciso en este punto para referirnos a Melchor Rodríguez García, sevillano de Triana, nacido en 1893, chapista de profesión, también ebanista, militante convencido de la CNT y de la Federación Anarquista Ibérica (FAI) y destacado anticomunista. Intentó ganarse la vida como torero actuando en 1918 en la plaza madrileña de Tetuán de las Victorias. Sufrió una cogida grave que le tuvo apartado de los ruedos hasta 1920, año en que participó en dos corridas y se retiró definitivamente. Desde entonces trabajó como carrocero tras trasladarse a Madrid.

A los tres días de iniciarse el Movimiento Nacional se incautó del Palacio del Marqués de Viana sito en la calle del Duque de Rivas, 1, de acuerdo con su administrador, Sr. Luengo. Se instaló en él junto con un grupo de jóvenes, falsos milicianos, que nada tenían que ver con la Política formando el grupo "Los Libertos de la F.A.I.". Este palacio fue considerado como sede de una checa, pero era utilizado para ocultar personas de derechas, militares y miembros de la Iglesia, algunas de las cuales le pedían a Melchor que las detuviera porque en ese edificio iban a encontrarse a salvo de los desalmados y a cubierto de persecuciones. En noviembre cayó una bomba incendiaria en el edificio por lo que se trasladó a vivir al Paseo de Recoletos, 23, llevándose consigo a parte de los refugiados. Algunos componentes del grupo permanecieron en el edificio hasta la finalización de la guerra.

Conocía de primera mano las instituciones penitenciarias como miembro de los comités pro presos, además de las cárceles que había *visitado* en infinidad de ocasiones como presidiario por delitos políticos cometidos durante los Gobiernos de la Monarquía y la República: tantas, que ni él mismo las recordaba. Además de los diversos puestos que ocupó en materia de prisiones, entre otros la Jefatura Superior de los servicios en Madrid de la Dirección General de Prisiones desde el 9 de noviembre de 1936, era considerado un moderado, un "bondadoso anarquista" según le calificaba el diario inglés *The Times*. También fue denominado cariñosamente *El Ángel Rojo* por todas aquellas personas a las que salvó la vida. Su filosofía se resume en esta frase: "Se puede morir por las ideas, pero nunca matar por ellas". Se oponía de manera expresa a cualquier forma de terrorismo, siendo acusado por el comunista José Cazorla Maure, consejero que sustituyó a Carrillo al frente de Orden Público, de dedicarse a proteger a los fascistas cuando lo que realmente sucedía era que manifestaba su oposición a la existencia de checas clandestinas en Madrid y a que los presos fuesen extraídos de las cárceles sin ninguna garantía por la sola orden de Cazorla para mandarlos al frente donde corrían grave peligro por su inexperiencia bélica. Incluso llegó a dar su sangre para que se realizasen unas transfusiones a dos falangistas.

El 25 de diciembre de 1936 escribía una carta dirigida al Partido Comunista de España en la que manifestaba con tremenda indignación algunas de sus ideas: "seamos revolucionarios, pero no asesinos, idealistas, pero no verdugos; gallardos y bravos en la lucha cara a cara a la luz de la vida, pero nunca traidores ni cobardes escudados en las sombras de la muerte alevosa. Seamos nosotros dignos de nosotros mismos, ya que con honroso orgullo enarbolamos la sublime bandera del amor, de la libertad y de la igualdad fraterna entre los hombres." Era su protesta tras el atentado del 23 anterior contra Pablo Yagüe, miembro del Sindicato de Artes Blancas y consejero de Abastecimiento de la Junta de Defensa de Madrid por la Unión General de Trabajadores en la Junta Delegada de Defensa. Pablo fue tiroteado y resultó herido en un hombro en la carretera de Aragón en un control por una patrulla integrada por cenetistas del Ateneo Libertario de Ventas a los que se negó a mostrar su salvoconducto alegando que no lo necesitaba por ser miembro de la Junta. Este suceso provocó que Santiago Carrillo, consejero de Orden Público, exigiese enérgicamente la inmediata entrega de los integrantes de la patrulla para que fueran fusilados sin ningún tipo de procedimiento judicial, No lo consiguió, pero aparecieron tres cadáveres de militantes de la CNT con un cartel sobre sus cuerpos para que no hubiera duda de su militancia sindical; en venganza, tres militantes comunistas aparecieron muertos poco después: el "ojo por ojo y diente por diente" tenía que desaparecer. Santiago Carrillo dimitió como consejero.

Este atentado también motivó serias discrepancias en el ayuntamiento vecino de Chamartín de la Rosa. En la sesión ordinaria del 24 de diciembre se aprobó condenarlo con la oposición de los miembros de la Minoría Confederal que, en boca del concejal Antonio Lafuente Estefanía, consideraban que era preciso esperar al dictamen oficial de la causa en la que se estaban instruyendo los hechos. El también concejal Aureliano Lobo Martínez se sumó a la negativa a condenar los hechos ya que podrían ser responsabilidad del Sr. Yagüe.

Melchor ejerció brevemente, un par de días desde el 28 de marzo de 1939 como alcalde interino de Madrid. Era consejero del Ayuntamiento desde el 24 de abril de 1937 siendo el encargado de dar posesión del mismo a las autoridades nacionales cuando llegaron a la capital. Antes, tras su cese en Prisiones, había sido concejal de cementerios como representante de la FAI.

Tras la finalización de la contienda fue reconocida por miembros nacionalistas su labor realizada que supuso librar de la muerte a miles de personas de derechas además de haber conseguido eliminar las conocidas como "patrullas de control", culpables de numerosas ejecuciones fuera de la ley.

Tras ser liberado de prisión se ganó la vida como vendedor de seguros rechazando cualquier tipo de ayuda que le ofrecían aquellos a los que había salvado la vida. De hecho, tras fallecer en febrero de 1972, a su entierro en el cementerio de San Justo acudieron tanto anarquistas como falangistas, incluso algún ministro del momento. Entonces se produjo un hecho insólito que se considera único durante el Régimen de Franco: algunos de los presentes cantaron "A las barricadas" y otros rezaron un Padrenuestro y se permitió cubrir su féretro con la bandera anarquista

El propio Melchor consideraba que entre el 18 de julio de 1936 y el 1 de abril de 1939 su "conducta de español honrado y profundamente humano" estuvo presente en todas sus actuaciones, tal como declaraba ante el Juzgado Militar Permanente número 1 durante la instrucción de su causa.

El 8 de noviembre de 1936 se había personado en las antiguas Galeras de Mujeres, cárcel de Alcalá de Henares en la que se encontraban recluidos un importante número de simpatizantes franquistas. Había recibido una llamada telefónica del director del penal al que se dirigió inmediatamente justo cuando una multitud armada en compañía de la guardia de los milicianos que la custodiaban estaba a punto de acceder al lugar en el que se encontraban más de mil quinientos detenidos del bando enemigo para matarlos como venganza por el bombardeo que acababa de producirse. El día anterior habían asesinado a 319 presos de la cárcel de Guadalajara quedando con vida uno solo que apareció entre los escombros. Melchor se colocó entre los asaltantes haciéndoles ver que era de cobardes matar a gente inerme, al tiempo que les insultaba y les gritaba que si se consideraban tan valientes lo que tenían que hacer era irse al frente a matar enemigos. Consiguió dividir las opiniones de los milicianos afirmando que iba a dar las órdenes oportunas para que los presos recibieran armas con las que pudieran defenderse de los asaltantes. Estos cambiaron de opinión desistiendo de su propósito y se retiraron a posiciones alejadas del centro penitenciario.

La Batalla del Jarama. Recreación Grupo "Frente de Madrid".
23 de marzo de 2014.

El día siguiente dio orden a los directores de las cárceles de Madrid para que impidiesen la salida de presos entre las seis de la tarde y las ocho de la mañana, y a cualquier otra hora si los excarcelados podían correr cualquier tipo de peligro. Para esa noche se había preparado una saca de cuatrocientos presos de la cárcel Modelo por lo que se personó inmediatamente en ella ordenando a su director, Jacinto Ramos, y a los oficiales de prisiones que la impidiesen. Consiguió su propósito, pero no evitó el enfrentamiento entre Ramos y los milicianos que venían actuando en el interior de la cárcel y que se personaron de nuevo en ella durante la madrugada del día siguiente intentando llevarse a los presos sin conseguirlo. También el día 9 dispuso que la prestación del servicio que realizaban los milicianos en el interior de las prisiones pasase a hacerse exclusivamente en el exterior. Los milicianos volvieron al interior a partir del día 14.

Entre los presos que iban a morir en una de las sacas de la cárcel de Ventas, o quizás de la Modelo, se encontraba el Padre Agustino Fray Félix García quien, en agradecimiento, le dedicó este mensaje[61]:

> *Eres, Melchor Rodríguez, en medio de esta ola*
> *de sangre que ha inundado nuestra tierra española,*
> *el hombre que ha sentido calor de humanidad*
> *cuando más desatada andaba la crueldad.*
> *Como experimentaste los bárbaros zarpazos*
> *del odio y la injusticia, ahora aprietas los lazos*
> *de la hermandad y tiendes tus generosas manos*
> *a todos los que sufren y acoges como hermanos.*
> *Cuando una turba sádica de infames criminales*
> *mataban por matar y hundían sus puñales*
> *en los que en la desgracia como reos caían,*
> *tus palabras un eco de compasión tenían,*
> *de justicia y amor… Todos los que han sufrido*
> *en la cárcel te deben un recuerdo rendido.*
> *Tú, que supiste un día sufrir para vencer,*
> *sabes a los que sufren ahora compadecer.*
> *Yo soy un fraile que no tuvo otro delito*
> *que ser fraile y haber por la verdad escrito.*
> *Un día me llevaban, como res, a matar;*
> *pero llegaste a tiempo para poder cortar*
> *el crimen… "QUE NO SALGA NI UN PRESO -proclamaste-*
> *DE LA CÁRCEL", y de ella colérico expulsaste*
> *a los que negociaban con el dolor ajeno*
> *y en la cárcel dejaron un rastro de veneno.*
> *¡Cuántos así te deben el honor y la vida*

---

61 AHN_FC-CAUSA_GENERAL, 1530, Exp.12

y cuántos ha salvado tu palabra encendida!
Por eso yo te digo, despúes de lo que he visto,
MELCHOR, que estás más cerca que de LENIN, de CRISTO.
Y por esa piedad de tu gran corazón,
yo, en nombre de CRISTO, te doy mi bendición.

ANTONIO GONZÁLEZ ECHARTE

Antonio González Echarte siguió viviendo en su domicilio de la calle de Serrano, 49, custodiado permanentemente y realizando una *vida normal*. A finales del 38, junto a su esposa Cristina Sola Gargollo fueron autorizados a abandonar Madrid con conocimiento del general Miaja con la condición de que no se pasasen en ningún momento al bando nacional. Nunca estuvieron refugiados en embajada alguna, pero salieron de Madrid como criados del embajador Melchor Lasso de la Vega, con cuya familia les unía una gran amistad, en una camioneta de la Embajada de Panamá hasta Valencia; desde aquí se trasladaron en barco hasta Marsella y desde esta ciudad portuaria hasta San Juan de Luz.

Cruzó la frontera en más de una ocasión para llevar dinero a su nuera y visitar a su madre en San Sebastián y le ofrecieron permanecer en esta ciudad. Cumplió su palabra y se volvió a Francia. Finalizada la Guerra regresó a Madrid y se reincorporó a la Compañía como uno de los dos vicepresidentes junto con Venancio Echeverría. Carlos Mendoza ocupó la Presidencia y Miguel Otamendi la Dirección Gerencia.

ANTONIO PALACIOS Y RAMILO

Antonio Palacios y Ramilo fue nombrado Arquitecto de la Compañía Metropolitano Alfonso XIII en 1917, cargo en el que permaneció hasta el momento de su fallecimiento en 1945.

Al igual que de Echarte poco se conoce de su vida durante este período. Ingresó en el Sindicato Único de Técnicos en septiembre de 1936 con el número 230 como cotizante al mismo. Parece que estuvo dedicado a trabajar en los proyectos que había ideado antes de comenzar la Guerra: Reforma de Madrid, Nuevo Salón del Prado y Gran Vía Aérea sobre el Manzanares.

Residió junto con su esposa, la malagueña Adela Ramírez de Flores, en el que era su domicilio habitual desde 1915, el piso segundo izquierda en la calle de Nicolás María Rivero, 6, actual de Cedaceros, edificio dedicado a oficinas, como únicos habitantes ya que otra familia que residía en el mismo había salido de Madrid antes del 18 de julio. La vivienda del segundo derecha fue saqueada por milicianos de la brigada Claridad y otros de Villaverde que se llevaron mantas, ropas y colchones, y todo lo que encontraron, según manifestó el portero del edificio, Manuel Marco Alemán. Un hermano de este, sacerdote, de nombre Francisco, también abandonó la convivencia con Manuel nada más iniciarse el conflicto. La única sirviente de la familia Palacios que tenían en casa se marchó poco después de esa fecha.

LOS DESPEDIDOS POR LA GACETA

Tras la orden general del Gobierno de Madrid sobre depuraciones del personal de las empresas, entre julio y agosto de 1936 se celebró una reunión del Consejo Obrero en la que se decidió qué agentes tenían que ser despedidos "debido a la pugna que había entre el personal izquierdista contra aquellos a quienes considera-ban derechistas."[62] El criterio seguido no es conocido teniendo en cuenta que le constaba al Consejo que "entre el personal existían más de trescientos de filiación derechista conocida, los cuales no fueron molestados."[63] La inclusión en la relación de despedidos y su publicación en la Gaceta venía a significar la condena a muerte, además del trastorno para la seguridad personal y económica de los señalados y sus familias. Se dio el caso del agente José García Muela que aparecía como despedido cuando en realidad era una confusión ya que en realidad se trataba de un funcio-nario del Ministerio de Agricultura de segundo apellido Buela. Las autoridades rectificaron públicamente incluyendo la aclaración en algunos periódicos.

Los miembros del Consejo siguieron protegiendo al personal técnico más destacado y siempre, salvo contadas excepciones, atendieron las peticiones de los familiares de los cesados y resto de empleados cuando eran requeridos para sacar-les de las checas y cuarteles en los que se encontraban detenidos.

Así ocurrió con Andrés Tuduri Sánchez, jefe de servicios de la Compañía, que fue denunciado varias veces: una, porque se reunía en su despacho con gente ajena a Metro, otra porque oía Radio Nacional, y una tercera por esconder y guar-dar objetos de plata, propiedad de su madre política. En todas las ocasiones en que iba a ser detenido por la Policía y conducido presuntamente a alguna checa, la intervención de Teófilo Molinero lo impidió. Andrés Tuduri se trasladó a Barcelo-na, donde residió durante la mayor parte de la Guerra en el hotel Euskalduna, en la Rambla de Cataluña, como representante de la Compañía Metropolitano de Ma-drid en Barcelona para gestionar la obtención de los suministros necesarios para la

---

62 Declaración del jefe de Estación Miguel Furió Camarena. Expediente nº 35307. AGHD

63 Sentencia del Consejo de Guerra Permanente, causa nº 35301, de 4 de diciembre de 1939. *Ídem* ex-pediente anterior

explotación del Metro. Era vigilado por agentes de policía, pero dio la casualidad de que durante esos días había estado alternando con destacados personajes rojos, tal como le contó a José Luis Mendoza Gimeno con ocasión de la visita que le hizo al Hospital de San Pablo mientras este se encontraba ingresado en el pabellón número 3 procedente de la checa de Valmajol[64] para tratarse de una úlcera duodenal. En el hospital ocurrió la siguiente anécdota: el guardia de apellido González encargado de la vigilancia de José Luis le comentó a este que conocía bastante a la persona que le había visitado, pero no recordaba de qué. Le dijo su nombre y que había sido jugador de fútbol del Athletic Club de Madrid entre las temporadas 20 y 28, contestando el guardia que ya le reconocía porque, además, habían hecho el servicio militar juntos en Artillería.

En dos documentos de 1938 relacionados con la labor de Andrés Tuduri como delegado de la Compañía en Barcelona encontramos la autorización de 15 de abril de la Subsecretaría de Armamento del Ministerio de Defensa Nacional por la que se suministrarían chapas de hierro para la reparación de coches, sin especificar fecha de entrega; el 19 de octubre siguiente el técnico del servicio de Almacén se dirigía al Comité de Control en los siguientes términos: "En el envío n° 35, hecho por n/Técnico Delegado de Compras, en Barcelona, nos anunciaba entre otros materiales, "2 cajas con 1.000 placas de madera separadores para baterías" Estas dos cajas no han llegado a nuestro poder, y nos hemos informado que están en el muelle de Valencia, por lo que les rogamos hagan las gestiones necesarias con la Red Nacional de Ferrocarriles, con objeto de que nos sean remitidas a la mayor brevedad posible." La falta de suministros hizo que los agentes de la Compañía se las ingeniasen para poder seguir prestando el servicio de trenes al pueblo de Madrid: la falta de zinc y hojalata se suplía con botes viejos para el engrapado de los zunchos de los inducidos; la realización de ciertos cálculos demostró que las llantas podían someterse a un mayor desgaste sin peligro para la circulación.

En situaciones más graves fue fundamental la intervención de Teófilo. Es el caso del inspector de línea Félix Carrillo Carretero. Encontrándose este de servicio en su despacho de la estación de Cuatro Caminos el día 24 de julio de 1936 fue interrogado por cinco individuos armados sobre el domicilio de los ingenieros Manuel Veglison y Luis Petrirena, el doctor Manuel Veglison, el inspector de línea Manuel Fernández y el jefe de estación Hipólito Gete, porque los buscaban para ser detenidos y ejecutados como elementos peligrosos. Félix se negó a facilitarles

---

64 Así llama Mendoza a la checa de Vallmajor. El SIM republicano la denominó *Preventorio D*. Se trata de la considerada como "checa psicotécnica" por la crueldad con que fue diseñada por el arquitecto francés Alfonso de Laurencic para conseguir un grado de sufrimiento difícil de superar por las personas que la ocuparon

lo solicitado, siendo engañado cuando intentaba avisar por teléfono a los buscados. Fue detenido al día siguiente y trasladado al Cuartel de las milicias ferroviarias en el Colegio de los Salesianos de la calle de Francos Rodríguez donde se dispuso que fuera fusilado. Enterado Teófilo, que se encontraba en los talleres de Cuatro Caminos, se trasladó a ese cuartel y tras más de cuatro horas de discusiones consiguió no sólo evitar que Félix fuera fusilado, sino que incluso logró su puesta en libertad contando para ello con la colaboración del delegado de los mozos de estación Antonio Sánchez Smith. Antonio declaró que él mismo también había intervenido en la puesta en libertad de los detenidos Miguel Murillo, mozo de estación, y del doctor Benito de Lillo Cármenes que era considerado como fascista por todos sus compañeros.

Entregada la lista al Gobierno de Madrid, la primera relación de seleccionados para el despido es aprobada por Orden de 18 de agosto de 1936 del Ministerio de Obras Públicas (Gaceta de Madrid del 19) por la que se ordenaba a la Compañía del Ferrocarril del Metropolitano de Madrid "la inmediata separación del servicio de la misma" de los siguientes agentes: "D. Eduardo Méndez del Caño, Médico jefe; D. Julián Blin, Médico; de don Juan Zoazola, D. Santiago Adán y D. Paulino Sáenz, empleados de oficinas; D. Rafael Falcó, Inspector; D. Juan de Gracia, Interventor; don Jesús Díez y D. Joaquín Doggio, Jefes de estación; don Leocadio Santos, conductor; D. Antonio Arlegui, Jefe de Tren; D. Servando Marne, guarda; D. Jesús García Martínez, empleado de talleres; D. Socorro Cámara, capataz de limpieza; y doña Antonia Plaza y doña Julia Plaza, revisoras." Y se añadía: "Los señores mencionados causarán baja definitiva en los servicios de la Compañía a que se hace referencia".

El doctor Méndez había estado al frente del servicio sanitario desde la creación de la empresa. Era el presidente del comité de vecinos de su casa, en la calle de Recoletos, 7. En las elecciones de Diputados a Cortes de febrero de 1936 había ejercido como presidente de mesa por la CEDA, aunque él manifestó que había desempeñado ese cometido nombrado por el Ayuntamiento en la sección 25 del distrito de Buenavista y no por ningún partido, aunque la Junta Municipal del Censo Electoral certificó que no había ocupado ningún puesto ni como presidente, ni adjunto ni interventor. En marzo de 1937 había sido detenido y puesto en libertad al poco tiempo sin cargos. Nuevamente fue detenido el 22 de octubre de 1937, en esta ocasión en la estación de Retiro mientras esperaba en el andén para tomar el primer tren por unos milicianos que declararon que les estaba mirando y muy atento a su conversación, manifestando él lo contrario porque no conocía a los agentes, no le interesaba lo que hablaban y, además, estaba un poco sordo. Les preguntó quiénes eran y cuando se identificaron se puso a su disposición mostrándoles su documentación. Llegó a montar en el coche de cabecera al parar el tren en la estación y a continuación fue sacado violentamente del mismo por un individuo que no se identificó como agente de la autoridad. Trasladado a la comisaria, las diligencias que se abrieron fueron sobreseídas definitivamente tras considerar los miembros del Jurado en el acto del juicio celebrado el 28 de noviembre de 1937 que no se había producido desacato ni menosprecio a la autoridad de los agentes de la Autoridad que le habían detenido siendo fundamental la intervención del Juez Instructor del número 7 de los Juzgados de Urgencia, Alfonso Algara y Saiz, que solicitó su libertad provisional por considerarle persona afecta al régimen con el compromiso de presentarle ante la autoridad judicial las veces que fuese requerido. A pesar de esta resolución fue despedido, momento desde el que se ganó la vida como médico en la Casa de Socorro del distrito de Hospital hasta su reingreso en la Compañía en noviembre de 1939.

El médico Julián Blin Navarro de Palencia fue movilizado forzoso en 1936 sufriendo persecución con posteridad a la fecha de expulsión de la Compañía: sus funciones pasaron a ser desempeñadas por el Dr. Luis Palomeque, nombrado este a propuesta del Consejo Obrero y de conformidad con el médico jefe. Trabajó en su profesión en un hospital madrileño en el que atendía a personas de todas las ideologías retrasando en lo posible su alta hospitalaria para evitar que fueran enviados al frente. Desde junio de 1938 hasta enero siguiente vivió una situación angustiosa porque no percibía ningún tipo de ingreso al carecer de validez el nombramiento que se le había hecho como comisario, por lo que se presentó ante la Jefatura de Sanidad, siendo nombrado teniente médico en enero de 1939. Tras acabar la Guerra fue depurado tanto en la Compañía como en el Colegio de Médicos: ambos procedimientos finalizaron con la resolución "Sin imposición de sanción" y "Confirmación de su inscripción", respectivamente.

Juan Zuazola Barrenechea era el jefe de Estadística de la Compañía. Se enteró de su cese por la Gaceta ignorando los motivos a pesar de que se dedicó a realizar diversas gestiones para averiguarlos. Estaba haciendo cálculos para ir preparando su jubilación cuando fue despedido. Regresó a su puesto en abril de 1939. Falleció el 1 de febrero de 1957 y fue enterrado en el cementerio municipal de Polloe, en San Sebastián.

Tras su despido, Santiago Adán Toledo se puso a trabajar en la Junta de Compras del Ministerio de la Guerra siendo denunciada esta situación por el agente de Metro Francisco Saucedo Tellechea lo que significó su inmediato despido. Santiago fue uno de los trabajadores que acudió a su puesto de trabajo durante la huelga revolucionaria de octubre de 1934, por lo que había sido gratificado en diciembre siguiente con el importe equivalente a medio mes de salario como sucedió con otros 57 agentes.

Paulino Sáenz, en realidad Sainz y Sainz, fue detenido en agosto de 1938 por miembros del Servicio de Información Militar y trasladado al frente de la Casa de Campo donde apareció posteriormente su cadáver, según declaró su hermano Pedro en junio de 1939.

El inspector de línea Rafael Falcó Calderón, sindicado en la UGT y luego en la CNT, no salía de su casa en la plaza de Manuel Becerra, 2, alegando un gran temor a la aviación y sus bombardeos. De hecho, la compra para las necesidades de la casa era realizada por la mujer de otro vecino, Rafael García López, que convivían con él. El Consejo Obrero de la Compañía decidió incluirle al estallar el Movimiento en la relación de agentes que había que cesar porque en 1934 tenía la categoría de jefe de estación y había actuado como esquirol, obteniendo como premio el ascenso a inspector, aunque nunca se portó mal con los compañeros, según manifestaban estos mismos. En noviembre de 1937 fue detenido por la "Brigada especial" y trasladado a la Prisión provincial madrileña número 5 de Hombres, conocida como "Duque de Sexto", en la que permaneció hasta febrero de 1939. En un momento determinado fue dado por muerto, siendo acusada la revisora de la Compañía Asunción Peñafiel Muñoz de alegrarse de su fusilamiento cuando resulta que eran vecinos y ella sabía que eso era incierto porque se cruzaban en la calle por la zona de Manuel Becerra a diario ya que vivían muy cerca. A principios del 38 Asunción fue destinada a los talleres de la Compañía tras la publicación de una circular del Consejo Obrero. Aceptó la decisión sin oponerse "por no soportar a aquel público soez y grosero, cuyo trato era causa de frecuentes incidentes."[65]. De manera alternativa se había ofrecido al personal femenino ir al servicio de Trenes, pero no eligió este último destino para evitar el contacto con los viajeros.

Rafael se vio implicado en un procedimiento[66] de desafección al Régimen por su supuesta pertenencia a una organización que preparaba un complot contra la Causa de la República Democrática. Se encargó de su tramitación el Departamento Especial de Información del Estado del Ministerio de la Gobernación (D.E.D.I.D.E.). En un plano de Madrid que obraba en poder de este organismo estaba indicado el polvorín de la estación del metro de Diego de León, otros polvorines, baterías y fortificaciones que había dibujado Rafael. En su defensa alegó que era adicto al Régimen y nunca había realizado ningún acto hostil ni contrario al mismo. Añadió como prueba el que en abril de 1934 paró la circulación del metro

---

65 AGHD. Sumario número 66984

66 AHN_FC-CAUSA_GENERAL,37, Exp. 30

en unión de otros catorce o quince empleados por haberse declarado la huelga general, justificada por la concentración de la CEDA en El Escorial, manifestándose en todo momento en favor de los trabajadores, y que si se incorporó el día 6 al trabajo fue porque tenía la categoría de inspector y recibió aviso del Comisario de Ferrocarriles de que si no se presentaba daría orden de detención para que fuera ingresado en Prisiones Militares. En el interrogatorio a que fue sometido el 13 de noviembre de 1937 manifestó que es cierto que conocía a muchos empleados del Metro porque había viajado de manera habitual en el mismo. Posteriormente aclaró que sí había sido empleado. Declaró que su profesión actual era la de delineante y que en estos momentos trabajaba como corredor-encargado de ventas en la Sociedad General de Especialidades, empresa dedicada a la comercialización de todo tipo de productos de perfumería, de manicura, de tocador, elixires, cremas y pastas dentífricas. En su declaración manifestó espontáneamente que había coincidido en el penal de Cartagena con Largo Caballero sin que se encontrase allí por motivos políticos sino comunes. Rafael había sido detenido en 1910 por asestar siete puñaladas en una "casa de mal vivir" de la travesía del Horno de la Mata, 7 y 9, a una mujer conocida por la *Aragonesa* con la que mantenía relaciones íntimas. Fue condenado por la Audiencia de Madrid por delito de homicidio a la pena de dieciséis años, 8 meses y un día de reclusión temporal. El 18 de noviembre de 1914 publicó *El Liberal* en su edición de Murcia una carta de Rafael fechada el 14 anterior en la Prisión Central de Cartagena en la que hacía un elogio de la libertad condicional como apoyo a la reinserción de los delincuentes. En 1917 se le indultó de la cuarta parte de la pena impuesta tras el otorgamiento del perdón por la parte agraviada, la naturaleza del delito y su buena conducta. Su libertad se decretó el 23 de diciembre de 1921.

Juan de Gracia Sánchez y Joaquín Doggio Serra regresaron a sus puestos en el servicio de Movimiento tras superar sin sanción sus respectivos expedientes de depuración. Joaquín permaneció trabajando en la empresa hasta su jubilación en octubre de 1948.

Jesús Díez Reaño fue detenido el 25 de julio de 1936 y trasladado a la checa de los Salesianos de Francos Rodríguez hasta que fue liberado gracias a los informes facilitados por sus vecinos de la calle de Treviño, 9. Se dirigió al Consejo Obrero con el encargo de que Teófilo Molinero mediase por Enrique Ballesteros, que permanecía en los Salesianos, sin conseguir evitar que finalmente este fuese fusilado.

Leocadio Santos Santamaría fue detenido el 5 de septiembre de 1936 en su domicilio de la calle de Jordán, 18, por integrantes de unas milicias. Su cuerpo apareció sin vida tras lo que su viuda, María Hermoso Colás, manifestó que en los hechos había participado como sospechoso el "Comité Rojo del Metro", cuyos miembros la trataron de forma grosera y le dijeron que si su marido era de ideas marxistas no le pasaría nada y estaría de vuelta en media hora. Nunca más se supo nada de él.

Antonio Jiménez Arlegui fue detenido y encarcelado. Acusaba a Teófilo Molinero de tenerla tomada con él ya que cada vez que entraba en el coche en que Antonio iba como jefe de tren escupía de manera ostensible. Se comentaba en el trabajo que el conductor Felipe Martín Barrios iba diciendo que tenía pendiente de solucionar un asunto con Antonio, lo que aquél desmintió. Tenía la categoría de cabo dentro de la Escala Honoraria Militar de Ferrocarriles, conocida como Escala de Complemento.

Servando Marne Mansilla prestaba sus servicios como guarda en la portería de los talleres del recinto de Cuatro Caminos. Fue acusado de pertenecer a Falange Española, hecho que negaba, y formar parte de la Escala de Complemento, aunque los testimonios de otros agentes de la Compañía en su causa judicial indicaban que había pertenecido a la UGT y que durante la huelga de 1934 fue militarizado sin participar en ella porque se encontraba en situación de baja médica. También se le acusaba de pertenecer a los sindicatos católicos de la calle del Sacramento, hecho que negó en todo momento indicando que había recibido una oferta de un tal Torres pero que no se afilió porque no estaba de acuerdo con sus ideas. Estaba convencido de que le habían incluido entre los miembros de esa relación sindical porque antes había rehusado tajantemente su adhesión a los mismos. Cuando fue despedido se puso a trabajar en un almacén de aguardientes sito en la calle de Bravo Murillo, 141.

Antes de aparecer su nombre en la Gaceta, el empleado de Talleres Jesús García Martínez fue *visitado* de madrugada en su puesto de trabajo mientras realizaba labores de limpieza de coches en la estación de Diego de León por otros compañeros que llegaron desde las cocheras de Cuatro Caminos y le amenazaron con un revólver al tiempo que le ordenaban que abandonara sus tareas porque ya no había jefes, los amos eran ellos y era considerado como muy peligroso. Fue cacheado sin encontrarle nada, detenido y trasladado a la checa de Fomento con la intención de fusilarle esa primera noche, siendo maltratado de obra y abofeteado durante otras tres más. Consiguió salir en libertad. Parece ser que le había denunciado el peón Manuel Aranda Blas, quien también se vio implicado en la detención de Marino Martínez Menéndez cuando este se encontraba trabajando en la misma estación de Diego de León. Marino fue trasladado a una checa de la calle de Hermosilla donde los milicianos le dijeron que tenían que fusilarle por la denuncia de Manuel, quien se personó a las seis de la madrugada preguntando si había sido fusilado. No le encontró porque había sido trasladado a la cárcel celular de Madrid en la que permaneció cuarenta y un días. Marino comentaba que ignoraba los motivos que llevaron a los milicianos a no fusilarle. Creía que su salvación se produjo gracias a la intervención de una tercera persona no identificada.

Marino fue detenido nuevamente en 1938 cuando se encontraba refugiado en el domicilio de su madre, calle de Oltra, 19, en el que vivía como evacuado tras ausentarse de su casa en la calle de Velarde, 9. En un registro efectuado en casa de su madre se encontró en la habitación que utilizaba la cantidad de veintisiete pesetas con veinticinco céntimos en monedas de plata, cobre y cuproníquel alegando que eran de sus hijos y que no tenía conocimiento de su existencia. Se le consideraba un parásito porque no efectuaba ningún tipo de trabajo; alegó que no trabajaba poque estaba enfermo y había solicitado la baja en la Compañía mediante carta dirigida al técnico de Personal de la Industria con fecha 15 de septiembre de 1936. De las cantidades que se habían encontrado se consideró que quince pesetas era el exceso de lo permitido por lo que la Junta Administrativa de la Delegación de Hacienda le impuso una multa del quíntuplo de dicha suma, es decir, 75 pesetas, además de un año y seis meses de internamiento en campos de trabajo por sentencia del Tribunal Popular número 2.

Manuel Aranda fue condenado a muerte[67] como autor de un delito de adhesión a la rebelión, pena que vio conmutada por otra en grado inferior de veinte años de reclusión menor. Cuando fue interrogado sobre los datos del autor del maltrato a que fueron sometidos tanto Jesús como Marino señaló a Cipriano García Rollán, empleado de la Compañía.

Cipriano había nacido en 1912 en la localidad salmantina de El Tejado de Béjar. En 1934 fue despedido por su participación en el movimiento revolucionario de octubre reingresando en la Compañía tras el triunfo del Frente Popular en las elecciones de febrero de 1936. Se incorporó como voluntario en el Cuerpo de Sanidad donde realizó labores burocráticas y luego aprobó unas oposiciones para policía sin estar nunca en el frente. El fin de la guerra le sorprendió en Alicante: fue detenido, encarcelado, y liberado en agosto de 1941 sin haber sido sometido a juicio. Fue autorizado su traslado desde Madrid hasta la localidad toledana de Consuegra en la que residió hasta su regreso a Madrid en 1951. Continuó con su actividad sindical y política siendo elegido diputado al Congreso en las primeras elecciones celebradas en España desde la Segunda República, el 15 de junio de 1977 y luego en las del 1 de marzo de 1979.

Socorro Cámara Barranco fue detenido por unos policías desconocidos el 29 de septiembre de 1936 en las oficinas de la contrata de limpieza de don José

---

67 AGHD. Sumario número 10449

de la Peña, sitas en la calle de los Hermanos Álvarez Quintero, 6. Según consta en una fotografía hallada en la Diputación Provincial de Madrid su cadáver fue encontrado ese mismo día en la localidad de El Pardo, en cuyo cementerio fue inhumado, tal como declaró su conviviente viuda Francisca Montalvo Sanz el 31 de mayo de 1939[68]. La misma suerte que este capataz corrió su hermano Dionisio, empleado de la limpieza en el metro con la categoría de subcapataz, detenido por los mismos policías y cuyo cadáver apareció en las mismas condiciones que el de Socorro. Ambos eran naturales de la localidad madrileña de Corpa.

Antonia Plaza Gómez había sido arrestada junto con su hermana Julia el 10 de agosto de 1936. Fueron conducidas como detenidas a un local que estaba en la calle del Príncipe de Vergara en el mismo lugar en el que se ubicaba uno de los cuarteles de las milicias ferroviarias. Aquí se cruzó con Teófilo Molinero quien le dijo muy sonriente que no tuvieran miedo, que eran muy valientes. En este cuartel se podía leer la prensa con la que confeccionaban un periódico mural los milicianos y consultar los libros de la biblioteca; contaba con clínica para efectuar reconocimientos médicos y curas leves y laboratorio para confeccionar medicinas; tenía dormitorios, cocina, comedores, almacén de ropa para enviarla al frente, taller de carpintería, un estudio para diseñar y producir cartelería y un jardín con gallinero incluido. Ambas reingresaron en la Compañía el 28 de marzo de 1939.

Julia Plaza Gómez fue denunciada por el inspector de circulación Gil Nogueira Pérez cuando se encontraba de servicio en su revisión en la estación de Tetuán; a continuación, bajó un miliciano armado de fusil y pistola en estado de embriaguez diciéndole que la iba a fusilar allí mismo ante lo que intervino el jefe de estación que se encontraba de servicio, Pascual Casajús Xatart, convenciendo al individuo de que no lo hiciera. Esta amenaza se repitió en los dos días siguientes por lo que Julia fue trasladada de estación y no volvió a ver al citado individuo. Posteriormente fue detenida, conducida ante el Consejo Obrero para tomarle declaración y luego trasladada a la checa de Príncipe de Vergara, siendo puesta en libertad poco después. Un hijo de Julia Plaza había fallecido por un hecho casual; Gil Nogueira intentó explotar en el aspecto político de manera indigna este luctuoso suceso queriendo responsabilizar de su muerte a un joven con la pretensión de fusilarlo. Gil había ingresado en la Compañía en octubre de 1919; durante la guerra ascendió a inspector principal por fallecimiento del que ocupaba el cargo. Gil era considerado por los compañeros y jefes de Metro como un elemento indeseable que se alegraba de las muertes de todas las personas de derechas. Fue juzgado y

---

68 AHN_FC-CAUSA-GENERAL,1504, Exp.4

condenado a la pena de treinta años de reclusión mayor luego conmutada por la de seis años y un día de prisión mayor que dejó extinguida el 18 de mayo de 1945.

El 21 de agosto de 1936 se produjeron nuevos despidos ordenados por el mismo Ministerio el día 15 (Gaceta del 16): "don Manuel Véglison, subdirector; don Manuel Véglison, médico; don Juan Gómez Acebo, abogado; don Julio Sáenz, secretario; don Luis Petrirena, jefe de personal; don Fernando L. Miraved, inspector principal; don Antonio Touzón y don Miguel Barba, empleados de oficinas; don Julián Oneca, inspector; don Avelino Bayo y don Víctor Miguel, interventores; don Hipólito Gete y don Máximo Joga, jefes de estación; don Virgilio Tapia y don José Tavera, jefes de tren; don Enrique Ballesteros, talleres; doña Pilar Marín, inspectora; y doña Artimia Comendador y doña Carmen Menocal, revisoras."

El ingeniero industrial Manuel Véglison Eizaguirre desempeñaba el cargo de ingeniero jefe adjunto de Explotación. Es considerado como el inventor del cierre automático de puertas de los coches que componían el material móvil de la Compañía, la conocida como "patente Veglison"; otra de sus patentes fue sobre los reguladores automáticos del desgaste de las zapatas de freno.

El médico Manuel Ángel Véglison Jornet, hijo del anterior, era dirigente de Falange Española Clandestina en la Junta Local de Madrid, según consta en una relación de personas que obraba en poder del Partido Comunista, y miembro de su Junta Suprema en un triunvirato junto a Hipólito Fernández Arqués y Leopoldo Panizo Piquero. Desapareció al inicio de la Guerra sin volver a tener noticias de él hasta una vez finalizada la misma. Se cree que estuvo refugiado en la Embajada de Chile porque allí entregó a Javier Fernández Golfín[69] unas notas, según consta en la Causa General, Sumario 1539, Expediente 1. En otro momento, Golfín declara que Véglison reside en esa embajada, situación corroborada por Juan Francisco Jiménez Martín[70] en el mismo expediente. En marzo de 1939 se reunió en los sótanos del ministerio de Hacienda con el coronel Segismundo Casado mientras este ofrecía la paz a Franco. Fue gobernador civil de Guadalajara, pasando en mayo de 1942 a desempeñar el mismo cargo en las Islas Baleares. Los puestos vacantes causados por los médicos cesados eran cubiertos con otros doctores para que los

---

69 Arquitecto de profesión, era considerado un miembro destacado de Falange Española y espía quinta-columnista. Fue uno de los dirigentes de la "Organización Golfín-Corujo" junto con el procurador de los Tribunales Ignacio Corujo López-Villamil. Fueron juzgados en Barcelona, condenados a muerte y ejecutados

70 Este médico chileno era el enlace general de Falange de las JONS. Aprovechando su nacionalidad y el uso de coches con bandera diplomática se encargaba de refugiar en su embajada a personas de ideología contraria al Gobierno republicano que le facilitaban información para que fuera transmitida al bando rebelde

agentes no quedaran desatendidos: en el momento de su cese en la Compañía el doctor Véglison fue sustituido por el Dr. Serafín Quintero.

Juan Gómez Acebo pasó la Guerra en zona nacional reingresando inmediatamente a su finalización tras haber superado el proceso de depuración realizado en Valladolid por el Servicio Militar de Ferrocarriles.

Julio Sáenz Lezaeta desempeñaba el cargo de secretario de Dirección y tenía el grado de capitán de la Escala de Complemento de ferrocarriles. Durante un tiempo fue uno de los representantes en Madrid de la casa que suministraba a los establecimientos de comestibles y de restauración el "Anís de las Cadenas", *de finísimo paladar.*

El ingeniero industrial Luis Petrirena Aurrecoechea fue despedido el 27 de agosto percibiendo la cantidad de cuatro mil pesetas en concepto de devolución, parte de las ocho mil que tenía depositadas en la Caja de Socorros de la Asociación de la Compañía de Tranvías y Ferrocarriles. Se le consideraba como uno de los organizadores del Sindicato Católico de la calle del Sacramento número 5, aunque en la relación de sus miembros existente en la Secretaría del Consejo Obrero de la Compañía no figuraba como afiliado. Se le acusó de pertenecer al partido Acción Popular y de actuar como presidente de mesa en las elecciones de 1936 al tiempo que se reunía frecuentemente con elementos derechistas antes del 17 de julio en la iglesia de Los Ángeles, en la calle de Bravo Murillo, muy cerca del recinto de metro de Cuatro Caminos uno de cuyos accesos se realizaba por la adyacente calle de Virgen de Nieva. Como jefe de Personal formó parte de la Junta de jefes creada para valorar la actuación de los empleados durante la huelga de 1934, siendo considerado como uno de los responsables de los despidos efectuados entonces, destacando por su persecución con saña a los obreros parece que presionado por su esposa Pilar Martínez Mendoza, aunque está lo negó en todo momento. José María Gil-Robles le impuso la medalla con la que fue condecorado por su actuación durante este conflicto. Estuvo detenido en la cárcel de Porlier y fue condenado el 30 de agosto de 1938 a dos años de internamiento en campo de trabajo; el 26 de noviembre siguiente se dictó auto por el que se le concedía la libertad condicional por razones de salud tras aportar al procedimiento diversos justificantes médicos.

Los campos de trabajo se crearon por decreto de la Presidencia del Consejo de 26 de diciembre de 1936 con la intención de que todos los adversarios políticos se redimieran mediante el esfuerzo durante el período de cumplimiento de las penas de internamiento. Los detenidos realizaban trabajos forzados en tareas relacionadas, entre otras, con las industrias agrícolas, la construcción de equipamientos, obras hidráulicas, edificios públicos y los propios pabellones en los que se alojaban. El Ministerio de Obras Públicas no los admitió para realizar trabajos de construcción de los ferrocarriles considerados de utilidad pública. La mano de obra de los penados implicaba el consiguiente ahorro económico para el Estado que no tenía que soportar el gasto que le habría supuesto la realización de las mismas por obreros libres.

Fernando López Miraved, subjefe del servicio de Movimiento, se escondió en casa de unos parientes fuera de su domicilio de la calle Virtudes, 13, lo que le salvó la vida, tal como declaró la portera de la casa, Josefa Lorca Palenciano, en la Causa General. Pertenecía a la Asociación de la Medalla Milagrosa, ubicada en la iglesia de los Paúles en la calle de García de Paredes, cuyos miembros eran perseguidos por los integrantes de la checa del Círculo Socialista del Norte que tenía su sede en la calle de Francisco Giner, 8, hoy del General Martínez Campos.

Antonio Touzón Jurjo, con la categoría de oficial, reingresó tras el pertinente procedimiento de depuración, finalizado con el resultado de "Admisión sin imposición de sanción". Antonio falleció el 27 de diciembre de 1942 a la edad de 38 años.

Miguel Barba y Medina, auxiliar de oficinas, fue denunciado parece que por un mozo de Almacenes que le recriminó estar rodeado siempre de fascistas y le manifestó que estaría contento toda vez que había comenzado el Glorioso Movimiento Nacional. Fue detenido por miembros del Departamento Especial de Información del Estado, acusado de participar en el mismo complot que Rafael Falcó Calderón y luego puesto en libertad hasta que se aclararan los hechos investigados. Estuvo trabajando como corredor de ventas de la Casa Trefort de lubrificantes y como chófer de unos ingenieros rusos que residían en Alcalá de Henares.

Julián Oneca Ruiz fue uno de los creadores del Sindicato Ferroviario, organización en la que ocupó cargos directivos; posteriormente, también formó parte de los sindicatos católicos. Fue incluido en esta relación de señalados "por no creerle compatible con el resto de los trabajadores." Se refugió en una pensión en el piso 1º del Pasadizo de San Ginés, número 5, en la que trabajaba como encargado, sin salir para nada por temor a que le mataran *los del metro* y porque le perseguían los vecinos de Vallecas. Fue detenido el 22 de febrero de 1937 tras la denuncia formulada por una joven de 15 años a la que había acogido en la pensión a cambio de que realizara labores de sirvienta en la misma y cuidara de sus hijos a cambio de un sueldo de nueve duros mensuales. La joven añadió que le había ofrecido un buen puesto de trabajo de mil pesetas cuando entraran en Madrid las tropas nacionales. Esta tal Francisca había llegado hasta allí tras encontrarla durmiendo en el metro un guardia de asalto y un comerciante. El 5 de julio siguiente fue condenado a cuatro años de internamiento en campo de trabajo y a la pérdida de derechos políticos y privación de cargo público durante diez años por desafecto al Régimen ya que parece ser que tenía una radio en la que escuchaba en ocasiones emisoras facciosas y hacía comentarios sobre cómo iba a ser Madrid cuando entraran las tropas nacionales. La posesión de un aparato de radio antiguo, y más si era de gran caja, llevaba adicionada la pena de muerte porque los milicianos consideraban que era un equipo emisor y no admitían ningún argumento en contra obviando cualquier comprobación. Finalizada la guerra regresó a su puesto de trabajo con la categoría de jefe de estación tras la propuesta del Consejo de Administración de "Admisión sin imposición de sanción".

Avelino Bayo Colás fue sacado violentamente de su domicilio el 5 de septiembre de 1936 por unos milicianos armados y trasladado a la sede del 5º Regimiento en la calle de Francos Rodríguez, 5, antigua sede de los Padres Salesianos, donde quedó detenido según manifestaciones de Cándido Marín, cuñado de Avelino y guardia civil destinado en el cuartel de La Bombilla. El día 7 siguiente su esposa se personó en la sede del 5º Regimiento enterándose de que su marido no se encontraba en el mismo. Su cadáver apareció el día 8 en la Dehesa de la Villa, cerca del Cerro de los Locos, conocido también como de las Balas, tras lo que fue conducido al Depósito Judicial. Así consta en el expediente 35307 del Archivo General e Histórico de Defensa según las declaraciones de su viuda Saturnina Castellanos de Miguel el 12 de mayo de 1939. El caso de Avelino Bayo fue uno de los más polémicos a nivel interno. En diversos documentos consta cómo algunos agentes de la Compañía se acercaron a ver su cadáver cuando se enteraron de su muerte para cerciorarse de que se trataba de él y manifestar su alegría o su pesar.

Víctor Miguel Vallejo se ausentó de su domicilio en la calle de Guipúzcoa, 5, porque habían ido unos milicianos a detenerle tras haber sido declarado cesante en la Compañía por desafecto al Frente Popular. Se refugió en la glorieta de Iglesia, 4, en la casa de Justo Fariñas Palmero, mecánico e integrante de la checa del cine Europa en la que este realizó labores como chófer de Santiago Aliques, de oficio pintor. Santiago se destacó como uno de los líderes de ese centro hasta febrero de 1937 en que marchó a Valencia como comisario de policía y como delegado de Abastos del cuartel que se encontraba en el cine. Víctor había sido empleado del Ayuntamiento con destino en la sección de Recaudación: causó baja tras el movimiento revolucionario de 1934 por no hacer causa común con los compañeros que se sumaron a la huelga de octubre.

Hipólito Gete García, de 51 años, fue detenido el 8 de septiembre de 1936 en la calle de Fuencarral, 100, casa en la que se ocultaba en el piso segundo derecha, por milicianos de la brigada conocida como "Linces de la República", según declaró su viuda, doña Juana Hernández Hernández, aunque José Marino Ruiz, pariente muy próximo a Hipólito, afirmó que este reconoció a los ocho individuos que se personaron en esa vivienda a las 8 de la mañana como empleados del Metro. Poco después su cuerpo apareció sin vida en la carretera del Pardo, hecho que se conoce por las manifestaciones de Felipe Marcos García Redondo, Cabo de Asalto y miembro de la brigada indicada. Hipólito fue uno de los fundadores del Sindicato Católico Ferroviario afecto a la Federación Española de Trabajadores.

Su hijo Luis, también empleado de la Compañía, fue detenido el 5 de noviembre siguiente en la calle de Jardines, 15, e igualmente apareció muerto: contaba con 25 años de edad. Tras su detención, ambos habían sido trasladados a la checa de Fomento.

La brigada "Linces de la República" se había formado a principios de agosto de 1936. Al frente de ella estaba el director general de Seguridad Manuel Muñoz Martínez a cuyo despacho había que llevar todas las alhajas y objetos de valor provenientes de los saqueos realizados por los miembros de las checas en los domicilios de sus víctimas. Tras el registro realizado en el domicilio de la familia Gete, en la calle de Trafalgar, 29, a su esposa Juana le desapareció un aparato de radio y diversos documentos. Consuelo, hermana de Hipólito, era empleada de la Compañía con la categoría de taquillera. Tras finalizar su expediente de depuración, por acuerdo del Consejo de Administración de fecha 8 de noviembre de 1939 se propuso su "Admisión sin imposición de sanción" volviendo a prestar sus servicios con la misma categoría.

En la checa de Fomento comenzó a trabajar en septiembre de 1936 Carmen Hernández Rivera con el empleo de mecanógrafa adscrita al Tribunal de Información del turno de tarde del "Comité Provincial de Investigación Pública"[71] del que formaba parte su padre Nicolás, miembro de uno de los dos tribunales del turno de tarde allí instalado, que ocupó diversos cargos tras su disolución llegando a ser nombrado inspector delegado del ferrocarril de enlace de Torrejón a Tarancón. Las funciones de Carmen se limitaban a escribir los informes y resoluciones que le dictaban los miembros del Tribunal sin intervenir en nada relacionado con las decisiones de este y desconociendo el significado de las anotaciones que se realizaban en los libros sobre cada uno de los detenidos: DIRECCIÓN GENERAL DE SEGURIDAD suponía que era trasladado a esta; EN LIBERTAD, la libertad efectiva; y si figuraba LIBERTAD o una L seguida de un punto el paso siguiente era la entrega a las *brigadillas* para su inmediata ejecución. Dejó este trabajo en noviembre de 1936

---

71 Este Comité, con las siglas CPIP, se creó en agosto de 1936 en el Círculo de Bellas Artes, donde tuvo su primera sede, con asistencia del director general de Seguridad, el chiclanero Manuel Muñoz Martínez. Se constituyó en checa con plenos poderes para decidir sobre la vida de los detenidos. Sin haber transcurrido un mes desde el inicio de su actividad trasladó su sede a un palacio en la calle de Fomento

cuando fue disuelto el Comité. En marzo de 1938 fue contratada por la Compañía Metropolitano de Madrid con la categoría de revisora; en octubre siguiente se presentó a los exámenes cuando, por las circunstancias excepcionales que se estaban atravesando, se convocaron plazas para desempeñar como habilitada[72] tareas de auxiliares de oficinas sin ocupar plaza en plantilla. Resultó aprobada, aunque para obtener esos puestos en propiedad era preciso superar un tipo de examen concreto. Como sucedió con todos los agentes ingresados durante el "período rojo" causó baja en la Empresa de acuerdo con lo dispuesto por la Superioridad.

Máximo Joga Lillo había sido amenazado cuando prestaba servicio en la estación de Sol por un compañero, Francisco Perpiñán Sáez, uno de los reingresados tras las elecciones de febrero de 1936, en el sentido de que "su tranquilidad se había terminado, pues los iban a ahorcar con el correaje del uniforme"[73]. Máximo achacó esta actitud a que había trabajado durante la huelga de octubre del 34 y formaba parte de la Escala de Complemento con la categoría de brigada. Consideraba que había sido incluido en la lista de agentes que tenían que ser despedidos por los informes que había presentado ese mismo compañero con el añadido de que le expulsó de la estación de Sol tras amenazarle de muerte. Prestó servicios en tareas auxiliares en el Cuartel de María Cristina cuando fue movilizada su quinta; ahí coincidió con el también empleado de la Compañía Manuel Zapatero Martínez mientras pasaban lista y al que luego denunció tras acabar la guerra porque había ascendido a cabo tras presentarse voluntario para formar parte de la unidad armada del Centro de Reclutamiento de Instrucción y Movilización, aunque Manuel siempre manifestó que lo había hecho porque en ese momento se encontraba en una situación complicada con los compañeros ya que había causado baja en la UGT a raíz de la huelga de octubre de 1934; posteriormente, Máximo estuvo escondido durante el resto de la Guerra debido a que los milicianos fueron en multitud de ocasiones a buscarle para detenerle. Reingresó en la Compañía al finalizar la contienda.

Virgilio Tapias Castro se vio obligado a abandonar su domicilio de la calle de Berruguete, 6, primero A, ante la amenaza de todos los vecinos de ese edificio. Se ocultó hasta el 25 de marzo de 1939 en una vivienda del piso segundo de la calle de la Ventosa, 25. Cuando regresó a su vivienda habitual se encontró que la casa había sido desvalijada porque los vecinos se apoderaron de lo que les interesaba

---

72 La obtención de una habilitación sólo implicaba que se realizarían las funciones de ese puesto cuando fuera necesario, a criterio de la Empresa, pudiendo regresar a la categoría de origen en cualquier momento. Para las otras tres habilitaciones convocadas resultaron aprobadas Natividad Muñoz Luengo, María del Pilar Sánchez Polack y Carmen Oteiza Embil

73 AGHD. Sumario número 62669

procediendo a destruir el resto de los utensilios y el mobiliario; además, había estado viviendo en su casa otro empleado del Metro, Eladio Ramiro Sanz, jefe de tren, en compañía de su esposa. Este manifestó que un día se habían presentado en la casa dos policías acompañados por unos milicianos que procedieron a llevarse colchones, mantas, sábanas y ropas, repartiendo el comité de la casa el resto entre los vecinos más necesitados y los niños del Asilo de La Paloma. Eladio acudió al propietario de la finca, Enrique Salvador Sanz, y le solicitó realizar un contrato de alquiler de la vivienda de Virgilio porque residían en el último piso y corrían riesgo de ser alcanzados por los obuses: se firmó el 1 de octubre de 1936. Eladio y su esposa fueron encausados siendo sobreseído el procedimiento sumarísimo en el que se vieron incursos.[74] Posteriormente, en 1939, hubo otra denuncia contra Eladio y Juan Hernández Pillín, también empleado de la Compañía. Virgilio consideraba que se habían apoderado de parte de su mobiliario y que fueron los únicos que no se lo devolvieron cuando regresó a su domicilio de la calle de Berruguete, 6. Se abrieron diligencias previas que finalizaron sin imputación de responsabilidad criminal ni de cualquier otro tipo.[75]

Enrique Celestino Ballesteros López, engrasador mecánico, del que se sospechaba que era fascista por su afiliación a Falange Española, fue detenido por unos milicianos el 25 de julio de 1936 cuando se encontraba en su domicilio tras la denuncia efectuada por el Comité del Metro. Declaró que entendía injustificada su detención porque no había tenido ninguna actividad política y en el registro efectuado en su casa no se encontró ningún indicio de desafección al Régimen, del que se consideraba seguidor. Se le trasladó al cuartel general de Cuatro Caminos y, sin interrogarle, luego a la comisaría de Juan de Olías donde pasó la noche. Al día siguiente fue conducido a la Dirección General de Seguridad y posteriormente a la Prisión Nueva de Hombres número 1, en la calle del Marqués de Mondéjar. Fue puesto en libertad el 14 de enero siguiente tras ser absuelto por falta de pruebas en el procedimiento judicial al que se le había sometido y considerar los miembros del Jurado de Urgencia que los actos realizados por el denunciado no eran constitutivos de hostilidad o desafección al Régimen al tiempo que no procedieron contra el particular denunciante por entender que no había obrado de mala fe. Una nueva denuncia que se cree fue hecha por la portera de la casa, una hija de esta y otra vecina, supuso que el 9 de marzo de 1937 volviera a ser detenido. Tras pasar por las checas de Serrano, 108 y Ronda de Atocha, 21, fue trasladado a la Prisión de Porlier, y de ahí a Valencia y Barcelona. Su cadáver apareció el 13 de mayo de 1938

---

74 AGHD. Sumario número 4606

75 AGHD. Sumario número 40308

en Hospitalet del Infante (Tarragona); se le había obligado a cavar su propia fosa permaneciendo atado a un árbol durante toda la noche anterior a su ejecución. El cuerpo sin vida fue visto posteriormente en la plaza de toros de Madrid por el empleado Ramón Ávalos Cañada[76]. Fue acusado de ser miembro de la Quinta Columna y de formar parte del *Asunto Ciriza*, organización que creó el denominado Socorro Blanco para ayudar a desafectos al Régimen y realizar labores de espionaje con la infiltración de sus miembros en las instituciones de la República, y procesado por el Tribunal Central de Espionaje y Alta Traición. Estaba domiciliado en la calle de Bravo Murillo, 16, vivienda de la que se llevaron los milicianos todos los enseres, siendo detenida su esposa Dolores Presilla Urquijo en varias ocasiones[77].

Pilar Marín Herranz regresó a su puesto de trabajo como inspectora tras superar el trámite de la depuración.

Artimia Comendador Bustamante también fue considerada como desafecta al Régimen. Tras el pertinente procedimiento de depuración fue "admitida sin imposición de sanción".

Carmen Menocal Vega volvió a su puesto de trabajo tras ser sometida al obligatorio proceso de depuración. Había causado baja el 17 de agosto de 1936, misma fecha que Pilar y Artimia.

LOS INGRESADOS TRAS LA GUERRA

A partir del 28 de marzo de 1939 se incorporaron a la plantilla de la Compañía un grupo numeroso de personas que habían sufrido cautiverio durante la Guerra Civil. Es el caso de María Luisa Arizmendi Suberbiola[78] que había sido detenida junto a su madre Isabel porque figuraban en una relación de afiliados a Falange Española y por lo tanto consideradas fascistas, y procesadas como desafectas al Régimen: ambas cumplieron condena en la Cárcel de Mujeres de Ventas. María Luisa ingresó con la categoría de revisora el 20 de febrero de 1940 por su situación como excautiva[79] en relación con la época del Glorioso Movimiento Nacional. En su expediente judicial constan las manifestaciones de diversas personas allegadas a Isabel y María Luisa, entre ellas la del secretario del Sindicato de la Alimentación e Industria Gastronómica al que estaba afiliada como dependienta en la chocolatería "Resa", sita en la calle de la Montera, 19, en el sentido de que era afecta al Régimen

---

76 AGHD. Sumario número 3657

77 AHN_FC-CAUSA_GENERAL, 1357, Exp.4

78 AHN_FC-CAUSA_GENERAL, 230, Exp.16

79 Así figura en la relación de fecha 6 de septiembre de 1940 de agentes de la Compañía que habían ingresado en la misma después del 18 de julio de 1936 y que continuaban en la misma a esa fecha

y respondía por ella. Madre e hija fueron condenadas a penas de trabajo obligatorio con privación de libertad. Siempre mantuvieron su afección a la causa republicana, su condena al fascismo y su falta de actividad política como propagandistas. Tras presentar nuevos documentos se revisó su caso y fueron puestas en libertad habiendo permanecido en prisión desde el 22 de noviembre de 1936 hasta el 17 del mismo mes del año siguiente.

La revisora Isabel Gayé Cuéllar ingresó en la Compañía el 7 de marzo de 1940. En la relación de agentes de la plantilla figuraba como excautiva en relación con el Glorioso Movimiento Nacional. Trabajaba como enfermera auxiliar de la consulta de enfermedades mentales y nerviosas en el 4º Comité de la Cruz Roja en la calle de la Magdalena. Había sido detenida el 7 de diciembre de 1937 en su domicilio de la calle de Cavanilles particular, 1, cuando agentes del Cuerpo de Investigación y Vigilancia del distrito de Hospital se personaron días antes en el domicilio familiar para efectuar "un detenido y minucioso registro de cuantas habitaciones consta el expresado piso"[80] tras haber sido detenido su padre, Alberto, en la estación de metro de Pacífico porque miembros del servicio de vigilancia habían observado que en la estación de Atocha había entregado minutos antes un billete de cinco pesetas certificado de plata para comprar un billete para viajar y en la propia de Pacífico había entregado cincuenta céntimos en calderilla para que se los cambiaran por una moneda de plata de dos reales que había dejado otro viajero momentos antes. En el registro se encontraron un total de 322,70 pesetas en monedas de plata, cuproníquel, metal y calderilla, diversas armas y documentos relacionados con la Monarquía. También fueron detenidos Luisa, madre de Isabel, y Lucas, un primo hermano de Alberto, con el que Isabel mantenía relaciones amorosas, según declaró ella misma. Se les acusó a todos de ser "personas sospechosas al régimen" y fueron encausados por el delito de desafección al Régimen. Isabel permaneció ingresada en la Prisión de Ventas desde la que solicitó al juzgado la libertad provisional toda vez que el importe de las monedas que se le ocuparon a ella no superaban el límite establecido por las disposiciones vigentes: 15 pesetas en monedas de una y dos pesetas, y hasta veinticinco en monedas de a duro; se trataría en todo caso de una falta calificada como contrabando perseguible como infracción administrativa pero nunca como delito; aportó documentos en los que diversas personas, la Cruz Roja Española, la Confederación Regional del Trabajo del Centro de la CNT-AIT y el Sindicato Metalúrgico de Madrid de la UGT certificaban su condición de afecta al Régimen y se comprometían a garantizar que en todo momento Isabel acudiría a los llamamientos de la Justicia acudiendo todos

---

80 AHN_FC-CAUSA_GENERAL,335, Exp.4

los 1 y 15 de cada mes al Juzgado correspondiente. Fue puesta en libertad en abril de 1938.

El 17 de mayo de 1940 ingresó como revisora Juana María Escalonilla Peña, excautiva. Se había visto inmersa en un procedimiento judicial[81] de 1938 en el que coincidió con los agentes de la Compañía Margarita Jiménez Julián y José Bochaca Nadeau. Juana y su hermana Francisca trabajaban como enfermeras en el Primer Batallón de Etapas, sito en la calle de Juan Bravo, 13. En el procedimiento se investigaba la existencia de una trama de tintes falangistas. A Juana se la acusaba de haber acudido al domicilio de otro de los procesados, Fernando Téllez Casquero, de profesión estudiante, para transmitirle la información de un compañero del citado batallón llamado Emilio Gómez Amigó para que "a las siete de la tarde fuese a la Cibeles para entrevistarse con una chica de luto." Margarita tenía la categoría de interventora en julio de 1936 aunque causó baja el 28 de mayo de 1938 a petición propia por contraer matrimonio y declaró que tenía como profesión "sus labores", siendo readmitida el 28 de marzo de 1939. Margarita manifestó que se relacionaba con estas personas de tinte derechista, a las que halagaba delante de otras, porque le habían prometido que iban a sacar de la cárcel a su marido, Aurelio Díaz, y podían facilitarle un empleo tras su liberación. A otros los conocía como viajeros habituales del metropolitano. A todos sus contactos les preguntaba si sabían que la perseguían y qué podía pasarle. Los informes policiales sobre José Bochaca indicaban que era un elemento de extrema derecha colocado en la Compañía Metropolitano por los accionistas para la defensa de sus intereses, aunque él manifestó que no pertenecía a partido político alguno y que se había afiliado a la UGT a principios del Movimiento. También declaró que él no había colocado a Margarita en el Metro, pero que sí sabía que había ascendido a la categoría de interventora por los servicios prestados y tratarse de una buena empleada.

Bonifacio Chércoles Angulo ingresó en la Compañía el 7 de julio de 1939 en su condición de excautivo con la categoría de mozo de limpieza. Trabajaba como mozo de archivo en el Registro de la Propiedad Intelectual cuando fue detenido[82] tras un registro en la casa en que vivía, en la calle de Serrano, propiedad de los marqueses de Argelita, junto con una hija de estos, Carmen, tras ser evacuado de su domicilio habitual en la calle de Goiri. En el registro efectuado se encontraron diversos elementos: dos salvoconductos del Socorro Rojo Internacional y de la Dirección General de Seguridad para que Carmen pudiera trasladarse a Valencia y

---

81 FC-CAUSA_GENERAL,156, Exp.53

82 FC-CAUSA_GENERAL,111, Exp.20

Barcelona con la finalidad de resolver asuntos relacionados con la organización de ambos estamentos, una cinta con los colores de la antigua bandera, una carta de felicitación por el triunfo de las derechas en las últimas elecciones y dos himnos, uno dedicado al Tercio y otro de Falange. Carmen fue absuelta en la sentencia judicial, pero Bonifacio fue condenado a la sanción como medida de seguridad de cuatro años de internamiento en campo de trabajo que podía ser conmutada por la del mismo tiempo de prestación de servicios en un batallón disciplinario y a la pérdida de derechos políticos hasta cinco años después de cumplida la sanción principal. Alegó que él se había presentado a cumplir con sus obligaciones militares y le enviaron a su casa hasta que recibiera una comunicación. La sentencia de 9 de julio de 1937 dice en su Resultando segundo: "Que Bonifacio Chércoles Angulo, eludiendo sus obligaciones militares y aprovechando el conocimiento que con la familia de los Marqueses de Argelita tenía, trasladó su domicilio a la calle de Serrano, 76, sin dar conocimiento de ello a la Autoridad y al primordial efecto de no incorporarse a filas ni tomar parte en el glorioso movimiento de la juventud, que se colocó al lado del Gobierno legítimo de la República, para oponer con sus pechos y en la forma que fuera una barrera infranqueable al Fascismo, cuya actuación demuestra una desafección al Régimen habiendo manifestado en el acto del juicio que no lo consideró necesario, porque lo mismo servía a la República desde la oficina que prestaba sus servicios."

Hermenegildo Pérez Díaz reingresó en la Compañía en el servicio de Vía y Obras tras la finalización de la guerra con la categoría de mozo de limpieza. Había sido despedido en 1936 y detenido el 12 de octubre de este año acusado de pertenecer a Acción Popular y a las Guerrillas de España.[83] Él negó en todo momento haber pertenecido a ninguna de estas organizaciones alegando que era miliciano del batallón número 9 del Partido Sindicalista y que había sido secretario de la Agrupación Socialista de Vallecas. Consideraba que aparecía en esas relaciones porque la Administración había afiliado a todos los empleados del diario "La Nación" sin su consentimiento ni conocimiento y que su detención se produjo porque él pertenecía de siempre a la UGT y un delegado de la CNT de vendedores de periódicos en Cuatro Caminos le denunció como esquirol durante el movimiento revolucionario de octubre del 34 cuando lo cierto es que no ocupó el puesto de nadie durante esos hechos y así quedó aclarado tras llevarse esta cuestión al Sindicato de Artes Gráficas de la CNT resolviendo este favorablemente al denunciado. Permaneció encarcelado en la cárcel de Porlier; en el acto del juicio el fiscal pidió que se le impusiera la pena de un año y seis meses de internamiento en campo de

---

83 AHN_FC-CAUSA_GENERAL,254, Exp.54

trabajo con privación de libertad y la pérdida de sus derechos políticos por diez años. Fue absuelto en la sentencia de fecha 17 de marzo de 1937.

El total de personas ingresadas en la Compañía desde el 28 de marzo de 1939, tal como figura en la relación publicada el 5 de julio de 1939 por la empresa fue de cuatrocientas dieciocho. Su distribución en función de su procedencia es la siguiente: treinta y tres pertenecientes a FET, cuarenta y una procedentes de FET, treinta y cuatro avaladas por diferentes señores, ciento diecisiete de la Oficina Local de Colocación, ciento veintitrés de la relación de la 5ª bandera, sesenta y ocho excombatientes, una hija de empleado y una sin motivo declarado. Teniendo en cuenta su destino como agentes de la Compañía, siete a Oficinas, ochenta y siete a Talleres, ochenta y nueve a Vía y Obras, doscientos veintiuno a Movimiento, once al servicio Eléctrico y tres como personal subalterno.

En una relación del servicio de Explotación publicada el 6 de septiembre de 1940 se añadía otro dato sobre los agentes ingresados a partir del 18 de julio de 1936 y que aún continuaban en sus puestos: categoría que tienen en relación con el Glorioso Movimiento Nacional. Entre ellas se encontraba la de Caballero Mutilado, sólo hombres que desempeñaban su trabajo como taquilleros. Para estos trabajadores se creó posteriormente una nueva categoría profesional, la de taquillero-complementario, por acuerdo de la Dirección de la Compañía con fecha de efectos 4 de diciembre de 1942. Su turno era especial: de 22:30 a 2:00 horas de la madrugada percibiendo un jornal de cinco pesetas diarias al que había que añadir los pluses y beneficios y derechos sociales que tenían los demás agentes salvo el de acceder a cualquier otra categoría, cargo o servicio al tratarse de un escalafón cerrado.

LOS CAMBIOS EN LA PLANTILLA

Tras las elecciones de febrero de 1936 se readmitió a los despedidos que solicitaron el reingreso de cuando la huelga iniciada la madrugada del domingo 11 de enero de 1925 por los mozos y empleados de las estaciones y los obreros de los talleres en la que se reclamaba el abono del jornal de los días de descanso; todos los que lo solicitaron ingresaban con carácter provisional en el cargo inferior de cada servicio, siempre que reunieran las condiciones adecuadas para desempeñarlo hasta que se produjeran vacantes del que ocupaban en el momento de su despido.

También se readmitió a los 400 despedidos durante la revolución de octubre de 1934, siempre que pudieran probar la rectificación de su conducta: de estos, 50 habían sido detenidos. El 1 de marzo de 1936 se había publicado un decreto del Ministerio de Trabajo, Sanidad y Previsión Social por el que se obligaba a todas las entidades patronales, tanto públicas como privadas, a readmitir a todos los trabajadores despedidos desde el 1 de enero de 1934 por sus ideas o con motivo de huelgas políticas entre los que se encontraban los agentes de la Compañía Metropolitano de Madrid que causaron baja tras secundar en 1934 la huelga revolucionaria de octubre. Percibieron como indemnización el salario de seis meses por acuerdo de la Comisión Nacional de Ferrocarriles: desde el 2 de mayo hasta agosto, a los trabajadores de la Compañía afectados por esta disposición legal se les abonaron en su integridad como indemnización los jornales dejados de percibir desde octubre de 1934 hasta febrero de 1936. La indemnización de cada agente se calculaba teniendo en cuenta las siguientes variables: tiempos de suspensión y servicio, cargas familiares y jornal diario. Posteriormente, en julio de 1937, se tomó en Asamblea el acuerdo de que se les abonasen como indemnización las cantidades perdidas por los jornales dejados de percibir durante la huelga de octubre de 1934. Un ejemplo es el del agente Manuel Aranda Blas, que percibió la cantidad de 4.581,60 pesetas como indemnización por los 498 días que había estado fuera de la compañía, desde el 14 de octubre de 1934 al 23 de febrero de 1936.

A mediados de marzo de 1936 los obreros plantearon una serie de quejas ante los altos jefes de la Compañía, quejas que igualmente transmitieron en una entrevista posterior con el director general de Seguridad. La Comisión representante de los agentes de la Compañía manifestó que en los talleres del Metro trabajaban obreros pertenecientes a Falange Española que disponían de armas de fuego de las que hacían ostentación y que habían usado disparando desde las cocheras de Ventas durante el cortejo fúnebre del bombero Lorenzo de La Fuente, fallecido el día 16 a consecuencia del incendio de la iglesia de San Luis. En la Dirección de Seguridad también informaron sobre la protesta realizada ante los jefes de la Compañía por el incumplimiento de lo acordado sobre el ingreso de nuevo personal que consistía en la cobertura de las vacantes con un 50 por 100 de personas designadas por la Empresa y otras tantas por los familiares de los empleados del Metro al tiempo que exigían el despido de la mitad del total de obreros de Falange admitidos con motivo de la huelga de 1934.

En la Gaceta de Madrid de 5 de abril de 1936 se había publicado la orden del Ministerio de Trabajo, Sanidad y Previsión del día 1 de este mes que disponía en su punto primero: "Los obreros, agentes o empleados de las Compañías de ferrocarriles, readmitidos con anterioridad o posterioridad al Decreto de 29 de febrero último, quedan mantenidos en toda la efectividad de los derechos que tuviesen en virtud de sus contratos de trabajo en 5 de octubre de 1934". Los empleados de Metro ya se habían incorporado con toda normalidad el lunes 24 de febrero, tras la reunión mantenida el 22 anterior entre el ministro de Obras Públicas y el director de la Compañía, a pesar de que la representación de los trabajadores readmitidos exigió en un primer momento que fueran despedidos los agentes que habían entrado a trabajar a partir de ese octubre para cubrir las vacantes producidas por el despido de los trabajadores huelguistas.

La readmisión de los obreros despedidos generó una serie de debates en las sesiones de las Cortes celebradas desde el 30 de abril. Antonio Bermúdez Cañete, diputado por la CEDA, interpeló al Gobierno sobre este asunto, advirtiendo de la gravedad de la situación, que calificaba como anárquica y de desorden público, y de sus posibles consecuencias. Consideraba que esta resolución era la más revolucionaria dictada en el mundo moderno desde que el 4 de agosto de 1789 se había destruido en Francia el régimen feudal y gremial porque iba en contra de la economía nacional al haberse dictado que se abonarían a los trabajadores los sueldos que habían dejado de percibir correspondientes al período no trabajado además de una indemnización y que los empresarios no iban a tener la menor libertad sobre sus obreros. Manifestaba su disconformidad con la composición de la comisión creada para resolver lo dispuesto en el decreto porque se integraba por dos representantes de los patronos, dos de los obreros y un funcionario gubernamental, lo que implicaba que la decisión la iba a tomar este, un modesto burócrata, toda vez que los intereses enfrentados de los patronos y los obreros iban a acabar en empate. Igualmente, criticaba que desde ese momento los titulares de las empresas perdían todo su poder de decisión porque la obligación de readmitir e indemnizar a los obreros generaba, sobre todo en pequeñas empresas manufactureras de tipo familiar, miseria en multitud de hogares españoles ya que no se trataba de empresas cuyo capital cotizaba en Bolsa. El Gobierno contestó por boca del ministro de Trabajo, Sanidad y Previsión Social, Enrique Ramos Ramos, quien defendió lo dispuesto en el decreto en el sentido de que los trabajadores despedidos en 1934 eran considerados como represaliados porque los tribunales recibieron la orden de rechazar cualquier pretensión de los obreros afectados.

La plantilla se incrementó con el personal de limpieza de la contrata de don José de la Peña. Estos trabajadores manifestaron su incompatibilidad con el contratista. El Consejo Obrero hizo llegar a la Dirección su deseo de incorporarlos a la plantilla de la Compañía conservando sus condiciones salariales y laborales. Así se hizo con efectos de 1 de septiembre de 1936, fecha en la quedó rescindida la contrata del Sr. de la Peña.

Ya en febrero de 1934 el personal de la contrata de limpieza había realizado una huelga para conseguir mejoras salariales. La intervención del Jurado Mixto y del director de la Compañía, Miguel Otamendi, resultó providencial para llegar a un acuerdo y resolver el conflicto: el personal masculino tendría un jornal de 8,50 pesetas y el femenino de 7, suscribiendo el documento en todos sus términos los obreros y el contratista, así como el Sr. Otamendi.

Finalizada la guerra, el 22 de abril de 1939 se publicaba en toda la prensa un edicto del Juez Especial de Ferrocarriles por el que se citaba y emplazaba en la sede del juzgado, sita en los locales de MZA de la calle del Pacífico, 8, "a los gestores, técnicos de todas clases, empleados administrativos y obreros en general de las empresas ferroviarias", entre las que se incluye la Compañía Metropolitano, que estuvieran en plantilla a fecha 28 de marzo último, y que residieran en Madrid o su provincia, al efecto de esclarecer su actuación desde el 18 de julio de 1936 hasta esa fecha, pudiendo acompañarse para ello "de cuantos avales-certificados y documentos" fueran de su interés. La obligación se extendía a todos los individuos que sin pertenecer a la Compañía al inicio del conflicto bélico habían recibido nombramiento como empleados de la misma con posterioridad a esa fecha por las personas que las regían en ese momento. Se iniciaba el proceso establecido en la Ley de la Jefatura del Estado de 10 de febrero de 1939 que fijaba las normas para la depuración de los funcionarios públicos.

Como norma, todos los agentes de la Compañía que habían entrado a trabajar desde el momento del estallido de la contienda militar causaron baja definitiva. A los trabajadores que ya estaban en plantilla en el momento de iniciarse el conflicto y continuaron en sus puestos hasta 1939 se los sometió a expediente de depuración. La tramitación del procedimiento de depuración solía prolongarse en el tiempo. El primer paso consistía en cumplimentar un impreso llamado "Pliego de justificación y descargo" en el que se incluían, entre otros, los datos del agente a fechas 18 de julio de 1936 y 28 de marzo de 1939 y todo lo sucedido en este período. Tras la elaboración de diversos informes por organismos militares se tomaba una decisión por el Consejo de Administración de la Compañía elevando la propuesta correspondiente a la Dirección General de Ferrocarriles, Tranvías y Transportes por Carretera cumpliendo lo dispuesto en el decreto de 1 de septiembre de 1939 sobre depuración del personal ferroviario. El paso siguiente era la respuesta por escrito del sancionado en el sentido de aceptación u oposición a la sanción propuesta: si no estaba conforme se le pasaba un pliego de cargos incluyendo el motivo de la sanción para que efectuara por escrito las alegaciones oportunas en cuyo caso se realizarían nuevas actuaciones informativas que concluirían con la confirmación de la sanción o la propuesta de una nueva. Una vez elevadas a la Superioridad las decisiones adoptadas por la Compañía se abrió un plazo a partir del 13 de marzo de 1940 para que los agentes efectuaran por escrito alegaciones ante la Jefatura de Personal si no estaban conformes con las propuestas de sanción, bien entendido que una vez presentadas se ampliaría la información pudiendo ser resueltos definitivamente con una sanción igual o menor, e incluso más gravosa que la inicial.

Los procedimientos finalizaron con "admisión sin imposición de sanción" en algunos casos; en otros, esta admisión y las realizadas con "apercibimiento especial" fueron provisionales "durante el periodo de un año a efectos de la consolidación del derecho a continuar en la Compañía, y quedando sometidos a observación durante dicho tiempo."; en numerosos casos se produjo la readmisión previo cumplimiento de sanciones de empleo y sueldo que iban de los dos meses a los dos años; otros agentes fueron rebajados de categoría, adoptándose diversas medidas en cuanto al abono de las retribuciones para cada uno de los supuestos. En casos muy concretos hubo trabajadores que causaron baja no como sanción sino por la forma irregular en que habían ingresado. Uno de estos casos fue el del peón de obras Teodosio Zabaco Tejero, que debería haber finalizado su relación contractual con la Compañía en julio de 1936 por la finalización de las obras para las que había sido contratado eventualmente. Teodosio ocupó la presidencia de la sección sindical de la CNT en Metro durante un corto período de tiempo debido a "su blandura y poco carácter"[84].

Al personal de plantilla que fue "depurado sin sanción", una vez resueltos los expedientes se le gratificó con treinta jornales extraordinarios, por acuerdo de la Dirección de la Compañía, según se establecía en la Orden de Dirección número 92.

La norma sobre la inmediata expulsión del personal que había ingresado tras el 18 de julio no se aplicó de manera estricta. Conocemos el caso de la mecanógrafa María Casillas Piña que se incorporó el 14 de abril de 1938. Trabajaba como dependienta en la Papelería Ayala, sita en la calle de Serrano, 48, cuando fue detenida el 1 de septiembre de 1937 por unos agentes de la Comisaria de Vigilancia de Hospital porque al pasar estos por la calle de Baltasar Bachero, 26, escucharon como en el interior del bajo izquierda se producía una conversación entre María y su hermano Mariano en el que la primera decía que en la zona facciosa se vivía mejor que en la leal, que por 30 céntimos les daban dos platos de comida y postre y que iban a caer todas las zonas como había sucedido en Santander[85]. En la vecindad era conocida por sus ideas netamente derechistas. Manifestó que no entendía nada de política y que su único deseo era ver que la guerra se había terminado. Fue encarcelada y juzgada. En la sentencia de 18 de octubre de 1937 del Jurado de Urgencia número 8 fue condenada por desafecta al Régimen a "dos años y un día de internamiento

---

84 Declaración del comandante de Ingenieros Antonio Mayandía Murillo, jefe del servicio de Vía y Obras de la Compañía. AGHD. Sumario número 61195.

85 AHN_FC-CAUSA_GENERAL,117,Exp.3

en campo de trabajo; y pérdida de derechos políticos y civiles por tiempo de cinco años." Fue indultada por el Tribunal Supremo el 21 de enero siguiente.

Otros agentes de la Compañía que continuaron trabajando tras la finalización de la guerra fueron las revisoras Almudena Cesteros Manrique, Blanca Corcuera Pérez y Felipa Hernández Andrés, ingresadas entre octubre y noviembre de 1936, el ayudante de Talleres Severino Horcajo Antorán en noviembre de 1937, el conductor de maniobras Eladio Arguindey Alonso en diciembre siguiente, y dentro del servicio de Limpieza el mozo Ramón Arizmendi Merino en septiembre de 1936 y el capataz Juan Prieto Arévalo en el mes siguiente, el vigilante de la sección de Vías Miguel Nuño Guijarro en noviembre de 1937 o la mecanógrafa del servicio Eléctrico Elena López Santiago en julio de 1937.

Entre quienes causaron baja inmediata podemos citar varios casos. La revisora Elodia Jara Pardeiro trabajaba como encuadernadora en el taller de uno de sus abuelos al empezar la contienda. Fue contratada después por la Compañía ferroviaria Madrid Zaragoza Alicante (MZA) como "requisadora" para inspeccionar las maletas de los viajeros que llegaban en tren a la estación de Atocha en busca de armas, trabajo por el que percibía dos duros diarios, aunque hay quien manifestaba que ese trabajo era de "ladrona" de los objetos de valor de las personas de derechas que eran asesinadas en la estación, Ingresó posteriormente por oposición en la Compañía Metropolitano y causó baja viéndose sometida a un procedimiento judicial por el delito de rebelión militar y condenada a la pena de treinta años de reclusión mayor. También causó baja inmediata Felisa Carmen Alda Fuentes: había ingresado en la Compañía en febrero de 1938 como revisora provisional. Antes del 18 de julio de 1936 había regentado un puesto de periódicos en la Puerta del Sol, frente al número 5, en el que se ubicaba la Farmacia Borrell. Tras iniciarse el conflicto trabajó como limpiadora en la sede de la Inspección de Milicias, sita en la calle de Ríos Rosas, 36, y luego en la Dirección General de Seguridad antes de incorporarse al servicio de Estaciones del Metro. Fue denunciada por hechos que no quedaron demostrados como el de que era una propagandista comunista muy activa en los talleres de la Compañía y el que se encontraran en un registro en su vivienda de la calle de Caravaca, 15, diversos objetos (una cama turca con su colchón, una pila de lavar de cemento con su correspondiente pie y un aparato de radio de cuatro pilas marca "PILOT") que habían desaparecido de una casa en la calle de Serrano. Tras su procesamiento y juicio fue condenada a la pena de seis meses y un día de prisión menor como autora de un delito de excitación a la rebelión junto con la también empleada Emilia Cobos Matallana.

Volviendo al momento de los orígenes, al comenzar la Guerra los empleados habían sido llamados por orden del Consejo Obrero para alistarse en las primeras milicias. Hubo que frenar el ímpetu del personal ante el riesgo de quedarse sin agentes para realizar los trabajos más elementales. Unos doscientos lo hicieron con carácter voluntario al inicio del conflicto y en los meses siguientes, aunque bastantes regresaron al trabajo por cansancio acumulado en su labor en las milicias o por otros motivos. Así sucedió con el entonces jefe de tren Juan Cuacos Gómez que el 23 de julio de 1936 se presentó voluntario en un batallón de Milicias Ferroviarias de la estación de Mediodía y fue trasladado a la localidad alcarreña de Taracena donde permaneció en un campo de concentración junto a la Carretera de Aragón en compañía de otros quinientos milicianos sin realizar actividad alguna. Regresó el día 27 siguiente a su puesto de trabajo cuando se decepcionó al ver pasar camiones cargados de crucifijos e imágenes, ideales que no compartía y que consideraba injusto defender. Fue ascendido a conductor provisional en noviembre de 1937. Al finalizar la Guerra fue procesado por la denuncia del conductor Manuel González Domínguez al que había manifestado con ocasión de prestar servicio juntos que sabía lo que había ocurrido con Avelino Bayo cuando estaba a punto de ser asesinado.[86]

Uno de los empleados que siguió adelante con ese ímpetu inicial fue Gerardo Baldris Falces. Había ingresado en la Compañía el 23 de noviembre de 1932 como peón en los talleres, fue despedido por su participación en los sucesos de la huelga revolucionaria de octubre de 1934 mientras era vocal del Consejo Obrero por ser considerado elemento peligroso y reingresó por imposición del Frente Popular tras las elecciones de febrero de 1936. Nada más iniciarse el conflicto se incorporó al batallón "20 de julio" de las milicias como voluntario "convencido por la propaganda de que se trataba sólo y exclusivamente de defender a la Patria de la invasión de fuerzas de otros países"[87] y no se presentó de nuevo a su finalización por lo que fue depurado con la sanción de baja definitiva aprobada por la Dirección General de Ferrocarriles, Tranvías y Transportes por Carretera. En poco tiempo adquirió el grado de capitán y comandante; llegó a ocupar el mando de la 116ª Brigada Mixta y ocasionalmente el de la 25ª División por enfermedad de su titular durante tres meses, hecho que sorprendía a alguno de los que declararon en uno de los procedimientos judiciales en los que se vio implicado: "seguro que al iniciarse el Glorioso Movimiento tendría que cometer muchos actos vandálicos en Madrid porque de otra forma no se concibe que de empleado del metro llegara a ser nada más que Comandante Jefe de una de las brigadas más feroces que han

---

86 AGHD. Sumario número 18480

87 AGHD. Sumario número 468

existido en el ejército rojo."[88] Estuvo al mando de su brigada por diferentes zonas de los frentes de Teruel, Castellón, Valencia, Almería y Granada. Fue encarcelado hasta finales de 1946 y residió posteriormente en Francia y en Argel; en septiembre de 1947 se cursó una orden de busca y captura mientras se encontraba trabajando desde febrero anterior en la construcción de la Prisión provincial de Cádiz, por lo que no era difícil localizarle. Se presentó voluntariamente en el juzgado de Valencia del Cid en marzo de 1949 al enterarse de su situación cuando intentaba pasar a Argel a ver un partido de fútbol como aficionado. El 14 de noviembre de 1950 fue condenado a muerte como autor de un delito de adhesión a la rebelión militar con agravantes, sentencia que fue anulada por decreto del Consejo de Guerra de fecha 1 de diciembre siguiente. En enero de 1952 se dictó una nueva en la que fue condenado a treinta años de reclusión, aunque fue indultado el 27 de marzo siguiente.

En marzo de 1937, el Comité de Control de la Compañía puso incondicionalmente a disposición de la Junta Delegada de Defensa "todos los hombres capaces de empuñar un fusil." [89]

Otros empleados abandonaron el servicio "en contra del interés público y acuerdos de los compañeros"[90] e intentaron esconderse por temor a sufrir represalias por su pertenencia a organizaciones consideradas de derechas, como Acción Popular[91]. Es el caso de Serviliano Román Escribano, responsable de estación de 1ª: fue acosado en su trabajo por tres o cuatro milicianos por no estar afiliado a ningún partido político, contestando que su intención era afiliarse a la CNT junto con otros dos compañeros; se refugió primero en casa de un sobrino que vivía en la calle del Pez, número 19, y luego en casa de su hermana María Jesús, donde fue encontrado el 29 de mayo de 1937 bajo una cama por los policías que buscaban a un cura que decía misa en este domicilio; indicó que se escondía pensando en que podía ser evacuado. Fue procesado por desafecto al Régimen, aunque él negó en todo momento su pertenencia a ningún otro partido político salvo al Radical, en el que había militado en 1935 "porque le habían dicho que se jugaba al subastado en el Círculo Radical y como a él le gusta entretenerse un rato, fue el motivo de que se

---

88 Ídem anterior

89 *Rail.* 1 de abril de 1937

90 AHN_FC-CAUSA_GENERAL, 265, Exp.21

91 Acción Popular fue un partido político español católico que defendía los derechos de la Iglesia contra las disposiciones de la legislación laica. Fue creado en abril de 1931 con el nombre de Acción Nacional hasta 1932, debido a que el Gobierno de Azaña limitó el uso del término nacional. Fue promovido por el director del diario *El Debate*, Ángel Herrera Oria

Cupones justificativos del pago de afiliado al sindicato UGT.

afiliara."[92] En agosto de 1939 formuló denuncia contra el conductor Luis Ibárzabal Vicente-Vera porque el 1 de mayo de 1934 trató de impedir que se incorporara a su puesto de trabajo indicándole que tenía que dirigirse a la Casa del Pueblo para recibir instrucciones.

También se vio implicada en un proceso judicial la taquillera de 1ª Pilar Soriano Castillo que estuvo encarcelada en la Prisión de Mujeres de Madrid tras comunicar las Juventudes Socialistas Unificadas a la Comisaría de Vigilancia del Distrito de Buenavista que su nombre se encontraba en un fichero de Renovación Española. Su absolución no le impidió haber permanecido encarcelada entre el 6 de noviembre y el 29 de diciembre de 1936.

Los nombres de las personas de derechas se obtenían de los ficheros de estas organizaciones además de relaciones que existían en estas sobre donaciones o suscripciones al Socorro Blanco o a los sindicatos católicos. Los ficheros fueron

---

92 AHN_FC-CAUSA_GENERAL, 265, Exp.21

los de Falange Española, Partido Tradicionalista, Renovación Española, Tradicionalista y Renovación Española (TYRE), Acción Popular, Guerrilleros de España, Acción Católica y Unión Militar Española (UME): integraban el Fichero de Matices Políticos creado en julio de 1936 por decreto.

Los militares retirados estaban obligados a acudir a la llamada que había hecho el Gobierno de Madrid: en caso contrario, eran detenidos. En esta situación se vio envuelto el conductor Manuel Gracia Inés, que había sido cabo en el Ejército y había hecho caso omiso de ese llamamiento.[93] Cuando se presentó posteriormente el 8 de octubre de 1936 en la Casa de la Moneda fue detenido e ingresado primero en la cárcel de mujeres de Quiñones y luego en la de San Antón. Con fecha 20 de enero de 1937 el Consejo Obrero de la Compañía se dirigió por escrito al director general de Seguridad solicitando la puesta en libertad de Manuel por considerar que no había ninguna prueba que justificara esa detención y creer que era de justicia dar al asunto una rápida y favorable solución. Fue puesto en libertad y se reincorporó al Metro el 1 de mayo de 1937 prestando servicios como ordenanza de estación hasta que fue llamado a filas el reemplazo de 1927 al que pertenecía. Se le destinó al Batallón de Zapadores del XVII Cuerpo del Ejército como cabo por ser este el cargo que desempeñaba en el Regimiento de Ferrocarriles el 1 de noviembre de 1932 cuando se retiró en cumplimiento de las reformas decretadas por Manuel Azaña Díaz en abril de 1931 mientras desempeñaba los cargos de jefe del Gobierno y de ministro de la Guerra. Azaña, presidente del Gobierno entre enero y mayo de 1936, y desde este momento presidente de la República hasta febrero de 1939, consideraba que la supresión del ejército permanente era cuestión de vida o muerte: su desaparición supondría la llegada de la libertad. En la sesión parlamentaria del 2 de diciembre de 1931 se aprobó un proyecto que ponía en marcha la Reforma Militar para reducir a 8.000 el número de oficiales que era de 21.000 en ese momento. El objetivo pretendía que los militares que no compartían las ideas republicanas pasaran a la situación de retiro voluntario manteniendo la percepción íntegra de sus retribuciones que supuso un grave agujero para las arcas públicas que redundaba en la grave crisis económica que se venía padeciendo y que afectaba con mayor intensidad a los campesinos y obreros.

Finalizado el conflicto, Manuel fue sometido a un expediente de depuración[94] de su conducta instruido por la Auditoría de Guerra del Ejército del Guadarrama, finalizando sin responsabilidad y procediendo al archivo de las diligencias.

---

93 AHN_ FC-CAUSA_GENERAL, 295, Exp.37

94 AGHD. Sumario número 1360

El 21 de mayo de 1938 ocurrió un suceso en el que se vio implicada la responsable de estación Isabel Feliú Pinillos, que prestaba servicio en Menéndez Pelayo, cuando fue acusada de pertenecer a Acción Popular. Resulta que una persona que vivía en Trafalgar, 3, figuraba sin segundo apellido en esa relación, coincidiendo el nombre y el primero. Isabel tenía su domicilio en el número 5 de la misma calle: fue registrado por agentes de la Comisaría de Vigilancia del Congreso que encontraron la cantidad de 43 pastillas de jabón de diferentes marcas; además, una máquina fotográfica de la marca "Monobloc" con diversos accesorios, varios periódicos de ABC y Blanco y Negro y cinco monedas de plata de dos pesetas. Isabel fue detenida, ingresada en la Prisión de Mujeres de Ventas y procesada por desafecta al Régimen, aunque manifestó que no era así porque había estado trabajando a pesar de que tenía "el turno de trasnochar" en la línea 2 con el inconveniente de los bombardeos sobre Madrid. Cuando ingresó en la cárcel portaba una agenda en la que figuraban anotadas, entre otras, las palabras "iglesia" y "acción popular", justificándolo en que daba limosna habitualmente a los pobres de la iglesia del Perpetuo Socorro y a un matrimonio necesitado que mendigaba e iba a limpiar a la sede de Acción Popular. En las diligencias previas consta la declaración del trabajador de la Compañía Gervasio Gutiérrez Cobo, agente de la Dirección General de Seguridad, señalando a Isabel como de ideas reaccionarias y propagandista de Acción Popular tanto en las elecciones del 33 como del 36. El testimonio de varias compañeras y de los integrantes del Consejo Obrero se referían a que se trataba de una gran compañera a la que nunca habían visto involucrada en ninguna actividad que no fuera su trabajo. El fallo de la sentencia del Tribunal Popular número 1 de Madrid dice: "Que debemos absolver y absolvemos a Isabel Feliú Pinillos libremente y con todos los pronunciamientos favorables al mismo."[95]

Las envidias y rencillas entre compañeras acababan en denuncias que situaban a algunas de estas ante los órganos judiciales. Apolonia Calvo Fernández, con la categoría de revisora fija, fue detenida el 13 de abril de 1938 por agentes de la Comisaría de Vigilancia del Distrito de Cuatro Caminos junto con su hermano Agustín por "ser personas desafectas al Régimen y figurar ambos en Acción Popular según consta en el Control de Nóminas"[96] y haber desarrollado Apolonia una gran labor propagandística durante las campañas de las elecciones de 1933 y 1936 manifestando su alegría por el triunfo de las derechas en 1933. Apolonia prestaba servicio en la estación de Ríos Rosas, en la que mantenía a menudo conversaciones con jóvenes que la visitaban y con su compañera Ginesa Rodríguez

---

95 AHN_FC-CAUSA_GENERAL, 66, Exp.6

96 AHN_FC-CAUSA_GENERAL, 179, Exp.39

Martos, taquillera de 2ª, manifestándoles que la guerra se iba a acabar muy pronto y de manera catastrófica, y así podría ir a visitar a su familia que se encontraba en Valladolid tras salir de Madrid a poco de iniciarse la contienda. Parece ser que estas conversaciones eran escuchadas por otra empleada de Metro, Felisa Cabero, de quien Apolonia se mofaba porque había ingresado en la Compañía por ser viuda de guerra. Felisa decía que Apolonia mostraba sus simpatías por el fascismo en las conversaciones que mantenía con los viajeros, además de considerar que no había secundado la huelga de 1934, cuando lo cierto es que se encontraba de permiso hasta el 14 de octubre fecha en que se reincorporó a su puesto de trabajo en el mismo escalafón sin perder ningún derecho de los reconocidos en las Bases de trabajo y disfrutando de los beneficios que tenía antes de la huelga porque la superioridad había acordado que el personal que no estuviera prestando servicio por encontrarse de baja médica o disfrutando de permiso no perdería ningún derecho. En apoyo de Apolonia declaró avalándola la empleada de la Compañía Carmen Paradinas Pérez del Pulgar, con su misma categoría profesional.

También la revisora fija Consuelo García Gómez, con servicio en la estación de Puente de Vallecas, fue encausada por aparecer como miembro de Acción Popular, hecho que ella negó rotundamente, suponiendo que estaba incluida en esa relación por su afiliación al Sindicato Católico que se creó en la Compañía a raíz de los hechos que sucedieron en octubre de 1934, y que esta organización dependía de Acción Popular. Consuelo declaró en la Comisaria de Vigilancia del Congreso el 5 de junio de 1938 que la denuncia que motivaba su detención podía deberse a envidias entre compañeras y haber sido realizada por Esperanza Toscano Hidalgo "con motivo de que se considera postergada en el puesto que ocupa en relación con el que tiene la declarante. En algunas ocasiones ha dicho a este[97] que parecía mentira que ella, refiriéndose a la dicente, ocupara mejor puesto que su interlocutora, toda vez que la que habla, según ella, había sido esquirola."[98] La vivienda de Consuelo, en la calle de José María Martínez (antes San Hermenegildo), 19, había sido registrada en el mes de junio anterior dando resultado infructuoso.

Figurar en las relaciones de afiliados a Falange Española implicaba igualmente ser detenido y procesado por desafecto. Tras su detención e ingreso en la Prisión de San Antón a principios de febrero de 1937 el responsable de estación de 1ª Laurentino Prieto Sánchez negó su pertenencia a ella o a cualquier otra agrupación política, aunque sí formó parte durante dos meses de 1934 del Sindicato

---

97 "Este" se refiere al agente de la Comisaria del distrito del Congreso Silvino Acitores. Formó parte de la investigación y tomó declaración a Esperanza

98 AHN_FC-CAUSA_GENERAL, 30, Exp.42

Católico en el que causó baja "porque considero que no cumplía los fines sociales que esperaba el declarante en beneficio de la clase obrera."[99] Volvió a afiliarse al Sindicato Nacional Ferroviario en el que ya había estado desde 1931 hasta los sucesos de octubre de 1934. Quedó en suspensión de empleo y sueldo desde su detención hasta que se dictara sentencia por los tribunales populares ya que era considerado por el Consejo Obrero de la Compañía como antifascista a pesar de su conocido catolicismo. En la resolución judicial fue condenado a la pena de un año y medio de internamiento en un campo de trabajo, establecimientos que aún no estaban constituidos en marzo de 1937, por lo que continuó en prisión. El primer campo de trabajó se creó en Totana (Murcia) en abril siguiente. Estuvo en la cárcel de San Antón y luego fue trasladado al campo de Albatera (Alicante) en octubre. Extinguió la condena el 1 de agosto de 1938, incorporándose nuevamente a su puesto de trabajo tras la finalización de la guerra.

Al menos dieciocho mujeres de la Compañía se apuntaron voluntariamente a las milicias. Recibieron instrucción militar junto con los hombres en el colegio Nuestra Señora de Loreto, en la calle del Príncipe de Vergara, 44, sede de las milicias ferroviarias. Tras seis meses de formación en los que aprendieron incluso a manejar las armas todas volvieron a sus puestos de trabajo. En este cuartel destacaba su estado de limpieza, realizado por cincuenta trabajadoras del Metro al tiempo que servían las comidas a sus hermanos ferroviarios[100], otra forma de luchar contra el enemigo dentro de sus posibilidades.

El 30 de octubre de 1936 se publicó en la Gaceta de Madrid un decreto del Ministerio de la Guerra por el que todos los varones de 20 a 45 años quedaban militarizados, siempre que gozaran de "buen estado de salud" pudiendo "ser utilizados por el Gobierno para emplearles en cualquier género de servicio o trabajo en beneficio de la defensa nacional." Esta nueva legislación suponía que en el Metro iban a dejar de trabajar más hombres todavía. Del 4 al 10 de noviembre de 1936 fueron movilizados seiscientos agentes, continuando la prestación del servicio por las mujeres ya capacitadas para ocupar esos puestos y personal de nuevo ingreso.

La Unión General de Trabajadores obligaba a sus afiliados a cumplir las órdenes del Gobierno sobre la incorporación a filas dando lugar a que algún trabajador alegando miedo y que "no tenía nada que hacer en el frente", y sólo de manera muy puntual, se diese de baja en esta organización sindical y pretendiese afiliarse a la Confederación Nacional del Trabajo. El agente Julio Pérez manifestaba su enojo ante situaciones generadas por compañeros que no comprendían la guerra

---

99 AHN_FC-CAUSA_GENERAL, 261, Exp.24

100 *Rail.* Órgano de la 1ª zona del Sindicato Nacional Ferroviario (U. G. T.).1 de noviembre de 1936

que se estaba padeciendo, calificándoles como traidores y cobardes, advirtiendo de que, si alguna central sindical los admitía en su seno sabiendo de su procedencia, "demostraría que no le importa nutrir sus filas con lo más podrido e indeseable de la clase trabajadora".[101] En concreto, se refería al ordenanza Víctor Pérez Ropero que se dio de baja en la UGT y se afilió a la CNT porque tenía miedo y consideraba que él no pintaba nada en el frente, por lo que fue calificado como "ente, cobarde y repugnante".

El 17 de octubre de 1937 se ponía en conocimiento de todos los empleados pertenecientes a los reemplazos de 1937 y 1938 que tenían la obligación de incorporarse a filas con carácter inmediato advirtiéndoles que si no lo hacían dejarían de percibir sus retribuciones de la Compañía independientemente de la responsabilidad en la que podían incurrir de acuerdo con lo dispuesto en las leyes militares.

Los agentes que marcharon al Frente percibieron el salario íntegro durante su incorporación a las milicias. Una vez encuadrados en el Ejército la Compañía les abonaba la diferencia entre las diez pesetas "militares"[102] y sus sueldos. A las viudas de los fallecidos se les asignaba una pensión de diez pesetas diarias.

Los agentes de Metro solían integrarse en el 5º Regimiento. Una vez disuelto y destinados los milicianos en sus brigadas mixtas cuando regresaban del frente tenían derecho a pernoctar en la Casa del Miliciano sita en la calle de Lista, 29, y usar todos los servicios que estaban instalados: alimentación, aseo, gimnasio y biblioteca, viniendo obligados a hacer un uso adecuado de las instalaciones y cumplir con los horarios de los mismos y de las comidas. En el 5º Regimiento compartieron venturas y desventuras con el humorista Miguel Gila, incorporado voluntario a filas y destinado en el mismo.

Los hijos de los empleados del Metropolitano que estuvieran alistados en el 5º Regimiento disponían de un hogar infantil, el Hogar del Hijo del Combatiente, en la calle de Abascal, 21, en el edificio del antiguo Asilo de Convalecientes. Estaba dirigido por dos milicianos, dos enfermeras y dos psicoanalistas que reafirmaban la sensación de tranquilidad que podían tener los padres en el frente mientras sus hijos estaban cuidados y eran educados por cuatro maestros y cuatro maestras en colaboración con personal de la Federación Española de Trabajadores de la Enseñanza (Fete). Las instalaciones se distribuían en cinco salas con treinta camas cada una, una escuela con seis grupos, teatro, salas de recreo, tres comedores, una enfermería con diez camas y una sala de odontología. Las materias educativas que se

---

101 *Disco Rojo*. Julio de 1937

102 El importe del jornal era el mismo para todo tipo de actividades. Como ejemplo, en los teatros cobraban lo mismo el cantante protagonista que el resto del personal: taquilleros, acomodadores, tramoyistas, electricistas, etc.

impartían eran cultura general, lectura comentada, música y gimnasia. Se enseñaba a leer y escribir y realizaban tareas en el jardín y la granja. En el método pedagógico se eliminaron los castigos consiguiendo con ello evitar que los niños dijeran mentiras porque en ningún momento iban a ser reprimidos. También se creó una Casa Cuna en la calle de Lista, 23, para hijos de estos milicianos que tuviesen entre seis y doce años.

Desde el 1 de noviembre de 1937, con motivo de la fiesta conmemorativa del XX Aniversario de la Revolución rusa de octubre y el I de la Defensa de Madrid, se organizaron en la capital diversas actividades dentro de la llamada "Gran Semana de homenaje a la Unión Soviética": eventos deportivos, conciertos, representaciones teatrales, proyección de películas, festivales infantiles, conferencias, concentraciones de intelectuales, exposiciones, engalanamiento de balcones, ventanas y farolas, edificios y monumentos emblemáticos y centros oficiales, y colocación de banderas rojas con la hoz y el martillo en todas las calles. Los rusos que llegaron a España no participaron en el conflicto como soldados integrados en batallones sino como artilleros, comisarios políticos, conductores de tanques, instructores, pilotos y técnicos especialistas para intentar pasar desapercibidos. Algunas informaciones se referían a la indignación de los rusos porque les habían entregado ametralladoras fabricadas en su país que recibían saboteadas desde las fábricas españolas. Los aviadores rusos se alojaban en el Círculo de Bellas Artes y su Estado Mayor en el Hotel Gaylord's, situado en el número 3 de la calle de Alfonso XI.

Una de estas actividades celebrada el día 4 tras la prohibición de encender la luz en las calles consistía en iluminar las pequeñas y húmedas estaciones del metro con bombillas de colores y con los escudos luminosos de España y de la Unión Soviética y adornar los andenes con fotografías de los tranvías que circulaban por las ciudades soviéticas. En el teatro Calderón se celebró con gran éxito el homenaje que los obreros del Metro ofrecieron a la URSS. El día 7 se realizó un acto en el que se cambió el nombre de la calle Conde de Peñalver por el de Avenida de la Unión Soviética con el descubrimiento de una placa por el alcalde de Madrid.

El mes anterior, en una reunión de la Comisión Popular[103] organizadora de este homenaje a la URSS se tomaron una serie de decisiones entre las que se encontraba la de "Conceder un anticipo al personal del Metropolitano de Madrid de cuatro mil pesetas para los gastos de la parte que habrá de tomar en la conmemoración." El Consejo Obrero de Metro designó como representantes para efec-

---

103 La revisora fija Ángela Almazul Aragonés fue miembro de la Comisión de la Sección Ferroviaria de Madrid, Sección Metro

Maqueta de la Puerta del Sol. Exposición del Centenario de Metro.
Nave de Motores. 26 de junio de 2019.

tuar los trabajos necesarios y la propaganda relacionados con el homenaje a los compañeros Ángela Almazul, Mercedes Chicharro, Antonio Cruzado, Francisco Perpiñán y Julia Valverde. Los agentes de Metro también adornaron la estación de Sol para testimoniar esta celebración.

En la exposición organizada por la Asociación "Amigos de la URSS" que se inauguró el primero de noviembre en el Palacio de Hielo, en la calle del Duque de Medinaceli, 4-8, se colocó la maqueta, propiedad de la Compañía, de la Puerta del Sol en la que se podían contemplar las tres líneas de metro que ya pasaban por sus entrañas, los tranvías, los anuncios luminosos que se encendían y apagaban y personas caminando por el lugar. Se exponían gráficos, estadísticas, documentales y otras maquetas sobre la Unión Soviética y planos y fotografías del metro de Moscú que muestran amplios vestíbulos, andenes y pasillos monumentales, con grandes esculturas que decoran las entradas. La maqueta del metro de Sol también pudo contemplarse en el antiguo Casal de la Cultura de Barcelona situado en la Plaza de Cataluña desde el 19 de diciembre de 1937 durante la Exposición que se organizó en homenaje a Madrid por la Subsecretaría de Propaganda en colaboración con el Comisariado de Propaganda de la Generalidad. Se expusieron también una alegoría de la Cibeles y otra de la Puerta de Alcalá, además de una efigie en escayola del general Miaja, una trinchera en la que podía ver a varios soldados, fotos de la Ciudad Universitaria que comparaban la situación anterior al 18 de julio con la actual y sus edificios destrozados, armas destrozadas de las tropas nacionales y cartas y documentos de soldados alemanes e italianos.

Los agentes de Metro mantenían las lógicas diferencias políticas y sociales derivadas de sus creencias e ideologías. Además de situaciones muy conflictivas motivadas por denuncias que llevaron incluso a la muerte de algunos empleados se produjeron otras *curiosas*. Es el caso de la denuncia efectuada por dos compañeros, Francisco Saucedo Tellechea y Manuel Zapatero Martínez, contra la empleada de oficinas María Teresa Arias Sánchez cuando dijo "Jesús" tras estornudar otro compañero[104], expresión que repitió una segunda vez, agregando "con permiso". Manuel insistía en que esta expresión la había realizado adrede. Fue puesta a disposición del Comité de Control, donde su presidente Molinero le llamó la atención de buenas maneras y le indicó que tuviera cuidado, porque entendía que lo había dicho de buena fe. No fue expulsada de la Compañía a pesar de la insistencia de los denunciantes mientras se encontraba en presencia de Molinero.

Algunos juicios a empleados

Un gran número de agentes de la Compañía Metropolitano de Madrid se vieron obligados a pisar las sedes de los Juzgados y Tribunales tras el 18 de julio de 1936: unos durante la Guerra Civil por situaciones y hechos que se consideraban contrarios al régimen republicano producidos durante el conflicto bélico y con anterioridad, tales como estar incluidos en las relaciones de determinadas organizaciones políticas o sindicales consideradas de derechas; otros desde abril de 1939 tras la finalización de la misma por su actividad en este período o su simple relación con otras personas que resultaron denunciadas por hechos de lo más variopinto. También en estos procedimientos judiciales las acusaciones provenían incluso de hechos ocurridos años antes. Estos son algunos de esos casos de entre los cientos documentados.

---

104 Escrito de contestación del servicio de Personal de la Compañía, de fecha 10 de julio de 1939, al Juez Instructor del Juzgado Militar Permanente nº 20, distrito Hospital, en Madrid

José Luis Rodríguez Pulido

En agosto de 1938 fue juzgado[105] el responsable de estación de 2ª José Luis Rodríguez Pulido por el delito de alta traición tras ser detenido en su puesto de trabajo el 5 de junio anterior por su relación con los también agentes de la Compañía Hipólito Álvarez Hormes, capitán ya retirado de la Guardia Nacional Republicana, y Esteban Gómez Gil al ser capturado Hipólito entre las localidades toledanas de Navahermosa y San Martín de Montalbán cuando pretendía evadirse al campo enemigo junto con otras personas y no alcanzar su objetivo tras ser abandonados en la cuadra de una casa deshabitada por el guía Julián Rentero, vecino de ese último pueblo, conocido como *El Lagarto*. Intentaban llegar al frente de Extremadura, y precisamente a este, por una serie de condiciones que reunía su territorio: grandes extensiones del frente bélico y de terreno despoblado, así como multitud de rutas que se podían seguir. José Luis e Hipólito se habían conocido cuando les había presentado un amigo común de apellido Rincón, guardia de asalto. En el informe del Servicio de Información Militar aportado al procedimiento judicial se afirmaba que José Luis era en realidad un enlace de los fascistas sirviéndose de su categoría en el Metro para generar confianza entre los antifascistas y evitar sospechas.

Hipólito había decidido pasarse a la zona nacional por los continuos disgustos que sufría al verse perseguido sin causa justificada por elementos de izquierdas cuando él había sido anteriormente capitán de la Guardia Civil que combatió en el Alto del León, en la sierra de Guadarrama, desde el 22 de julio de 1936, a las órdenes del Gobierno republicano tal como se le había ordenado cumpliendo lealmente con sus obligaciones en las operaciones de guerra. Cayó herido dándose de baja para el servicio y siendo ingresado el 25 siguiente en el Hospital Militar de Carabanchel por verse afectado afectado su estómago, del que padecía anteriormente "hiperclorhidria". Fue trasladado a continuación al Hospital Francés, en la calle de Claudio Coello, y pasó posteriormente a la situación de baja para el servicio. Por su cargo en la Guardia Civil había sido apartado del servicio, y al no ser reclamado, se presentó a finales de agosto de 1936 ante una comisión que gestionaba la situación de los miembros del Cuerpo, enviado a su casa y posteriormente detenido el 15 de octubre de 1936 cuando así se hizo con todos los militares que se encontraban en situación de disponible forzoso y trasladado a la cárcel de Alcalá de Henares. Se le procesó y juzgó por desafecto. El Jurado de Urgencia que intervino en el caso reclamó de la Comisión Depuradora de la Guardia Nacional Republicana y del Gabinete de Información y Control del Ministerio de Guerra los oportunos ante-

---

105 AHN_CAUSA_GENERAL, 155, Exp. 34

cedentes que, una vez recibidos, llevaron al fiscal a retirar todas las acusaciones por lo que se dictó auto de sobreseimiento en agosto de 1937 y se ordenó su puesta inmediata en libertad, aunque perdió todos sus derechos, incluso los pasivos.

Al verse sin trabajo, sin recursos económicos y sin documentación, Hipólito entregó a José Luis una instancia que este hizo llegar al jefe de estación Isidoro Nieva Sánchez, secretario de la Federación Nacional de la Industria Ferroviaria, sección Metro, del Consejo Obrero de la Compañía Metropolitano. Fue admitido como mozo de estación en abril de 1938 tras pasar un examen y aportar un aval que acreditaba su pertenencia a una sección del Comercio de la UGT. Isidoro ejerció el cargo de secretario del sindicato desde el 26 de septiembre de 1936 hasta el 1 de noviembre de 1938.

Las sospechas del Servicio de Información Militar iban dirigidas a que José Luis era en realidad un enlace entre ambos bandos para conseguir la evasión de personas teniendo en cuenta que estaba en gran consideración política por su trabajo en el Metro. Se basaban en que había puesto en contacto a Hipólito con el abogado Esteban Gómez Gil, empleado en la Asesoría Jurídica de la sección del sindicato CNT del Metro, a la que había llegado por recomendación de José Luis, ya que se conocían de cuando habían trabajado en el sector de Espectáculos Públicos, de cuyo Jurado Mixto había sido secretario Esteban. El plan era que una vez llegado al bando enemigo Hipólito, este realizase unas gestiones ante el Sr. Aunós, ministro de Trabajo, Comercio e Industria durante la Dictadura de Primo de Rivera, para que interviniese en el asunto a nivel diplomático y pudiese salir de Madrid con conocimiento de las autoridades republicanas. Esteban había sido secretario de Eduardo Aunós Pérez.

El procedimiento finalizó el 2 de febrero de 1939 con la celebración del juicio en el que el Tribunal acordó la suspensión del mismo y la ordenación de la práctica de determinadas diligencias relacionadas con la salud de algunos de los inculpados. Una vez realizadas las mismas el Tribunal haría un nuevo señalamiento que, creemos, nunca se produjo dada la finalización de la contienda. José Luis salió en libertad a principios de marzo de 1939.

José Luis había nacido el 20 de abril de 1905 en Torrelaguna (Madrid). Se licenció en Filosofía y Letras y comenzó a trabajar en 1940 en el Instituto Nacional de Previsión, del que llegó a ser delegado provincial en Segovia, Burgos y Cáceres, ciudad en la que falleció en 1990. Fue un firme defensor del Seguro de Enfermedad que consideraba tenía "un espíritu tradicional, cristiano y de justicia verdaderamente extraordinario" al que tenían que afiliarse los obreros porque las cantidades que tuvieran que aportar en ningún caso serían tan extraordinarias como las que tendrían que desembolsar en caso de tener que atender con sus propios medios cualquier contingencia derivada de enfermedad por muy leve que esta pudiera ser.

La información realizada con las declaraciones de los detenidos en este caso de evasión permitió el descubrimiento de la existencia de una organización de carácter fascista dedicada a pasar elementos desafectos a los territorios ocupados por el bando rebelde. Sus principales dirigentes parece que pertenecían al Ejército de la República en el que ocupaban categorías llamadas superiores: tenientes del Cuerpo de Asalto, Cuerpo del Tren, comisarios y miembros de Tribunales Permanentes, entre otros. Desde estos puestos accedían a documentos oficiales: hojas de ruta militares, vehículos y combustible; como enlace actuaban mujeres jóvenes con ciertas dotes de seducción junto a vendedores ambulantes que se relacionaban con parte de la población civil de los pueblos por los que se realizaba el paso creyendo los investigadores que las relaciones con el Socorro Blanco eran intensas: esta organización se encargaba de facilitar los fondos necesarios para sufragar los gastos que suponían las evasiones.

FERMÍN RODRÍGUEZ AVILÉS

El responsable de estación de 1ª Fermín Rodríguez Avilés fue detenido por la Policía en la estación de Goya el 29 de enero de 1937, encarcelado en la Prisión de Ventas y procesado[106] bajo la acusación de que en la huelga de octubre de 1934 escoltaba con una pistola a los esquiroles que acudían al trabajo. Era considerado un indeseable por los trabajadores, hecho que negó con toda rotundidad en su declaración realizada el 12 de febrero siguiente mientras se encontraba encarcelado en la Prisión Nueva de Hombres. Fermín manifestó que desconocía los motivos de su detención, que participó en esa huelga pero que se incorporó el día 6 a su puesto de trabajo ante la conminación del Gobierno en el sentido de que los que no acudieran al trabajo quedarían cesantes.

El Ministerio Fiscal solicitó que se averiguase qué o quienes personas habían efectuado la denuncia, contestando la Comisaría General de Investigación y Vigilancia de Madrid que únicamente constaba un informe firmado por agentes policiales y el detenido, con un sello en tinta que decía "Milicias de Vigilancia de Retaguardia, puesto nº 42."

En el acto del juicio declararon como testigos, por acuerdo de la Directiva del Consejo Obrero, los agentes Rafael Montes Granados y Eugenio Muriel Matilla, quienes manifestaron que Fermín había secundado la huelga de 1934, se incorporó al trabajo el día 6, como lo hicieron otros muchos compañeros ante la

---

106 AHN_FC-CAUSA GENERAL, 376, Exp. 6

ya citada conminación del Gobierno. Se aportó un informe fechado el 2 de febrero de 1937 de la Sección Ferroviaria de Madrid y del Consejo Obrero de la Compañía en el que se le calificaba a Fermín como "persona de buena conducta y afecta al Régimen, por lo que desearíamos fuese puesto en libertad siempre que no haya motivos que justifiquen su detención".

En la sentencia de 16 de julio de 1937, tras la retirada de la acusación por el Ministerio Fiscal, resultó probado que Fermín no había tenido actividades políticas ni se pudo demostrar cargo alguno contra él por lo que fue absuelto con todos los pronunciamientos favorables y puesto en libertad.

MARIANO CARRASCAL RUBIO

En la declaración jurada que presentó el 22 de julio de 1939 ante el juez militar el conductor Mariano Carrascal Rubio hizo constar que su profesión era la de maquinista de trenes eléctricos. Vivía en General Díaz Porlier, 57. Fue denunciado en abril de 1939 por algunos vecinos de su edificio ante las amenazas que recibían pistola en mano de Mariano porque apagaban la radio tras las alocuciones del Gobierno sin esperar a que sonara el Himno de Riego durante la Guerra, aunque alegó que la realidad era que "encontrándose en esos momentos en tratamiento a causa de una herida, le molestaban grandemente los ruidos por padecer supuraciones y dolores de oído y únicamente solicitó que procurase bajar el tono de la radio una vez que pasaba la medianoche."[107]

Mariano había ingresado en el Ejército alcanzando el grado de capitán en junio de 1938. Mientras ostentaba el rango de sargento de Caballería había resultado herido el 26 de agosto de 1936 cuando se encontraba en compañía de su patrona de la época en que residía en la calle de Robles, 12, Marina Grenouillón Ainsua, por José Moracia Alberto, cobrador de la Compañía de Tranvías de Madrid porque le había llamado la atención cuando estaba en compañía de su esposa y de dos cuñadas más en el Puente de Vallecas acaparando víveres siendo que no le correspondían ya que estaban destinados a las personas que no trabajaban. Los presuntos infractores se lanzaron sobre Marina para agredirla, intentando Mariano defenderla. Marina resultó con una herida en la mano izquierda y Mariano con otra en la cara producidas por disparos siendo trasladados al Ateneo Libertario de Puente de Vallecas y posteriormente a la Casa de Socorro para su curación, donde permanecieron vigilados por el tranviario y su familia.

Fue procesado y condenado en sentencia de 5 de agosto de 1939 por un delito de auxilio a la rebelión a doce días y un año de reclusión menor y la expulsión

---

107 AGHD. Sumario 62

inmediata del Ejército con la pérdida de todos los derechos adquiridos en él. La pena fue conmutada posteriormente por la de reclusión mayor de seis años y un día.

Según consta en una carta encontrada en el Archivo Histórico Nacional, Marina, "agente que la Compañía le tiene ganas por ser para ella indeseable"[108], trabajaba también en el Metropolitano con la categoría de revisora fija. A finales de 1935 estuvo implicada en un expediente que le supuso la suspensión de sus funciones y el posterior despido. Impugnó la sanción ante el Jurado Mixto resolviendo este que la Compañía tenía que abonarle 27 días de indemnización y readmitirla con todos sus derechos. La Dirección estableció recurso el 6 de febrero por no estar conforme con la resolución.

Los hechos se habían producido de la siguiente forma: la mujer del también empleado del Metro Mariano Cánovas, que según este tenía "la lengua larga", había provocado un gran escándalo en la revisión de la estación de Sol en la que prestaba servicio Marina el 4 de diciembre de 1935 cuando salía con un billete falto de precio y hacerle abonar, tal como estaba reglamentado, el doble de la diferencia entre lo pagado al adquirirlo y el precio real del trozo recorrido.

Mariano escribió una carta el 12 de febrero de 1936 a su primo Francisco Largo Caballero, entonces secretario general de la Unión General de Trabajadores, pidiéndole que hablara con D. Práxedes Zancada y Ruata, subdirector de Trabajo, para que el expediente fuera resuelto a la mayor brevedad posible toda vez que Marina era viuda con dos hijos y carecía de cualquier otro medio de vida. Finalmente, Marina fue readmitida.

Amparo Cortón Fernández

Amparo era revisora, categoría con la que había ingresado en la Compañía el 26 de febrero de 1929. Fue juzgada por unos hechos tipificados como delito de auxilio a la rebelión.

Al inicio de la guerra Amparo se enroló voluntaria en las milicias ferroviarias siendo destinada por orden del Consejo Obrero al hospital habilitado para el personal ferroviario en la calle del Príncipe de Vergara para realizar labores de enfermera durante cuatro meses; después, marchó como voluntaria al frente en Sigüenza, realizando labores de limpieza de la ropa de los soldados en este mismo pueblo. Su proceso judicial se inició como consecuencia de varias denuncias presentadas contra ella por empleados de Metro. La primera se produjo porque encontrándose en el hospital de ferroviarios parece que llamó "carcas", entre otros insultos, a las hermanas Plaza, revisoras que habían sido detenidas y trasladadas al

---

108 AHN_FC-CAUSA_GENERAL,837, Exp.1, N.76

mismo centro sanitario, idéntico término que empleó dirigiéndose a otra compañera cuando trabajaban juntas en la estación de Santo Domingo porque iba a oír misa, hechos que negó rotundamente porque nunca había coincidido en el hospital con las hermanas Plaza ni conocía a la señorita Concepción Pérez Rubio que la había denunciado por las palabras que le había dirigido en Santo Domingo. En otras denuncias se manifestaba que iba presumiendo junto con otro compañero de haber dado paseos a varias personas en las provincias de Cuenca y Guadalajara.

En otra denuncia figura que era "elemento peligroso izquierdista que comenzó su campaña desmoralizadora cuando los famosos caramelos envenenados" contribuyendo a propalar dichos rumores y comprobar que se extendieran animando así a exacerbar los ánimos y pasiones de los marxistas a los que se acusaba desde diferentes sectores de haber sido los precursores de la anarquía tras las elecciones de febrero de 1936.

En una tercera denuncia contra Amparo se recoge que en determinada ocasión mandó detener en la estación de Sol a una viajera de diario por "facciosa" no llevándose a efecto la misma porque esta persona lo sospechó y dejó de pasar por esa estación. Y en otra más se afirmaba que encontrándose en el recinto de Ventas se jactaba en conversaciones con otro compañero, teniente del Ejército republicano, de haber realizado numerosos registros y acciones en beneficio de la causa marxista.

En octubre de 1939 su hermana Mercedes se dirigió al Sr. Juez Militar del Metro manifestando que Amparo había ayudado a todas las personas sin preguntarles por sus ideas y que si había marchado al frente había sido por imposición del Consejo Obrero al tiempo que solicitaba el sobreseimiento definitivo del expediente o subsidiariamente el provisional.

En un principio la sentencia de 9 de noviembre de 1939 absolvió a Amparo, aunque el Consejo de Guerra proponía la continuación de su estancia en prisión debido a su edad, 31 años, sus antecedentes políticos y su actuación. Sin embargo, el auditor la anuló el 18 siguiente para seguir investigando tras la solicitud de nuevas pruebas. En enero de 1940 se dictó una nueva sentencia por la que se condenó a Amparo a la pena de seis años y un día de prisión mayor.

EL BULO DE LOS CARAMELOS ENVENENADOS

Con ese nombre tan "dulce" de *caramelos envenenados* se conoce el caso que sucedió a partir del 4 de mayo de 1936, aunque los rumores venían desde la celebración de la Fiesta del Trabajo de este año, cuando se denunciaron en las comisarías madrileñas una serie de hechos, algunos violentos, ocurridos desde el día anterior, en los que siempre aparecía algún caramelo, entero o partido, que se daban a los niños de las clases modestas supuestamente por gente de derechas, especialmente señoras, y también a sus alumnos por las monjas de uno de los pocos colegios católicos[109] que todavía quedaban en Madrid con la idea de envenenarles. Las clases populares se echaron a la calle de manera tumultuosa persiguiendo enconadamente a todas las personas de esa significación que llegaban a resultar heridas gravemente a pesar de los intentos de los agentes de la Autoridad para protegerlas. Se propaló el rumor de que habían muerto cinco niños en la casa de socorro de Cuatro Caminos al tiempo que se corrió la voz de que los habían envenenado personas de derechas, la gente católica y elementos clericales, monjas, frailes y curas. Las pruebas realizadas por el Laboratorio de Higiene del Ayuntamiento de Madrid para determinar si contenían algún tipo de sustancia tóxica resultaron negativas añadiendo que estas golosinas eran inofensivas para la salud. La inspección realizada demostró que en las casas de socorro no había sido atendido ningún niño por intoxicación en los últimos días y en el Asilo de la Paloma únicamente se encontraba un niño con una herida en un dedo. Algunos integrantes de la Casa del Pueblo recorrieron varias casas de socorro, entre ellas las de Tetuán y Cuatro Caminos, sin encontrar ni un solo caso de envenenamiento. Por la emisora radiofónica Unión Radio se emitió un comunicado del Partido Comunista confirmando que se trataba de un rumor y rogaba a sus afiliados que evitasen la realización de cualquier tipo de acción que pudiese perturbar la paz pública. Los rumores de los envenenamientos también procedían de los Barrios Bajos y del Puente de Vallecas tal como declaraba una persona que se encontraba en el interior de una panadería y vio como una multitud golpeaba a una señora catequista a la que acusaban de repartir caramelos envenenados.

Las mujeres agarraban de las manos con fuerza a sus hijos para evitar la tentación de que aceptaran algún caramelo. Partieron en manifestación desde los Cuatro Caminos para llegar a la Puerta del Sol, pero fueron detenidas a la altura de la glorieta de Quevedo y la plaza de Santa Bárbara por guardias de asalto que taponaban las bocacalles y les manifestaban que también tenían hijos: la muchedumbre consiguió llegar al centro de Madrid.

Lo cierto es que todo eran rumores porque las mujeres que fueron a denunciar los hechos en las comisarías no habían visto ningún cadáver de niños. Al ser preguntadas por los policías decían que a ellas se lo habían contado y que conocían a gente que los había visto, que habían muerto con grandes dolores y sus cuerpos tenían color morado. Sí falleció una mujer arrollada por un tranvía por los Cuatro Caminos que portaba una bolsa llena de caramelos cuando la multitud la

---

109 Se trata del colegio fundado por las Hijas de María Auxiliadora para que estudiasen los hijos de la clase obrera en la calle de Villaamil; tras estos hechos, las instalaciones fueron incautadas por miembros de la Unión General de Trabajadores

vio y la colocó en las vías; el conductor se negó a arrollarla por lo que fue bajado a palos del vehículo recibiendo una gran paliza mientras que uno de los alterados ciudadanos subió al tranvía y lo puso en marcha hasta alcanzar a la víctima que fue destrozada totalmente.

Conocemos con detalle otro caso. Según el relato de Regina García García en su libro *Yo he sido marxista*, su madre, Asunción García de Guinea, mujer de profundas convicciones católicas, fue herida gravemente cuando regresaba a su casa tras salir de escuchar misa en la iglesia de Nuestra Señora de los Ángeles, en Bravo Murillo, 93. Fue atacada por una turba que le propino puñadas por todo el cuerpo, la golpearon con palos y recibió tal cantidad de puñetazos y patadas que los atacantes la dieron por muerta aunque siguieron ensañándose con ella mientras sangraba por la boca y la nariz bailando incluso encima de su pecho y pateándola como si fuera una pelota de fútbol. Una mujer de nombre Palmira y conocida como "La Platanera" por su oficio de verdulera a la que la malherida había ayudado en infinidad de ocasiones intentando incluso que el padre de su hijo, con el que convivía, reconociera su paternidad ante el juzgado, no consiguiéndolo porque murió en el frente, sacó una navaja y se la hincó en el vientre y en los muslos diciendo: "Toma, por si no has tenido bastante." Un tabernero gallego, amigo de la familia, consiguió llevar el cuerpo de la mujer al interior de su local, en Bravo Murillo esquina a Hernani, desde el que avisó a la Comisaría de Vigilancia más próxima, la de Juan de Olías, cuyos integrantes tardaron en acudir lo suficiente para que la horda hubiera desaparecido: dejaron pasar los hechos sin ser investigados en ningún momento; convencidos los guardias de que estaba muerta la montaron en una camioneta camino del depósito de cadáveres cuando oyeron un gemido y la llevaron al Hospital de la Princesa. Finalizada la guerra Regina fue ingresada en la Cárcel de Mujeres de Ventas; aquí coincidió con Palmira, condenada a muerte por haber matado a una vieja beata y pendiente de recurso por alegar que se encontraba encinta: esta vieja beata era la madre de Regina. El caso se revisó tras el perdón otorgado por Asunción, pero Palmira volvió a declarar lo sucedido por lo que se la condenó nuevamente a la pena de muerte y fue ejecutada.

Cuando la iglesia de Los Ángeles fue atacada e incendiada en la noche del 3 al 4 de mayo los residentes en el edificio fueron avisados por el sacristán y consiguieron huir saltando al tejadillo de un corralón propiedad de la Compañía del Metro en el que se almacenaba el cemento de las obras. Desde allí descendieron por una escalera que les facilitó el guarda del recinto, aunque fueron alcanzados por los atacantes.

El pueblo estaba tan invadido por la superstición que transformaba el rumor en realidad. Es difícil creer que alguien quiera matar a un niño, y menos si es de forma masiva. La histeria colectiva procedía de la ignorancia de las personas que sufrían carencias alimenticias. La división entre los que se creían estas historias y los que no dio lugar a que en el barrio de los Cuatro Caminos se empezara a hablar de *caramelistas* y *anticaramelistas*. Los rumores se propalaban con rapidez llegando a comentarse que los fascistas, las monjas y los frailes tenían un plan para envenenar el agua y el pan.

Aunque ya el día 5 siguiente el diputado tradicionalista Juan Antonio Gamazo y Abarca hizo referencia a este asunto en la sesión de las Cortes manifestando que los hechos del día anterior iban a tener gran trascendencia en el futuro de España, los incidentes fueron objeto de un enconado debate en la del día 6, cuando el diputado del PSOE por Jaén Sr. Álvarez Angulo, durante la intervención del diputado por Renovación Española Sr. Calvo Sotelo[110], manifestó: "La culpa la tenéis vosotros, que habéis mandado con los caramelos a las mujeres", a lo que el Sr. Gamazo responde que inculparles a ellos, que son los que sufren las consecuencias, es convertirles en asesinos de sus propios correligionarios. El Sr. Calvo Sotelo acusa directamente a los electores de los representantes del Frente Popular como autores, elementos que portan armas y realizan funciones policiales sin tener autoridad para ello.

Incluso en la boca del metro de la estación de Tetuán un hombre y una mujer franceses que llevaban unos maletines en la mano fueron agredidos cuando un forastero grito: "Allí van dos envenenadores de nuestros hijos"[111]. El ministro de Obras Públicas, Santiago Casares Quiroga, procede a condenar en nombre del Gobierno los hechos que califica de execrables e incalificables advirtiendo con energía que en el momento en que se averigüen sus autores y propagadores se actuará contra ellos metiéndoles en la cárcel para evitar que la locura colectiva se agrande.

Aunque resulta difícil conocer a sus autores, se cree que fue una campaña preparada de manera minuciosa por miembros de ideología comunista que se extendió por otras provincias españolas, como en Badajoz donde el gobernador de la provincia tuvo que desmentir que se habían arrojado caramelos envenenados desde un automóvil. De la noticia se hizo eco el diario en lengua inglesa *The Universe*

---

110 José Calvo Sotelo fue asesinado el 12 de julio de 1936 en una camioneta ocupada por guardias de asalto. Fue sacado con engaños de su domicilio en Velázquez, 89, para ser trasladado a la Dirección General de Seguridad. Los ocupantes del vehículo entregaron el cadáver a dos guardias del Cementerio del Este indicando que lo habían encontrado en la calle. Es una muerte anunciada: en la sesión parlamentaria del día 1 de este mes el diputado socialista Sr. Galarza manifiesta que la violencia individual es lícita si se emplea contra el Sr. Calvo Sotelo, y por lo tanto es lícito su asesinato

111 AHN_FC-CAUSA_GENERAL,1563,Exp.13

el 15 de mayo de ese mismo año con la inclusión de otros hechos como la quema de iglesias y otras instituciones religiosas con gasolina que había sido previamente robada de los surtidores o sacada de los propios vehículos, ataques a conventos y agresiones a hombres y mujeres cuando se dirigían a las iglesias: se contabilizaron más de cien linchamientos.

Estos *caramelos envenenados* recordaban a la epidemia de cólera sufrida en Madrid en 1834. Un bulo acusaba a los jesuitas como autores por haberla provocado envenenando las fuentes públicas y las cubas de los aguadores dado que la enfermedad se manifestaba habitualmente tras beber agua. En ambos casos, los principales destinatarios de la ira del pueblo fueron los edificios religiosos y los miembros de la Iglesia con casi un centenar de frailes atacados la noche del 17 de julio. En los dos sucesos operó la censura, que ocultó los hechos durante diez días en Madrid cuando el cólera; en 1936 las noticias no se publicaban en Madrid, pero sí en el extranjero y se conocían por datos que llegaban desde Bilbao.

En algunas ocasiones, en esos mismos días, también se comentaba que se habían repartido cigarros envenenados para los obreros y que se pinchaba con agujas envenenadas a personas de clase modesta para darles muerte. Y en otro suceso se hablaba de la entrega de "galletas envenenadas".

Aurora Murado Hernando

Aurora ingresó en la Compañía el 25 de junio de 1927 como revisora y ascendió a taquillera el 1 de junio de 1935 con motivo de los acuerdos alcanzados tras la huelga de octubre de 1934. En febrero de 1936 volvió a su categoría inicial al quedar restablecidos los escalafones tal como estaban antes de dicha huelga. El nombramiento como taquillera se produjo definitivamente el 8 de agosto de 1936 al inaugurarse la línea Sol-Embajadores.

Fue detenida el 7 de mayo de 1938 por la Policía después de un registro en su domicilio de la calle de Claudio Coello, 68 y 72, acusada de desafección al Régimen por "Moneda fraccionaria y ocultación de desertor"[112], y trasladada al Ministerio de Marina en el que estuvo hasta su ingreso el 20 siguiente en la Prisión de Mujeres de Ventas, en la que permaneció durante ocho meses. Cuando se solicitaron informes al Comité de Control no los aportó por ser altamente desfavorables. El supuesto desertor era su hermano Luis, novio de la también empleada de la Compañía Carmen Mayoral.

En su declaración ante el SIM el 18 de ese mes manifiesta que conoce a los Sres. de Latas, vecinos suyos, en cuya casa habían detenido a su marido cuando

---

112 AHN_FC-CAUSA_GENERAL, 72, Exp. 5

había ido a pedirles una garrafa pequeña, aunque sin unirles una amistad íntima. Y añade: "Que desde luego algunas veces les ha proporcionado moneda fraccionaria que sacaba del metro; pero nunca en cantidad mayor de cinco pesetas. Que también proporcionaba moneda fraccionaria a los propietarios de la panadería existente en el número 62 de la misma calle en una cantidad aproximada de cincuenta pesetas diarias durante largo tiempo, moneda que también sacaba de la taquilla del metro y esto lo hacía con objeto de facilitar el cambio para la venta." Y continúa: "las cincuenta pesetas que tenía en su casa cuando detuvieron a su marido…también se las entregó a los citados panaderos." Admitió que facilitaba este tipo de moneda a otros comercios, entre ellos a un tendero del barrio, pero siempre sustituyendo en la recaudación de su taquilla el dinero retirado por moneda en papel.

En el acta del juicio celebrado el 7 de diciembre de 1938 declara Aurora "que cuando había abundancia de moneda procuraba facilitar cambio en el metro y entregar a su padre para poder desarrollar su trabajo como camarero." El cambio que facilitaba cuando estaba de servicio lo hacía a cualquier persona que lo solicitaba y siempre que hubiera disponible en ese momento, considerando que este hecho no contravenía ningún tipo de orden porque se trataba de monedas de nueva emisión por el Gobierno de la República.

Luis Murado se había incorporado al Ejército cuando fue llamada su quinta, la del 29. Fue destinado a Castellón junto con otros diez reclutas a las órdenes de un teniente que les encomendó la misión de que cada uno requisara un vehículo para ponerlos a disposición de la 212 Brigada Mixta en la que se encuadraban. Les facilitó un documento en blanco para que anotaran los datos de lo requisado: así los vehículos quedarán incorporados inmediatamente a la citada Brigada. Luis aprovechó para regresar a Madrid porque sentía un miedo insuperable ya que nunca había realizado actos de este tipo. Acudió a casa de Aurora donde permaneció oculto, declarándose esta única responsable de la deserción. Le mantuvo encerrado en su casa para que no se enterara la madre de ambos de la situación en que se encontraba Luis. Aurora añadió que su hermano quería volver al frente pero que ella no se lo permitía. Rectificó su declaración inicial en el sentido de que realmente no estaba escondido, sino que entraba y salía de la casa porque tenía un documento acreditativo de un servicio que se le había encomendado, sabiendo todos los vecinos que había regresado de Levante, incluso el presidente del comité de la casa, y que tenía tres hermanos en el frente defendiendo la República.

Una tercera acusación era la referida a un papel encontrado en una bata de Aurora en el registro efectuado en su casa el día de la detención, cuyo contenido incluía al final términos considerados facciosos: "España una España grande arriba España". La había recogido en el suelo de la estación de Sol, fuera de su taquilla, ignorando su contenido, ni quien la podía haber escrito, "y lo tenía para cuando tuviera necesidad de ir al water." En la sentencia dictada el 7 de diciembre de 1938 se falla que "Debemos absolver y absolvemos a Aurora Murado Hernando ... libremente y con todos los pronunciamientos favorables."

Aurora cumplimentó una ficha de acusación contra la revisora Josefa Fernández Fernández por considerarla una izquierdista roja que comentó a su marido, Luis, que el también agente de la Compañía Luis Murado Hernando era persona de derechas. Este fue expulsado de su trabajo en 1938 y denunciado ante el teniente de la 212 Brigada en la que ambos prestaban servicios. La denuncia contra Luis Murado no llegó a tramitarse por haberse realizado poco antes de la terminación de la Guerra pudiendo ya los soldados abandonar el frente. Josefa fue procesada: en el expediente judicial constan informes del jefe de Falange del distrito de Congreso y de los responsables del Metropolitano en el sentido de que era de ideas marxistas, y declaraciones de varias compañeras y de vecinos de la calle Duque de Fernán Núñez en la que vivía en el sentido de que sus comentarios siempre lo eran sobre su deseo de que entraran las tropas nacionales en Madrid para acabar el conflicto. Josefa fue absuelta libremente en sentencia de 2 de septiembre de 1939.

CARMEN BÉJAR AGUILAR

Carmen, conocida como *La Revolucionaria* entre sus compañeras[113], tenía la categoría de taquillera de 2ª. Fue procesada como autora de un delito de adhesión a la rebelión tras incoarse un procedimiento motivado por la declaración efectuada el 15 de abril de 1939 ante el Servicio de Información y Policía Militar por el jefe de estación José Vicente Merino Rubio quien manifestó que Carmen, cuando ambos se encontraban de servicio en la estación de Retiro, le indicó que había presentado una denuncia contra D. José María Gutiérrez Ballesteros, conde de Colombí, por ser un aristócrata de derechas y amigo del General Mola, quedando sometidos los dos vestíbulos de esta estación a una vigilancia permanente por los milicianos con la orden de matarle inmediatamente en las mismas escaleras si pasaba por allí, sin conseguirlo. Añadió que, igualmente, denunció a las compañeras Mercedes Barrio Antón de Mena y Carmen Manzano Porgueres por ser de ideas derechistas, a las que llamaba fascistas haciéndoles la vida imposible, logrando con ello que fueran expulsadas de la Compañía. Josefa Manzano, hermana de Carmen, también fue suspendida de empleo y sueldo, pero no llegó a ser expulsada de la Compañía.

---

113 AGHD. Sumario número 5554

Dos días después, Carmen Béjar declaró ante el mismo estamento que ella no había denunciado al citado aristócrata porque no le conocía de nada. En relación con las dos compañeras manifestó que observó como Mercedes había realizado unas operaciones irregulares con unos billetes de abono de 35 céntimos que causaron un perjuicio importante a la declarante, lo que puso en conocimiento del jefe de Movimiento y del jefe de Personal, quienes decidieron despedirla. Sobre la expulsión de su tocaya dijo que se presentaron unos milicianos en la estación de Retiro para detener a la declarante y a la revisora Carmen Luelmo Ballesteros, lo que no consiguieron por no estar prestando servicio en ese momento. A continuación, se reunieron varias compañeras, sin la asistencia de Carmen Béjar, acordando que Carmen Manzano tenía que ser expulsada.

Mercedes Barrio declaró en el juzgado que Carmen Béjar la denunció y ordenó a unos milicianos que se encontraban en la estación de Retiro que la detuvieran y la mataran y no la dejaran viva porque era una espía de José Antonio Primo de Rivera. Fue trasladada a la *Playa* de Cuatro Caminos y encerrada en una habitación. Su despido lo recibió el 1 de octubre de 1936 a través de una carta firmada por el jefe de Movimiento justificado "por conveniencias del servicio y a propuesta del Consejo Obrero".

Carmen Manzano no acudió a declarar en el juzgado por encontrarse en Fuentidueña de Tajo, personándose por ella su cuñado Isidoro Yáñez López, mecánico de la Compañía Metropolitano. Este manifestó que ambos fueron detenidos a principios de septiembre de 1936 en la estación de Retiro porque acompañaba a Carmen hasta el trabajo ante el temor de que fuera detenida ya que su denunciante, junto con Carmen Luelmo, no paraba de insultarla llamándola esquirola y diciendo que tenía que ser detenida por fascista. Ambos fueron trasladados al Centro de las Milicias Deportivas, sito en un hotel de la calle de Claudio Coello: su cuñada fue puesta en libertad e Isidoro enviado a la checa de Fomento de donde salió al cabo de cuatro horas tras la intervención de un hermano suyo.

Carmen Luelmo declaró que había sido denunciada por fascista por Carmen Manzano cuando era esta la que realmente se manifestaba como tal. Aclarado el asunto en la sede del Batallón Deportivo, la primera se trasladó a su domicilio sin que interviniera Carmen Manzano, que había seguido prestando servicio en Retiro.

El testimonio de Nieves Comendador Bustamante, revisora fija de la Compañía, incluye otra versión: unos milicianos iban a menudo a la estación de Retiro a llevar unos víveres a Carmen Manzano. Carmen Luelmo se hizo amiga de ellos y les dijo que no le trajeran más víveres porque era fascista. Nieves causó baja en la Compañía el 25 de octubre de 1937 por decisión del Comité de Control. Fue readmitida el 28 de marzo de 1939.

La declaración de Carmen Béjar en sede judicial negó todos los hechos imputados. Reconoció que sí había sido expulsada de la Compañía a raíz de la huelga de 1934 y que sí desempeñaba el cargo de responsable de estación en la de Manuel Becerra, primero por imposición y luego voluntariamente, tras solicitarlo de D. Ramón López-Mancisidor.

El procedimiento concluyó con las condenas de Carmen Béjar a la pena de treinta años de reclusión mayor y de Carmen Luelmo a la de seis años y un día de prisión mayor. Estas penas fueron revisadas, saliendo la primera de prisión el 6 de septiembre de 1941 mientras se confirmaba la de la segunda.

El 24 de julio de 1939 Carmen Manzano formuló ante la Brigada Móvil de Ferrocarriles denuncia contra las compañeras Carmen Béjar, Carmen Luelmo Ballesteros y su hermana Mercedes, Antonia Morcillo Alfonso, Aurelio Herrero, Enriqueta Poveda, Mercedes Chicharro Asenjo y Juan Nafría para que se aclarasen los motivos de la denuncia[114] que habían puesto contra ella el 12 de septiembre de 1936 y que condujo a su detención. Añadió que Aurelio Herrero había denunciado a su padre, Juan Manzano, que fue detenido y asesinado el 27 de septiembre de ese mismo año.

Mercedes Luelmo declaró que era delegada suplente de las taquilleras y que la decisión de expulsar a Carmen Manzano se tomó por el Consejo Obrero cuando supo de la denuncia que esta había presentado contra su hermana y Carmen Béjar. Añadió que no acompañó en ningún momento a Carmen Manzano cuando fue detenida, y que sí es cierto que prestaba servicios de limpieza en el Hospital Ferroviario por orden superior. Mercedes pasó a trabajar en asuntos de la Comisión Provincial del Partido Comunista de España a partir de mediados de enero 1938, aunque la Célula 61 de Metro se opuso porque su traslado supondría la pérdida de un puesto en la Directiva de la Compañía.

Los hermanos de Carmen y Mercedes Luelmo Ballesteros, Adolfo y Salvador, trabajaron también en la Compañía en el servicio de Estaciones con las categorías de jefe y mozo de estación respectivamente. Salvador prestaba sus servicios en la centralita de teléfonos situada en la estación de Sol. Todos los hermanos eran huérfanos del jefe de estación Salvador Luelmo Rodríguez.

ESTEBAN DÍAZ RODRÍGUEZ

Esteban tenía la categoría de conductor. Poco antes del 18 de julio de 1936 fue nombrado tesorero del Consejo Obrero, realizando estas funciones hasta mayo siguiente en el que solicitó el cese voluntario por asuntos familiares que le obliga-

---

114 AGHD. Sumario número 41626

ron a desplazarse hasta Barcelona y Valencia aunque oficialmente consta que su traslado se debía a una decisión ordenada por el Partido Comunista a pesar de que el Comité Provincial del Partido había acordado que su trabajo era muy necesario en la Compañía Metropolitano de Madrid porque gozaba de gran prestigio entre los compañeros: era el más indicado para suplir en el Comité de Control las ausencias de Teófilo Molinero. Permaneció sin realizar actuación alguna hasta junio de 1938 en que fue movilizada su quinta y destinado al Segundo Grupo de Servicios Auxiliares del Primer Cuerpo del Ejército en el Cuartel de María Cristina para realizar labores de limpieza hasta finales de marzo de 1939 cuando se presentó en el campo de concentración siendo liberado a los pocos días.

Su expediente judicial se inicia el 10 de marzo de 1939 con la denuncia presentada por el abogado Fernando Villarejo Escribano cuando este manifiesta que el denunciado requirió a una pareja de guardias de Seguridad para que le detuvieran mientras se encontraba cenando en una taberna del Postigo de San Martín el día 13 de octubre de 1936 con la afirmación de que habían coincidido en las elecciones del treinta y cuatro (en realidad treinta y tres) en las que había participado como interventor del partido Acción Popular, aunque Esteban dice que fue en febrero del treinta y seis cuando éste lo hacía por el Frente Popular.

Fue trasladado a la Dirección General de Seguridad por su negativa a que le llevaran a una checa. En su denuncia hizo constar que, durante el juicio, Esteban hizo unas acusaciones suficientemente contundentes para que la pena a imponer fuera mayor y que tras ser puesto en libertad, Esteban siguió realizando actuaciones para que fuera de nuevo detenido, como así sucedió con el consiguiente traslado de la cárcel al Batallón de Fortificaciones de Nuevo Batzán y la inclusión como sujeto peligrosísimo a la Causa roja en una ficha en la Dirección de Seguridad.

Esteban fue detenido y declaró que conocía al citado abogado denunciante porque habían coincidido en unas elecciones en las que participó como interventor por el Frente Popular. Su versión de los hechos fue la siguiente: una noche, cuando se dirigía desde la sede de su sindicato hasta su domicilio se encontró en la Puerta del Sol con unos guardias forasteros que le preguntaron por unas calles cuya ubicación desconocían; cuando les indicó cómo podían llegar hasta ellas le dijeron que por su amabilidad iban a invitarle a un vaso, lo que hicieron entrando en una taberna en la que reconoció al abogado. Comentó a los guardias de qué le conocía, procediendo estos a su detención, la cual no intentó evitar por temor a tener problemas e incluso ser objeto de denuncia. En el juicio solo dijo que D. Fernando pertenecía a Acción Popular sin volver a coincidir con él nunca más por lo que no actuó contra él ni a favor ni en contra.

Durante la instrucción judicial hubo diversos testimonios de compañeros de marcado signo derechista siempre en favor de Esteban. Es el caso del ya citado Félix Carrillo Carretero, quien declaró que cuando estaba delante del piquete de ejecución para ser fusilado llegó la orden prohibitoria de la misma, saliendo en libertad cuatro horas después. Cuando abandonó la checa del convento de los Salesianos de Francos Rodríguez se enteró de que todas las gestiones para evitar su muerte fueron realizadas por Esteban junto con otros compañeros, entre los que se encontraba Teófilo Molinero.

Igualmente, José Bochaca Nadeau, jefe administrativo de la Compañía, declaró que había mantenido diversas conversaciones con Esteban cuando se encontraba refugiado a finales del 36 en la sede social de la Compañía para evitar ser detenido por la checa del POUM de la calle de O'Donnell. Durante esas charlas pudo comprobar como Esteban se posicionaba en contra de los asesinatos de personas de derechas procurando que no se atentara contra las personas de esta ideología que ocupaban altos cargos en la Compañía. No denunció nunca al declarante, sino que le ofreció su protección.

Consta en el procedimiento judicial cómo Esteban intentaba ayudar a toda persona que se lo solicitaba. Es el caso de Luis López-Mancisidor Solano, funcionario y hermano del ingeniero jefe de la División de Movimiento de la Compañía Metropolitano: consiguió un aval del Consejo Obrero por intermediación de Esteban quien lo defendió durante la celebración de una asamblea general, a pesar de la dificultad que suponía obtenerlo para las personas ajenas a la Compañía dando lugar en que en una ocasión en que la Policía efectuó un registro en su domicilio llegó a sospechar de la procedencia del mencionado aval. Esteban también declaró a su favor en la sesión del juicio al que fue sometido Luis. Igualmente declararon a favor de este en el procedimiento judicial los agentes de la Compañía Segundo Toja Ferrándiz y Francisco Goñi Maturana.

En otra ocasión realizó todas las gestiones posibles para conseguir la liberación del cónyuge de una empleada de la Compañía. Vicente Ibeas García declaró que su esposa se dirigió al Consejo Obrero del Metro para interceder por él y que Esteban intervino sin conocerle de nada llegando a conseguirle el carnet de una organización de izquierdas para evitar que fuera molestado, demostrando que sus actuaciones venían guiadas por un gran "espíritu de justicia y generosidad"[115].

En el fallo de la sentencia fue condenado a treinta años de prisión mayor y accesorias correspondientes por considerar que los hechos denunciados eran constitutivos de un delito de adhesión a la rebelión, pena que fue conmutada en

---

115 AGHD. Sumario número 15107

octubre de 1942 por la de doce años de prisión mayor mientras estaba en la Prisión de Ocaña. Fue puesto en libertad el 23 de diciembre siguiente. Esteban fue desterrado, se marchó a vivir a Sevilla y se trasladó posteriormente a la localidad de El Ronquillo en la misma provincia. Estuvo trabajando en las obras del Pantano del Pintado, en el término municipal de Cazalla de la Sierra. En mayo de 1945 se le levantó el destierro y decidió regresar a Madrid en agosto siguiente fijando su domicilio en el barrio de Tetuán de las Victorias: trabajó desde entonces como panadero.

En 1946 se vio implicado en un nuevo procedimiento tras ser detenido por la Policía bajo la acusación de formar parte de una célula clandestina del Partido Comunista de España cuando miembros de la misma declararon que uno de ellos era un tal Esteban, aunque nunca fue reconocido físicamente ni identificado por quienes hablaban de él. Negó su pertenencia a cualquier organización clandestina manifestando que no realizaba ningún tipo de actividad ilegal y que el frasco de tinta y el tampón que se le ocuparon entre sus pertenencias cuando caminaba por la calle de Francos Rodríguez eran un encargo realizado por su jefe. Fue puesto en libertad.[116]

En 1935 Esteban había sido detenido el 24 de abril sobre las 23 horas en una taberna de la calle de Santa Engracia junto a la glorieta del 14 de Abril cuando se encontraba con sus amigos y también agentes de la Compañía Juan Cuevas Heredia y Antonio Fernández y Fernández tras haber sido visto por un guardia de Seguridad mientras repartía unas hojas impresas en cuyo encabezamiento figuraban los textos: "¡Contra el nuevo gobierno de la reacción y el fascismo!" en una, y "Sindicato Nacional Ferroviario" en la otra. A Esteban se le encontraron también unas papeletas para el sorteo de una gramola. Fue procesado por el delito de excitación a la sedición y contra la forma de gobierno, mientras que Juan y Antonio fueron puestos en libertad.

En la primera hoja que portaba Esteban figuraba al pie: "Partido Comunista de España. SECCIÓN DE LA INTERNACIONAL COMUNISTA". En su contenido se hacía un llamamiento a la unidad de la clase proletaria a través de las Alianzas Obreras y Campesinas para luchar contra el Gobierno presidido por Alejandro Lerroux que consideraban de capitalistas y terratenientes, y a la paralización de las ejecuciones, la libertad de todos los presos comunistas y la amnistía de todos los obreros revolucionarios. En la segunda, firmada por el presidente y el secretario del Comité de la Zona 1 del Sindicato Nacional Ferroviario se comunicaba a los agentes de la Compañía Metropolitano de Madrid la sustitución de los

---

116 AGHD. Sumario número 134776

componentes de la Junta directiva del Consejo Obrero por una Comisión delegada integrada por Teófilo Molinero, Marcial Bustos y Carmen Meana y un delegado de cada uno de los servicios designado por los trabajadores.

Esteban manifestó en su declaración ante el juez instructor que al ser cacheado le encontraron la primera hoja que le había sido entregada por un individuo al que no conocía y la había guardado en la cartera sin que hubiera vuelto a acordarse de la misma hasta ese momento. Sobre los diversos ejemplares de la segunda dijo que se las había entregado un compañero desconocido sin que en ningún momento hubiera llegado a repartir alguna de ellas.

En el procedimiento judicial fue defendido por la letrada Victoria Kent y Siano. El Ministerio Fiscal, única parte acusadora, había propuesto en las conclusiones la imposición de una pena de tres años de destierro, accesorias y costas: la acusación fue retirada en el acto del juicio. La sentencia resultó absolutoria al tiempo que declaraba las costas de oficio y la inmediata puesta en libertad de la Prisión Celular en la que se encontraba.

Un hermano de Esteban, Eufrasio, también conductor, se vio implicado en un procedimiento judicial[117] tras la denuncia efectuada por el agente de su misma categoría Romualdo Colmenares Yebra, quien manifestó que siempre se destacaba en todas las huelgas y había sido nombrado agente de policía por el Sindicato Nacional Ferroviario para prestar servicio como policía de retaguardia en tareas de recuperación de mantas para el Ejército en el local de la calle del Príncipe de Vergara y luego destinado a la comisaría de la calle de Juan de Olías, 15, en los Cuatro Caminos. Fue trasladado unos ocho meses antes de acabar la guerra a El Carlet, localidad de la provincia de Valencia. Romualdo añadió que la esposa de Eufrasio, Soledad Gutiérrez Borreguero, lucía durante el Movimiento en sus manos una sortija de platino con brillantes que, suponía, era de ilegítima procedencia.

En la sentencia resultó condenado a dieciséis años de reclusión menor por un delito de auxilio a la rebelión, a pesar de que constan testimonios en los que aparece que la sortija se la había regalado en 1934 a su mujer su propia hermana, llamada Isabel, que gozaba de buena posición por razón de su matrimonio. Cuando Eufrasio fue despedido tras la huelga de 1934 tuvieron que vender la sortija para obtener medios de subsistencia. Lo hicieron a un joyero con el que les había puesto en contacto la portera de la casa en la que vivían, en la calle de Donoso Cortés, 3.

Otras declaraciones dan testimonio de las ideas de Eufrasio, distintas a las de su hermano, al que consideraban incapaz de realizar acto delictivo alguno por-

---

117 AGHD. Sumario número 67160

que no se metía en nada, era un muchacho serio, formal y respetuoso que estaba dispuesto a intervenir siempre que se le solicitaba ayuda para evitar persecuciones de personas de derechas, fueran o no trabajadores de la Compañía Metropolitano.

MARÍA LUISA COELLO PUENTES

María Luisa ingresó en la Compañía el 7 de marzo de 1921 con destino en las oficinas donde desempeñó sus tareas con la categoría de auxiliar. Se ocupaba con preferencia de todo lo relacionado con las plantillas y escalafones de todos los trabajadores del Metropolitano. En junio de 1937 ascendió a la de oficial al unificarse el escalafón de las plantillas masculina y femenina, el incremento del número de plazas de oficial de primera y por razón de su antigüedad. El 16 de febrero del año siguiente fue nombrada jefe de negociado del servicio de Personal a las órdenes del responsable del mismo, Juan Ramos de Antonio; de este dependía también el Negociado de Nóminas, a cuyo frente se encontraba otro jefe. Al acabar la Guerra fue denunciado por algunos empleados y sometido a un procedimiento judicial del que salió absuelto porque todas sus actuaciones, mientras ocupaba el cargo de máximo responsable de Personal las había realizado conforme a la ley. Tras la procedente depuración, María Luisa pasó a prestar servicio como taquillera.

Durante la huelga de octubre del 34 no se presentó a trabajar por temor ya que había sido amenazada por el delegado de Oficinas si lo hacía. El día 7 se personó en el domicilio de su jefe, Luis Petrirena, para entregarle una carta en la que se ofrecía a trabajar inmediatamente, volviendo a su puesto el 30 siguiente. En la misiva comunicaba que no acudió a trabajar por miedo y no por ideales políticos, ya que vivía sola con su madre por los Cuatro Caminos y los grupos de huelguistas no le dejaban llegar hasta su lugar de trabajo en las oficinas en Ventas. Por sus excepcionales dotes profesionales fue destinada como profesora de taquigrafía en la academia de capacitación que había montado el "Comité rojo". Era una gran mecanógrafa.

María Luisa, que nunca se mezclaba en cuestiones políticas, fue sometida a un procedimiento sumarísimo de urgencia[118] por auxilio a la rebelión "a consecuencia de diligencias previas motivadas por la declaración jurada formulada por aquella, e informes de conducta de los que resulta que estaba afiliada a la UGT desde mucho antes del Movimiento; que durante la guerra trabajó normalmente no abandonando su puesto y que está juzgada como de buena conducta, si bien parece ser que era persona de izquierdas", según consta en el Auto resumen de 3 de julio de 1940. El Consejo de Guerra contra María Luisa concluyó con la inexistencia de responsabilidad penal: quedó en libertad definitiva con la imposición de

---

118 AGHD. Sumario número 67158

una multa de quinientas pesetas. Sometida al obligatorio procedimiento de depuración fue sancionada con seis meses de suspensión de empleo y sueldo quedando al reingresar en un puesto de taquillera de 2ª.

En el origen del procedimiento había una denuncia formulada el 31 de agosto de 1939 por el subjefe de Personal, Pedro Sainz y Sainz, que había sido acusado de espionaje junto a otros técnicos de la Compañía porque había recibido una carta sin fecha de Luis Petrirena Aurrecoechea, jefe de Personal, en la que supuestamente se encontrarían datos que hablaban de un complot. La carta había sido entregada al Comité de Control supuestamente por María Luisa cuando resulta que esta no tenía nada que ver con la correspondencia particular, aunque era la encargada de la correspondencia oficial.

El asunto de la carta quedó zanjado tras una declaración efectuada por Ramón López-Mancisidor Solano como testigo el 5 de junio de 1940: "Que al que suscribe, recuerda fue convocado a una reunión en que asistían todos los delegados del Consejo Obrero, UGT y el Comité de Control CNT para ser el que suscribe interrogado, sobre una carta que decían había aparecido en el servicio de Personal,

Miembros de la directiva del Consejo Obrero Jurado Mixto del Metropolitano
de Madrid durante la tramitación y consecución de las Bases de Trabajo de 1933
(Archivo General e Histórico de Defensa. Sumario número 68339).

dirigida por el jefe del Servicio D. Luis Petrirena al sub-jefe D. Pedro Sainz, y que en esta carta se indicaba por parte del Sr. Petrirena al Sr. Sainz que si había algún asunto de interés en su ausencia se pusiera de acuerdo con el que suscribe. Como esta carta no llevaba fecha, y no recuerda si ponía población de origen, aquella reunión de elementos marxistas, le daba el carácter de si podía ser escrita después del 18 de julio del 36, y de esta forma intentaban exigir responsabilidad a los que en ella aparecían; el que suscribe inmediatamente contestó con el argumento de que aquello era un documento al cual no se le podía dar valor alguno en aquellos momentos, en relación con la causa marxista, ya que se demostraba con toda facilidad, que era una carta escrita por el Sr. Petrirena durante una de sus ausencias de verano en el año 34 o 35, ya que era absurdo pensarlo de otra manera, puesto que después del Movimiento, y habiendo sido despedido por los rojos, el Sr. Petrirena, habían aquellos nombrado inmediatamente nuevo jefe de Personal, y por lo tanto el Sr. Sainz no tenía más que la actuación limitadísima de las personas que no siendo obreros permanecían en la Compañía. Con estas explicaciones, quedó completamente zanjado este asunto en aquella reunión."

Según declaró Juan Ramos de Antonio la carta había sido entregada por el entonces delegado de oficinas, José Alcázar Manteca. Parece ser que este generaba una serie de enfrentamientos entre los compañeros a los que representaba: como su labor era considerada desastrosa fue reemplazado en septiembre de 1937 por Joaquín Lacambra Pérez, aún en contra de la voluntad de este, debido a la petición encarecida que emanaba del personal de oficinas que veían en él un gran apoyo. Joaquín dimitió, pero fue reelegido unánimemente por jefes y empleados de oficinas un tiempo después tras haberse producido una recogida de firmas para evitar el cambio y los posibles desafueros que pudiera cometer un nuevo delegado. El estilo personal de Joaquín, abogado y miembro de la Unión General de Trabajadores, se caracterizaba por su ánimo conciliador. En 1939 fue acusado por la Dirección de la Compañía de haber formado parte de la representación de los trabajadores durante la confección de las Bases de trabajo de 1933, aportando como prueba en contrario la fotografía publicada en un folleto por el Sindicato Nacional Ferroviario junto con las Bases en la que se podía ver que no aparecía. Sí había tenido un cargo representativo, pero en 1926 cuando formó parte de un comité paritario de los Jurados Mixtos durante la dictadura de Primo de Rivera. Su elección como delegado en el Consejo Obrero tuvo como objetivo zanjar la animosidad latente entre los reingresados que habían sido despedidos por la huelga de 1934 y el personal antiguo.

Joaquín fue denunciado en agosto de 1939 por algunos compañeros que le achacaban su *rojismo* por haber sido elegido y reelegido delegado en contra de la voluntad de aquéllos y por ser el candidato designado por el Comité de Control. Se rumoreaba que había reingresado tras el triunfo electoral del Frente Popular cuando la realidad es que fue despedido tras la huelga de 1934 pero reingresó un mes después rebajado de categoría como jefe de estación de segunda. Regresó a trabajar a las oficinas en 1935 en distinto negociado en el que estaba en octubre de 1934.

Joaquín también fue procesado en 1939 tras las declaraciones de varios compañeros por su *rojismo* y dedicarse a comentar los partes de guerra de los rojos, que creía a pies juntillas; el testimonio de otros empleados de la Compañía lo fueron en el sentido de que se trataba de una persona de orden, respetado por todos a los que representaba, que incluso estuvo afiliado a los sindicatos católicos, y si lo había hecho a la UGT había sido porque era una exigencia para poder trabajar. En septiembre de 1941 firmaba la recepción de la resolución recaída por la que se declaraba sobreseído provisionalmente el procedimiento judicial y su libertad definitiva.

MIGUEL MORILLO FERNÁNDEZ

Miguel tenía la categoría de conductor de maniobras: fue procesado por un delito de auxilio a la rebelión militar tras la denuncia presentada en septiembre de 1939 por un oficial del Regimiento de Ferrocarriles número 1 por haberse destacado en el Partido Comunista, significarse durante la dominación roja y escribir en la revista *Disco Rojo*.[119] En el número de septiembre de 1937 de esta revista se publicaron unas coplillas acompañadas de ilustraciones caricaturescas dirigidas a Franco, los generales Queipo de Llano, Cabanellas y Mola, y con referencias a las Milicias de Falange y el Requeté. El texto era el siguiente:

El poco pelo que tengo
ahora me lo voy a cortar
para cantar unas coplas
a ver que tal se me dan
Ya murió el canalla Mola
gran alegría me dio
cuando supe por la prensa
que había muerto ese...traidor.
Lo que hace falta es que pronto
se vea con Franco allí
y que le sigan Aranda
y Queipo el gran borrachín
El farsante Cabanellas
y el asesino Cascajo

---

119 AGHD. Sumario número 55987

> *por traicionar su Nación*
> *han de morir boca abajo*
> *A fascistas Requetés*
> *Italianos y Alemanes*
> *les vamos a dar más palos*
> *que pipas dan por mil reales*
> *Y aunque trajeran muchos moros*
> *Franco el grande y su hermanillo*
> *La guerra la ganaremos*
> *porque lo dice un morillo.*
> *Ya estoy afónico perdido*
> *de cantar tantas coplillas*
> *Además son fandanguillos*
> *y he de cantar seguidillas*
> *Pero aunque afónico estoy*
> *voy a cantar otra coplilla*
> *para tirar un rentoy*
> *al Verdugo de Sevilla*
> *Es un General valiente*
> *valiente cerdo y borracho*
> *que a España destroza y vende*
> *ese chulo mamarracho*
> *Ya pagará su traición*
> *y aunque muy lejos se vaya*
> *por chulo cerdo y traidor*
> *Lo colgarán de una pata*
> *Dispensarme camaradas – Que soy un novel coplero*
> *Muy rudas son mis palabras- Pero salud y hasta luego.*

Aparecían firmadas por M. Morillo. El juez instructor consideró que la inclusión en el texto de la frase *La guerra la ganaremos porque lo dice un morillo* era prueba suficiente de que el autor se correspondía con Miguel por la coincidencia con su apellido. En su defensa alegó que no las reconocía como suyas y que su firma aparecía porque reuniendo la condición de sargento de complemento era coaccionado por un tal Mimendi, electricista de la Compañía del Metropolitano con el grado de capitán en el Ejército Rojo, en la 2ª Compañía, 2º Batallón de la 16ª Brigada Mixta, que había resultado muerto en campaña, quién le manifestó en una de las ocasiones en que coincidieron que aunque las escribía él iba a figurar Miguel como firmante: se trataba de Fernando Mimendi Diego.

En el expediente judicial se incluyen las declaraciones de algunos vecinos suyos que manifiestan que el cargo más importante que ocupó fue el de vocal del comité de vecinos de la casa de la calle de Fernando Osorio, 9, en la que vivía, pero que se portó bien, nunca le vieron con pistola ni se incorporó voluntariamente a las milicias, ni les constaba que hubiera cometido hecho delictivo alguno, tenía buen corazón, e incluso ayudó a personas de derechas que se vieron obligadas a refugiarse en la Embajada de Chile. Consta también la declaración de su jefe de servicio en el Metro, quien manifiesta que no le cree capaz de ser el autor de los versos grotescos que aparecen con su firma, ni incluso de inspirarlos porque le cree "un atrasado mental". Tras ser sometido al pertinente proceso de depuración causó baja en la Compañía según consta en el acta de la reunión celebrada por el Consejo de Administración en fecha 6 de marzo de 1940.

JOSEFA REVIEJO PÉREZ

Al igual que Julia Valverde Cañas, la revisora Josefa Reviejo Pérez fue durante poco más de dos meses concejal del Ayuntamiento de Madrid por designación de las Juventudes Socialistas Unificadas a las que pertenecía. Tomó posesión de su cargo en sesión celebrada el 23 de diciembre de 1938 en sustitución de Ángeles Sánchez Flórez. Se encargó de las competencias asignadas a los siguientes cargos por decisión unánime del Consejo Municipal: Delegación de los Internados de La Paloma y de Ancianos, Vocal de la Comisión de Asistencia municipal, Sanidad y Policía Urbana, y Vocal propietaria del Consejo Especial de Cultura Primaria. El 3 de marzo de 1939 se celebró la última sesión municipal a la que asistió: durante este período no se mezcló nunca en cuestión alguna de tipo político.

Según consta en el sumario número 58.201 obrante en el Archivo General e Histórico de Defensa, Josefa recogía por las estaciones cantidades para el Socorro Rojo Internacional por orden del Consejo Obrero. Otras empleadas la acusaron de coaccionarlas para que compraran sellos, de ser una persona de ideas izquierdistas avanzadas porque había usado mono tras el 18 de julio y de amenazarlas porque habían repartido candidaturas derechistas durante las elecciones, incluso de ser una espía del Gobierno rojo, hechos que ella negó en todo momento. En las declaraciones obrantes en este expediente un gran número de denunciantes hablan de que conocen estos hechos por referencias de otras compañeras y rumores, pero no directamente, además de haber venido en la prensa que era concejal del Ayuntamiento de Madrid. Sí es cierto que ocupó desde julio de 1937 el cargo de secretaria de Ayuda en el Comité de Sección del Socorro Rojo Internacional y formaba parte del Partido Comunista tal como manifestó personalmente en una ocasión a la taquillera Aurora Murado Hernando mientras esta se encontraba prestando servicio en la estación de Sevilla o Banco de España, dato que no pudo concretar la propia Aurora.

Fue procesada y juzgada a pesar de los testimonios de empleados del Metro y de sus vecinos de la calle de Manuel Cortina, 5, en la que residía junto a unos tíos suyos, quienes manifestaron en todo momento y sin ningún género de dudas que Josefa siempre ayudó a todas las personas que recurrían a ella sin mirar su ideología, llegando a esconder en su casa a un religioso perteneciente a la Hermandad de los Padres Agustinos que solía decir misas a sabiendas de Josefa. Esta procesaba ideas católicas por la educación que había recibido cuando estudiaba en las Concepcionistas. Durante doce días también ocultó y protegió al inspector de la Compañía Félix Carrillo Carretero cuando acudió a ella porque iba a ser detenido[120]. Félix ya lo había sido el 23 de julio de 1936 y conducido a continuación a la checa del edificio de los Padres Salesianos en la calle de Bravo Murillo, 16, con la intención de ser fusilado, hecho que se evitó por la rápida intervención del Consejo Obrero de la Compañía[121]. A pesar de constar estos datos sobre fecha y dirección, la detención de Félix se produjo el 25 de julio y el traslado lo fue a los Salesianos de Francos Rodríguez.

Josefa se trasladó poco después de finalizar la guerra a Sotillo de la Adrada, su pueblo natal. Allí permaneció durante tres meses antes de regresar a Madrid a mediados de diciembre. Fue detenida y encarcelada en la Cárcel de Mujeres. Perdió su puesto de trabajo en la Compañía tras la depuración pertinente y la propuesta del Consejo de Administración de la Compañía a la Dirección General de Ferrocarriles, Tranvías y Transportes por Carretera del Ministerio de Obras Públicas. Fue juzgada y condenada a la pena de doce años y un día de reclusión como autora de un delito de auxilio a la rebelión.

Enrique Gallostra Garrido

Enrique fue una persona que pasó en diversas ocasiones por los tribunales, tanto los republicanos durante la Guerra como por los nacionales tras la finalización del conflicto, acusado de multitud de ilegalidades. Era nieto de José Gallostra y Grau, Conde de Venadito, senador del Reino y ministro de Hacienda en 1874.

Enrique tenía la categoría de mozo de estación eventual. Había ingresado en 1934 en la Compañía Metropolitano de Madrid, en la que también trabajaban sus hermanos Carlos, jefe de estación, y María Luisa, taquillera de 2ª. Su formación académica había concluido tras realizar el Bachillerato Eclesiástico en la localidad palentina de Astudillo. Otro de los hermanos, José María, fue sacado de su domicilio el 7 de noviembre de 1936 y conducido al Batallón de la Joven Guardia. No volvieron a tener noticias de él y siempre persistieron las dudas de si había muerto

---

120 AGHD. Sumario número 58201

121 AGHD. Sumario número 35307

en el frente o había sido asesinado por sus propios compañeros que le consideraban de ideas derechistas.

Al inicio de la guerra Enrique siguió acudiendo a su trabajo, pero al regresar del mismo el 19 de julio su madre ya no le dejó salir de casa. Al día siguiente se personaron en su vivienda de Cardenal Cisneros, 57, unos milicianos para detenerle junto a su hermano José María y a su tío Antonio Berjón y Vázquez Real, deán de la catedral de Menorca; este se había ausentado anteriormente para refugiarse en la Embajada de Bélgica. Enrique y José María presentaron un aval de la CNT a favor de un chófer llamado Sixto García, que se encontraba en ese momento en el domicilio y dio la cara por ellos evitando que fueran sacados de la casa. A los pocos días, para salvar su vida, Enrique se enroló en las Milicias Ferroviarias partiendo con destino a Sigüenza desde donde realizaba servicio de transporte como camionero hasta Guadalajara y Madrid e intervino en la defensa de la Catedral mientras era asediada por miembros de la CNT. Fue dado por muerto tal como publicó la revista *Disco Rojo*.

Desde el primer momento Enrique era sospechoso de tener ideas derechistas. Fue denunciado ante su comandante, por lo que este le invitó a regresar a Madrid, diciéndole en una ocasión: "Gallostra, es mejor que se marche de aquí, porque me están mareando continuamente, diciendo que si Vd. es fascista y cosas por el estilo, y estoy viendo que un día le van a pegar un tiro"[122]. En agosto se presentaron en Sigüenza dos empleados de la Compañía del Metro para detenerle ya que se había encontrado un carnet de Falange Española a su nombre. Haciendo caso a su jefe se marchó de la localidad seguntina y se reincorporó a su trabajo en el Metro el 4 de septiembre en el servicio de Trenes recibiendo órdenes del Consejo Obrero en el sentido de que no se incorporase a las Milicias Ferroviarias. Sobre el 12 de septiembre, el Consejo Obrero le trasladó hasta las cocheras de Ventas donde le interrogaron Teófilo Molinero y Antonio de la Vera en presencia de una persona que le había denunciado. Teófilo y Antonio decidieron acompañarle posteriormente a la estación de Cuatro Caminos diciéndole que se fuera a su casa.

Ante la actitud que mantenían con él los compañeros de la empresa, el 22 de octubre partió para Ciudad Real, entonces llamada Ciudad Libre, a enrolarse en las Milicias Ferroviarias que mandaba Martínez de Aragón. Lo consiguió a pesar de la reticencia de algunos de sus miembros que eran empleados del Metro y sospechaban de las ideas de Enrique. A primeros de diciembre le trasladaron a Madrid y luego a Las Rozas ya con el grado de capitán pues un cabo había estado recogiendo firmas entre los soldados para hacer la correspondiente propuesta de ascenso.

---

122 AGHD. Sumario número 1106

Según parece, Enrique era ambicioso y mientras se encontraba en el frente de la Ciudad Universitaria se dedicaba a regalar a los soldados de su Compañía camisas que se confeccionaban en su casa para conseguir apoyos que le permitieran alcanzar un grado mayor en el escalafón militar. Llegó esta información a oídos de su capitán quien decidió degradarle viéndose más animado para pasarse al otro bando y sintiendo vergüenza de volver a su casa, aunque también influyó en su deseo el hecho de que había contraído supuestamente unas deudas con el Ejército Rojo y se iba a celebrar en esos días el Consejo de Guerra.

En la vivienda de la familia Gallostra, sita en la calle de Cardenal Cisneros, 57, también se confeccionaban pantalones y camisas caquis para donarlas a la 2ª Brigada Mixta, en la que estaba Enrique, con tela que les facilitaba la propia Brigada.

Desde Las Rozas se pasó al Campo Nacional el 14 de mayo de 1937. Le trasladaron a Brunete y Navalcarnero hasta que llegó a Ciudad Real donde fue interrogado en la Auditoría Militar y procesado con el resultado de sobreseimiento del expediente. Entre sus declaraciones figura que durante su destino en el frente de la Ciudad Universitaria estaban tan cerca de los soldados nacionales que, invitado por el comisario de su batallón, les hablaba de la marcha de las operaciones generándose diálogos que se mantenían de manera muy amigable por ambos bandos. En ocasiones, estas conversaciones se transformaban en actos de confraternización: consistían en que un soldado de cada bando salía de la trinchera, previo acuerdo para dejar de pegar tiros, y charlaban amigablemente, se fumaban un cigarrillo, se preguntaban por las familias y amigos, y se intercambiaban periódicos. Cuando los superiores tuvieron conocimiento de esta actividad decidieron suspenderla amenazando a los intervinientes con penas severas.

Tras disfrutar de diez días de vacaciones regresó a Talavera y se integró en las Milicias de Falange, Cuarta Bandera de Castilla, que se encontraban en Ablanque (Guadalajara). Marchó al frente del Ebro, fue herido el 17 de febrero de 1938 por la metralla de un obús cuando participaba en la reconquista de Teruel y una vez curado se trasladó nuevamente a Granada ingresando en la Academia de Oficiales Provisionales para cursar los estudios de Alférez. En esta ciudad andaluza trabajó durante dos meses como auxiliar de profesor una vez obtenido el título debido a su alto espíritu militar y su inteligencia. Después fue destinado a la 2ª Bandera de La Legión que operaba por Balaguer (Lérida) identificándose como Enrique Gallostra y Casademont. El 4 de septiembre es enviado a la 17ª Bandera que se encontraba en el frente del Ebro y luego resultó nuevamente herido en los alrededores de Corbera de Ebro (Tarragona) cuando se encontraba al mando de la 67ª Compañía de su Bandera. Una vez recuperado continuó operando por el frente de Cataluña, siendo herido por tercera vez por una bala de fusil que le supuso estar inoperante durante catorce días. Participó con su compañía en la toma de Barcelona, volvieron a Sigüenza y pasando por Saelices y Tarancón llegaron a Dar Riffien (Ceuta) a mediados de mayo de 1939. En 1940 fue destinado al Tercer Tercio de la Séptima Bandera de la Legión en Larache (Marruecos) tomando el mando de la 25ª Compañía de la citada Unidad.

Formado en varios colegios de los Salesianos, Atocha, Béjar (Salamanca) y Astudillo (Palencia), quiso ser seminarista, pero su situación familiar, huérfano de padre desde los 11 años, le decidió a preparar unas oposiciones para auxiliar administrativo de Hacienda; no aprobó y eso le llevó a dedicarse a la carrera militar de acuerdo con su numerosa familia. Ingresó como voluntario en el Regimiento Wad-Ras número 50 ascendiendo a cabo sin poder hacerlo a sargento porque el advenimiento de la República supuso la eliminación de las Academias Militares; rotas sus expectativas trabajó en el Instituto Español de Turismo donde tomó contacto con la política afiliándose a Falange Española en diciembre de 1934.

El 23 de agosto de 1937 envió desde Talavera de la Reina una carta al diario *Imperio*, publicada el 27 siguiente, con el título de "Un saludo sincero de un antiguo camarada" que encabezaba saludando a los falangistas de la España nacional informándoles de su enorme satisfacción por encontrarse ya en su nación, porque no consideraba que lo fuera la zona republicana. Justificaba su decisión por el maltrato que había sufrido en zona roja y la desaparición de muchos de sus familiares, paso que había dado como querían hacerlo muchos de sus conocidos que permanecían en territorio del Gobierno añadiendo la enorme dicha que tenían que sentir los que nunca habían pisado zona roja porque era una auténtica tragedia estar en ella.

A pesar de todos estos antecedentes, Enrique fue procesado a principios de 1941 tras ser denunciado por considerar que había intervenido en las detenciones de los empleados de Metro Hipólito Gete García, Leocadio Santos Santamaría y Antonio Jareño Beteta, que posteriormente aparecieron muertos. Varios testigos que se encontraban presentes en el momento de las detenciones identificaron a Enrique por diversas fotografías que les mostraron en el Metro y en la sede de Falange Española.

A las siete y media de la tarde del 2 de diciembre de 1942, mientras se encontraba pendiente de juicio, se evadió de las prisiones militares en que se encontraba, en la calle del General Mola, 61, saltando al exterior desde una cornisa que bordeaba el local de las duchas para lo que se valió de una manta, unos trozos de cuerda y una bufanda; se produjo una luxación en un pie de la que tardó en curar quince días que permaneció en una pensión de la calle de la Aduana sin salir a la calle tras los que marchó andando a Zaragoza a ver a unos conocidos, que al no encontrarlos le hizo regresar a Madrid. Estaba cumpliendo una pena añadida de un año y un día por falsificación de documento privado, que utilizaba para poder alojarse en pensiones y moverse sin ser identificado como evadido junto con un talonario de vales de ferrocarril. Una vez detenido declaró que lo había hecho porque le acusaban de haber robado un reloj en la sala de oficiales y temía que le incomunicaran entrando en un estado de gran excitación.

Reincidió al evadirse la noche del 23 al 24 de marzo del año siguiente cuando ya se había celebrado el juicio y estaba pendiente de la sentencia; volvió a ser detenido a mediados de abril en Zaragoza y se evadió nuevamente mientras se encontraba detenido en esta ciudad en los calabozos del Regimiento de Infantería de Aragón número 17. Finalmente fue detenido el 14 de julio de 1944 por la Policía gubernativa.

En el procedimiento judicial constan multitud de testimonios tanto de agentes de Metro como de vecinos y amigos confirmando los ideales, sentimientos y actuaciones de Enrique que siempre respetaba la legalidad establecida. A pesar de ello fue condenado el 12 de noviembre de 1942 a la pena de treinta años de reclusión mayor por el delito de adhesión a la rebelión. Fue indultado con efectos de 18 de julio de 1947.

Enrique era apodado "Napoleón" por sus convecinos de la calle de Mariana Pineda, 8, en la que había vivido durante los años 1934 y 1935 por su atuendo guerrero y el caballo blanco que montaba cada vez que volvía a Madrid. Estaba en posesión de las siguientes condecoraciones: Medalla de Sufrimientos por la Patria, dos Cruces de guerra, dos Cruces rojas del Mérito Militar, Medalla de la Campaña y dos Medallas militares colectivas.

La generosidad de Enrique se manifestaba a través de regalos que hacía a sus allegadas, aunque siempre quedó la duda de su procedencia. En una ocasión, tras el regreso de Sigüenza, regaló a su novia una sortija que tenía cuatro perlas y una piedra en el centro que decía era de su madre, que la había adquirido en una casa de compra venta de la calle del Pez. Se enfadó posteriormente con ella y le pidió que se la devolviera entregándosela a su hermana María Luisa, quien la lució durante toda la guerra y con posteridad, siendo vendida luego por su hermana Carolina en un establecimiento de la Corredera Baja. En otro momento, tras su regreso del frente del Hospital Clínico, regaló un abrigo de pieles de color negro a su hermana Carolina que parece había sido comprado de segunda mano por la madre de estos hermanos, Enriqueta, a principios de la Guerra en El Rastro. La madre se encontraba enferma y no podía usarlo. El abrigo estaba muy deteriorado: fue arreglado para su uso por Carolina por una modista, de nombre Pilar, hermana de la empleada de la Compañía Carmen Mayoral Cordero.

Desde la publicación *Nuestra Brigada* Enrique manifestaba sus opiniones sobre diversos aspectos de la confrontación bélica. En una de ellas respondía a la pregunta que habían lanzado a los combatientes: ¿Por qué luchas? Su repuesta se basaba en el convencimiento de que se trataba de luchar contra el fascismo nacional e internacional de Alemania, Italia y Portugal añadiendo un segundo motivo: el de acabar con algunos españoles a los que consideraba responsables del sometimiento del proletariado haciéndoles pasar hambre y miseria: "generales, clero, aristocracia y burguesía."[123]

JOSEFINA LÓPEZ DÍAZ

En agosto de 1939 María Luisa Gallostra Garrido denunció ante el Juzgado Militar Especial del Ferrocarril Metropolitano a la también agente de Metro Josefa López, que firmaba como Josefina, por los siguientes hechos: "Dijo a voces a unos oficiales del Ejército Rojo en la Estación del Metro del Retiro que un hermano mío se había pasado a los Nacionales y que había que terminar con todos nosotros teniendo por esta causa que pedir relevo de dicha estación que me fue concedido por la Inspectora Doña Margarita a la que conté lo ocurrido."[124]

El mecanismo policial se puso en marcha inmediatamente contra Josefa López Gutiérrez, de 17 años, que había ingresado como hija de familiar en la Compañía el 8 de abril de 1938 por la necesidad de atender al sustento de su numerosa familia y se afilió obligatoriamente poco después a la CNT en contra de su voluntad porque sus ideas no eran en ningún caso de tinte marxista y no tenía otra solución si quería trabajar. Se pidieron informes al Ayuntamiento de Vicálvaro y al comandante de puesto de la Guardia Civil del mismo municipio quienes contestaron afirmando que pertenecía a una familia cuyos miembros eran todos honorables y que no se le conocía a la denunciada ningún tipo de actividad política. El 24 de abril de 1940 María Luisa declaró que la estación en la que se habían producido los hechos era la de Goya y no la de Retiro y que los oficiales rojos dijeron que mandarían a buscarla por lo que la inspectora Margarita Ordás Urdiales accedió a trasladarla a otra estación. Josefa declaró que nunca había trabajado en la estación de Goya en el turno de mañana y que no conocía a María Luisa, añadiendo que posiblemente se trataba de una confusión porque tenían una compañera que también se llamaba Josefa López. Margarita siempre manifestó que la única versión que conocía era la de María Luisa pero que nunca fue testigo de los hechos y que accedió al traslado porque Josefa llegó llorando tras abandonar el servicio debido a que una compa-

---

123 *Nuestra Brigada. Órgano de la Brigada Mixta número 2.* 7 de febrero de 1937

124 AGHD. Sumario número 66983

ñera había dicho a unos milicianos que era fascista y estos habían dicho que irían a buscarla y era una forma de evitar la previsible detención de María Luisa y la posibilidad de que ocurriera cualquier tipo de incidente entre las dos trabajadoras. Y que nunca más volvió a acordarse de lo sucedido.

Al día siguiente vuelve a declarar María Luisa indicando que ha habido un error, que nunca quiso denunciar a la compañera que lo había hecho sino a otra de segundo apellido Díaz de la que sabía que había vivido por el Puente de Segovia y actualmente lo hacía por la Plaza de Progreso sin poder precisar la dirección exacta. Josefa vivía en esos momentos en la calle Casto Plasencia tras haber pasado la guerra en la de Torrijos. Esta Josefa declaró que los hechos no fueron tal como dice la denunciante, sino que advirtió a María Luisa que si a su marido le pasaba algo por culpa de su hermano tendría que entendérselas con ella, encontrándose presente únicamente la taquillera Enriqueta Pérez. Esta advertencia se debía a los siguientes hechos: Enrique, hermano de María Luisa, y el marido de Josefa se encontraban destinados en la misma brigada, el primero como teniente y el segundo en Sanidad. En una ocasión que un compañero del marido vino a su domicilio a traer ropa sucia de su esposo le dijo que el teniente se había pasado a las filas nacionales y que había facilitado datos suficientes sobre la situación de las fuerzas que supusieron la muerte de la mitad de los integrantes del batallón.

Los informes emitidos sobre Josefa López Díaz fueron negativos en el sentido de considerarla marxista por el simple hecho de haber estado afiliada a la UGT y luego a la CNT, aunque las inspectoras compañeras de trabajo declararon que desconocían cualquier tipo de hecho delictivo que hubiera realizado y que había estado evacuada en Valencia durante la mayor parte de la guerra. El procedimiento concluyó con el sobreseimiento provisional de la causa, aunque el auditor de guerra comunicó los hechos al general jefe del Cuerpo de Ejército de Guadarrama por si estimaba procedente imponerle una multa de mil pesetas que, posteriormente, fue condonada tras no haber sido posible localizar a Josefa.

El papel de las mujeres

La Guerra Civil supone un punto de inflexión en la imagen de la mujer y su consideración como guardiana del hogar en el que venía a estar confinada debido a que tradicionalmente no estaba bien visto que disfrutara de un trabajo remunerado porque era la responsable de que los hijos y el marido gozasen de toda la atención necesaria cuando regresaban de la escuela o del trabajo y la economía de la casa fuera administrada adecuadamente. Se la consideraba muy inferior al hombre a pesar de que "Todos los españoles son iguales ante la ley" según se establecía en el artículo 2º de la Constitución de la República Española de 1931.

Esta mujer, la *mujer casera*, es feliz: "Ha sembrado todos sus sentimientos en el reducido espacio del hogar, ha repartido su alma entre su esposo y sus hijos, tiene la inmensa satisfacción de que todo lo que le rodea es obra suya, y avanza escoltada por el amor de su familia, por el respeto de la sociedad."[125]

Con los maridos en la guerra, las mujeres asumieron el papel de cabeza de familia y la responsabilidad de conseguir los medios económicos suficientes para el mantenimiento de sus miembros mediante un trabajo asalariado, responsabilizándose de la toma de decisiones y la realización de tareas que anteriormente les estaban vetadas. Este rol las lleva a plantearse la cuestión de la desigualdad de género.

Los hombres estaban convencidos de que la mujer deseaba seguir permaneciendo en un plano de inferioridad. Las mujeres, milicianas, que llegaban al frente lo hacían en muchos casos siguiendo al marido, compañero, hijo, o padre, pero pronto fueron vistas como objeto sexual para satisfacer los deseos de los combatientes con la consiguiente imagen de transmisoras de enfermedades venéreas: incluso algunas meretrices también fueron enviadas al frente con ese mismo objetivo. El desprecio y la mofa por la mujer se manifestaban de manera permanente por ambos bandos. Las propias mujeres despreciaban ver a mujeres trabajadoras que realizaban las tareas de los compañeros destinados a las trincheras porque consideraban que la imagen que daban era perjudicial para ellas mismas. Las organizaciones sindicales transmitían la necesidad de invertir las situaciones para que las mujeres que viajaban en el metro se sintieran obligadas a valorar el trabajo de las revisoras y taquilleras que realizaban una labor muy complicada en los momentos que se vivían siempre en beneficio del pueblo de Madrid.

El deseo de las mujeres que solicitaban colaborar en la defensa de la República llevó al Gobierno de Madrid a encauzar estas peticiones mediante un decreto de 28 de agosto de 1936 con la creación de una Comisión de Auxilio femenino. Su cometido estaba encaminado a la "producción, adquisición y reparto de vituallas, vestuario y artículos de higiene con destino a los combatientes" así como a la "producción de los artículos que deban consumir los combatientes y cuya fabricación sea propia del elemento femenino." Además, estarían en contacto permanente con los familiares de los combatientes para atender sus necesidades.

A las mujeres que estaban combatiendo en el frente pronto se las obligó a regresar a la retaguardia, aunque las hubo que siguieron en primera línea de fuego. Entre ellas, dos aviadoras en Cataluña con una experiencia de siete años en la

---

125 *Las españolas pintadas por los españoles*. Tomo I. 1871.

aviación civil que ejercieron como profesoras de otros pilotos republicanos. La argentina Mika Etchebéhère llegó a ser capitana del Ejército: asumió el mando de la columna del Partido Obrero de Unificación Marxista (POUM) que dirigía su marido Hipólito cuando este murió en el frente de Guadalajara, entre Sigüenza y Atienza.

Dolores Ibárruri Gómez, *La Pasionaria*, encargó a Enrique Castro Delgado la creación de compañías de mujeres que pudieran combatir en primera línea de fuego desde el 5º Regimiento como necesidad para luchar contra el fascismo y servir de ejemplo para los demás partidos y organizaciones integrados en el Frente Popular. La instrucción inicial tenía una duración de dos semanas. La presencia de milicianas en el cuartel produjo una serie de consecuencias de tipo sanitario: en menos de un mes se contabilizaron doscientos milicianos contagiados y algo más de ciento cuarenta mujeres portadoras de enfermedades venéreas. Se decidió la disolución de las futuras compañías femeninas: algunas mujeres quedaron en el cuartel realizando tareas sanitarias y el resto fueron expulsadas después de ser curadas.

En la conferencia que dio Teófilo Molinero en noviembre de 1938 en el Círculo de Bellas Artes de Madrid se refirió al esfuerzo y valentía de las mujeres del Metro; "Quiero recordar aquí, como homenaje a nuestras compañeras de trabajo, que, en aquellos días difíciles, a pesar de terminar el servicio a las dos de la madrugada y constituir, a esas horas, un peligro circular por las calles de Madrid, el número de compañeras que faltaron al servicio fue insignificante."

Las trabajadoras de la Compañía Metropolitano de Madrid que se incorporaron como milicianas voluntarias desempeñaban sus tareas integradas en el Batallón ferroviario. Se distribuían en hospitales, trincheras, cuarteles y cualquier otro lugar en que las necesitasen. Ante la falta de personal masculino se ordenó su vuelta obligatoria al trabajo bajo amenaza de despido si no se reincorporaban. Su jornada de trabajo llegaba a ser de doce horas diarias. Cada taquillera vendía entre 5.000 y 9.000 billetes durante su turno hasta alcanzar la cifra total que sumaba unos cuatrocientos mil viajes diarios. Crearon brigadas de choque: finalizado su turno seguían colaborando a través de la confección de prendas para que a los soldados no les faltase ropa ni uniformes y como combatientes se sintieran respaldados por este grupo de mujeres madrileñas, o retiraban escombros de los túneles del metro tras los bombardeos; además, cada una aportaba veinte pesetas mensuales para la guerra. Como apoyo al trabajo de las taquilleras, en algunas estaciones se colocaron máquinas automáticas expendedoras de billetes de 10 céntimos que permitían aliviar su carga de trabajo. Otras agentes de la Compañía permanecieron en la vanguardia. Realizaban labores auxiliares, de enlace, administrativas, de

Conductora o maquinista de trenes
de la Compañía Metropolitano de Madrid.
Revista *Ahora*. 9 de abril de 1938.

cocina para los soldados, y trabajos de enfermería en colaboración con los profesionales sanitarios.

Tradicionalmente, la dedicación a la familia y el hogar les impedía destinar parte de su tiempo a la adquisición de conocimientos a través de la formación profesional con el limitado acceso únicamente a puestos de trabajo con salarios más bajos que, en definitiva, eran una muestra más de discriminación. "El rechazo del trabajo femenino remunerado se centraba en el argumento de que representaba una amenaza a la seguridad y el bienestar de la familia" escribe Mary Nash en *Rojas. Las mujeres republicanas en la Guerra Civil*.

Entre los muchos carteles que reclamaban igualdad, en *Frente Libertario*, editado por el Comité de Defensa Confederal de la Región Centro, de 30 de abril de 1938, encontramos: "Hemos visto en el "metro" un bonito cartel en el que, en letras grandes, se dice: "¡A igual trabajo, igual salario!". No estaría de más recordar que hay industrias en Madrid, con su comité de fábrica y todo, en que los puestos de hombres están cubiertos hoy con mujeres que "ganan" el jornal que ganaban esos hombres, pero con la "pequeña" diferencia del 25 por 100."

Además de participar en actividades de guerra, su labor en la retaguardia resultó fundamental desempeñando los trabajos que realizaban habitualmente los hombres que habían partido al frente. La producción no podía detenerse para evitar que una vez finalizado el conflicto la recuperación fuese imposible. "¿Qué podríais decir mañana, cuando esto terminase y vierais que, por vuestra culpa, España era una pobre nación sin industria, sin ganadería, sin agricultura, y sin todos o casi todos los elementos que necesita un pueblo para ser feliz?", se preguntaba en el artículo *El deber de la mujer el Boletín de la Juventud Socialista Unificada de Madrid "Al Frente"*, número 23, el 26 de agosto de 1936.

La Revista *Mujeres Libres* publicaba en su número de 5 de septiembre de 1936 bajo el título *Los hombres al frente, las mujeres al trabajo*: "Muchos hombres se desplazan al frente y otros han de desplazarse. Multitud de ocupaciones quedarán sin brazos; hay que llenar los huecos; hay que trabajar como sea en lo que sea. Ni la casa ni el hijo pueden detenernos." Ante esta falta de mano de obra masculina, un decreto del Ministerio de Defensa Nacional de 21 de octubre de 1937 disponía: "Para suplir al personal masculino en las industrias de guerra, serán preferidas, si tuvieran aptitud bastante, las esposas, hijas o hermanas de los operarios de dichas industrias que hubiesen cesado en ellas para incorporarse al servicio de las armas."

Esta falta de personal masculino llevó a la Compañía a tomar la decisión de rebajar la edad mínima para el ingreso del personal femenino. En abril de 1938 se fijó en los diecisiete años cumplidos. La incorporación de estas jóvenes se produjo inmediatamente teniendo en cuenta que se habían realizado exámenes en el mes de marzo anterior y las aprobadas se encontraban pendientes de cumplir los dieciocho años para poder ocupar los puestos vacantes.

En julio de 1936 el número de agentes de Metro era de 1.650 incrementándose hasta los 2.200 en un corto período de tiempo. Con la incorporación de personal masculino a filas la plantilla de Metro oscilaba en torno a unos 1.700 agentes, de los que, a finales de 1937, novecientas eran mujeres que desempeñaban todo tipo de trabajos, no sólo los habituales de taquilla y revisión, sino que comenzaron a ser las responsables de las estaciones, manejaron los ascensores, condujeron trenes y se responsabilizaron de los mismos como jefes de tren, especializándose previa la formación correspondiente en trabajos de tipo técnico tales como los de electricidad, torno y talleres que trajo consigo el aumento de la jornada laboral. En la Asamblea General Ordinaria celebrada por el Consejo Obrero del Metro el día 2 de enero de 1939, el compañero Timoteo Huertas manifestaba su disconformidad en lo referente a la capacitación del personal femenino porque al personal masculino no se le formaba en las mismas materias: se destinaba a las mujeres al servicio de Trenes y a los hombres al de Estaciones, aunque veía bien la capacitación. En algún momento del conflicto el personal femenino de la Compañía llegó a alcanzar el 80 por 100 del total de la plantilla, según escribe Mary Nash en *Rojas: las mujeres republicanas en la Guerra Civil*.

Hubo taquilleras que desempeñaron otras funciones durante la Guerra Civil: Carmen Jaramillo Rodríguez trabajó como responsable de estación. Isabel Feliú Pinillos fue nombrada responsable de la estación de Menéndez Pelayo en mayo de 1938. Tomasa Corral de Miguel llegó a prestar servicios de jefe de estación, destinada en la de Iglesia por designación del Comité de Control sin que ella hubiera solicitado ni presionado para desempeñar esa categoría, sino que se trataba de una medida que se adoptó con todas las taquilleras que se consideraba podían realizar esas funciones. María Rosa Escobar de la Puente, Julia Jiménez Sáez y María Luisa Gallostra Garrido y la revisora eventual Asunción Gamboa Sánchez prestaron servicio en trenes. María Rosa también ejerció como responsable de estación, cargo que desempeñó igualmente de manera alternativa con el suyo propio la taquillera Florentina Mancho Calzada hasta enero de 1937 durante unos meses tras haber prestado servicio en el Hospital Ferroviario en el que su labor se había limitado a servir las mesas del personal por inexistencia de enfermos.

María Rosa Escobar de la Puente había ingresado en la Compañía en agosto de 1928 con la categoría de revisora. Ascendió a taquillera con motivo de la inauguración de la línea Sol-Embajadores en 1936. Perteneció al Sindicato Nacional Ferroviario (UGT) y luego a la Federación Nacional de la Industria Ferroviaria (CNT). Fue nombrada delegada de las taquilleras con la misión de atender las quejas y reclamaciones de sus compañeras encargándose de transmitirlas a su sindicato o al Comité de Control si no eran atendidas por los respectivos jefes. La acusaron de ser de ideas izquierdistas y vestir mono en el trabajo por lo que fue procesada resultando condenada a la pena de seis meses y un día de prisión menor como autora de un delito de auxilio a la rebelión. Sus vecinos de la calle Eguilaz, 5, y casi todas las personas que se relacionaban con ella la consideraban de buen corazón y testificaron que se dedicaba a ayudarlas aun conociendo que sus ideas eran derechistas. María Rosa siempre manifestó que su nombramiento como delegada de las taquilleras lo fue por su carácter abierto y conciliador y no por cualquier otra idea sindical o política.

Julia Jiménez Sáez le relataba a su nieta Monserrat Ricart Agut que conducía trenes de viajeros y otros en los que sólo transportaba material bélico. Pensaba que estos últimos podían reventar en cualquier momento, pero estaba convencida de lo

El autor con Monserrat Ricart Agut, nieta de Julia Jiménez Sáez.

que hacía: trabajaba doblando jornada, la de su turno habitual y la de voluntaria en beneficio del Gobierno legalmente constituido. Estuvo casada con José Agut Bermejo, que se dedicaba a construir los túneles del metro como responsable de un equipo de trabajadores. Durante la huelga revolucionaria de octubre de 1934 José se unió a la misma: los operarios que dependían de él le preguntaron lo que iba a hacer respondiendo que cada uno era libre de tomar la decisión que considerara oportuna. Todos decidieron seguir a su jefe y secundaron la huelga.

Julia enviudó. Fue denunciada, detenida el 29 de mayo de 1939 y acusada de haber participado en el saqueo de los palacios propiedad del Marqués de Urquijo en las calles de María de Molina y López de Hoyos, estar afiliada al Partido Socialista y al Socorro Rojo Internacional, organizaciones consideradas bolcheviques, vestir mono y portar pistola, aunque ella pensaba que la denuncia se debía a haber trabajado como celadora en el colegio Pilar de la Mata, en la calle de López de Hoyos, en el que se encontraban recogidos niños sin medios a los que daba mudas de ropa confeccionadas por ella misma. Fue condenada a un año de prisión menor que cumplió en la Cárcel de Ventas. Lo más cierto es que era bordadora de profesión y lo que se encontró en su domicilio eran trabajos realizados por ella. Los investigadores veían prendas con las iniciales J. G., de su nombre y primer apellido, e inmediatamente se inventaban un nombre ficticio y procedían a su requisa. Los libros encontrados en su casa los había sacado del colegio para protegerlos ya que los milicianos los utilizaban para hacer fuego.

María Luisa Gallostra Garrido también fue procesada por estar afiliada a un partido de izquierdas, vestir mono al principio de la guerra y confeccionar prendas para los soldados, aunque parece que por instrucciones del Consejo Obrero de Metro. Se consideró que no había intervenido en las coacciones a los dueños de la casa de la calle del Cardenal Cisneros, 57, en la que vivía, para que no cobraran los alquileres, sino que sus reclamaciones se debían a que se encontraba en un estado deplorable desde que la alquiló junto con su familia, poniendo multitud de pretextos la propiedad para no arreglarla teniendo que hacerlo María Luisa a su propia costa. En la Compañía estaba considerada como persona cumplidora y alejada de cualquier actividad política o sindical. En la sentencia de fecha 12 de noviembre de 1942 fue absuelta libremente. Al acabar la Guerra, tras el proceso de depuración, fue admitida sin imposición de sanción "dándose a esta readmisión carácter provisional durante el período de un año a los efectos de la consolidación del derecho a continuar en la Compañía y quedando sometida a observación de su conducta durante dicho tiempo" por acuerdo del Consejo de Administración de fecha 28 de noviembre de 1939.

En julio de 1938 el personal femenino de limpieza de estaciones y coches pudo examinarse para desempeñar el cargo de revisora tal como era su deseo y venían solicitando, siempre que no excediesen de la edad de 35 años, llevasen en la empresa al menos seis meses y superasen las pruebas establecidas consistentes en una escritura al dictado y la resolución de una cuenta de multiplicar y otra de dividir.

Las labores de capacitación de las mujeres para desempeñar los trabajos en trenes y estaciones, realizados hasta entonces por hombres, permitió que el servicio continuara con total normalidad tras la movilización de seiscientos empleados desde el 4 hasta el 10 de noviembre de 1936. Esta experiencia permitió posteriormente la capacitación de otras trescientas empleadas en abril de 1938, impidiendo que el servicio se desorganizase por las continuas movilizaciones, período durante el que el Comité de Control se vio obligado a tomar la decisión de anular los cuatro descansos mensuales y todos los permisos que disfrutaban los trabajadores. Los puestos de trabajo ocupados por el personal masculino se quedaban vacantes porque la

Junta Directiva de la Casa del Pueblo había acordado la movilización de las quintas de los reemplazos de 1924 a 1928, ambos inclusive. El día 6 de noviembre se estableció que la duración prevista para la formación sería de entre ocho y diez días. A partir del día 20 siguiente se restablecieron los descansos para todo el personal. La CNT acordó en el Pleno Regional celebrado en marzo de 1938 un dictamen en el que recogía que no todas las labores que podían realizar las mujeres necesitaban de capacitación previa ni aprendizaje: entre ellas incluía a los cobradores y conductores de "Metro" defendiendo que los sindicatos estaban obligados a admitir personal femenino en los trabajos en el que masculino no fuera imprescindible.

El 28 de mayo de 1938 se llamó a filas a los reemplazos de 1925 y 1926, y el 12 de septiembre siguiente a los de 1923 y 1924. Los empleados de la Compañía fueron avisados el 22 de diciembre de ese año para que presentasen en el plazo de 48 horas en el servicio de Personal un escrito en el que constara la unidad del Ejército en la que se encontraban destinados para ser reclamados y regresar a sus puestos de trabajo.

Tras una visita realizada por el Consejo Obrero al delegado del Gobierno en Madrid, éste realizó numerosas gestiones para evitar que la Compañía se quedase sin personal especializado y se pudiera llegar a paralizar el servicio. El coronel Segismundo Casado López solicitó el envío de una relación de agentes considerados insustituibles de los reemplazos 1923-1924: los incluidos en ella se reincorporaron a sus puestos de trabajo. Un acuerdo del Estado Mayor con el Consejo Obrero había llevado a que los agentes de Metro se clasificarán en sustituibles e insustituibles, como en otras empresas. Los insustituibles eran imprescindibles para la prestación habitual del servicio de viajeros. Se produjo algún caso que se discutió en la sesión del 2 de enero de 1939 de la Asamblea General Ordinaria de trabajadores de la Compañía por existir diferentes criterios en la consideración de si un agente era peón o ayudante: los peones se encuadraban en los sustituibles y por ello deberían estar en el frente. Se dio una situación concreta cuando el agente Juan Chichón Ruiz, conductor, realizó una reclamación para que uno de sus hermanos fuera incluido en la relación de insustituibles utilizando el término mancebo para indicar su categoría, que equivalía a la de ayudante. En la Sección de Vía existía la categoría de mancebo de fragua.

Las trabajadoras de la Compañía no eran meras comparsas. Intervenían en los asuntos laborales y sociales directamente como auténticas líderes. La taquillera de 2ª Carmen Meana Calabuig, dirigente obrera madrileña defensora de los derechos de la clase trabajadora llegó a ser secretaria general del Sindicato del Metro y delegada de las taquilleras en el Consejo Obrero. En la Compañía era considerada persona de alguna cultura, lo que implicaba que era de muchísimo cuidado en su actuación política, según consta en el informe emitido el 15 de julio de 1939 por el jefe de Personal. En 1937 se ausentó a Valencia y de aquí a Barcelona por tener una niña pequeña causando un gran disgusto entre las compañeras de trabajo que la consideraban muy competente. En 1938, junto con los escritores José Bergamín y Ramón J. Sender y el periodista y traductor francés Marcelo Edmundo Ogier Preteceille, formó parte de la Delegación española que recorrió durante tres meses los Estados Unidos de América para dar a conocer la situación en España y recaudar fondos tras la invitación cursada por el Comité Norteamericano de ayuda a España: consiguieron recaudar unos 60.000 dólares.

Norteamérica se había declarado neutral. Se crearon comités para ayudar a los republicanos. Para conseguir fondos realizaban cuestaciones que llevaban a cabo jóvenes que se distribuían con huchas por las calles: en multitud de ocasiones aparecieron en las estaciones del metro neoyorquino rotas y con el dinero desaparecido. Los presidentes de estos comités declaraban que si los postulantes necesitaban el dinero no podían impedirles que se lo apropiaran, y más teniendo en cuenta que era dinero burgués. Estas "roturas" motivaron que sólo un 37 por 100 de lo recaudado llegara hasta Valencia.

La labor que realizó Carmen en los Estados Unidos fue reconocida oficialmente por el embajador español en Washington Fernando de los Ríos Urruti. Al acabar la Guerra causó baja definitiva en la plantilla, estuvo internada en un campo de concentración en Francia y se exilió hacia 1942 en Cuba, previo paso por Estados Unidos. Aquí llegó a ser detenida el 19 de marzo de 1953 junto a su esposo, confinados en Ellis Island, una pequeña isla cercana a Nueva York en el río Hudson y amenazados con la deportación, hecho que motivó la protesta de la Junta Directiva de la Casa de España Republicana ante el Departamento de Estado norteamericano y la creación de un movimiento solidario que llevó a la constitución de una comisión en defensa de Carmen y su esposo ante la arbitrariedad que suponía la pérdida de su derecho a residir en los Estados Unidos después de ocho años haciéndolo. Carmen manifestó que se la había detenido por ser una luchadora antifranquista y defensora a ultranza de la paz. Pasados tres meses fueron deportados a Cuba habiendo logrado que su hijo Jorge pudiera irse con ellos ya que las autoridades policiales pretendían impedirlo. Jorge falleció trágicamente cuando formaba parte de un grupo guerrillero en Colombia.

Carmen regresó a España en 1975 donde residió hasta su fallecimiento en Madrid en 1980. Mientras estuvo en La Habana fue secretaria del Comité Femenino de la Casa de la Cultura y de la Unión Democrática Española, dirigente de la Sociedad de Amistad Cubano-española (SACE) y de organizaciones sociales cubanas, además de una de las figuras principales de la Unión de Mujeres Españolas. Su relación con Cuba viene de que su cónyuge Manuel Fernández Colino había nacido en ese país caribeño. Manuel trabajaba en España como gerente en una casa de películas.

Carmen era una gran amante de la naturaleza, por lo que se asoció a finales de 1931 a la Sociedad Española de Alpinismo "Peñalara" junto con la también agente de Metro Enriqueta Poveda Jarque, unidas por una gran amistad.

También hubo empleadas que intervinieron en asuntos de la Política local. La taquillera de 1ª Julia Valverde Cañas había ingresado en la Compañía el 14 de diciembre de 1921 unos días antes de la inauguración de la primera ampliación de la línea 1 hasta Atocha. Fue nombrada vocal del Consejo Municipal de Madrid a propuesta del Comité Provincial del Partido Comunista desde el 28 de enero de 1939 en sustitución de Dulcidio Sotoca Belmonte que tuvo que incorporarse a filas. Julia pasó a formar parte como vocal de las comisiones de Hacienda, Asistencia Social, y Cultura Primaria, y en la Delegación del Colegio de San Ildefonso.

Durante su corto mandato Julia solicitó al alcalde que se dirigiera a la autoridad competente para que adoptase las medidas oportunas con la finalidad de eliminar los abusos que se producían en las entradas a la estación de la Puerta del Sol motivados por las ventas y cambios clandestinos, además de controlar a una serie de individuos que se dedicaban a dar pábulo a determinadas cosas y dichos y cuidar que los usuarios no se trasladasen a otras estaciones andando por las vías cuando el servicio se suspendía o se interrumpía: el señor Henche, alcalde de Madrid, accedió con la promesa de hacerlo tal como se le pedía. Julia ejerció como munícipe hasta que llegó la orden del gobernador civil por la que ordenaba al consejero de Gobernación que destituyera a una serie de miembros del Consejo representantes del Partido Comunista, entre ellos a Julia, sustituida por Bruno Giordano Navarro, y al de la Juventud Socialista Unificada, según publicaba el Boletín del 22 de marzo de 1939. Se argumentaba que al enfrentarse de manera violenta el Partido Comunista al Consejo Nacional de Defensa los representantes del pueblo de Madrid tenían que pertenecer a "organismos políticos y sindicales que hayan declarado de manera inequívoca su adhesión al Consejo Nacional de Defensa", constituido el 5 de este mes por Julián Besteiro, Cipriano Mera y Segismundo Casado en una reunión en los sótanos del Ministerio de Hacienda, edificio muy cercano a la Puerta del Sol. Los enfrentamientos entre comunistas y anarquistas eran muy intensos entre la Puerta de Alcalá y la Plaza de la Cibeles. Para evitar sorpresas desagradables los comunistas ocuparon varias estaciones de metro que antes servían de refugio entre la calle de Serrano y la de Diego de León procediéndose al cierre de parte de la línea 2. De forma intermitente cesaban los enfrentamientos para que los ciudadanos pudieran desplazarse de unas manzanas a otras de la calle Alcalá porque no tenían otro medio por encontrarse el metro cerrado.

Las hostilidades bélicas ocasionaron la detención de Teófilo Molinero el 10 de marzo y su traslado al Palacio de Bellas Artes. El Comité de Control del Ferrocarril Metropolitano de Madrid en representación de las Sindicales UGT y CNT solicitó su libertad porque a pesar de su afiliación al Partido Comunista desde hacía un año era afecto al Consejo Nacional de Defensa, como había demostrado reiteradamente, siendo necesaria su siempre activa colaboración en beneficio de la marcha normal de la Industria. Teófilo fue procesado tras la finalización de la guerra y condenado a la pena de treinta años de reclusión mayor como autor de un delito de auxilio a la rebelión. Estuvo cumpliendo condena en la Prisión provincial de Cádiz, y en los talleres penitenciarios de Alcalá de Henares desde el 25 de febrero de 1940. A finales de este año le fue conmutada la pena por otra de seis años y un día. El 23 de junio de 1941 salió de la cárcel en libertad provisional con destierro: fijó su residencia en la localidad zaragozana de Grisén. Teófilo había sido detenido anteriormente en noviembre de 1930 en la calle de Raimundo Fernández Villaverde cuando se realizaba una huelga general convocada por los incidentes ocurridos mientras discurría la comitiva fúnebre de cuatro trabajadores fallecidos durante el derrumbe de unas obras que se realizaban en la calle de Alonso Cano: los agentes de la Compañía se sumaron a la convocatoria y se paralizó completamente el servicio.

Ese 22 de marzo, fecha del boletín que recogía su destitución como vocal municipal, Julia estaba ingresada en la Prisión de Ventas desde el 16 anterior: fue liberada el 27 siguiente, lunes. Julia ya había pisado esta cárcel en 1934 cuando todos los miembros del Consejo Obrero de la Compañía Metropolitano de Madrid, del que formaba parte, fueron detenidos en el momento en que se encontraban reunidos en un local del paseo del Prado por convocar una huelga en apoyo de los mineros asturianos y ejercer coacciones sobre las señoritas empleadas en las oficinas de la Compañía, aunque los paros se habían iniciado a raíz de la inclusión de miembros de la CEDA en el nuevo Gobierno presidido por Alejandro Lerroux García: Rafael Aizpún Santafé en Justicia, José Oriol y Anguera de Sojo en Trabajo y Manuel Jiménez Fernández en Agricultura. Allí coincidió con las compañeras de Metro Carmen Meana Calabuig, taquillera, y la revisora fija Carmen Chicharro Asenjo. Carmen Meana fue detenida también el 9 de octubre de 1934 e ingresada en los calabozos de la Dirección General de Seguridad cuando al parecer se encontró en su poder una extensa documentación de interés y ser sospechosa por haber participado como delegada de una organización comunista de Madrid en el congreso obrero celebrado en Rusia poco antes. Carmen había intervenido en 1935 como cebo en una serie de hechos que llevaron a la huida de Madrid, y muerte posterior en Barcelona, de un antiguo legionario conocido como Calero, que escribía en *Mundo Obrero* como infiltrado ya que se le consideraba fascista y miembro de la Falange Española de las JONS. Al legionario le perdían la grafomanía y el considerarse un donjuán irresistible.

Julia fue la responsable del taller de costura de las empleadas del Metro, en el que se lavaban, arreglaban y confeccionaban prendas para la Juventud Socialista Unificada y diversos batallones, entre ellos los de la 2ª Brigada Mixta, apadrinada por las obreras de la Compañía, "¡Mujeres heroicas del METRO! Los hombres que luchamos en la Brigada Mixta número 2, saben agradecer vuestro esfuerzo y en nombre de nuestra victoria os saludan y dan un viva a vuestro comportamiento. Salud. Vivan nuestros hermanos del METRO que de manera heroica luchan en la retaguardia."[126] El agradecimiento de los soldados se reflejaba en las publicaciones que se incluían en la revista *Nuestra brigada*. Nunca les faltaba ropa y presumían de las compañeras del Metro, del gran valor que tenían para ellos sus aportaciones.

Según afirmaban algunas compañeras, Tomasa Corral Miguel también ejerció como responsable de este taller, aunque ella lo desmintió indicando que únicamente iba allí para realizar labores de costura. En el taller de costura colaboró como planchadora la taquillera Emilia Illana Zancajo, que se encontraba de vacaciones en Santander el 18 de julio de 1936. Se trasladó hasta Barcelona pasando por Francia, llegó posteriormente en barco a Valencia y desde aquí hasta Madrid, donde se reintegró a su trabajo en la Compañía siendo trasladada a las oficinas centrales. Emilia se vio envuelta en un procedimiento judicial tras las denuncias efectuadas por algunos agentes de Metro que la acusaban de desear y alegrarse de los males de las personas de derechas. La causa fue sobreseída, pero esta decisión no había impedido que pasase unos meses en la cárcel hasta el momento en que se ordenó su libertad en noviembre de 1939.

En su época de prisión Julia era conocida cariñosamente por sus compañeras como *Pimpollito aceitunero* por el color de su cara: a ella le gustaba que se lo llamaran. El 1 de mayo de 1939 fue juzgada mediante el procedimiento sumarísimo de urgencia y condenada a la pena de reclusión perpetua por el Consejo de Guerra permanente número 7 por un delito de adhesión a la rebelión por su destacada historia revolucionaria en 1934 y su actividad en el Partido Comunista durante el período rojo. Posteriormente fue indultada y puesta en libertad el 25 de mayo de 1947.

Julia también fue una de las integrantes de la representación española, de la que también formó parte el conductor Gervasio Gutiérrez Cobo, que viajó a

---

126 *Nuestra Brigada*. 30 de mayo de 1937

Rusia en octubre de 1933 con motivo de los actos organizados para conmemorar la Revolución de 1917. A su regreso, Julia participó en diversas conferencias y dio charlas por varias provincias españolas, entre ellas Almería, Alicante, Madrid y Murcia, en las que exponía y transmitía los conocimientos que había adquirido durante el viaje sobre las condiciones laborales y sociales de las mujeres y el trato de los rusos con los niños. Contaba en sus intervenciones lo que había comprobado directamente sobre la igualdad entre hombres y mujeres y las responsabilidades a las que se enfrentaban los hombres que pretendían utilizar a la mujer como objeto de deseo. Añadía con cierta sorna que las compañeras de trabajo, a las que consideraba carcas en su mayoría, le advirtieron antes de su marcha sobre los peligros del amor libre recomendándole que abriera bien los ojos no fueran a engañarla.

Gervasio intervino nada más volver del viaje en varios mítines celebrados en el Centro Cultural Republicano del paseo de Extremadura y el Cinema Europa. En ellos transmitía a los asistentes sus impresiones sobre diversos aspectos relacionados con la organización del trabajo, la enseñanza, el ejército y la familia. En estos mítines se proyectaba una película en la que se podía contemplar la evolución de los procedimientos utilizados en la agricultura, rudimentarios en la época zarista y modernizados en la actual. Gervasio fue miembro de la guardia que daba protección a Miguel Otamendi mientras este residía en una pensión en la parte alta del edificio en el que se encontraba la sede social de la Compañía, avenida de Pí y Margall, 7. Había formado parte del Jurado Mixto designado por sus compañeros. En 1934 fue despedido cuando la huelga de octubre dedicándose a la venta ambulante y luego a la de periódicos pasando grandes privaciones: reingresó en febrero de 1936. En septiembre siguiente fue destinado por el Consejo Obrero de la Compañía al cuartel ferroviario de la calle del Príncipe de Vergara, 44, con el cometido de vigilancia de las calles y de las colas y el control de vehículos. A petición propia, en 1937 recibió el nombramiento de policía con la categoría de agente de tercera siendo destinado a la Comisaria de Cuatro Caminos. Realizó labores en la sección de Espectáculos y luego en la de Estadística. En enero de 1939 fue trasladado a la comisaría del Puente de Vallecas en la que se dedicó a detener a elementos comunistas tras el levantamiento de este partido. En esta comisaría se entregó a las tropas nacionales al finalizar la guerra manifestando que estaba asqueado de los comunistas. Fue detenido y acusado de haber practicado detenciones y conducir a los afectados a la checa de Fomento. Fue juzgado y le impusieron la condena de doce años y un día de reclusión menor como autor de un delito de auxilio a la rebelión.

Julia Valverde y Carmen Meana fueron las taquilleras más destacadas por su actuación política en la Compañía Metropolitano de Madrid antes del 18 de julio y durante los meses siguientes. Carmen había viajado en 1934 a la URSS como delegada de las obreras del Metro; a su regreso pronunció varias conferencias sobre lo que había observado y conocido. En el Ateneo se organizó un ciclo por la Asociación de escritores y artistas revolucionarios (AEAR) en el que intervino Carmen el 7 de agosto con la titulada "La mujer ante la guerra: La Unión Soviética y la paz", en la que comparaba la situación de las mujeres del sistema soviético y el de los países capitalistas haciendo un llamamiento a todas ellas para luchar contra la guerra y el fascismo. El éxito fue tal que, incluso antes de acabar, sus últimas palabras fueron ahogadas por los aplausos de los asistentes.

Carmen Chicharro Asenjo había ingresado en el Metro en 1933 al tiempo que se afiliaba al Partido Comunista, del que su tío Emeterio Chicharro Vega había sido uno de sus fundadores. Del 25 de julio de 1936 hasta enero de 1937 dejó de prestar sus servicios en la Compañía debido a que fue llamada por el Sindicato Nacional Ferroviario para trabajar como enfermera en el Hospital Ferroviario de la calle del Príncipe de Vergara donde también realizó trabajos de logística y limpieza de las salas. Al acabar la Guerra, y ya superado el proceso de depuración, fue despedida el 1 de julio y detenida en su casa el 13 siguiente por dos compañeros de trabajo que ejercían como policías. Trasladada a la Dirección General de Seguridad pasó posteriormente a la Cárcel de Ventas, que ya le era familiar por haberla *visitado* en octubre de 1934. Le dijeron que había unas veinticinco denuncias de compañeras de trabajo que la acusaban de vestir mono y llevar pistola, de ir a los frentes, de desfilar por las calles de Madrid, de alegrarse del despido de personas de derechas, del asesinato de empleados del Metro, de ser una propagandista roja de las ideas revolucionarias y que pertenecía al Partido Comunista. Es cierto que desfiló por la capital, en la que todos los días había celebraciones militares, y fue a los frentes, pero a llevar ropa a los soldados, que se morían de frío. Juzgada en noviembre de 1939, en la instrucción se le pedía por la Fiscalía del Ejército de Ocupación una condena a 30 años. Finalmente, el fallo fue de condena a 6 años y un día de prisión mayor por el delito de excitación a la rebelión por los únicos hechos probados de tener antecedentes izquierdistas, estar afiliada al Sindicato Nacional Ferroviario y al Partido Comunista, destacando por su exaltado izquierdismo al tiempo que realizaba de manera constante propaganda contra el Glorioso Movimiento Nacional. Fue trasladada a Zaragoza e internada en la Prisión Habilitada de Predicadores, antiguo palacio de los Duques de Villahermosa, que debía su nombre al de la calle en que se encontraba emplazada, al lado del río Ebro en el centro histórico de la ciudad. Durante la Inquisición también había funcionado como cárcel. Llegó con otras doscientas mujeres al mismo tiempo que una epidemia de piojos a finales de julio de 1940. El director de la prisión quería fusilarlas porque habían llegado cantando *La Internacional*. Posteriormente, fue trasladada a las cárceles de Amorebieta y Durango, en las que no había sitio por lo que la reintegraron a Predicadores. Salió en libertad provisional en 1942, volvió a Madrid bajo un estricto control policial y se marchó a vivir a Galicia con su hermana Mercedes. Fijó su residencia en la calle de la Amargura, 18, de La Coruña; en julio de 1943 se le había conmutado la pena impuesta por la de dos años de prisión menor. Trabajaba con la gente del mar limpiando pescado y luego vendiéndolo e intentó reorganizar el Partido Comunista en esta región, siendo detenida en una redada policial; tras pasar cuatro meses privada de libertad regresó a Madrid en 1947 con una identidad falsa: Rosa García. Le facilitaron una cartilla de racionamiento y trabajó como sirvienta en casa de un cura y luego en la de un matrimonio de ideas izquierdistas en la calle de Alberto Aguilera. Reingresó en la Compañía en 1950 sin renunciar a su ideario que defendió militando de nuevo en el Partido Comunista y en las Comisiones Obreras, fomentando ese ideario en el Metro junto con Fernando Clavo Ruiz, Felipe Aranda Giménez y Victoriano Herrero Blázquez. En noviembre de 1978 fue nombrada para integrar la Comisión de Garantías de CCOO de Madrid cuyas funciones consistían en asumir las competencias sobre la resolución de los potenciales conflictos que pudieran surgir entre los miembros y los organismos del sindicato.

Mercedes Chicharro Asenjo fue delegada de las revisoras por la UGT y vivió durante un tiempo junto a su marido, Lucio Santiago, miembro del Comité Central del Partido Comunista de España, en un hotel del Paseo de la Castellana, entonces llamado de la Unión Proletaria, que había sido incautado. A finales de marzo de 1939, antes de ser detenida cuando lo hicieron con su hermana Carmen, su familia hizo creer que se había trasladado a Francia cuando lo cierto es que vivía por Galicia. Llegó a esta región y estuvo perdida por las montañas de Lugo intentando localizar a los guerrilleros: la encontró un cabrero que le dio trabajó como cuidadora de una reata de cabras logrando pasar inadvertida como una pastora ante la búsqueda que le hacía la Guardia Civil. En 1950 consiguió llegar a Madrid tras haber permanecido un tiempo en Valencia. Regresó a su casa y estuvo escondida hasta que en 1955 reingresó en la Compañía Metropolitano como revisora sin reconocérsele ningún derecho como antigua empleada. En esta época, Mercedes le decía a Carmen que no hablara con nadie y que tuviera cuidado con lo que decía, pero esta le respondía que no se iban a quedar de brazos cruzados. Le hacía estos comentarios porque Mercedes era vigilada constantemente por si hacía propaganda y ver con quien mantenía conversaciones: no consiguieron provocarla porque era muy templada. Mercedes fallece en 1970.

Se había intentado conocer el paradero de Mercedes, recabando incluso el testimonio de otros empleados de la Compañía, como el del practicante José García Barros, a finales de 1942. José había sido conducido junto a Félix Carrillo Carretero a una checa en julio de 1936, de la que fue liberado por intervención de Teófilo Molinero. Este le cambió la prestación de servicio en su puesto de trabajo como jefe de estación trasladándole a la clínica del Metro para evitar que los compañeros rojos que conocían sus antecedentes fascistas siguieran denunciándole: había sido detenido cinco veces más. En una de estas fue trasladado a la sede del 5º Regimiento; su esposa acudió al Consejo Obrero para interesarse por su situación, respondiéndole uno de sus miembros que mirase la lista de muertos en la checa de Fomento, lo que le hizo temer que había sido asesinado, hecho que no se había producido. En otra ocasión se libró de ser detenido por unos milicianos en la estación de Norte porque pudo tomar un tren hacia Ópera antes de que le cogieran tras una denuncia efectuada por Mercedes Chicharro Asenjo.

El agente Francisco Perpiñán Sáez, responsable de estación de 2ª en Pacífico, escribía habitualmente en la revista *Disco rojo* artículos en los que pedía "protección y respeto para el personal femenino del Metropolitano, al que frecuentemente pegaban por negarse a pagar o por otras causas."[127] Sus publicaciones estaban cargadas de críticas a las divergencias entre los trabajadores por su pertenencia a uno u otro partido u organización sindical invitando a unirse en una sola organización que defendiera la unidad de los obreros frente a la dirección de la empresa a través del Consejo Obrero: había que evitar que la situación caótica que existía en el Metro se transformara en un desastre. También insistía en solucionar lo que él entendía falta de compromiso con los combatientes que peleaban en primera línea de fuego considerando que las quejas eran manifiestamente abiertas cuando se pedía alguna contribución económica para que no les faltase ni comida ni ropa de abrigo; añadía que los que opinaban así, que eran pocos, actuaban inconscientemente porque no se paraban a pensar lo pequeño que era un sacrificio económico más en comparación con el que hacían los destinados en el frente. Francisco fue secretario del Consejo Obrero de la Compañía cuando Carmen Meana tuvo que salir de Madrid en 1937. En materia de la unidad sindical, la empleada que se identificó como Emilia Rodríguez manifestaba en una entrevista publicada en el diario *El Sol* el 4 de julio de 1937 que era preciso que todos los partidos y sindicatos actuarán de manera uniforme porque los obuses que caían sobre Madrid no distinguían entre obreros de uno u otro signo.

En la Compañía sólo había existido el Sindicato Nacional Ferroviario (UGT) hasta la creación del Comité de Control a principios de 1937 con la incorporación de los representantes de la CNT a través de la Federación Nacional de la Industria Ferroviaria. Los anarquistas se atribuían toda la obra que se había hecho en Me-

---

127 AGHD. Sumario número 62669

tro y consiguieron afiliados realizando manifestaciones tales como la de que los miembros del Comité comían a dos carrillos. Si los hombres cambiaban de organización solían hacerlo por cuestiones personales y no por principios; en el caso del personal femenino se atribuían la consecución de mejoras desde que ellos habían llegado, aunque durante la negociación de las Bases de trabajo de 1934 sus manifestaciones iban en el sentido de que "la mujer no valía más que para…una cosa."

No sólo las mujeres desempeñaron los trabajos de los hombres que estaban en el frente. Un inválido, Federico Sedeño, convocaba el 16 de septiembre de 1936 a través de un escrito en el diario CNT a todos los compañeros que se encontrasen en su misma situación para colaborar con la revolución ofreciéndose como trabajadores en todos los sectores, incluso en el Metro.

Las mejoras sociales

En julio de 1936 se abonaron en las nóminas 48 pesetas a cada uno de los agentes de la Compañía como indemnización por la supresión de la asistencia médico-farmacéutica durante seis meses.

A 18 de julio de 1936, los salarios que se percibían lo eran en función de la categoría de cada agente y el puesto que desempeñaba. A modo de ejemplo, un ayudante de primera cobraba diariamente 10,35 pesetas, un soldador 14,37 y una taquillera 8. Nada más hacerse con el control, el Comité decidió que el personal tenía que percibir un salario digno para afrontar la carestía de la vida: se estableció un mínimo diario de diecisiete pesetas para las mujeres y dieciocho para los hombres. Al iniciarse la contienda el personal femenino cobraba el "sueldo irrisorio de cinco pesetas" que se incrementó hasta las diez para ambos sexos, y rápidamente se elevó hasta las diecisiete y dieciocho indicadas. Por decisión de los responsables de la Compañía, para elevar el nivel de vida de todos los trabajadores de Metro, a petición de los comités obreros de las centrales sindicales CNT y UGT, con efectos de 1 de mayo de 1937, se acordó incrementar las retribuciones con un plus diario de tres pesetas para el personal masculino y de dos para el femenino, además del de una peseta de quebranto de moneda para las taquilleras, debido a los enormes sacrificios que realizaban todos los agentes en pro de la Causa y la entonces floreciente situación económica de la Industria. En el mismo mes de 1938 se estableció con carácter general y de manera provisional para todos los empleados un "plus de guerra" de cinco pesetas diarias desde el 1 de ese mes y mientras duraran las circunstancias actuales que habían influido en la carestía de la vida y el aumento del precio de los alimentos de primera necesidad. Estas cantidades quedaban exentas para los trabajadores del Impuesto de Utilidades: la Empresa asumía el pago de las cantidades correspondientes. Al mismo tiempo se acordó abonar a los agentes el permiso no disfrutado en su totalidad o parcialmente de los años 1934, 1935 y 1936. Para 1938 se acordó abonar los jornales correspondientes a todo el personal que hubiera ingresado en la Compañía antes del 1 de enero de ese año o la parte proporcional correspondiente si lo habían hecho una vez iniciado este.

La modificación de los salarios de los agentes de la Compañía fue motivo de discrepancia. Corrieron rumores de que la Federación Nacional de la Industria Ferroviaria (Sección Metro) se oponía a beneficiar sus jornales, argumento que se utilizó como arma para desprestigiar a la CNT. Ante tales rumores, en mayo de 1937, la CNT publica un manifiesto en el que consta claramente su postura de oposición al incremento de tres pesetas diarias al personal masculino y dos al femenino y al de tres mil pesetas mensuales a una parte del personal técnico más cualificado, que pasaría a cobrar de 12.000 a 15.000. Para este Comité Sindical es urgente establecer un plus de guerra para todo el personal cuyo jornal sea inferior a quince pesetas bien entendido que tiene que ser el mismo para todo el personal por considerar que los derechos y obligaciones tienen que ser iguales para todos; a mayor abundamiento, añaden que las mujeres son capaces de realizar a la perfección los mismos trabajos que sus compañeros, como demostraron en noviembre de 1936 ocupando los puestos de los movilizados, y seguir cumpliendo con sus obligaciones familiares además de realizar actividades en la retaguardia en puestos de costura, sanitarios y de propaganda sin abandonar Madrid. Quienes opinen lo contrario a lo manifestado por la CNT están defendiendo la desigualdad y alejando la necesaria unidad sindical.

Se fijaron una serie de medidas sociales para el personal tales como la percepción con carácter provisional desde el de enero de 1937 del sueldo íntegro en caso de enfermedad sin tener que superar esta los tres días establecidos en las vigentes Bases de trabajo de marzo de 1933, siempre que la baja médica fuese atendida por uno de los facultativos de la Compañía, y el derecho a médico y productos farmacéuticos durante 120 días si se trataba de una baja domiciliaria, y de un año si se necesitaba ingresar como residente en sanatorios. Transcurridos estos doce meses, si no se había producido la curación se pasaba a la situación de jubilación por inutilidad física, durante la que se percibía, en una escala, desde el 70 por 100 del salario si se llevaba menos de 1 año en la Compañía o el 85 por 100 si se llevaban quince o más años. En caso de muerte por enfermedad se abonaba en el acto a los familiares el 10 por 100 del salario multiplicado por el número de años de servicio. En caso de que los agentes falleciesen en el frente se daba plaza en la industria a los familiares; y si el fallecimiento se producía en Madrid se otorgaba una pensión de diez pesetas diarias.

La inasistencia al trabajo por indisposición de los trabajadores comenzó a ser controlada desde marzo de 1937 mediante visitas al domicilio de los agentes: se encargaban de realizarlas los practicantes del servicio de Sanidad Enrique Almansa y Luis Trápaga. Su función era emitir un informe sobre la certeza o inexistencia de la enfermedad y atender a aquellos agentes que lo necesitaran. Este personal sanitario iba provisto de un volante acreditativo de su cometido y un documento de inspección que tenían que firmar de manera individual los agentes visitados; a estos se les pedía su colaboración para la buena marcha del servicio. Las faltas de asistencia al servicio por diversos motivos (indisposiciones, bajas, se ignora, se retiran, otras causas, permiso urgente, llegan tarde y no trabajan) continuaron durante todo el periodo bélico: en octubre de 1938 se produjeron 203 entre los días 10 y 31, ambos inclusive, sólo entre el personal masculino. Desde este mes comenzaron a aplicarse castigos en el servicio de Movimiento cuando se comprobaba que la falta de asistencia suponía un abuso por estar injustificada. En otro informe de 18 de enero de 1939 se recogía a modo de ejemplo el absentismo en el mismo servicio en dos días diferentes; el 15 de noviembre de 1938 hubo 96 faltas: 50 del personal femenino y 46 del masculino; el 8 de enero de 1939 no prestaron servicio 84 taquilleras y revisoras y 77 agentes de los servicios de Trenes y Estaciones.

En otro informe, también de 18 de enero de 1939, del técnico del servicio de Movimiento, este proponía al Comité de Control una serie de medidas encaminadas a paliar el absentismo -algunas ya puestas en marcha- para que "el servicio se desenvuelva en las condiciones debidas y no se siga dando la impresión de que el servicio de viajeros se encuentra abandonado": aprovechando la eliminación del servicio nocturno de viajeros se cambió el turno de varios mozos de estación y personal de trenes que pasaron al de mañana; volver a publicar el telefonema en el que se informaba de las sanciones por faltas de asistencia al trabajo; no aceptar como motivo de ausencia las indisposiciones dado que si algún agente se encontraba enfermo tendría que acudir a su médico sin perjuicio económico alguno porque las bajas se pagan desde el primer día; reducción de todos los permisos en Madrid limitándolos al caso de enfermedad grave de familiares previo informe médico; disfrute seguido de los cuatro días de descanso mensuales para desplazarse a conseguir víveres; imposición de sanciones rigurosas en caso de bajas injustificadas a criterio del servicio médico; retirar del servicio de Oficinas a las 18 personas del servicio de Movimiento que desempeñan su trabajo en ellas y reintegrarlas a sus puestos: una taquillera, dos revisoras fijas, doce revisoras eventuales, dos mozos de estación y un responsable de estación; reclamar a todo el personal jubilado (veintitrés masculino y treinta femenino) que volviera a prestar servicio aunque fuera en puestos distintos a los que habían ocupado anteriormente; reclamar su vuelta a las

12 taquilleras y 37 revisoras que disfrutaban de permiso indefinido de evacuación, con excepción de las que tuvieran hijos menores que atender, que pasarían a la situación de excedencia voluntaria, causando el resto baja definitiva si no se incorporaban; como última medida podrían suprimirse los descansos.

En mayo de 1937, con motivo de la campaña de vacunación antitífica, fue preciso advertir mediante aviso del servicio de Personal que cualquier ausencia por enfermedad que se prolongara por más de una jornada completa[128] sólo podía ser justificada mediante la correspondiente baja oficial del médico de la Compañía, de conformidad con lo establecido en los artículos 117 y 118 del Reglamento General de Explotación de 1934. Con este recordatorio se pretendía evitar las incidencias que se producían y daban lugar a reclamaciones que se efectuaban los días de pago ya que las ausencias no podían ser justificadas ni abonadas. En el caso de producirse ausencias superiores a dos jornadas consecutivas sin baja médica se podía exigir al trabajador la realización de un reconocimiento médico antes de ser reintegrado a su puesto.

En materia de jubilación por edad la voluntaria era la que se producía entre los 60 y 65 años, y la forzosa a partir de los 65. Las percepciones monetarias para la voluntaria iban en una escala desde el cincuenta y cinco por cien (con diez años de servicio) hasta el setenta y cinco (con veinte o más años de servicio); para la forzosa, con la misma escala de años de servicio el importe oscilaba entre el 75 y el 85 del jornal. Los trabajadores jubilados no podían realizar otro trabajo fuera de la Compañía: si así lo hacían perdían todo el derecho como jubilados de Metro.

La buena marcha de la economía del Metropolitano de Madrid llevó al Comité de Control a dirigirse a la Delegación provincial del Comité Nacional de Ferrocarriles (CNF) el 15 de diciembre de 1938 solicitando autorización para conceder a todo el personal de la Compañía una gratificación de un mes de sueldo o jornal con el argumento del excesivo incremento de la carestía de la vida. La Sección Social y Jurídica de la Delegación contestó en el sentido de que no estaba dentro de sus atribuciones conceder lo solicitado porque entendía que la competencia era del CNF al tiempo que realizaba una serie de apreciaciones sobre la improcedencia de la gratificación sometiéndolas a la consideración del Comité de Control porque ya se había producido la integración del Metro en la Red Nacional de Ferrocarriles: la situación precaria de esta no permite atender las necesidades del ferroviario ni por tanto de los agentes de la Compañía que gozan de unas retribuciones superiores al resto de los empleados del mismo sector; la gratificación la podía haber pagado

---

128 La ausencia de una jornada completa se podía justificar mediante la presentación de una indisposición

el Comité de Control antes de la integración en la Red Nacional de Ferrocarriles, causando extrañeza que no lo hayan hecho. Al tiempo se comunica a las Organizaciones Sindicales la petición y la respuesta acordada para que el personal de la Compañía no "sienta animosidad a la Delegación en Madrid del Consejo Nacional Ferroviario, quedando a salvo y en lugar de aprecio y estimación el Comité de Control del metropolitano de Madrid."

El personal de la Compañía quería seguir manteniendo en lo posible la normalidad y realizar todo tipo de actividades en beneficio de los agentes. Así, el miércoles 21 de abril de 1937 publicaba *Mundo Gráfico* que las muchachas -las de oficinas, las de estaciones- del "Metro", miembros de la Asociación de mujeres contra la guerra y el fascio, habían inaugurado el 14 anterior su biblioteca, de la que podían disfrutar las 500 trabajadoras con la finalidad de "atender su espíritu y su cultura" y despertar "su afán de lectura" para que "leyendo, puedan al mismo tiempo, entretenerse e instruirse, divertirse y aprender." En la biblioteca no sólo se leerían libros, sino que nació con la idea de ser un espacio en el que se dieran clases, se impartieran conferencias, se proyectasen películas y, en definitiva, se adquiriera y compartiera la Cultura. La biblioteca se encontraba instalada en el edificio de Pi y Margall, 7, sede de la Compañía; estaba abierta durante todo el día para que las agentes que realizaban los diferentes turnos pudieran acudir a la misma fuera de sus horas de servicio. El fondo era en estos momentos de unos cuatrocientos ejemplares, con autores como Víctor Hugo, Dostoievski, Bécquer, Gómez de la Serna, Larra, Tolstoi, Espronceda, Sender o Azaña. La sección del Metropolitano de la Asociación estaba formada por Julia Valverde, secretaria general; María Román, secretaria sindical; Soledad Riestra, secretaria cultural; Josefa Verdú, secretaria de organización; Teresa Barberán, secretaria de agitación y propaganda; Emilia Illana, administrativa; Natividad Rosón, bibliotecaria, y Pilar Alcázar, cajera.

Cuando las autoridades de Madrid deciden que la vida de las mujeres, los niños, los ancianos y los enfermos no puede garantizarse en la Capital, la Compañía destina cientos de miles de pesetas a través de una paga mensual extraordinaria para que los agentes que lo deseen puedan evacuar a sus familiares al tiempo que el Metropolitano se hace cargo de los gastos de mudanza y el Comité de Control adquiere el compromiso de atender las necesidades médico quirúrgicas y farmacéuticas de los evacuados independientemente del lugar en el que hubieran establecido su nueva residencia. La paga tenía la consideración de anticipo reintegrable cuando acabara la guerra siendo requisito para su concesión el justificante del municipio de destino sobre la no percepción de subsidio alguno. A modo de ejemplo, entre el 1 de enero y el 18 de noviembre de 1938, la cantidad total que había pagado el Comité de Control a los compañeros que tenían la familia evacuada ascendía a la

Antonia Díaz Vera. Hacía 1950
(Foto cedida por María Antonia Berrocal).

cantidad de 70.598,31 pesetas distribuidas en los siguientes conceptos: por permisos (59.339,86), por anticipos (7.329,00) y por asistencia médico-farmacéutica (3.932,35).

El 29 de septiembre de 1937, entre las personas que estaban en espera para ser evacuadas se encontraba la taquillera de 2ª Enriqueta Poveda Jarque, ya jubilada y que padecía una enfermedad importante. Su salida hacia Valencia no estuvo bien vista por las compañeras del Partido Comunista porque justificó su marcha para no perder una pensión de Clases Pasivas. El día 27 de julio de 1939 llegó a Veracruz (México) a bordo del Vapor *Mexique*. Antes de salir de Madrid se dirigió a una notaría de la capital para testimoniar en favor del coronel de Infantería José Laguna Pardo, de 62 años y retirado, que se encontraba detenido por no haberse presentado a las autoridades tras el estallido de la guerra: fue juzgado y absuelto de todos los cargos que se le imputaban.

Según me contaba María Antonia Berrocal Sánchez-Valiente[129], su abuela Antonia Díaz Vera, con la categoría de revisora fija, prestaba habitualmente servicio en la estación de Santo Domingo. Era "una mujer decidida, valiente, atrevida, bajita, pero con carácter"; y así lo demostró cuando sus hijos Manuel, padre de María Antonia, y Rafael Berrocal fueron evacuados con destino a Valencia para ser trasladados posteriormente a Rusia. Antonia se desplazó hasta la capital levantina

---

129 Conversación mantenida el 6 de junio de 2021

y consiguió que sus hijos no fueran embarcados. Intentó regresar a Madrid, se topó por el camino con una familia de Utiel que manifestó su deseo de acoger a los niños: interrumpió su recorrido para que Manuel y Rafael se quedaran en esta ciudad valenciana hasta la finalización de la Guerra. Durante muchos años toda la familia de Antonia volvía puntualmente a Utiel para compartir y agradecer a esas personas su ayuda en momentos tan complicados. Antonia vivía en los impares de la calle de Luchana junto al cine Palafox. Tras ser examinado su expediente de depuración fue incluida en la relación de "admitidos sin imposición de sanción dándose a esta readmisión carácter provisional durante el período de un año a los efectos de la consolidación del derecho a continuar en la Compañía y quedando sometidos a observación en su conducta durante dicho tiempo".

La decisión de evacuar Madrid no se realizó únicamente por cuestiones de seguridad de la población civil de manera que solo permanecieran en la ciudad las personas que realizaban un trabajo de guerra sino por el desabastecimiento moti-

Antonia Díaz Vera. 1919,
Fila inferior. 4ª por la izquierda.

vado por la falta de los recursos naturales procedentes de las zonas rurales, en su mayor parte ya en manos de las tropas rebeldes. La población madrileña rondaba el millón y medio, consumía y no producía: era un lastre para la economía de guerra toda aquella persona que no podía combatir. Se consideraba un estorbo para los hombres destinados en las trincheras a todo el que no trabajaba en la industria de la guerra y no tenía un cometido concreto. En enero de 1938, el Consejo Municipal de Madrid había dispuesto que todos los residentes en Madrid que no tuvieran relación con las funciones de la guerra tenían que abandonar la ciudad; quienes no lo hicieran perderían la cartilla de racionamiento y el derecho a recibir víveres. Los ciudadanos se resistían a ser evacuados porque en Madrid tenían una vivienda que ya no tenía muebles porque los habían utilizado para calentarse y se sentían relativamente cómodos; su postura se reforzaba con los comentarios que les llegaban sobre la actitud de los camioneros encargados de la ruta al Levante que depositaban los evacuados en pueblos de Castilla o del Levante antes de llegar a su destino. En estas localidades se encontraban desamparados porque no eran bien recibidos por sus habitantes que consideraban que venían a quitarles sus escasos alimentos.

Posiblemente, la contribución económica del personal de la Compañía, y esta como tal, estuvo a la cabeza de todas las empresas. La solidaridad y contribución de los trabajadores del Metro estuvo presente durante todo el conflicto: "Los obreros del Metropolitano de Madrid han entregado en el día de hoy, y con destino a los hospitales la cantidad de catorce mil pesetas. Igualmente, la Dirección de la mencionada Compañía, y a petición de la representación obrera de la Empresa ha donado cincuenta mil pesetas."[130] En enero de 1937 los empleados acordaron entregar al Socorro Rojo Internacional toda la recaudación obtenida desde las veintiuna horas hasta las seis de la mañana, con la expedición de un billete único a 15 céntimos, lo que suponía entre cuatrocientas y cuatrocientas cincuenta pesetas diarias. A partir de junio siguiente cambiaron los beneficiarios de esta recaudación para cubrir gastos de guerra. Igualmente, entregaron cuarenta mil pesetas para la construcción de una guardería infantil en Valencia para acoger a los niños evacuados de Madrid; y a esa misma ciudad se desplazó en marzo siguiente una representación del Metro para entregar un cheque de trescientas mil pesetas al jefe de Gobierno y ministro de la Guerra, Francisco Largo Caballero, para gastos de guerra.

Y a fuer de generosidad, el Comité de Control se había dirigido por escrito a las autoridades ofreciendo "los beneficios líquidos de la explotación, para que sean

---

130 *Diario de Almería*. 19 de agosto de 1936

invertidos en lo que crean más conveniente"[131]. Igualmente, en junio de 1938 se efectuó por el Consejo Obrero un donativo de cien mil pesetas para las funciones propias de asistencia social, consistentes en coordinar la ya existente beneficencia oficial tanto pública como privada, pero intentando erradicar el espíritu de caridad que se consideraba humillante para los necesitados. La asistencia social fue regulada por decreto de 14 de enero de 1937.

De manera obligatoria, desde prácticamente el inicio de la contienda, se descontaba en la nómina mensual a todos los agentes de la Compañía un día de jornal para contribuir a las necesidades de la guerra; hasta mediados de 1937 los empleados aportaron sus retribuciones de cuatro días más. El importe de los descuentos era distribuido a criterio del Consejo Obrero. Además, quien lo estimaba oportuno realizaba otro tipo de aportaciones económicas: Ramón López-Mancisidor aportaba mensualmente 5 o 10 pesetas al Socorro Rojo Internacional desde junio de 1937; Julia Valverde, Alberto Aranda, Julia Jiménez, Felipe García Pérez, Ángel Martínez Rodríguez, Manuel Garrido Torres y Juan de Dios Moreno Crespo también figuran como donantes en las relaciones que publicaba la revista *Caminos de Hierro*. Emilio Durán aportaba cantidades económicas y donaba libros para la biblioteca. Hasta mayo de ese año la práctica totalidad de los obreros cedían el importe de cinco días de su salario para ganar la guerra.

Durante nueve meses entre 1936 y 1937, y de manera continuada, los obreros de Metro no descansaron ningún día entregando el salario correspondiente a los cuatro días que les pertenecían de descanso cada mes para las necesidades de la Guerra. Por el contrario, a principios de marzo de 1939 el Gobierno de Madrid exigió oficialmente que el Metropolitano le entregase 11.800.000 pesetas, cantidad que no alcanzaba el saldo de la Compañía. El Comité Obrero fue convencido por Teófilo Molinero para negarse a esta petición consiguiendo llegar al fin de la Guerra sin haber desembolsado ninguna cantidad.

Es conocido el caso del técnico del servicio de Personal Juan Ramos de Antonio. Con fecha 17 de mayo de 1937 dirige una carta al Comité de Control agradeciendo el detalle que han tenido con él al subir su sueldo de 6.300 pesetas a 13.095 anuales más el plus de guerra de cinco pesetas diarias para equipararlo al resto de técnicos de este ferrocarril que habían ingresado como tales directamente desde la calle al tiempo que manifiesta su satisfacción porque estos puestos puedan ser ocupados por personal de la Compañía con méritos suficientes. Tras manifestar su agradecimiento a los miembros del Comité comunica su decisión

---

131 Diario *El Luchador*. 26 de marzo de 1937

Carnet de pertenencia al Socorro Rojo Internacional. Julia Jiménez Sáez,
una de las primeras conductoras de la Compañía.

de renunciar a la diferencia entre el sueldo que viene percibiendo y el nuevo asignado poniendo a su disposición estas cantidades para que sean destinadas a la causa que une a todos.[132]

Juan era jefe del negociado de Intervención, en la sección de Personal. Por acuerdo del Consejo Obrero fue propuesto para jefe de Personal en agosto de 1936 en reconocimiento a los servicios que había venido prestando en la Compañía, y nombrado para este puesto por el director Miguel Otamendi. Fue delegado sindical en 1933 con la finalidad de participar en la elaboración de las Bases de trabajo.

Se conoce, igualmente, el caso del primer agente del Metro que renunció a sus haberes íntegros: la negativa a la percepción de los haberes marxistas era una muestra del entusiasmo por la causa roja. El protagonista era Francisco Saucedo Tellechea, empleado de oficinas con la categoría de contable, que había sido san-

---

132 *Disco Rojo*. Mayo de 1937

cionado con suspensión de empleo y sueldo hasta el 11 de marzo de 1935 por secundar la huelga de 1934. Reingresó como ordenanza del departamento de Recaudación y fue repuesto como contable tras las elecciones de febrero de 1936 por imposición del Frente Popular. La renuncia se produjo cuando fue movilizada su quinta en 1938 e ingresó como conductor en Carabineros. Francisco puso a disposición del Consejo Obrero de la Compañía un coche de su propiedad prestando servicio como conductor del mismo.

Finalizada la Guerra se obligó a todos los agentes que habían prestado servicio en las filas del Ejército Rojo a notificar su domicilio desde el 1 de enero de 1934 hasta el 24 de julio de 1939, correspondiera a Madrid o a otra localidad, advirtiendo que la ocultación o inexactitud de datos daría lugar a graves responsabilidades: en noviembre siguiente se hizo entrega a 32 empleados del justificante de presentación de la declaración jurada efectuada.

Incidentes en la Central Eléctrica de Pacífico

En las *Memorias* de Luis Rodríguez Rosaleny, el niño que vivió en el edificio conocido como *Casa de los Gatos*, chalecito construido al lado de la Nave de Motores de Pacífico, y trabajador como su padre José Rodríguez Bravo en esta Central Eléctrica, hemos encontrado algún hecho más en el que participaron empleados de la Compañía. Luis dejó de trabajar en este espacio antes de emigrar a la Argentina con un contrato de trabajo *ilusionante*, según me contó él mismo personalmente el 5 de julio de 2011 durante una visita a esta Nave.

Al poco de iniciarse la Guerra, tras la denuncia de una señora que iba dos días a la casa a lavar la ropa, se presentaron en su domicilio un grupo de milicianos con el pretexto de que existía en el mismo una radio clandestina. Registraron la casa, las terrazas de la Central Eléctrica, las instalaciones eléctricas del jardín y el domicilio de Adolfo Carro Galindo, chófer del primer vehículo oficial del director de la Compañía, Miguel Otamendi. Acabaron marchándose sin más novedad con el comisario que estaba al frente del grupo tras una llamada telefónica efectuada por Teófilo Molinero, aunque días más tarde José fue detenido y trasladado a la checa de Fomento, teniendo que intervenir de nuevo Teófilo para conseguir su puesta en libertad.

Pocos días después llegaron una vez más a la *Casa de los Gatos* miembros de la temida checa de Fomento porque la asistenta había vuelto a denunciar a la familia Rodríguez. Pretendían trasladar al jefe de la Central Eléctrica y a dos de sus hijos a esa checa. La situación se tornó lo suficientemente violenta para que llamara la atención de Adolfo Carro, que vivía en otro de los edificios de la parcela formada por las calles de Cavanilles, Sánchez Barcaiztegui, Valderribas y Doctor Esquerdo.

Adolfo llamó por teléfono a Teófilo Molinero, miembro del Comité Obrero del Metro, quien se personó en la Casa de los Gatos con veinte compañeros armados "hasta los incisivos" ordenando al responsable del grupo que abandonaran inmediatamente el lugar y liberaran a los detenidos, como así hicieron, siendo previamente advertidos de que no volviesen por allí, aunque se fueron con las manos llenas de todos los objetos de valor que robaron a la familia Rodríguez. Los agentes de Metro que portaban armas lo hacían tras serles entregadas por decisión del Consejo Obrero de entre las depositadas por orden de la Dirección General de Seguridad en los talleres de la Compañía.

Adolfo le contaba a su hijo, Pedro Carro Garrote[133], agente de la Compañía ya jubilado que trabajó en el Ferrocarril Suburbano de Carabanchel alguna de sus experiencias: desde el Cerro de los Ángeles, llamado entonces Cerro Rojo, les bombardeaban. Le pusieron el apodo de *El Abuelo* al cañón desde el que partían los obuses, aunque parece que hubo diversos tipos de abuelo colocados en diferentes espacios para bombardear Madrid. Siempre mantuvo que, en la fachada de la calle de Sánchez Barcaiztegui, junto al edificio ahora transformado en guardería, se quedó incrustado un obús que nunca explotó y que sigue sin encontrarse tras las obras realizadas entre 2020 y 2022 en las construcciones de la calle de Sánchez Barcaiztegui, entre las de Cavanilles y Valderribas. Cuando oían el sonido de las sirenas que invitaban a correr a refugiarse solían hacerlo desde la Nave de Motores por la galería de cables que conectaba desde ahí con la estación de Pacífico, y que transcurría por debajo del terreno de la calle de Granada y la calle de la Caridad. En la uniformidad de Adolfo, *chauffeur* de la Dirección, se incluía un gabán de fabricación rusa.

Adolfo residió con su familia en una vivienda construida en la parcela de la Compañía de la calle de Cavanilles, 58, que había sido garaje de los vehículos de los directivos de la empresa y que luego se utilizó como comedor de empleados, oficinas y actualmente guardería municipal. En esta casa nació Pedro el 11 de enero de 1946. Como curiosidad, la enorme nevada de ese día impidió la circulación por Madrid de cualquier tipo de vehículo en superficie por lo que tuvieron que llamar a una comadrona. El niño salió todo morado y con el cordón umbilical enrollado al cuello creyendo todos los presentes que estaba muerto por lo que le dejaron completamente en un rincón. Tras un buen rato, el recién nacido comenzó a llorar: la comadrona y los familiares de Pedro corrieron a taparle, pero sin poder evitar el enfriamiento que agarró y que le ha durado muchos años, hechos que cuenta Pedro con cierta sorna y alegría. A principios de 1968 tuvieron que dejar la vivienda al producirse la jubilación de Adolfo, al mismo tiempo que causaba baja

---

133 Conversación mantenida en julio de 2019

en la Escala de Complemento Honoraria de Ferrocarriles en la que tenía el grado de sargento.

Ocurrió otro hecho relacionado con el ingeniero jefe del Servicio Eléctrico. En el primer registro efectuado en su domicilio participó un obrero a sus órdenes, Ángel González. Este, escoltado por los también agentes de la Compañía Manuel Herráiz Bañuelos y Manuel Mendoza Higueras, ambos electricistas, regresó en otra ocasión para coger una pistola propiedad de José Rodríguez, lo que así hicieron en contra de su voluntad sin realizar este oposición alguna ya que eran portadores de fusiles. Manuel Mendoza declaró que no encontraron el arma en su casa por lo que se trasladaron a la Central Eléctrica, donde se la entregó voluntariamente, añadiendo que los fusiles siempre se encontraban descargados.[134]

Manuel Herráiz fue procesado tras la denuncia efectuada por el subjefe del servicio Eléctrico Francisco Pallarés Pastor que le acusaba de haberle detenido en su domicilio de la calle de Olid, 7, junto a la Central de Quevedo, y conducirle posteriormente a las instalaciones de Cuatro Caminos a presencia del Consejo Obrero para que aclarara quién era la persona que había visitado en su compañía la Central de la calle de Granada, que resultó ser su primo José Santa Fe Pastor. Tras una conversación mantenida con Teófilo Molinero este quitó importancia a los hechos relatados por Manuel por lo que Francisco regresó a su domicilio.

Manuel Mendoza también fue procesado por los incidentes ocurridos cuando participó en la recogida de la pistola del jefe de la Central Eléctrica de Pacífico y por la realización de guardias armado de fusil en las centrales eléctricas de Castelló (Salamanca), Olid (Quevedo) y Valderribas (Pacífico), además de por tener asignadas diversas pistolas para realizar este tipo de guardias el electricista Julián Serra Torregrosa. Este tuvo que avisar a la Dirección General de Seguridad cuando se encontraba haciendo guardia en la subestación de Quevedo para que enviaran agentes de Policía porque había oído unos disparos provenientes de los balcones de un piso de la calle Olid, 6. Personados los policías les acompañó a efectuar el registro de todo el edificio sin encontrar ningún arma y sin realizar detención alguna.

Las instalaciones del Metro

El Plan de Defensa para Madrid de 6 de octubre de 1936 incluía la militarización del Metro antes del día 12 siguiente tras la propuesta al presidente y ministro de la Guerra Largo Caballero del general Emilio Kléber, comandante en jefe de la primera Brigada Internacional que marchó al frente.

---

134 AGHD. Sumario número 47493

En el documento "Observaciones relativas a las líneas e instalaciones del Metro de Madrid" que el ingeniero industrial subdirector del ferrocarril Metropolitano de Madrid y vocal de la Comisión de Trabajo de la Junta Técnica Carlos Laffite Martínez remite desde Burgos con fecha 4 de noviembre de 1936 al Excmo. Sr. General Jefe del Ejército del Norte en Ávila, encontramos la descripción de las líneas y su funcionamiento actual, así como de los Talleres y Cocheras y las tres subestaciones eléctricas de Olid, Castelló y Pacífico, en la que hace constar los puntos más vulnerables y las probables averías: "Las instalaciones eléctricas de alimentación, señales y teléfonos son, por su naturaleza, las más vulnerables y pueden ocasionarse en las dos primeras -Subestaciones- averías que inutilicen la red en parte o en su totalidad durante mucho tiempo, por requerir su reparación algunos elementos que no son de fabricación nacional y hay que pedir al extranjero. Son especialmente delicadas las subcentrales y las Estaciones de enclavamiento situadas en Cuatro Caminos, Sol y Goya", puntos indispensables para el control de la circulación de trenes.

Y continúa el informe diciendo: "También es fácil producir averías graves en el material móvil y en ciertos aparatos de vía tales como los de las Estaciones de Cuatro Caminos y Ventas. Como averías en el túnel cabe inundar el tramo, que no tiene desagüe natural (Estación de Banco de España)[135] y efectuar voladuras cuyo efecto sería especialmente grave en las Estaciones y en las Secciones Telescópicas.". Añadía su temor a las averías intencionadas que pudieran causarse en las instalaciones eléctricas, el material móvil y las cocheras, sobre todo si eran dirigidas por "personas competentes."

Una instalación fundamental para la continuidad de la prestación del servicio de viajeros por el Metropolitano fue la Central Eléctrica de reserva conocida como Nave de Motores de Pacífico. Proyectada en 1922 por el "Arquitecto del Metro", Antonio Palacios y Ramilo, la dirección de obra corrió a cargo de Carlos Laffite Martínez. Su inauguración se realizó el día 14 de junio de 1924, momentos antes que el primer trozo de la línea 2 entre la Plaza de las Ventas y la Puerta del Sol, con la asistencia a las mismas de Alfonso XIII. Antes, en el verano de 1923, ya se había puesto en marcha el primero de los tres motores instalados debido a la

---

135 En esta estación se han venido produciendo de manera reiterada grandes inundaciones al entrar por los accesos el agua de lluvia; en la que se produjo el día 26 de julio de 1986, sobre las 22:15 horas, cuando desempeñaba mis funciones como jefe de estación, quedó detenido un tren tipo 2000 en el andén dirección Ventas, siendo preciso abrir el acceso de Barquillo para que los viajeros pudieran refugiarse al llegar el nivel del agua a la altura de los andenes; la intervención de los bomberos permitió el rápido desagüe. Durante 2023 se han producido nuevas inundaciones

llegada de una época de sequía que impidió el suministro necesario por las compañías eléctricas.

Durante la Guerra Civil estuvo en funcionamiento sin sufrir ningún tipo de daño. Llegó a suministrar desde aquí a los madrileños la energía eléctrica que producía a petición de las propias compañías que habían autorizado su construcción con la condición de que no se les hiciera competencia alguna desde esta Fábrica de Electricidad. Adosada a ella por el este se construyó otra nave de menor tamaño que contenía una batería de trescientos acumuladores de la casa Tudor.

Se inició su construcción en octubre de 1922 con la finalidad de generar energía eléctrica (la de sus tres motores de combustión interna tipo Diesel de dos tiempos de la casa suiza Sulzer Frères, de Winterthur, con una capacidad de 4.500 CV distribuidos en tres grupos de 1.500, unidos a sus respectivos alternadores tipo volante de 1.000 KW de capacidad cada uno), y transformar la que suministraban las compañías eléctricas.

Funcionó con carácter permanente hasta 1962. Luego se ponía en marcha una vez al año para someterse a mantenimiento hasta 1972. Diez años después se puso en funcionamiento el motor más cercano a la entrada principal como homenaje al último oficial eléctrico que había trabajado con estos motores durante la celebración de su jubilación.

La energía generada en corriente alterna a 15.000 voltios salía de esta Central eléctrica de reserva en corriente continua a 600 voltios para que los trenes pudieran circular, (aunque las Compañías Unión Eléctrica e Hidráulica Santillana no la suministraran), y las estaciones permanecieran iluminadas. La energía llegaba hasta el metro por la galería subterránea de cables que nacía en el propio edificio de la Nave, discurría por la parcela existente entre las calles de Valderribas y de Granada, dedicada al almacenamiento de materiales y aparcamiento de camiones de la Compañía en las naves ahí construidas, y continuaba por la calle de la Caridad hasta llegar al andén con dirección a Vallecas de la estación de Pacífico.

También fueron utilizadas para asuntos de la guerra otras instalaciones externas a la Red de la Compañía Metropolitano, propiedad de esta. En el edificio de la calle de Granada, 53, alquilado al Colegio de Sordomudos, se instalaron unos milicianos de la CNT que presentaron un volante firmado por Largo Caballero para incautarse del mismo y del patio adyacente. Procedieron a trasladar a los alumnos y algún profesor a la localidad valenciana de El Puig. El inmueble fue denominado con tres nombres distintos: "Cuartel de tránsito", "Cuartel general de milicias confederales del sur" y "Cuartel de milicias confederales de la CNT". Aquí se formaba a milicianos voluntarios que provenían de

la zona sur y a otros obligados que eran encerrados en los calabozos si desobe-
decían las órdenes, y puestos en libertad a capricho de uno de los responsables
del cuartel, un tal Marcelo conocido como "El Barbas". Esta actitud le llevaba
a enfrentarse con el otro responsable, de nombre Rosendo, encargado de los
suministros y las cuestiones meramente administrativas. Se cree que utilizaban
las estancias de la dirección del colegio como Ateneo Libertario, pero más dedicado a depósito de los robos que a checa. Acumulaban los productos de las
tiendas de ultramarinos que saqueaban, los muebles que tenían depositados
diversas organizaciones comunistas en la iglesia de San Sebastián después de
resultar ésta destrozada por unos obuses, y los del propio colegio. Al finalizar
la contienda este inmueble fue arrendado al Ejército para almacén de repuesto
de automóviles.

El Colegio se situaba en una parcela de 6.873 metros cuadrados entre las
calles de Granada y Valderribas. El Consejo de Administración había decidido
concurrir tras la convocatoria por el Gobierno del concurso de arrendamiento
de un edificio destinado a sede del Colegio Nacional de Sordomudos. El contrato de arrendamiento con derecho a compra se firmó en julio de 1934. El 9 de
septiembre de 1936 se aprobó una Orden del Ministerio de Instrucción Pública
y Bellas Artes para la realización de obras en el Colegio de Sordomudos por
importe de 35.577,06 pesetas "para la terminación de los pabellones de internado, clases y dirección e instalación de fontanería, luz eléctrica y terminación de
las obras de pintura, sin los cuales no podría funcionar debidamente el expresado Colegio."[136] Otra orden ministerial de fecha 18 siguiente dejó sin efecto
la anterior por lo que no se realizaron las obras previstas. Y ya el 27, mediante
decreto del presidente de la República se declaró disuelto el Colegio Nacional
de Sordomudos de Madrid autorizando al "Ministro de Instrucción Pública y
Bellas Artes para acordar su reorganización y el destino y funciones que ha de
cumplir el personal actualmente adscrito al mismo."[137] El Colegio se cerró por
la necesidad de evacuar a la población civil de Madrid, según reconoce Manuel
Azaña en el decreto del Ministerio de Instrucción Pública y Sanidad de fecha 7
de septiembre de 1938[138].

---

136 *Gaceta de Madrid*. Diario Oficial de la República. 18 de septiembre de 1936

137 *Gaceta de Madrid*. Diario Oficial de la República. 28 de septiembre de 1936

138 *Gaceta de Madrid*. Diario Oficial de la República. 8 de septiembre de 1938

La moneda fraccionaria y las taquilleras

Las taquilleras del Metro llegaban a vender nueve mil tickets durante su turno lo que suponía, a veces, tener que cambiar unos seis mil billetes de papel moneda debido a la escasez de moneda fraccionaria. Lo hacían, pero sólo cuando había en sus cajas disponible para dar la vuelta, produciéndose en ocasiones momentos de tensión y falta de respeto por el trabajo que realizaban. A través de los periódicos se pedía continuamente a los viajeros que tratasen con la máxima corrección a estas trabajadoras[139], porque esos choques más o menos violentos al enfrentarse unos trabajadores con otros daban una imagen contrarrevolucionaria. Los jefes y mozos de estación trataban de garantizar el respeto debido a las compañeras persuadiendo a los viajeros que se alteraban, aunque algún desalmado consiguió que el personal masculino descargase su cólera sobre él. Se pegaban octavillas por las fachadas, los muros y las estaciones del metro con textos tales como "¡Camaradas! ¡Respetando a la mujer demuestras ser un proletariado consciente!". O "¡Camarada! ¡Respeta a la mujer en el lugar del trabajo, que ella te ayudará a conseguir la Victoria!"

Es conocido el caso de la empleada Manuela Casla Velasco que solicitó en marzo del 38 el traslado voluntario a los talleres de la Compañía cuando fueron movilizados los compañeros, "por perder el contacto con un público salvaje e insoportable, que hacía insostenible su situación como taquillera", público que se caracterizaba por su grosería al que no podía soportar por "sus faltas de consideración y respeto".[140] Quizás por trabajar en los talleres y vestir con mono, fue juzgada tras la finalización de la Guerra resultando absuelta. A pesar de este veredicto su procedimiento finalizó con la sanción de la Compañía con un mínimo de al menos dos años de suspensión de empleo y sueldo, situación que era considerada como baja provisional, pudiendo reingresar o causar baja definitiva transcurrido este período en función de las pruebas favorables o desfavorables que pudieran obtenerse.

Una posibilidad para evitar las colas era aumentar el depósito existente en cada estación para cambio. Otra consistía en recuperar la oficina que había venido funcionando en la estación de Sol de la línea 2 en los días de extraordinaria afluencia de viajeros para facilitar con rapidez cambio a las estaciones que lo solicitasen. Una más que se proponía desde diversos sectores, tanto prensa como particulares, era el restablecimiento de los tacos de diez o más billetes que la Compañía

---

139 Diario *El Sol*. 4 de noviembre de 1937. Artículo *Las chicas del Metro*. Declaraciones del agente Francisco Perpiñán Sáez

140 AGHD. Sumario número 67167

nunca tendría que haber suprimido para mantener la rapidez de traslado de las personas que la caracteriza. Otra más era saltarse la cola y sufrir las consecuencias económicas a la salida en la estación de destino: esto sucedió con un viajero en la estación de Banco de España el 6 de septiembre de 1938 sobre las 16 horas. No había servicio de tranvías por lo que intentó coger el metro para evitar llegar tarde a su servicio, siendo portador de una moneda de cincuenta céntimos con la que iba a pagar el importe de su recorrido encontrando que la cola era interminable. Solicitó al personal de servicio en el vestíbulo que le permitieran entrar sin esperar y abonar a la salida el doble del precio del billete, sanción incluida. Se le negó esta posibilidad y se dirigió al jefe de estación, quien corroboró la decisión que habían tomado sus subordinadas, según consta en el primer Libro de Reclamaciones Oficiales de la estación de Banco de España. Durante este período bélico las reclamaciones que se efectuaron por los viajeros fueron escasas destacando las que se referían a problemas con la diferencia existente entre el precio del billete solicitado y el recibido.

Billete válido únicamente en Caldes de Montbui (Barcelona).

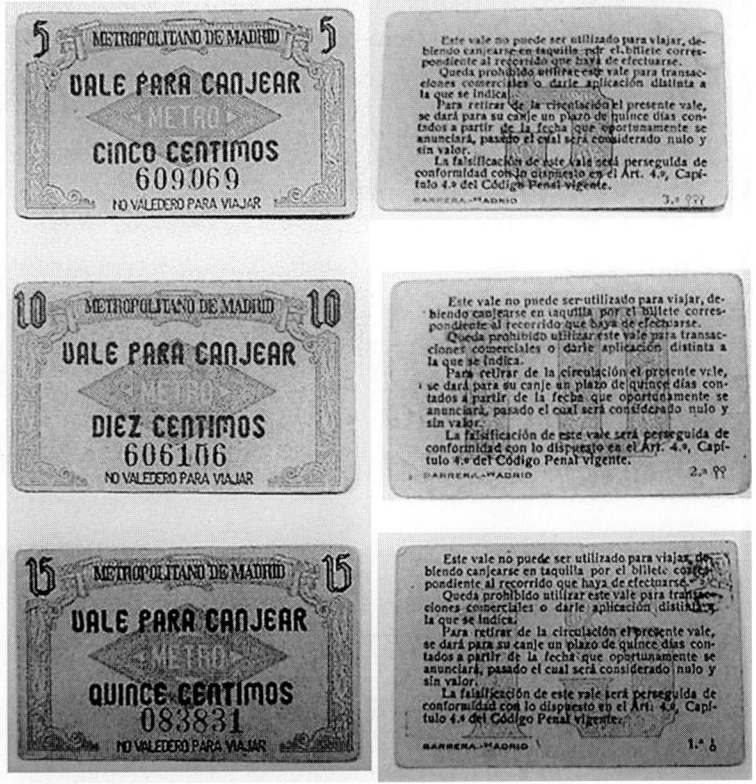

Vales canjeables por billetes de metro.

No estaba permitido llevar más de una peseta en calderilla. Si alguna persona intentaba deshacerse de ella cambiándola en el transporte, metro o tranvía, podía ser detenida por acaparadora, por derrotista.

Ante la falta de moneda fraccionaria para el cambio cuando se adquiría un billete para realizar cualquier recorrido, en diciembre de 1937 se confeccionan por el Comité de la Compañía Metropolitano de Madrid, con la previa autorización del Gobierno, unos vales canjeables de 5, 10 y 15 céntimos que servían únicamente para viajar en el Metropolitano, previo canje por uno o varios billetes en taquilla, pero no podían ser utilizados para realizar cualquier otro tipo de transacción económica. Estos vales, cuya utilización comenzó el 15 de diciembre, se entregaban a los viajeros que los aceptasen voluntariamente cuando la taquillera no disponía de calderilla y se canjeaban posteriormente en las taquillas en las fechas que se fijaban por la Dirección del Metro. Con su uso se ahorraban las molestias que se originaban por la escasez de cambio. En febrero siguiente se retiraron y volvieron a ponerse en circulación a finales de junio de 1938.

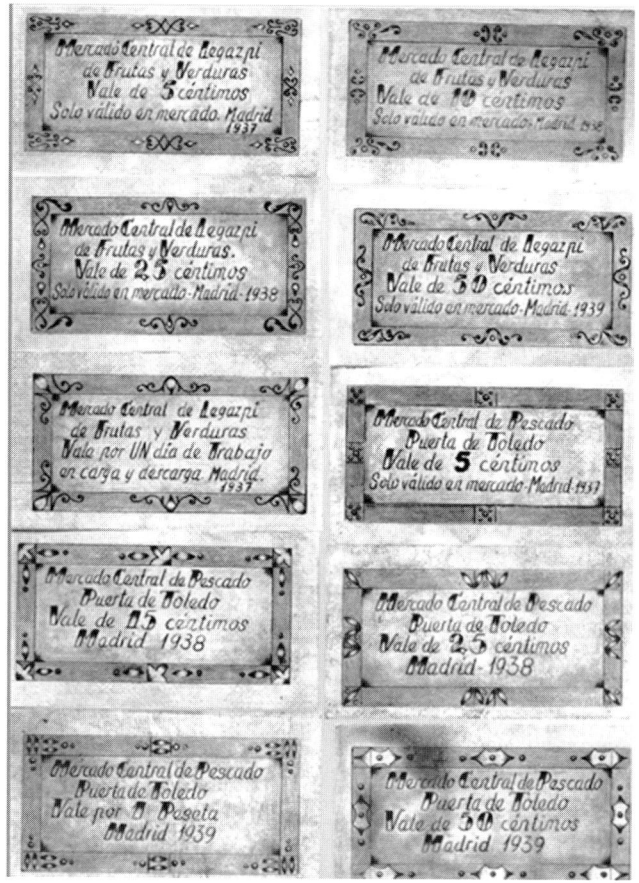

Vales de uso exclusivo en el Mercado que se indica: Legazpi o
Puerta de Toledo. Anverso. Madrid 1937, 1938 y 1939.
Propiedad de Juan Manuel Pérez Cividanes

Las instrucciones sobre su uso no se cumplían a rajatabla porque la población los usaba como moneda corriente: el gobernador de Madrid se vio obligado a realizar una seria advertencia tanto al público como a los comercios a través de los medios de comunicación sobre la responsabilidad en la que incurriría todo aquel que hiciera un uso indebido de los mismos.

Las circunstancias económicas afectaron a toda España desde el inicio del conflicto provocando la escasez de dinero en metálico por el acaparamiento de la plata por el Gobierno republicano y los particulares que la poseían y la retirada de todas las monedas que contenían cobre para ser destinado a la industria de la guerra. Algunos ayuntamientos decidieron emitir moneda y billetes de pequeño valor que sólo tenían validez en las transacciones que se efectuaban en cada uno de los respectivos términos municipales en contra de las directrices expresas del Gobier-

Publicidad de Vales de uso exclusivo en el Mercado que se indica:
Legazpi o Puerta de Toledo Reverso. Madrid 1937, 1938 y 1939
Propiedad de Juan Manuel Pérez Cividanes

no. Los madrileños llamaban a algunos de estos billetes "pijamas" porque decían que sólo servían para andar por casa. Finalizada la Guerra, ese dinero perdió todo su valor procediéndose a su inmediata retirada.

Las disposiciones gubernamentales sobre la moneda fraccionaria solían venir acompañadas de opiniones críticas hacia esas decisiones. *Frente Libertario* publicaba el 16 de agosto de 1938, cuando van a ponerse en circulación los nuevos billetes de dos pesetas hechos por la Fábrica de la Moneda, que no son necesarios ni van a resolver el problema del cambio porque con los billetes y monedas de una peseta y cincuenta céntimos era fácil conseguir cambio de un billete de cinco pesetas.

Y añade que "Otra cosa muy distinta es el problema de lograr cambiar un billete de peseta o simplemente cincuenta céntimos, en perras, o cualquier sustitutivo de las mismas; eso ya, sino imposible, entra desde luego en la categoría de lo muy dificultoso. Y buena prueba de que el problema existe es que los vales emitidos por el Metro y por la empresa de Tranvías van poco a poco convirtiéndose en moneda fraccionaria para toda clase de transacciones. Y esto es por lo que hemos dicho anteriormente que los billetes de dos pesetas no solucionan el problema que actualmente existe planteado. Mucho más útil y conveniente hubiera sido la emisión de certificados provisionales de moneda divisionaria de cinco y diez céntimos, que son los que en la actualidad hacen verdadera falta."

Esta falta de moneda fraccionaria daba lugar a situaciones muy llamativas, y tristes en algunos casos, como el de la mujer que paseaba por la glorieta de Ruiz Jiménez días antes de la Nochebuena de 1937 contando sellos de correos. Cuando un curioso le preguntó por estos "papelitos" contestó que se los habían dado como cambio de un billete de cinco pesetas en un ultramarinos, sin saber qué hacer con ellos porque no tenía a quien mandarle una carta. También suponía una gran pérdida de tiempo: si pedías un café en un tupí, el camarero te preguntaba antes de servirlo si tenías moneda fraccionaria, advirtiendo que en caso contrario tenías que darle el billete y ponerte a la cola hasta que te tocara. Solía haber unos cuantos parroquianos delante esperando la vuelta.

Las normas sobre moneda fraccionaria permanecieron hasta la finalización de la Guerra. El 5 de febrero de 1939 publicaba el diario editado en Mahón *Política Republicana*, Órgano del Consejo Insular de Izquierda Republicana el artículo escrito por Pedro Capellá entre el 10 y el 11 de diciembre de 1938 *La tragedia de un viaje en metro, desde "El Estrecho" al "Pacífico"*. En él decía que cuando bajó al metro de Estrecho, tras sortear en las escaleras la oferta de unos niños que le cambiaban un pitillo por uno o dos libros y el repiqueteo de una perra gorda, la última que quedaba en Madrid en un platillo que agitaba un ciego, "Llegué a la taquilla, donde se habían formado dos colas; una, de los felices mortales que disponían de moneda fraccionaria; otra, de los menos afortunados, que aguardaban emulando a Job, el momento de poder adquirir un billete sin dejarse la vuelta para la taquillera."

Moneda de la República en papel: una peseta.

La paciencia en las colas se acababa. Escribía Juan López Núñez en la edición del 21 de diciembre de 1937 del diario *La Voz* que en la estación de Noviciado se encontró a mujeres, niños y hombres esperando a que la señorita taquillera tuviera cambio. "Estoy en la cola desde las ocho de la mañana" le informa una mujer; "Ayer estuve yo tres horas", dice otro de los que espera: era la conversación generalizada. En la sección "Romances de CNT" de este diario de 29 de abril de 1937 se publicaba el titulado *Traiga usted "dinero" suelto* con la firma de Antonio Agraz. De manera irónica refería la dificultad de una madre para cambiar un billete que le había enviado su hijo recién cobrada la soldada en la trinchera, en las colas de las tiendas, en los tranvías, y cuando:

"Intenta entrar en el "Metro",
Tampoco quieren llevarla.
En la taquilla no hay cambio,
Y el billete le rechazan."

En definitiva, el problema de los cambios era una tragedia en forma de pérdida de tiempo, de horas y horas de espera interminable: no sólo para los sufridores viajeros sino para las taquilleras, incapaces de resolver cada una de las reclamaciones que les formulaban ante situaciones provocadas por causas inimputables a ellas. La paciencia de los posibles viajeros iba acompasada a la de las taquilleras; estas no podían abandonar su cometido, pero algunos *pacientes* optaban por regresar a la superficie y dirigirse a sus destinos en el *coche de San Fernando*, un ratito a pie y otro andando, *vehículo* también conocido como *el caballo (o la mula) de San Francisco*.

La normativa sobre su uso era similar a la que se aplicaba también al tratamiento de los "tickets" expedidos por la Compañía de Tranvías. Un bulo que corría de boca en boca, aunque más de boca a oído por lo bajito que se decía, era que los *papelajos esos* que daban como vuelta en los tranvías estaban viejos y roñosos y llenos de microbios. Algunos médicos comentaban que se estaban produciendo epidemias de enfermedades de la piel producidas por unos microbios que hacían llagas en las manos.

En cumplimiento del decreto del Ministerio de Hacienda y Economía del 6 de enero de 1938, el 23 siguiente se publicó por el servicio de Explotación de la Compañía un aviso a los viajeros comunicando que se retiraban de la circulación estos vales canjeables por billetes, pudiendo canjearse hasta el 8 de febrero siguiente por billetes o incluso por su importe; después de esta fecha, quedaban sin valor considerándose nulos. A finales de junio siguiente el Consejo Obrero de la Compañía volvió a ponerlos en circulación consiguiendo evitar las colas en beneficio de los viajeros y las taquilleras.

La disposición del Ministerio de Hacienda y Economía de 24 de febrero de 1938 autorizó de manera transitoria la circulación de timbres especiales o sellos móviles de 10 y 15 céntimos que, adheridos a discos de cartón, tenían el mismo valor que la moneda fraccionaria mientras se fabricaba esta por la Fábrica Nacional de Moneda y Timbre. En el verano de 1938 el delegado del Gobierno en el Banco de España, Sr. Garrigós, manifestaba que se habían puesto en circulación discos de 5 y 15 céntimos para facilitar las transacciones en el pequeño comercio y los cambios en general estando en marcha los de 10 y 25 céntimos que, una vez puestos en circulación harían perder la validez de todo tipo de vales, incluidos los del Metro y tranvías. Desde este momento el ciudadano podría reclamar que se le devolviese el importe correspondiente de su pago en moneda y no en papel, que tendría validez de manera transitoria durante un par de meses aproximadamente ya que lo previsto era cambiarlos por monedas de cobre.

Cuando se encontraba moneda fraccionaria en poder de pequeños comerciantes, tenderos o representantes, estos alegaban siempre que la tenían para facilitar cambio a los clientes sin ánimo de causar ningún tipo de perjuicio a la República, aunque en la mayoría de los casos lo que se buscaba era una seguridad económica propia o hacer llegar estas monedas a determinados destinatarios que habían realizado previamente un encargo.

El Gobierno de Madrid aprobó un decreto del Ministerio de Hacienda y Economía que se publicó en la Gaceta de la República del 11 de enero de 1938 estableciendo un plazo de 30 días para proceder al "canje de las monedas de plata de cinco, dos y una pesetas y de cincuenta céntimos de peseta que serán sustituidas por el papel moneda y certificados de moneda divisionaria a que se refiere este decreto y por las monedas metálicas de peseta y cincuenta céntimos de peseta a que se refiere el decreto de diez y nueve de Marzo último; retirando de la circulación las monedas de plata en curso.", al tiempo que remite al decreto que se acordará por el Consejo de Ministros mediante el que "se establecerán las sanciones correspondientes a la tenencia ilegítima de monedas plata" una vez transcurrido el citado plazo de 30 días. Esta disposición se justifica por "razones técnicas" que "aconsejan la retirada de circulación" de esas monedas de plata y "para descargar al Instituto emisor de parte de sus compromisos y que el billete del Banco de España refuerce la proporción de sus garantías", asumiendo "el Tesoro público la responsabilidad de emisión de los billetes de veinticinco y de cincuenta pesetas y de los Certificados plata de cinco y de diez pesetas, reduciendo el privilegio y, por ende, la responsabilidad del Banco de España, a los billetes de cien pesetas en adelante."

Moneda de la República en metal: una peseta.

El ex agente de la Compañía Marino Martínez Menéndez se vio implicado en un procedimiento judicial cuando se descubrió en el domicilio de su madre, en la calle de Oltra, 19, en el que residía, la cantidad de 27,25 pesetas, entre ellas "una moneda de plata de cinco pesetas, tres monedas de plata de dos pesetas, tres monedas de plata de una peseta y dos monedas de plata de cincuenta céntimos cada una". Cuando tenía la categoría de conductor había causado baja en la Industria a petición propia, mediante carta dirigida el 15 de septiembre de 1936 al técnico de Personal por padecer una úlcera de estómago y encontrarse sin fuerzas para emplear sus energías en el trabajo. Fue detenido el 30 de agosto de 1938 e ingresado en la cárcel de Porlier. En el acto del juicio declaró que ignoraba la existencia de esas monedas, y que no eran suyas sino de sus hijos menores, que residían con su esposa en la calle de Velarde, 3. Fue condenado a "un año y seis meses de internamiento en campo de trabajo y pérdida de derechos políticos por un espacio de diez años."[141]

El dinero para pagar el viaje en metro suponía una intranquilidad más para los ciudadanos. A modo de ejemplo, la situación que nos describe el novelista y periodista Francisco Camba en *Madridgrado*, por su preferencia a viajar en metro, al que consideraba "método de transporte más científico", ante la confusión y aglomeración que se formaban en los tranvías: uno de los días que bajó al metro, al llegar a la taquilla vio como otro viajero que le precedía intentó pagar con una peseta, lo mismo que iba a hacer él. Se produjo entonces una situación que le salvó de su posible detención y procesamiento por desafecto al régimen. Este es el diálogo que pudo llegar a escuchar:

"- ¿No tiene usted cambio? -inquirió un individuo, enseñándole el revés de la solapa.

- No.

- Que lo registren -ordenó el individuo a otros dos.

- ¿Y estos veinte céntimos? -preguntó uno de los auxiliares.

---

141 AHN_FC-CAUSA_GENERAL,285, Exp.24

- No sabía que los tenía.
- Pues detenido por fascista, para que otra vez no armes perturbaciones con el cambio."

Se rascó el bolsillo y encontró treinta céntimos, justo el precio de los dos billetes que necesitaba para él y su acompañante.

Algún viajero transmitía públicamente sus quejas sobre otras situaciones que se producían cuando se quería adquirir un billete para viajar en metro. En el Consejo Municipal celebrado el 10 de diciembre de 1937 el ciudadano Macías mostraba su disgusto por las aglomeraciones que se producían en los vestíbulos al

Control militar en el vestíbulo de una estación.
Ilustración de Rafael Valero Huerta

carecer las taquilleras de cambio, además de protestar por el precio de la ropa, que consideraba astronómico, y pedir que los tickets de los tranvías se confeccionaran por tacos de diez céntimos para agilizar el pago.

En el Archivo Histórico Nacional, Instituciones Contemporáneas, Poder Judicial, Tribunales Populares y Jurados de Urgencia y de Guardia de Madrid, Causa General, Caja 283, Exp. 24, consta el expediente número 222, del año 1938, del Juzgado de Instrucción del Jurado de Urgencia número 4, contra Carmen Mayoral Cordero, empleada del Metro, detenida el 4 de mayo de ese año por "Ocultación de moneda fraccionaria".

Carmen fue arrestada en la calle de Claudio Coello, 72, por un agente de Vigilancia cuando se acercó a la casa de la hermana de su novio, a la vez que compañera de trabajo y amiga, Aurora Murado Hernando, también taquillera. No se encontraba en su domicilio por lo que bajó al piso inferior en el que vivía la familia Miguélez-Latas, a los que conocía por ser vecinos, presumiendo que su amiga Aurora se encontrase en ella. Carmen consideraba que el uso que daba a la moneda fraccionaria facilitando cambio a todo el que lo necesitaba no suponía la comisión de falta ni delito alguno porque siempre se había hecho así en el metro, y siempre lo hizo "sin la menor intención ni ánimo de realizar sabotaje alguno."

En el informe realizado por el agente Llanes del Servicio de Información Militar (SIM) se dice que el total de moneda fraccionaria encontrado en poder de la detenida es de 39,30 Pts., cantidad distribuida de la siguiente manera:

- 6,00 pts. en monedas de una peseta de metal.
- 0,50 " " de plata (ilegal).
- 2,50 " " de metal de 0,50 pts.
- 6,55 " " de metal de 0,10 y 0,05 pts.
- 23,75 " " de cuproníquel de 0,25 pts.

Carmen venía reemplazando la moneda fraccionaria por billetes desde hacía 6 o 7 meses por un importe de entre 60 y 75 pesetas semanales. Los empleados u obreros de la Compañía del Metropolitano no estaban autorizados a efectuar este tipo de cambios. Esta actuación suponía una ilegalidad porque "estos hechos conducen al estado anormal y de desorden que con motivo de falta de moneda fraccionaria se origina y muy especialmente en las taquillas del Metropolitano en donde se formaban grandes colas para poder obtener el billete, por no tener moneda fraccionaria, lo cual era causa de intervención de las Autoridades."

En el interrogatorio al que fue sometida el 18 de mayo por el SIM, Carmen alegó en su descargo que el dinero que portaba en su bolso de mano era para el padre de su novio, que por su profesión de camarero necesitaba el cambio para los clientes. Carmen fue ingresada en la Prisión de mujeres de Madrid quedando a disposición del Juzgado de Urgencia por si su actuación constituía "desafección al régimen legalmente constituido". La moneda de plata de cincuenta céntimos que se le ocupó se remitió a la Junta Administrativa de Contrabando y Defraudación, y el resto al delegado de Hacienda de la provincia de Madrid, "para su ingreso en dicha dependencia".

En el expediente existente en la Causa General no consta en ninguno de los 31 folios que lo componen la sentencia. Sí conocemos que Carmen salió de la cárcel el 8 de julio de 1938 y fue sometida a expediente de depuración. En noviembre de 1939 figuraba en la relación de agentes de la Compañía Metropolitano de Madrid con la categoría de revisora.

Para su descargo se solicitó informe al Metro sobre la conducta política y social de Carmen. En fecha 10 de junio se emitió por la CNT-AIT, Sección Metro, de la Federación Nacional de la Industria Ferroviaria, la respuesta en los siguientes términos: "Esta compañera, aunque hace poco que está organizada con nosotros, es procedente del Sindicato Nacional Ferroviario y siempre fue considerada con ideas socializantes sobre todo antes y en el movimiento de octubre de 1934, como así mismo se puede considerar a su favor, que en lucha contra los fascistas ha perdido la vida un hermano y otro que se le considera desaparecido. El hecho de que en el lugar de trabajo haya perdido alguna consideración entre los compañeros fue porque su novio fue esquirol en el movimiento de octubre; pero aun con eso, ella siguió en la huelga hasta que por las Organizaciones fue dada la orden de vuelta al trabajo." Finaliza el escrito de contestación con la indicación de que "no había sido señalada por ningún compañero como no afecta al Régimen constituido."

En mayo de 1938 se quejaba un viajero, militar de profesión, de la inexistencia de cambio en las taquillas, teniendo que pasar a la cola de otras en las que sí había. La imposibilidad de la espera por sus obligaciones le llevó a idear la compra del billete para cada viaje con el importe de alguna moneda de precio exacto: al salir tenía que enseñar el billete para que la revisora comprobara si había recorrido el trozo que había pagado. Como el importe solía ser menor, casi siempre tenía que pagar el doble de la diferencia entre el precio abonado y el del recorrido realizado. Casualmente, para imponer estas sanciones sí había cambio suficiente.

En junio siguiente, un viajero con aspecto de obrero de la construcción por su indumentaria, según calificaba algún otro que se encontraba en la cola para adquirir un billete, entregó una peseta de cuproníquel para comprar el billete que le permitiera recorrer un trayecto de quince céntimos: la taquillera le indicó que se pusiera en otra cola para esperar a que tuviera moneda fraccionaria para darle el cambio; el paciente albañil le contestó que se quedara con la vuelta porque no iba a esperar más.

LÍNEA 2. EL REFUGIO

El metro era considerado como lugar de refugio accidental y llamado "pulpo gigantesco"[142]. Aunque era el mejor lugar para protegerse, los madrileños, haciendo uso una vez más de su característico gracejo, decían que preferían viajar en el tranvía[143] porque siempre se detenía antes de llegar al frente y el metro era capaz de conducirlos hasta las líneas enemigas, aunque el 18 de julio se habían producido vuelcos de varios tranvías en la calle de Torrijos, en la Puerta del Sol y el del número 17 en la Plaza Mayor al poco del inicio del conflicto. En determinados momentos se consideró que ni el metro era seguro porque alguna de las bombas lanzadas contra la Puerta del Sol había entrado en la línea 2 de la estación tras perforar la bóveda del túnel, arrancar las vías y profundizar un par de metros más.

Había otros peligros potenciales de las bombas que eran desconocidos para los usuarios del metro. El tipógrafo Celestino Vázquez Regadera declaró tras su detención por el SIM el 2 de junio de 1938 que no sabía cómo deshacerse de dos bombas que guardaba un amigo en la sede de la empresa Alcoholera Española en la calle del Carmen. Consultó a un sargento allegado y este le dijo que las prendiera y las soltara donde hubiera gente, actuación que podía suponerle la muerte a Celestino y a otras cincuenta o sesenta personas. Optó por llevárselas consigo y las depositó bajo un asiento de un coche del metro apeándose posteriormente en la estación de la Puerta del Sol.

Tirando de humor, los madrileños dejaron de presumir de ser gatos y comenzaron a considerarse topos, auténticos *ingenieros* que habitaban en los túneles del metro alimentándose de insectos tales como moscas y mosquitos, lombrices, pequeños roedores y escarabajos. Se veían con el hocico puntiagudo, los ojos hundidos llenos de pelo y las garras y los dientes afilados porque el hambre les iba consumiendo la carne. Ni a la profundidad de los andenes se consideraban seguros:

---

142 *Así fue la defensa de Madrid. Aportación a la historia de la Guerra de España, 1936-1939.* General Vicente Rojo. 1967

143 Un redactor de la Agencia Febus realizó un estudio y publicó que en julio de 1938 el número de viajes realizados en tranvía era de quince millones y los del metro solo doce

223

decidieron excavar en vertical para alcanzar tal nivel alejado de la superficie que pudieran sentirse invencibles.

En Madrid se cantaba por todas partes. Contaba Simone Téry, corresponsal de guerra francesa, que no conocía otra ciudad en la que se cantara tanto por las calles en situación tan terrible. Después de los bombardeos oía entonar canciones insolentes y alegres a los soldados, a las chicas jóvenes y a personas que iban solas. Madrid no perdió en ningún momento su alegría y las ganas de sobreponerse a las dificultades. En marzo de 1937, durante la actuación de una compañía de sainete en el teatro Pavón llegó el intermedio tras representar "La Revoltosa" acompaña-do de la caída de un obús en el escenario. Los espectadores se disponían a salir de la sala a la carrera cuando se levantó de nuevo el telón y el director se dirigió tranquilamente al respetable público diciéndoles que el escenario había sido des-trozado, pero no había víctimas por lo que comenzaba en breve la segunda parte de la sesión con "La Verbena de la Paloma". Se ofreció la devolución del importe de la entrada a todo el que quisiera marcharse: nadie lo hizo y la representación continuó como si allí no hubiera pasado nada. Los espectadores disfrutaron de una divertida tarde de teatro.

Refugiados. Recreación Grupo "Frente de Madrid", Estación de Chamberí.
23 de febrero de 2014.

Otros madrileños como el ingeniero de Caminos, Canales y Puertos en el Canal de Lozoya Julián Diamante Cabrera, nombrado luego mayor jefe del Batallón de Puentes número 3, aprovechando que disfrutaba de un pase de libre circulación por su cargo, bajaba al metro cuando disponía del tiempo libre que le permitía su cometido en las guardias de la sede del sindicato UGT, pasaba el tiempo en un lugar seguro y distraído, aprovechando para observar el comportamiento y la vestimenta de la variada tipología humana. Había también soldados que bajaban en sus días libres a visitar a sus familiares.[144] Poco a poco se decidió por la mayor parte de la población que era más seguro viajar en metro porque los efectos de los bombardeos eran letales para los viajeros de los tranvías. Pero no fue el metro un parapeto perfecto para los refugiados: en ocasiones entraron los obuses hasta las estaciones, como ocurrió cuando quedaba poco más de un mes para la finalización de la guerra en la Puerta del Sol en un momento que la estación se encontraba llena de gente.

Haciendo gala de un optimismo desmesurado en algún medio de comunicación se manifestaba que las estaciones y los túneles del metro eran suficientes para albergar a toda la población madrileña. Se había hecho saber que en Madrid había refugio para cuatro millones de personas cuando la población era de uno, aunque algunos periódicos recomendaban que las muchachas que pedían monedas con huchas para el Socorro Rojo Internacional, para los milicianos, para los hospitales de sangre, la Cruz Roja o el Komsomol lo hicieran para construir refugios, necesidad prioritaria en la capital. La casi totalidad de la Red de metro sirvió de cobijo para los madrileños durante los bombardeos aéreos que sufría la Villa y Corte. La noche del 7 al 8 de agosto de 1936 se realizaron experimentos contra los ataques aéreos que habían sido comunicados antes a la población por la radio. Las casas del extrarradio que no cumplieron con lo indicado fueron multadas. Esta próxima noche se abrirían las bocas del metro para que pudieran trasladarse a ellas los vecinos e intervendrían los bomberos. Las instrucciones eran muy concretas: los vecinos cercanos a las estaciones tenían que resguardarse en ellas nada más que sonaran las señales de alarma. El primer sistema de alarma contra los ataques aéreos consistió en la colocación de unas sirenas montadas sobre motocicletas que se desplazaban a gran velocidad haciéndose notar por el ruido de los escapes abiertos. El 7 de agosto de 1936 se radió una nota del Ministerio de la Guerra que decía en su punto 5°: "Si el servicio de defensa establecido por este Ministerio de la Guerra señalara la presencia de aviones enemigos, el Cuerpo de Bomberos recorrerá las calles principales anunciándole al vecindario mediante empleo de sirenas. Si esto ocurriera,

---

144 *De Madrid al Ebro. Mis recuerdos de la Guerra Civil Española.* Julián Diamante. 2011

los vecinos de las piezas superiores deben trasladarse a las plantas o sótanos de sus casas o a la estación del Metro más próxima." El servicio de viajeros se mantenía hasta las dos de la mañana.

Los húmedos e insalubres sótanos de los edificios llegaron a transformarse en viviendas habituales: era preciso desalojarlos para evitar que los vecinos del resto de los pisos corrieran a refugiarse y se encontraran con la puerta cerrada, tuviesen que llamar al timbre y corrieran el riesgo de que no se les abriese. Estos refugios caseros tenían una capacidad de entre 100 y 150 personas de modo que sólo podían albergar a los vecinos del propio inmueble y de otros cercanos. El primer bombardeo aéreo sobre Madrid se produjo sobre la medianoche del 28 de agosto de manera inesperada porque el frente estaba lejos: dos bombas cayeron en el jardín del Ministerio de la Guerra causando la muerte de un cabo y heridas a un soldado. De retirada a sus aeródromos, los aviones lanzaron otras sobre la población civil causando heridas a unos obreros.

El avión que, en días siguientes comenzó a sobrevolar Madrid a primeras horas de la mañana como observador fue bautizado por los madrileños con el nombre de *churrero*. Los niños le lanzaban piedras y lo maldecían mientras algunos milicianos le disparaban con sus pistolas sin poder alcanzarlo. El Ministerio de la Guerra prohibió esta práctica que sólo servía para gastar municiones. Los milicianos siguieron vaciando sus cargadores sin obtener ningún resultado positivo. Tras la finalización de los bombardeos los niños salían de los refugios y jugaban al escondite entre las ruinas.

Cuando caían las bombas los vecinos preferían dormir en los pisos bajos. Si corrían al metro para refugiarse se aventuraban a ser alcanzados por las balas que disparaban los milicianos sin advertencia previa porque lo hacían contra todo lo que se movía, contra cualquier bulto y contra cualquier ruido que se produjera sin pararse a averiguar su procedencia. Si conseguían llegar a los accesos se arriesgaban a sumarse al número de heridos causados por las precipitadas aglomeraciones provocadas en algunos casos porque los madrileños se quedaban en las bocas de acceso o en las escaleras sin descender hasta los andenes observando con curiosidad la llegada de los bombarderos: con su *tancredismo* impedían la entrada de otros ciudadanos al refugio. Las autoridades consideraban que el incumplimiento de sus instrucciones era una falta de disciplina y un acto totalmente censurable. Me contó Arturo Casado Granda en la conversación que mantuvimos el 6 de marzo de 2022 lo siguiente: cuando ya estaban dentro de las estaciones "la gente no paraba de correr de un lado a otro por los andenes. Todo era horrible. Queríamos salir a la calle, pero los aviones volvían otra vez y nos veíamos obligados a permanecer en el interior más tiempo del que nos gustaría. Aunque vivíamos en la calle de Castilla

El autor con un POLIKARPOV I-16, avión de caza conocido como Mosca por el bando republicano y como Rata por el nacional. Aeródromo de Cuatro Vientos. 2 de febrero de 2020.

número 13 (actual 23) y el más cercano era Estrecho, nos íbamos mi madre, mi hermano y yo corriendo hasta el metro de Cuatro Caminos porque las bombas caían por el barrio de Tetuán de las Victorias; de mi padre, Arturo Casado Turiel, no sabíamos nada, ni nunca hemos vuelto a saberlo desde que en 1937 iba un día caminando hacia la calle de Bravo Murillo tras salir de trabajar en la editorial Espasa Calpe, que estaba en Ríos Rosas, le cogieron unos desconocidos y le subieron en un furgón; creemos que tuvo que ver el que estuviera afiliado a la UGT en la rama del "Arte de imprimir". En cierta ocasión, cuando volvimos después de refugiarnos en el metro, la casa estaba derruida. Me evacuaron con mi madre, Francisca, al Levante; pasamos por Valencia, Benicasim y Castellón; regresamos a Madrid en tren y nos apeamos en Arganda para que no nos requisaran al llegar a Madrid la comida que traíamos. Desde este pueblo vinimos andando hasta nuestra casa. Yo nací en octubre de 1932. Con 7 años íbamos a por leña a la Ciudad Universitaria; veíamos muchos muertos y bastante gente se veía afectada por el estallido de los explosivos ocultos".

Las aglomeraciones para acceder a los refugios causaban tal lentitud que el Consejo Municipal de Vallecas, en la sesión celebrada el 22 de octubre de 1937, acordó dirigirse al Consejo Obrero del Metropolitano para solicitar la realización de obras de construcción de dos nuevas entradas a la estación del Puente de Vallecas que permitieran descongestionar la existente en caso de bombardeos de la aviación. Se ubicarían en la avenida de Fermín Galán, luego cambiado el nombre por el de Ruiz de Alda, cerca de la calle de Vallecas, y en la de Melquiades Biencinto. El Consejo Obrero contestó en el sentido de que intentarían abonar la mitad de los gastos tras la presentación del proyecto por el arquitecto municipal: el presupuesto ascendía a la cantidad de ochenta mil pesetas. El 3 de marzo de 1938 se entregaron las cuarenta mil pesetas comprometidas a una representación del Ayuntamiento.

También se habían impartido instrucciones para que la población se refugiase en los colectores; en otros casos, el lugar que consideraban adecuado los madrileños era el que tenían más cerca: bajo los vagones de los trenes estacionados en las vías de *Cerro Negro*, me contaba Eduardo Rosuero Rodríguez[145], nacido en 1932, hasta que construyeron una especie de galerías subterráneas que un día se demostró no eran un lugar seguro porque una bomba lanzada por una "pava" hizo tal boquete que todos quedaron al descubierto. En otras ocasiones corrían a protegerse bajo el puente de *Los Tres Ojos*.

Mi tía Anita, Ana Onega Gallego, vivía en el 4 de la plaza de Antonio Zozaya, donde había nacido en 1927. Cuando sonaban las sirenas alertando del peligro de las bombas corría a refugiarse con sus hermanos Ramón y Encarna y su madre Fernanda. El padre, Arsenio, muy miedoso, era el primero que salía para protegerse[146], se colocaba en un rincón y les decía a los miembros de su familia cuando llegaban: "Ay, hijos míos, hoy es el último día de nuestras vidas." Los sitios más cercanos en los que podían refugiarse con alguna garantía se encontraban en el horno del sótano de la tahona existente en la misma plaza o en los bajos del edificio proyectado en 1932 y que se construyó entre esta plaza y la Ribera de Curtidores para albergar la Tenencia de Alcaldía de La Inclusa y, posteriormente, el Juzgado y la Casa de Socorro. Este edificio ha sido posteriormente sede de la Junta de Distrito de Arganzuela, de la Escuela Mayor de Danza, y luego de la ONG Banco de Alimentos. Actualmente alberga unas oficinas de la ONG Mensajeros de la Paz. Pilar, una de las hermanas de Fernanda, salía corriendo para refugiarse en la estación de Tribunal porque decía que era el sitio más seguro debido a la profundidad a la que se encontraba: no iba desencaminada desde el momento en que los

---

145 Conversación mantenida en junio de 2020

146 Por el contrario, Luis Villarroel Martín, nacido en 1901, no se movía de su silla si las sirenas le pillaban cenando; su esposa, Vicenta Martínez Martínez-Espada se ponía mala, pero él decía que, desde su casa en García de Paredes, 33, hasta su destino en el Batallón antigás en el Paseo de la Castellana, actual sede del Centro Superior de Estudios de la Defensa (CESEDEN), no tardaba nada en llegar. Conversación mantenida en julio de 2021

ingenieros consideraban que la explosión de una bomba de cien kilos necesitaba un refugio a una profundidad de diez metros por ser arenoso el terreno de Madrid.

Me cuenta mi tía Anita otra situación que por pura casualidad se resolvió de manera positiva. Un día de principios de 1937 se encontraba en casa con sus hermanos leyendo unos tebeos; su madre había bajado a la casquería donde le comentó otra clienta que había impactado un obús en su balcón y que menos mal que lo tenía cerrado porque en caso contrario habría pasado al interior y las consecuencias podían haber sido catastróficas. Fernanda regresó a su casa, se lo comentó a sus hijos, cerró el balcón y se fueron todos a la cocina, que se encontraba en la parte más alejada de la fachada a la calle. Premonición o no, cayó un obús que no entró en la vivienda. Lo recogieron los artificieros y, antes de trasladarlo con las debidas precauciones por el riesgo de que explotase, felicitaron a la familia por tener cerrado el balcón y evitar con esta medida que el obús llegase al interior, en cuyo caso posiblemente habría explotado.[147]

El 8 de agosto de 1936 se publicó en toda la prensa de la capital una nota del Ministerio de la Guerra que había sido radiada la noche anterior con las instrucciones que deberían de seguir todos los ciudadanos e instituciones en caso de ataque aéreo En su apartado número 4 dice: "El Metro prestará servicio hasta las dos de la mañana. En todo caso, las entradas de las estaciones estarán abiertas toda la noche, para que puedan refugiarse los vecinos que decidan hacerlo así para preservarse de los peligros ocasionados en caso de sufrir la ciudad un ataque aéreo. A partir de las once, la Dirección del Metro cuidará de que las luces de la escalera de acceso a las estaciones estén apagadas, entre tanto se las dota de unas pantallas especiales en cuyo caso estarán encendidas." A pesar de estas instrucciones el 9 de agosto siguiente publicaban los periódicos que, como medida de precaución, el coronel Hernández Sarabia, recién nombrado ministro de la Guerra en sustitución del dimitido coronel Castelló, había anunciado que "el Metro funcionará hasta las 11 y 30 de la noche, apagándose las luces de las estaciones para que los vecinos se puedan refugiar allí, en caso de bombardeo aéreo de la capital."

En 1937 las puertas metálicas de los accesos a las estaciones se dejaban entornadas cuando finalizaba el servicio de viajeros. El Ayuntamiento requirió a la Compañía para que estas permanecieran abiertas de par en par con el fin de facilitar el acceso al interior de las mismas en caso de bombardeos: el Comité de Control procedió a partir de mediados de octubre de ese año a cumplir con ese requerimiento.

---

147 Conversación mantenida el 6 de junio de 2021

A partir de las diez de la noche había que apagar todas las luces[148] de las habitaciones que tuvieran balcones o ventanas que cayeran sobre el exterior o proyectaran un reflejo hacia la calle. Sólo podían permanecer alumbradas con velas las interiores porque las ventanas que se veían con luz eran ametralladas desde los vehículos que circulaban por la calle y desde otros edificios. Al tiempo, las bocas del metro permanecían abiertas para refugio de los transeúntes. En los accesos se colocaron bombillas de color verde y azul indicando la ubicación de cada uno de ellos: la luz que daban era tan poca que difícilmente podían ser identificadas por los aviadores. Esta decisión contrarrestaba con las indicaciones anteriores de que se dejaran todas las luces encendidas y las persianas levantadas para poder averiguar desde qué casas se disparaba a los viandantes.

Las personas refugiadas en los andenes eran un auditorio fácil para los militantes marxistas que aprovechaban aquella situación para soltarles sus mítines. Y más cuando las mujeres y niños, apeñuscados, "se niegan a salir, temerosos de las represalias que están ejerciendo cuadrillas de asesinos que se entregan a toda clase de excesos" se podía leer en el ABC de 17 de noviembre de 1936, edición de Andalucía.

Pero también hubo tiempo para la *diversión subterránea* aprovechando la llegada de los bombarderos. Mientras muchos madrileños se quedaban mirando con curiosidad la llegada de los aviones, ya en agosto de 1936 las verbenas que no pudieron celebrarse al aire libre lo fueron bajo las bóvedas del metro. No faltaban los castizos y las chulapas que ambientaban con sus bailes y su donaire los vestíbulos y los andenes a modo de salas de baile, acompañándose de cualquier instrumento capaz de emitir *ruidos armónicos* y de guitarras o acordeones. Se llegaron a organizar concursos de cante jondo.

Los andenes de las estaciones llegaron a utilizarse como centros en los que los milicianos aprendían la instrucción militar, según el testimonio que recoge en su Diario el 1 de noviembre de 1936 Carlos González Posada, asturiano de Oviedo, experto en el ámbito de los seguros sociales, empleado del Instituto Nacional de Previsión, uno de los grandes artífices de la Seguridad Social en España y Jefe de Negociado en la Secretaría del Congreso de los Diputados, que salió de Madrid a principios de 1937 hacia Valencia.

---

148 ¡Qué paradoja! Durante la Guerra de la Independencia se publicó el 5 de diciembre de 1808 un aviso intimando a los vecinos de Madrid a que se retirasen a sus casas antes de las diez de la noche; si tenían necesidad de salir después de esa hora debían hacerlo con luz debiendo responder con la palabra amigo si las tropas francesas daban el quién vive; lo firmaba Ignacio Antonio Martínez, el escribano de cámara más antiguo

Los viajeros que pasaban en tren por las estaciones no alcanzaban a ver ni a los refugiados ni el nombre de aquéllas debido a la cantidad de anuncios y carteles[149] de todo tipo colocados en papel en los cristales de los coches y en los andenes. Los anuncios de teatros, cines, rifas benéficas para los hospitales de sangre, recomendaciones higiénicas, llamamiento a incorporarse a los regimientos y batallones, pasquines, convocatorias y propaganda sindical y bélica absorbían toda la materia prima.

Los anuncios oficiales colocados por la Compañía y otros organismos no eran objeto de atención por los viajeros porque no les generaban el mínimo interés; sin embargo, los carteles fabricados a mano que colocaban los agentes de la Compañía para que todo el mundo pagara el importe de su billete si surtían efecto. Se reclamaba desde la prensa que también se colocarán en los coches carteles hechos manualmente para evitar que se fumara o se arrojaran papeles y restos de comida en su interior no sólo pensando en la salud de los viajeros sino también en la de los agentes que prestaban servicio en los trenes.

Para paliar la escasez de papel se idearon fórmulas que permitieran transmitir la información utilizando sistemas muy curiosos: se llegaba a lanzar propaganda con "telégrafo de honda" a las filas contrarias en octavillas introducidas en pequeños tubos de metal. En los recipientes cilíndricos cubiertos con hilo se colocaba material explosivo para hacer llegar esa publicidad como cohetes. Esta propaganda no llegaría a alcanzar la eficacia pretendida porque los jefes y oficiales republicanos habían prohibido a la tropa recoger los papeles: sólo podían hacerlo personas de confianza que debían proceder a su destrucción inmediata. En *Crónicas del Frente de Madrid* el periodista Mauro Bajatierra Morán escribe sobre la facilidad de fabricación del "telégrafo de honda": "se coge una bota inservible, se corta un trozo de cuero en forma de óvalo, se le hacen dos agujeros en los extremos, se le pasa una cuerda por cada uno, se las ata; se hace un lazo corredizo al extremo de una de ellas para meter el dedo índice."

Los textos incluían todo tipo de información que podía beneficiar al "bando lanzador"; en ocasiones, frases alusivas a qué iban a pensar los nietos de los soldados cuando les contaran que habían peleado contra otros españoles, a tocarles las conciencias, tal como escribía Ángel Ossorio y Gallardo en el titulado "A un militar del otro lado". En algún caso la gratificación que recibirían los receptores nacionales si se cambiaban de bando era de cincuenta pesetas si lo hacían solos y cien si eran portadores de armas.

---

149 Uno de estos contenía una oreja gigante para advertir que en los lugares en que se producían aglomeraciones había que tener mucho cuidado con lo que se hablaba porque podía ser captado fácilmente por los enemigos

Los periódicos se quejaban de los problemas que les generaba la supuesta escasez de papel. Era muy habitual que las primeras páginas incluyeran un texto similar a este: "La escasez de papel nos obliga en el día de hoy y sucesivos, mientras duren las actuales circunstancias, a dar el número únicamente de cuatro páginas."[150], cuando la tirada habitual era de dieciséis. En otros casos se reducía el tamaño de la edición por haberse agravado la situación[151]. O no se publicaban, como ocurrió el 11 de enero con *Política*[152], temiéndose que esta medida pudiera generalizarse al resto de los periódicos madrileños.

Había papel, pero no se facilitaba a todas las empresas porque aparecieron multitud de revistas editadas por cualquier asociación, organización o comité de vecinos como órganos de expresión propios. En mayo de 1937 se registraban semanalmente en el Gabinete de Censura cerca de cuarenta publicaciones de hojas, semanarios y boletines de las unidades que luchaban en los frentes de batalla; su contenido tenía carácter bélico y político, con nombres tales como *Hierro, Pasaremos, Al Ataque, Sobre la marcha* o *Primera Línea*[153].

La información no circulaba con libertad: la censura previa era conocida como el "lápiz rojo" o como *Doña Anastasia*, vieja solterona que hacía gala de un exagerado agrio espíritu, como manifestaba José Carreño España, miembro de Izquierda Republicana, encargado de la Consejería de Comunicaciones y Transportes desde el 7 de noviembre de 1936: durante el mes siguiente fue nombrado delegado de Propaganda y Prensa de la Junta Delegada de Defensa.

La censura se aplicó también a la radio por tratarse del mayor medio de difusión. A partir de las doce de la noche del día 14 de febrero de 1937 las estaciones de radio de Madrid sólo podían emitir programas artísticos por su propia iniciativa, o actos de propaganda política o sindical. Las únicas noticias que podían radiarse eran las transmitidas con carácter oficial por el Gobierno legítimo de la República, el presidente de la Junta Delegada de Defensa de Madrid y sus distintas delegaciones salvo en casos extraordinarios teniendo que contar con autorización de la Delegación de Propaganda y Prensa. Entre el 5 de noviembre de 1936 y el 18 de mayo de 1937 existió por primera y única vez en España el Ministerio de Propaganda.

En las vías principales de Madrid se colocaban unos soportes llamados *periódicos murales* para que los transeúntes pudieran leer sin desembolso alguno las

---

150 Diario *Heraldo de Madrid*. 11 de noviembre de 1936

151 *Ahora. Diario de la Juventud*. 5 de enero de 1938

152 *Ahora. Diario de la Juventud*. 11 de enero de 1938

153 Revista *Mundo Gráfico*. Número 1333. 19 de mayo de 1937

noticias más importantes de la actualidad política y bélica publicadas en la prensa. Se confeccionaban con recortes de otros periódicos y notas originales. Este medio de comunicación se podía encontrar también en hospitales, cuarteles de las milicias e incluso en el frente. Sin embargo, las autoridades madrileñas editaban un periódico de una sola hoja con las noticias que consideraban debían ser conocidas por los soldados en el frente. Esta desinformación provocó un gran malestar en la población madrileña que gritaba "nos han engañado" cuando las tropas de Franco se situaron alrededor de Madrid.

Ante la falta continuada de papel, el presidente de la República, Juan Negrín López, dictó en Barcelona una orden de fecha 18 de enero de 1938 por la que en las oficinas públicas de todo el territorio leal y en las de los monopolios y empresas intervenidas por el Estado se debía concentrar todo el desperdicio de papel y la documentación inutilizada e inservible, que se ponía a disposición de la Dirección general de Industria para ser vendida a las industrias papeleras al precio de trescientas pesetas los mil kilos.

Otro método para la propaganda se realizaba mediante charlas que se impartían a los obreros en las industrias, en los cines, en las casas de vecindad, en las colas de los establecimientos de alimentación, en el metro y los tranvías, incluso desde los denominados *coches altavoces*, vehículos blindados que desde noviembre de 1936 se utilizaron para transmitir información con carácter propagandístico tanto a las propias tropas como a las enemigas, incluso la emitida por las diferentes emisoras de radio.

En otras ocasiones se utilizaba el servicio que prestaba Correos mediante el añadido de franqueo adicional al regular; en algunos casos era obligatorio hacerlo por las normas establecidas por los Gobiernos autónomos de Cataluña y Euzkadi, el Consejo General de Aragón o los municipios de La Carolina (Jaén) y Madrid. Estos sellos y las tarjetas postales no tenían la única finalidad de conseguir ingresos sino la añadida de transmitir consignas y mensajes propagandísticos con la inclusión de imágenes de personajes conocidos y la reproducción de carteles murales que se podían visionar en la calle cuya autoría correspondía a artistas de renombre que se dedicaban en exclusiva a esta tarea. "Al atardecer, Madrid no mira ya al cielo con los ojos luminosos de sus luces noctámbulas, y queda sumergido en una oscuridad tenebrosa. Mujeres desgarradas por el hambre y arrebujadas en sus mantas, marchan con sus hijos al brazo en dramáticas caravanas hacia los Refugios del Metro, donde se agolpan en tropel, huyendo de la pavorosa noche en espera de un nuevo amanecer", publicaba el diario *Labor* el 15 de noviembre de 1937 como testimonio de una mujer llegada de Madrid.

En el número 6 de la revista *Mujeres Libres*, a finales de 1936, bajo el título *La capacidad del dolor, elemento de victoria*, leemos la descripción de la situación de las personas refugiadas en la estación de Tetuán: "Una y otra vez hemos cruzado los andenes del Metro entre montones de carne doliente. Mujeres y niños acostados en el suelo -en las caras todavía el aturdimiento de la tragedia-," que se hacinan "entre detritos, pingajos y latas orinientas." Las mujeres "en el andén del Metro cosen, barren, despiojan a sus hijos o duermen apaciblemente sobre sucias colchonetas." Estas mujeres viven la tragedia que se refleja en sus rostros: "se encogen de hombros y miran pasar los trenes sin preocuparles cuál es entre ellos el que las ha de llevar a la vida de veras, con sonrisas de verdad, sin muladares y sin hambre."

Fue la de Tetuán la última estación desalojada antes de acabar 1936. La ocupaban familias que se habían quedado sin hogar tras el bombardeo del 16 de diciembre. Pudieron ser alojadas en nuevas viviendas gracias a la comprensión de los madrileños y la cooperación de algunos militantes de la Confederación Nacional del Trabajo. Este bombardeo fue uno de los más canallescos que se recuerdan por ser lanzadas las bombas, unas veinte, de cien kilos cada una, contra una barriada obrera, alejada de los frentes, que se vio reducida a escombros. Los muertos, más de cien, fallecieron no sólo por las explosiones sino por aplastamiento al caerles encima los escombros de las viviendas, casas modestas y de frágil construcción con alta densidad de población en las que sólo había mujeres y niños. El Ayuntamiento del pueblo de Vallecas se dirigió por carta al de Chamartín de la Rosa para transmitirle las condolencias de la Corporación Municipal y de todos sus vecinos por las irreparables pérdidas causadas por las bombas dirigidas contra la población civil que no perseguían ningún tipo de objetivo militar.

La Delegación de Evacuación comunicó oficialmente el 20 de diciembre que ya estaban completamente desalojadas aquellas estaciones del metro en las que se habían refugiado de manera permanente algunas personas al tiempo que mostraba su satisfacción por la rapidez con la que se había podido realizar el trabajo gracias a la comprensión del pueblo madrileño convencido de la noble finalidad de esa actuación.

Las personas regresaban al subterráneo. El 7 de enero de 1938 publicaba el medio *Unidad* esta descripción del ambiente cuando llegan sus reporteros a la estación de Tetuán: "Al salir del coche vemos en el túnel, sentadas sobre mantas y ropas deslucidas, varias mujeres que cosen, charlan o simplemente miran con indiferencia a los viajeros que continuamente llegan en los vagones o penetran rápidos en ellos.

También hay grupos de chiquillos de todas las edades, que juegan, corren, alborotan sin descanso de aquí para allá, como si se encontrasen en una plaza pública.

Como nos extraña, preguntamos. —Son vecinos de por aquí—se nos contesta—que viven, puede decirse, en estos andenes por temor a los obuses.

Nos da lástima esta pobre gente, siempre atemorizada ante la bárbara destrucción de cosas y de vidas que la metralla facciosa suele llevar a cabo ciegamente por estos barrios tan populosos. Pero al mismo tiempo reflexionamos: ¿No sería mejor construir buenos refugios, con condiciones adecuadas de seguridad y ventilación, que guarecerse permanentemente en un lugar de tanto tránsito, tan poco propicio a la salud y a la par tan peligroso para la inconsciencia de los pequeños?". Era complicada la cuestión de los refugios: se llegó a proponer en una de las sesiones del Ayuntamiento de Chamartín de la Rosa la habilitación del colector de Blasco Ibáñez para tal cometido: la petición fue desestimada ante el riesgo de epidemias que podían causar las ratas que habitaban en él.

En el capítulo "Los bombardeos" del libro *Historias de la Abueluchi* relata Julia Moreno Hilera el inicio de los bombardeos durante el verano del 36 por aviones que llamaban las *pavas*, de la casa alemana Junker, de gran tamaño y color negro, y otros más pequeños, "casi como pajaritos", los *cazas*. Cuando se avisaba de la llegada de los aviones salían corriendo en tropel de las casas para refugiarse en el metro: "Era una auténtica avalancha de mayores, jóvenes y niños la que se dirigía atropelladamente hacia la boca del Metro de Bravo Murillo", posiblemente a la estación de Alvarado, a la que se encaminaban por la calle del mismo nombre hasta llegar a la altura de la de Bravo Murillo. Pero no todos actuaban por igual: en la calle de Torrijos vivía una joven que era visitada por su novio cuando podía; este iba siempre con un fusil y cada vez que sonaban las sirenas salía a ver si venían las bombas y podía dispararlas para que no llegaran a impactar y explotaran en el aire[154].

Cuando llegaban los aviones y saltaban las alarmas muchas personas caían bajo los efectos de las bombas. Algunas mujeres se paraban a comprobar si había muertos. Si el resultado de sus *investigaciones* era positivo les retiraban la ropa y el calzado para que a sus hijos no les faltase abrigo. Decían que a los fallecidos ya nos les iba a servir para nada estar vestidos.[155]

Paulina Flores Gil, nacida en 1900 en el municipio cacereño de Hervás, y madre de María Luisa Barbero era una vecina del barrio de Las Californias en el que vivía de alquiler. Estaba casada con Vicente, un empleado del diario *ABC*, tenía cuatro hijos con los que corría hasta la estación de Pacífico cada vez que sonaban las sirenas advirtiendo de un ataque: sólo cogían unas mantas porque

---

154 Testimonio de Luis Villarroel Martínez. Conversación mantenida el 13 de agosto de 2021
155 Conversación mantenida con Ana María Llorente González el 6 de marzo de 2022

no sabían cuándo iban a poder regresar a su casa. Falleció en 1990 en Madrid. Su hermana Ignacia se quedó sorda como consecuencia de la explosión de un obús cuando corrían uno de esos días a refugiarse.[156] Además de ropa de abrigo, se recomendaba a los que acudían a los refugios que se proveyeran de picos y palas por si se producía algún derrumbamiento. Paulina también recordaba lo desagradable que resultaba estar cerca del nudo ferroviario de Abroñigal en el momento en que llegaban trenes de los que bajaban a hombres y mujeres y les disparaban allí mismo a sangre fría sin ninguna posibilidad de que pudieran llegar a su destino. Posiblemente se refería al caso conocido como el del "Tren de Jaén"[157], en concreto al segundo que llegó procedente de esa provincia. Ya el día anterior había entrado en la estación de Mediodía otro con 324 personas del que fueron bajadas algunas y asesinadas diez de ellas, entre las que se encontraban los diputados del Partido Agrario Español José Cos Serrano y León Álvarez Lara. Los trenes eran identificados porque llevaban en el exterior unos carteles con el siguiente texto: "Prisioneros de Guerra del Frente de Córdoba".

Con el nombre "Tren de Jaén" se conoce el caso de los hechos acaecidos el 12 de agosto de 1936 a la altura del Pozo del Tío Raimundo cerca del apeadero de Santa Catalina cuando llegó a la misma un tren compuesto por ocho o diez vagones cargados con 245 personas procedentes de la cárcel y la catedral de esa capital andaluza que fueron bajadas, colocadas en el terraplén de la explanación de la vía y asesinadas allí mismo por los disparos simultáneos de tres ametralladoras, rifles, escopetas, fusiles y pistolas. Se decía que eran presos políticos con destino a la cárcel de Alcalá de Henares, aunque la realidad es que habían sido detenidos por considerarlos fascistas. Habían llegado escoltados por la Guardia Civil cuyos miembros se marcharon del lugar una vez estacionado el tren. Fueron relevados por unos doscientos milicianos que impedían acercarse a los vecinos de Vallecas. Murieron 189 personas, todos hombres a excepción de la hermana del Obispo de Jaén, Teresa Basulto Jiménez. Procedían de las localidades de Villacarrillo, Beas de Segura, Peal de Becerro, Cazorla, Vilches, Jaén capital, y de Adamuz, en la provincia de Córdoba. Desde los Altos de Santa Catalina entre 1.500 y 2.000 personas contemplaban el macabro espectáculo.

Sobrevivieron unas treinta personas que llegaron hasta la estación de Vallecas en el mismo tren. Desde aquí fueron conducidas a la checa del Ateneo Libertario del Puente de Vallecas en la que pasaron unas horas antes de ser enviadas a otro local de los milicianos. Luego se las trasladó a la Dirección General de

---

156 Relato de su nieto materno Jesús Lafuente Barbero, agente de Metro, el 13 de mayo de 2020

157 AHN_FC-CAUSA_GENERAL, 1530, Exp.7

Seguridad y después repartidas por distintos centros: las que llegaron a la Cárcel Modelo consiguieron evadirse el día 24 tras la confusión generada por el incendio de la misma.

El escritor malagueño José Moreno Villa, en su poema *Madrid, frente de lucha*, describe el panorama de Madrid durante la Guerra, incluyendo lo que ve cuando llega al metro:

"Subo, bajo,
Visito las estaciones
del "Metro". Allí, como sacos,
duermen familias sin casas.
Huele a establo;
se respira malamente.
Subo, salgo."

Al iniciarse el conflicto Madrid contaba con una población algo superior al millón de habitantes, que se vio incrementada con unos doscientos mil nuevos vecinos hasta la finalización del año. Las primeras personas en llegar procedían de Toledo y Extremadura, y luego de Andalucía y otras provincias de Castilla la Nueva, sumándose en noviembre, como si se tratara de una invasión, aquéllas que se trasladaron desde los pueblos cercanos en los que vivían con la confianza de que en la Capital iban a encontrarse más seguros, además de aquellas otras que llegaban a Madrid huyendo del avance de las tropas nacionales cuando se acercaban a sus pueblos, cercanos a Madrid, y las que habían huido de los barrios y suburbios más castigados. Estas avalanchas de familias campesinas no sólo afectaban a las calles y a los parques al aglomerarse en ellos estos nuevos vecinos sin una casa en la que vivir: los campos de fútbol y el parque de El Retiro servían como alojamiento.

Estas personas relataban por toda la ciudad la salvaje represión que realizaban las tropas sublevadas por las localidades que iban ocupando. Los refugiados procedentes de la localidad toledana de Quismondo contaban que algunos de sus vecinos se trasladaron a otros pueblos cercanos cuando llegaron las tropas de Franco. La mayor parte de sus habitantes, incluidos el alcalde, el médico y el maestro, se desplazaron a Madrid, se alojaron en tres pisos incautados de la Plaza de Santa Bárbara y se organizaron como si estuvieran en su localidad. Otros se alojaron en casa de familiares y en posadas. Consiguieron traer unas dos mil cabezas de ganado lanar además de cerdos propiedad de algunos vecinos, animales que sacrificaban para poder subsistir. En algún momento tenían que volver al pueblo los hombres que se encargaban de realizar la sementera, cuestión que les preocupaba porque era la única posibilidad de obtener el pan de los cereales que recolectarían.

Las viviendas existentes, a pesar de la buena voluntad de las autoridades y la solidaridad[158] de los madrileños para alojar en sus casas a los recién llegados, no fueron suficientes para que todos pudieran vivir en ellas. Las autoridades efectuaban constantes requerimientos a la población en el sentido de que la utilización de las estaciones del Metropolitano como refugio sólo debía realizarse en situaciones de riesgo durante los bombardeos. No se respetaron sus peticiones porque a finales de 1936 la Red de metro se había convertido en la vivienda habitual de muchísimas personas que realizaban sus necesidades más básicas en los túneles y andenes, que servían también como cocina en la que usaban infernillos de alcohol y hornillas de carbón vegetal. Las paredes del metro olían a una mezcla de "miedo y mugre", según Mika Etchebéhère. En enero de 1938 unos doscientos mil madrileños dormían en las instalaciones del Metro por carecer sus viviendas de puertas y ventanas ya que sus materiales habían sido utilizados por sus moradores como combustible.

El ciudadano José Gómez López solicitaba al Comité de Control del Metropolitano que en los andenes de las estaciones se ampliase el número de bancos existentes, dos en situaciones normales, para que las personas que se cobijan en el metro, sobre todo los niños, se puedan sentir más cómodos sentados que tirados en el suelo, normalmente muy sucio.[159]

Un gran número de personas vivían de manera permanente en las estaciones. Era tal la frecuencia de las bombas y proyectiles que caían que preferían quedarse allí y no correr riesgos innecesarios al desplazarse entre sus viviendas y el metro. Cuentan que Manuel Ortega Fernández[160], padre de Manolo Caracol, cantaor de flamenco español, ante la imposibilidad de abandonar su refugio en el metro salió un mediodía en un momento que creía que no vendrían más aviones y cuando los vio les increpó: "¡pero es que ustedes no almuersan!"

Durante el día permanecían en el subterráneo cuidando sus pocos enseres y los de algún familiar que salía a la superficie aventurándose a encontrar una vivienda en barrios menos bombardeados, búsqueda difícil ya que los únicos barrios que no bombardeaban eran los residenciales. No se había pensado que estos espacios sirvieran como refugio de manera continuada durante largos periodos de tiempo por lo que las autoridades sanitarias se vieron obligadas a intervenir para evitar

---

158 El 28 de septiembre de 1936, el bombero Bienvenido Hernández encontró unas botas nuevas de niño en la estación de Gran Vía; las entregó en el Comité de la Agrupación de Dependientes Municipales, de la UGT. Necesidad, pero primero carácter madrileño

159 Diario *El Sol*. 17 de noviembre de 1936

160 Conocido como *Caracol el del Bulto*

el deterioro de la salubridad pública[161]. Por este motivo, los responsables de la evacuación interior de Madrid con el delegado de Evacuación Enrique Jiménez al frente procedieron durante el mes de diciembre de 1936 a desalojar las estaciones mediante batidas realizadas con el auxilio de los milicianos del batallón de retaguardia *Águilas de la Libertad*, adscrito al 5º Regimiento.

En el desalojo de las estaciones y los túneles de la Red de metro también colaboraban el Gobierno Civil, el Ayuntamiento y todas las organizaciones y partidos, aunque el problema persistió durante toda la guerra. La Brigada de Pioneros tenía su sede central en la calle de Fortuny, 51, local de las Juventudes Socialistas Unificadas; en horario nocturno se dirigían a los refugios y los andenes del metro ofreciendo con carácter protector y no autoritario a las familias que allí se encontraban tras haber sido bombardeadas sus barriadas y quedarse sin techo la posibilidad de que todos los niños mayores de tres años fueran trasladados a su local para ser evacuados posteriormente. Lo habitual era la oposición de las madres que no querían desprenderse de sus hijos y más si habían sufrido la experiencia de perder antes a alguno de ellos. En ocasiones se encontraban con niños procedentes de la Inclusa: lo primero que hacían era bautizarlos con el nombre de alguno de los componentes de la brigada si eran niños; a las niñas les ponían el nombre de alguna flor (Rosa, Margarita, Azucena, Hortensia, Dalia, Begoña); de apellido, siempre octubre para hembras y varones.

En marzo de 1937 la prensa publicaba las decisiones adoptadas por la Delegación de Evacuación en el sentido de que todas las personas que se encontrasen en las instalaciones del metro una vez restringida la circulación de trenes serían trasladadas provisionalmente a los refugios establecidos por la propia Delegación y a su inmediata evacuación de Madrid sin excepciones. Una disposición del general Miaja de 16 de diciembre de 1936[162] dictaba lo siguiente: "Se declara obligatoria la evacuación de Madrid, de todas aquellas personas que hayan fijado su residencia en esta capital a partir del 19 de julio último, que no sean vecinos de la misma y que actualmente no presten servicios de guerra, sanidad o desempeñen algún cargo público." Permanecer inútilmente en Madrid era prácticamente un suicidio. Se colocaron grandes carteles para que los madrileños se animasen a salir de Madrid ante los bombardeos. En la Puerta del Sol, esquina a la calle del Arenal y justo encima de la pastelería La Mallorquina, la administración de loterías de Doña Manolita

---

161 Algunos medios hablaban en julio de 1937 de las graves epidemias que se habían producido entre los refugiados en el metro

162 Boletín Oficial de la Junta Delegada de Defensa de Madrid. 1 de enero de 1937

y la zapatería Calzados La Imperial se colocó uno que mostraba unos edificios en llamas tras el paso de los aviones enemigos.

En el sentido literal de la palabra se produjo un suicidio el 8 de septiembre de 1936 cuando el empleado del Banco de España, Martín Manso Arteaga se arrojó al metro en la estación de Goya tras una denuncia que se puso contra él, según consta en la declaración jurada efectuada el 5 de abril de 1939 por su esposa Tomasa Arráiz Incháurregui y el vecino Baltasar Merinero Martín. Vivía en la calle Duque de Sesto, 15, casa a la que fueron a buscarle unos días después posiblemente para detenerle desconociendo los hechos sucedidos con anterioridad.[163] Otro caso de muerte por arrollamiento en el metro se produjo en la estación de Atocha, hoy Estación del Arte, el 26 de agosto de 1936 cuando el agricultor Francisco Rodríguez Álvarez era perseguido por unos hombres: desconocemos si se arrojó a las vías para no ser detenido o si fue empujado; gravemente herido falleció a las dos horas en el Hospital Provincial y fue enterrado en el Cementerio del Este.[164]

Los desalojos que se efectuaban en el metro tenían diferentes consecuencias para las personas que se "habitaban" en las estaciones. Se las clasificaba en tres grupos: las mujeres y los niños eran puestos en manos del Comité Nacional de Refugiados facilitándoles alojamiento; los milicianos eran enviados a sus cuarteles, y los maleantes e indocumentados se ponían a disposición de la Dirección General de Seguridad, según publicaba *Mundo Gráfico* el 23 de diciembre de 1936 en una entrevista a Enrique Jiménez.

A pesar de estas advertencias gubernativas, en marzo de 1938 persistía el problema; los responsables de evacuación comunicaron que todas las personas que se encontrasen en las instalaciones de la Compañía después de restringida la circulación del metro serían evacuadas sin que pudieran acogerse a las excepciones dispuestas en el momento anterior en que se declaró la evacuación forzosa.

El metro como refugio lo fue durante toda la guerra; en enero de 1939 el Comité de Control de la Compañía se dirigía a la Comisaría General de Vigilancia de Madrid, y al tiempo que manifestaba su firme propósito de colaborar con la Autoridad en cualquier tipo de medida que se adoptara por la misma aprovechaba "la ocasión para llamar la atención sobre la situación de nuestras estaciones de Menéndez Pelayo y Pacífico. En lugar de utilizarlas el público como refugio eventual en caso de bombardeos, las utiliza como refugio permanente, constituyendo un gran peligro, no sólo desde el punto de vista sanitario, sino también para la propia seguridad de los allí refugiados, que cruzan las vías y han dado origen a varios acci-

---

163 AHN_FC-CAUSA_GENERAL, 1355, Exp.4

164 AHN_FC-CAUSA_GENERAL, 1505, Exp.2

dentes graves. Rogamos por tanto que con la mayor urgencia se den las oportunas órdenes para que sean expulsados los refugiados en estas estaciones."

Lo que no consiguieron las autoridades lo lograron los "chatos". Los "residentes" en las instalaciones del metro subían en ocasiones a la superficie para ver el espectáculo de los combates aéreos. Desde algunos periódicos se acusaba a los madrileños de suicidas por no adoptar medidas mientras llegaban los aviones al tiempo que solicitaban a las autoridades que adoptasen las medidas pertinentes para castigar estas conductas.

Los niños tenían que ser evacuados de Madrid. En esa creencia se estaba cuando a principios de 1937, tras los bombardeos sobre las barriadas más alejadas del centro de la ciudad, se descubre que los andenes del metro están abarrotados por la población infantil. El alejamiento de esta población de los núcleos más conflictivos y peligrosos no evitó que unos 130.000 niños cayeran víctimas de la Guerra Civil.

Las mujeres ya madres, embarazadas en su último mes de gestación, eran trasladadas a Casas de Benítez, pueblo de Cuenca en el que se instaló una guardería infantil junto a la Casa de Maternidad para evitar la separación de los otros hijos. Ahí disfrutaban de toda clase de garantías técnicas y el confort adecuado, con amplias habitaciones, agua abundante y calefacción, controlado y atendido este servicio por la Casa Central de Maternidad y la Escuela Oficial de Matronas; se ubicaba en el inmueble del Palacio de los Gosálvez, en la pedanía de Puente de Don Juan. Era conocida como el *Albergue maternal de Villalgordo del Júcar* por su proximidad a esta localidad de la que apenas estaban separados por el cauce del río Júcar. El resto de personas permanecían en Madrid salvo quienes hubieran fijado su residencia después del 19 de julio.

El Consejo Obrero de la Compañía realizó gestiones con los compañeros del Metro de París para trasladar a 130 niños de 6 a 14 años a esa ciudad con las debidas garantías de seguridad tras el ofrecimiento realizado por Monsieur Roux, secretario general del Sindicato del Metropolitano de esa ciudad cuando giró una visita a Madrid en marzo de 1938. Se encargó a Teófilo Molinero y María Román el cometido para que se realizase con toda clase de seguridades; estos se dirigieron a los miembros de la ejecutiva de UGT de Barcelona, Antonio Pérez y Andiano, que viajaban a París, para pedirles que realizaran las gestiones; ante la falta de respuesta por el camarada Roux el Consejo Obrero escribió a la Embajada en París; en junio de 1938 se recibió una carta de la embajadora Victoria Kent, en la que manifestaba que los parisinos habían escrito a los madrileños y que estaban esperando contestación. Parece que la comunicación careció de fluidez porque a fecha 2 de enero de 1939 no se había recibido carta alguna en el Consejo Obrero.

Palacio de los Gosálvez. Casas de Benítez (Cuenca)
(estado a 20 de septiembre de 2023).

El testimonio de mi suegro Pedro Relaño García (1928-2010) es uno de los ejemplos de lo que supuso la Guerra Civil para los niños que se encontraban en Madrid. Me contaba que había sido evacuado de Madrid el 8 de febrero de 1937 junto con su hermano Pepe y otros veinte niños hasta la localidad tarraconense de Reus como paso previo para su traslado a la Unión Soviética, en un viaje para el que no necesitaban alforjas. Durante su estancia temporal en Reus también tenían que correr a los refugios cuando llegaban los aviones y descargaban las bombas.

Un buen día, paseando por Reus sin tener nada que hacer, viendo pasar el tiempo, se sorprendieron al divisar de repente a su padre, trabajador de los ferrocarriles, porque nunca pensaron que pudiera aparecer por allí. De nombre Pedro, consiguió traerlos a Madrid. El viaje fue una peripecia peligrosa a través de Valencia por su duración, tres meses, y los constantes ataques de artillería y aviación que afectaban a la circulación de los trenes: "avanzábamos, y cuando parecía que estábamos a punto de conseguirlo, teníamos que retroceder." Cuando entraron en Madrid, por la estación de Mediodía, su objetivo era conseguir llegar hasta su casa en la calle de Atocha sin ser detectados. Lo lograron saliendo de la estación en un motocarro que transportaba dos colchones en los que iban envueltos los dos hermanos. Las mujeres que regresaban a Madrid tras ser evacuadas se escondían en camionetas, bajo los sacos de mercancías: se comentaba el caso de una que pereció asfixiada en el interior de un tonel vacío.

También fueron evacuados de Madrid los hermanos Morales Blanco: Luisa, Pepe, Lola y Luis[165]. A finales de 1936 fueron trasladados a Los Alcázares, en la provincia de Murcia, donde podían estar cerca de su padre, Antonio Morales Manzanares, mecánico de aviones y matricero que había sido destinado a trabajar en Alcantarilla desde Cuatro Vientos como especialista en la fabricación de las piezas más pequeñas de los motores. Luisa, nacida en 1922, contaba a sus hijos que los madrileños no eran muy bien vistos por los murcianos porque decían que iban a quitarles su comida y se negaban a realizar cualquier tipo de trueque. Antes de salir de Madrid, Lola y Luisa iban a menudo a las vías del tren a recoger el carbón que quedaba tras el paso de los vehículos. Cuando llegaban los aviones corrían a esconderse no sin antes emitir algún calificativo "cariñoso" hacía ellos y sus pilotos. Con el carbón se calentaban y cocían las cáscaras de las naranjas y de las patatas para combatir el hambre.

De la utilidad gastronómica de las cáscaras de la naranja informaba la revista semanal *Crónica* en su edición de 30 de mayo de 1937. Servían para encender la lumbre una vez secas. Se les podía quitar y quedaba una gruesa capa blanca con la que se hacían patatas fritas, doradas y crujientes, que no recordaban a las naranjas; sí se mantenían durante un par de horas en agua salada antes de freírlas se cocinaban en forma de tortilla. Otra opción era guisarlas con ajos tiernos y cebolla y el sabor que adquirían era el de las berenjenas.

No hay duda de que los madrileños pasaron hambre: los médicos decían que tenían que comer, lo que fuera, pero había que comer. Cocían las lentejas con gasoil, comían lo que podían: hierbas del campo, alfalfa, acederas, cardos borriqueros, bellotas, verdolagas, algarrobas y almortas entre otras *exquisiteces*, con la consiguiente obstrucción intestinal; en 1944 se prohibió en España el consumo de almortas porque causaba latirismo, una enfermedad que degenera los huesos y cartílagos afectando a las piernas y al sistema nervioso. Me decía Pedro que el 3 de octubre de 1938 cayeron bombas en forma de bocadillos de jamón y queso, mantequilla y chocolate. Otros sacos, dirigidos a los cuarteles, contenían latas de conservas, leche y tabaco. Ese 3 de octubre, uno de los días que los aviones lanzaron panecillos blancos envueltos en hojas de papel y no bombas, la madre de mi suegro, Emilia, cogió algunos para que los niños tuvieran algo que comer; enterado su marido, les advirtió a sus hijos que eso no se comía porque estaban envenenados y los mandaban los enemigos, reprimenda acompañada de sendos sopapos para mayor efectividad en su postura. Emilia reaccionó con una advertencia a su marido: "En esta casa se come, vengan los alimentos de donde vengan; mis hijos

---

165 Conversación con Victoria Santiago Morales el 5 de octubre de 2022. Lola era mi suegra

no se mueren de hambre mientras yo esté viva." Y así se hizo, que "a buen hambre, no hay pan duro". El 15 siguiente, día de Santa Teresa, hubo un nuevo bombardeo contra las colas del hambre.

Ese pan arrojado desde los trimotores enemigos fue rechazado de manera forzosa por los madrileños, ya que el que se elaboraba en Madrid era de mejor calidad porque garantizaba la salubridad y poseía propiedades nutritivas para sus consumidores. Una nota del Alcalde-Presidente del Consejo Municipal dirigida al pueblo de Madrid y publicada en el diario *La Razón* el 5 de octubre de 1938 trataba de convencer a los madrileños hambrientos: "Su desastrosa elaboración le hace, por lo menos, indigesto y generador de trastornos digestivos… el pueblo de Madrid, rebosante de dignidad, se ha negado a comer el pan arrojado de esa manera y lo ha entregado en los departamentos municipales, gubernativos y establecimientos militares". El general Miaja se sumó a la postura municipal: advertía de los efectos de este pan bombardeado en una cantidad estimada de 178.000 piezas. En una nota dada a la publicidad por Unión Radio Madrid se decía que procedía de trigo alemán y podía contener microbios capaces de producir la muerte y que posiblemente era una estratagema para que los aviones lanzasen bombas mientras recogían los panecillos. Desconocemos qué panecillos eran los más parecidos a *las rosquillas de la verdadera tía Javiera*[166], es decir, los auténticos. La lluvia de pan sobre Madrid fue considerada la mejor propaganda que se había hecho hasta entonces. La respuesta vino con el lanzamiento por la aviación republicana de prendas de ropa sobre varias ciudades; junto con las medicinas era lo que menos sobraba en el bando nacional.

Los niños jugaban en la calle corriendo a coger esos panecillos: los milicianos se lo impedían y arrojaban el manjar a culatazos por las alcantarillas. Les hacían cantar a los chicos: "no tenemos hambre y no queremos pan". Ciertas informaciones hablaban de los disparos efectuados por milicianos que llegaron a causar la muerte de algunos hambrientos ciudadanos y de otras situaciones como la de aquellos muchachos que ahuyentaron a pedradas a un grupo de carabineros cuando pretendían quitarles su *trofeo*. También perdían este manjar los niños que recogían el pan en sacos que se rompían por la mala calidad que tenían debido a lo antiguos que eran.

Cuando los panecillos que caían del cielo como obsequio del general Franco llevaban envoltorio de papel, cruzado por la bandera roja y gualda, solía este

---

166 La tía Javiera fue una vecina de la localidad madrileña de Villarejo de Salvanés, aunque otros dicen que procedía de Fuenlabrada, que elaboraba unas rosquillas de calidad que vendía en la Pradera de San Isidro desde el 14 de mayo durante las verbenas. Se diferenciaban de las demás porque no llevaban azúcar y las endulzaba con aguardiente y anís. Se anunciaba en los periódicos diciendo que era la que estaba junto a un cartel en el que se la veía subida en una borrica

incluir frases propagandísticas para minar la moral de los madrileños. Alguno de los rótulos decía: "Mientras vuestros jefes exportan las cosechas y malgastan el oro en propagandas calumniosas o en comprar armas con que prolongar vuestra agonía, la España nacional siente la angustia que padecéis, os envía esta muestra de su recuerdo, para los niños, las mujeres y los enfermos", a quienes se lo darían en grandes cantidades cuando se produjera la liberación.

Madrid, sin el humor de los madrileños, no sería Madrid. También salió a relucir en esta ocasión andando de boca en boca por la calle un chiste:

"Vinieron, y nosotros les hicimos ¡pum! ¡pum!

Ellos nos contestaron ¡pan! ¡pan!".

Entre quienes se oponían a la recogida del pan lanzado desde los aviones se encontraba la taquillera de 2ª María Aguirregaviria Conchado: perseguía encarnizadamente e insultaba con los más soeces calificativos a quienes lo cogían. Entre la vecindad era conocida junto con su madre, Encarnación, que regentaba una fonda en la calle de Narváez, 9, con el apodo de *las libertarias*. En esta pensión, en el piso 3º, se alojaban dos huéspedes que fueron denunciados supuestamente por María como derechistas porque con sus conversaciones comprometían a su madre y a ella, aunque parece que instigada por su madre: fueron detenidos y trasladados a la checa de Bellas Artes. Los testigos que declararon al acabar la Guerra, vecinos de la casa de Narváez, 9, dijeron que lo sabían por oídas y que se fiaban de lo que les habían dicho. María formó parte del Consejo Obrero de la Compañía como delegada de las empleadas de su categoría, aunque era muy temida por la cantidad de despidos que se produjeron por sus denuncias.[167] Fue condenada a muerte, pena que se conmutó por otra de 30 años de reclusión mayor que fue nuevamente conmutada en 1943 por otra de 20 años de reclusión menor: se trasladó a vivir a San Sebastián cuando fue puesta en libertad.

La también empleada de la Compañía Manuela Jurjo Ingerto, limpiadora de trenes con la categoría de lavacoches, fue procesada por diversos hechos tipificados como delito de excitación a la rebelión entre los que se incluyó su comportamiento cuando fueron lanzados sobre Madrid los panecillos por los aviones del bando nacional. Tenía su domicilio en la calle de María Teresa, 17, en el barrio de La Guindalera. Según algunas vecinas, en una de las ocasiones en que cayeron estos *manjares*, y en compañía de otras mujeres, recogió todos los que pudo en su calle, los pisoteó, apiñó e hizo una hoguera con ellos, al tiempo que insultaba a los que no se los querían dar y diciendo que "todavía habían quedado putas"[168]. Manuela

---

167 AGHD. Sumario número 8242

168 AGHD. Sumario número 58800

manifestó que en una ocasión los vio caer cuando se encontraba en la puerta de su domicilio pero que permaneció impasible sin coger ninguno y no sabe si alguien intentó recogerlos, absteniéndose de realizar comentario alguno sobre este asunto. Por sentencia de 31 de octubre de 1941 fue condenada a la pena de seis años y un día de prisión mayor como autora de un delito de excitación a la rebelión. Había ingresado en la Compañía en 1925; causó baja definitiva en la empresa entre junio y julio de 1939, según sus manifestaciones en el sentido de que ignoraba las causas, publicándose el fin de la prestación de sus servicios en marzo del año siguiente. Según contestaba el jefe de Personal de la empresa al Juzgado Militar número 14 de los de Madrid el 26 de febrero de 1940, Manuela era de ideas izquierdistas ya desde antes de iniciarse la guerra y una vez iniciada esta se dedicó a propagar ideas comunistas y trabajar poco, lo que motivó su cese.

En determinadas ocasiones, por la glorieta de Atocha "había pan". La estación del mismo nombre era conocida por los vecinos como *Lonja de los panecillos* por algunos hechos que sucedieron en ella y dieron lugar a la detención y proceso de algún avispado ciudadano. El diario *El Liberal* en su edición del 23 de octubre de 1938, publicaba un relato encabezado como *Un "chusco" que cuesta muy caro*: "El soldado Victoriano La Raya ha sido condenado a un año de internamiento en campo de trabajo, que habrá de cumplir en batallón disciplinario de choque, y a veinticinco mil pesetas de multa por vender un panecillo por cinco pesetas. Las circunstancias del hecho que justifican la gravedad de la sanción son las siguientes: el panecillo era uno de los del cuartel, llamados "chuscos". La venta la realizó a dos muchachos de doce y quince años, que pusieron cada uno 2,50" pesetas. En otros casos de venta de panecillos a precios desorbitados las multas venían a ser de mil pesetas y condena a prisión.

Hubo también otro tipo de *bombardeos sin pólvora*, psicológicos: en las trincheras cayeron paquetes de tabaco producido en Extremadura para que los soldados comprobaran que les faltaba lo que sobraba en la zona nacional y se convenciesen de que en el bando contrario se vivía mejor. El tabaco era un producto de primera necesidad para los combatientes.

Publicaba la revista *Estampa* el 6 de noviembre de 1937 el relato de J. Izcaray *Cuando los junkers bombardeaban Madrid* en el que recordaba el comienzo de los ataques aéreos sobre la Villa y Corte: "La impresión más fuerte de aquellos bombardeos continuos, feroces, nuevos en todas las guerras, la daban los andenes del "Metro". Miles de mujeres y de niños se tumbaban sobre colchones piojosos, sobre mantas. Allí hacían la vida. Las jóvenes salían por las mañanas a comprar algo. Al descender de los trenes costaba trabajo llegar hasta las salidas. Todo el horror de la guerra, bajo las calles. Lloraban los niños entre montones de ropa que olían a orines. Aquello lo arreglaron unos cuantos combatientes.

— ¿Qué hacéis aquí? Puede llegar algún compañero y desmoralizarse.

Entonces comenzamos a sacar a la gente del "Metro". En definitiva, los que limpiaron los andenes fueron los "chatos", que ya estaban aquí."

En este mismo número de *Estampa* escribe el colaborador Francisco Coves un artículo titulado *Los que vivían el 7 de noviembre en los barrios de la guerra*. Cuenta la vida de aquellas personas que sufrieron en sus casas los efectos de las bombas; añade que Segunda Azuara trabaja en la Unión Española de Explosivos "preparando detonadores para bombas de mano." Desde el 7 al 12 de noviembre del 36 tuvo que refugiarse con su familia en un andén del metro porque les habían destrozado su casa en la carrera de San Isidro, 2: llegaron con lo puesto y les prestaron unas mantas; encontraron cerca de la plaza de Santo Domingo un cuarto en el que vivieron amontonados, que también fue bombardeado y les tocó regresar al metro hasta que consiguieron alojamiento en una casa de la calle de Miguel Ángel, a la que llegaron sin nada y se encontraron que no había ni sillas para sentarse ni un colchón para dormir.

Cuando Luis Enrique Delano, autor de *4 meses de guerra civil en Madrid*, regresa a Madrid desde Barcelona, con escalas en Valencia y Tarancón, accede al metro por la estación de Pacífico, describiendo el siguiente panorama: "Entramos en el metro con mucha dificultad. Un gentío inmenso se apretujaba en el vestíbulo. Los andenes estaban llenos de colchones, donde permanecían muchas familias, que habían quedado sin hogar a causa de los bombardeos. Me quedé asombrado. ¿Cómo podía haber cambiado tanto Madrid durante unos días que yo había estado ausente? Era un espectáculo lastimoso. Cientos de personas, mujeres y niños apretujados sobre sus camas, allí. Un gentío esperaba el paso del tren. Pasó uno tan lleno de gente que no fue posible subir. En el segundo logramos meternos, después de mucho trabajo. Dentro perdí de vista a mi compañero. En cada estación había riñas y codazos entre los que pretendían entrar y los que bajaban. Me sentía tan acalorado que cuando llegamos a la estación de la Puerta del Sol decidí bajar y seguir mi camino en tranvía. Era la de Sol la única estación donde no se había permitido buscar refugio a las familias sin hogar. Todas las demás tenían la apariencia de hospitales de guerra improvisados en cualquier parte. El metro en esa estación no se encuentra a mucha profundidad bajo la tierra y una bomba dirigida posiblemente al Ministerio de la Gobernación se habría metido limpiamente hasta la línea, perforando el pavimento y la gruesa capa de tierra."

Francisco Camba también describe el ambiente al entrar en la estación de Santo Domingo: "El metro, en efecto, rebosaba de gente. Desde el alto de la escalera ya se veía la muchedumbre apiñada que llenaba por completo los andenes. Era como si el éxodo aquel que un mes antes había visto por la Castellana hubiese venido a acampar en esta cueva. Los carros quedaron fuera, pero aquí estaban los enseres, las ropas, el colchón donde duermen los pequeños, la cocina portátil que calienta el almuerzo de la familia." También se traían desde casa la cena en cacharros; después, arrojaban a la vía los desperdicios a pesar de que había que aprovechar todo como alimento.

Mijail Koltsov, en realidad Mijail Fridliand, llegó a España como enviado especial de los periódicos rusos *Pravda* e *Izvestia* a los quince días de iniciada la contienda. En realidad se trataba de un espía que escribió libros de táctica y ejerció como comisario y consejero público: ya conocía el país porque había estado entre mayo y julio de 1931. Publicaba en sus escritos que el 16 de diciembre de 1936 fueron lanzadas unas veinte bombas de cien kilos cada una cerca de la Plaza de Toros de Tetuán, barriada obrera. Las casas, de dos y tres plantas, se transforman en escombro. "Al otro lado de la calle hay una boca de metro. Abajo, en los andenes y en la vía, se cobija un enorme campamento de refugiados, de gentes desdichadas que han perdido su hogar. Se sientan en el asfalto y hasta en los raíles, en la grava. En la penumbra del túnel lloran y juegan los niños. Duermen aquí mismo, entre un montón de trapos sucios. Cuando llega el tren (la estación es terminal), se pasan un buen rato despejando la vía de gente, para no arrollar a nadie. Después de cada bombardeo las estaciones del metro son inundadas por una muchedumbre que ha perdido su hogar. La Junta de Defensa procura cortar esto, pero no puede hacer nada. Se requiere un número suficiente de refugios antiaéreos y Madrid no los tiene. ¡Ay de la ciudad que no construya suficientes refugios contra el enemigo aéreo!". Bajo los puentes también se refugiaban los madrileños cuando llegaban las bombas. Los arcos de las iglesias también se consideraban como lugar seguro.

La construcción de los refugios, a pesar de la premura exigida, podría hacerse pensando en que la población y el tráfico iban a incrementarse considerablemente tras finalizar la guerra generando un problema para el aparcamiento de los vehículos en la zona de la Puerta del Sol y otros espacios cercanos. Esta visión de futuro implicaba la necesidad de realizar el vaciado del subsuelo pensando en su próxima utilización como estacionamiento que aligerara el tráfico rodado en la superficie. No se tuvo en cuenta esta opinión: el primer aparcamiento público de España fue inaugurado en 1959 en la madrileña plaza de Santo Domingo. Se pedía la construcción de refugios: las autoridades madrileñas publicaban en los medios de comunicación que se disponía de espacio en ellos para cuatro millones de personas, es decir, el cuádruple de la población: no era necesario construir otros nuevos

Refugio antiaéreo. Parque de El Retiro.

En 1937, Vasia, un niño de 10 años de Odintsovo, pueblo al oeste de Moscú, se interesaba por los niños de Madrid, por lo que hacían durante la guerra, si peleaban contra el enemigo, si se escondían cuando caían las bombas. La respuesta que recibió fue que los niños madrileños trabajaban en casa ayudando a sus madres mientras sus padres estaban en el frente y se refugiaban en el metro cuando las bombas destruían sus casas, un metro que considera feo su interlocutor, Mijail Koltsov, que tenía su casa de campo en ese pueblo ruso. Entonces, el pequeño Vasia ofrece generosamente como casa para los niños españoles cinco estaciones de su metro, para que se vayan a vivir allí, según relata el propio Koltsov en su libro *Diario de la guerra española*.

Antes, a principios de noviembre de 1936, los habitantes de Leganés, Usera, Basurero, Doña Carlota y los Carabancheles eran trasladados en tranvías hacia Madrid para no ser alcanzados por las bombas: se refugiaban en estaciones del metro tales como Atocha, Cuatro Caminos, Sol y Bilbao.

Las autoridades desalojaban las estaciones del metro, pero ello no impedía que los ciudadanos de Madrid volviesen a ocuparlas. En el diario de la noche *La Voz* del lunes 15 de noviembre de 1937 encontramos en la página 3 en la sección *Aceras de Madrid* un artículo en el que su autor se pregunta si se puede convertir el metro en dormitorio público y colectivo, escribiendo: "Quien haya llegado, calle de Fuencarral arriba, a las últimas estaciones del metro, habrá visto un espectáculo lamentabilísimo y habrá percibido un hedor cálido absolutamente insoportable. El espectáculo y el hedor están constituidos por una sola causa: el hacinamiento de personas que en los andenes han instalado su dormitorio. Allí hay numerosos niños que no salen del andén en todo el día; que pasan las horas de sol abandonados y revolcándose por el suelo. Si hay alguien que pone en duda nuestras palabras, que tome un billete de "veintitó" y se llegue hasta Tetuán. Después, hablaremos."

Y no parece una apreciación subjetiva cuando continúa: "Por allí cerca hemos oído un sabroso diálogo, condenatorio de tal estado de cosas, entre un inteligente funcionario del Metro y una compañera no menos avisada. Sus expresiones revestían mayor dureza que las frases que dejamos escritas."

Al tiempo, hace un llamamiento a los responsables de tales imágenes a fin de que adopten las medidas necesarias para la solución de esta ocupación permanente: "Oídnos, todos los que formáis el Consejo de Empresa. Si no podéis acordar y ejecutar las indispensables medidas de previsión por falta de tiempo, de personal o de recursos, acudid al Ayuntamiento, pedidle que se encargue de esa limpieza y esa higienización, y poned todo vuestro empeño en ser atendidos.

El Madrid heroico os lo agradecerá de todo corazón."

La alternativa al metro como refugio era la construcción de otros subterráneos. En Callao se proyectó uno para 2.900 personas, cuya construcción consta como ejecutada en diciembre de 1938, pero que parece no llegó a ser utilizado: no se ha localizado el proyecto. Fue posible la realización de algunas obras para la construcción de nuevos accesos y la compartimentación del túnel por la interrupción de las que se venían ejecutando para la prolongación de la línea 5 desde Sol hasta Argüelles. Las obras de este refugio fueron desmanteladas cuando se reanudó el servicio ferroviario al finalizar la Guerra.

Ya el 30 de agosto de 1936 el Ayuntamiento de Madrid mandó publicar en la prensa un aviso dirigido a los caseros y porteros en los siguientes términos: "Como medida de previsión en las actuales circunstancias, la alcaldía requiere a los dueños y a los porteros para que procedan inmediatamente al vaciado y limpieza de los sótanos y a la instalación de luz en los mismos.", advirtiéndoles de su responsabilidad en caso de incumplimiento de esta orden. A los porteros les impuso la Dirección General de Seguridad otras obligaciones haciéndoles responsables de los grupos armados que llegasen a los edificios para realizar registros y detenciones teniendo que solicitar ayuda inmediatamente por teléfono a la comisaría más cercana o a los agentes de la autoridad para impedir su entrada: si no cumplían con lo ordenado serían detenidos y puestos a disposición del director general de Seguridad para imponerles la sanción correspondiente. Durante ese mismo mes la CNT publicó un aviso advirtiendo a los porteros de que se abstuvieran de sacar cualquier objeto de los pisos y locales incautados, ni permitírselo a nadie, bajo su responsabilidad, al tiempo que venían obligados a colocar una bandera mitad roja mitad negra de gran tamaño y en lugar visible.

En cada casa tenía que constituirse un comité encargado de todas las acciones relacionadas con la utilización de los sótanos como refugios, tanto de su acondicionamiento como del proceso ejecutivo en el caso de bombardeos, y de apagar los faroles y luces de la calle en la manzana en la que se hallara situada la casa.

La seguridad de las personas y las instalaciones en las estaciones y los túneles del metro parecía asegurada. El diario *La Voz* publicaba el 5 de diciembre de 1937 una entrevista con doña Manolita, la famosa lotera de la Puerta del Sol, que seguía manteniendo su negocio a pesar de que los obuses le habían destrozado los escaparates y las esquirlas de la metralla se veían clavadas en la piedra del mostrador dejando su tienda como un colador. Las ventas en esta administración habían llegado a descender en un 90 por 100, a pesar de que doña Manolita había confeccionado participaciones de 1 y 2 pesetas para hacer frente a la crisis y que todos pudieran tener el gordo al alcance del bolsillo. Los clientes habituales no se aventuraban a "tentar a la suerte" en una zona tan castigada.

Esto se preguntaba la lotera en la conversación que mantuvo con el reportero Laertes:

> *- ¿Y si yo solicitase un puesto en la estación del Metro?*
> *Le aconsejamos que lo haga, porque…*
> *Porque no todas son avenidas batidas por los obuses. Hay loteros -y loteras, por supuesto- que ahora venden más décimos que nunca.*

En el metro las horas pasaban de manera interminable. El ruido de los trenes se intercalaba con el silencio sólo roto por el llanto de los niños que se despertaban por el sonido de las bombas. Las miradas perdidas de los padres vigilaban con angustia el sufrimiento de sus hijos, de los más pequeños, que jugaban y reían con la inocencia propia de su edad. Los de más edad compartían el poco alimento que tenían con sus mayores pensando que podía ser su última comida antes de ser desalojados y enviados a unidades militares.

Antes de que sirvieran como comida, los primeros que corrían a refugiarse en el metro eran los perros. Su instinto de supervivencia les llevaba a huir de las explosiones y buscar temerosos la protección entre las personas con las que compartían vivienda subterránea.

LÍNEA 3. LAS COMUNICACIONES SUBTERRÁNEAS

El sistema ferroviario urbano de Madrid fue incautado nada más iniciarse el conflicto: pasó a ser gestionado por organizaciones sindicales. Como el tranvía, el metro se utilizaba para llevar suministros a las tropas que se encontraban en el frente: las distancias eran cortas y eso permitía acercarles incluso comida caliente. Además, los refuerzos y las tropas de sustitución podían llegar con rapidez a relevar a los compañeros.

El ferrocarril metropolitano fue de gran importancia para la defensa de Madrid. El 20 de noviembre de 1937 realizaba un informe el teniente coronel Romero, jefe del II Cuerpo del Ejército, para el General Miaja, jefe del Ejército de Centro en el que recogía la necesidad de construir galerías de comunicación entre los túneles del metro y el alcantarillado con los puntos principales designados como bases de resistencia en el caso de repliegue de líneas. Las salidas del metro eran un punto estratégico que debía ser barreado por las tropas republicanas desde asentamientos protegidos ya que los defensores de Madrid se movían a cubierto por sus líneas.

Los ciudadanos utilizaban la estación de Sol para el cambio de pitillos: se generaban grandes aglomeraciones que suponían un problema para las autoridades militares. Desarrollar esta actividad implicaba para sus ejecutores el riesgo de ser detenidos y encarcelados, como les ocurrió el 2 de febrero de 1939 a un madrileño y a un toledano de Villarrubia de Santiago que se encontraban en el interior de esa estación intercambiando tabaco por pan, ocupándosele al primero tres pitillos y un poco de tabaco suelto, y un panecillo al segundo; fueron absueltos en la sentencia, pero habían pisado la cárcel porque el intercambio estaba prohibido. Una complicación no exenta de riesgo añadido se generaba cuando se producían interrupciones del servicio por causas involuntarias: los viajeros se marchaban andando por las vías, problema que competía resolver al Consejo Obrero de Metro.

El ambiente conflictivo en el interior de la estación de Sol estuvo latente durante todo el conflicto. El diario *La Libertad* publicaba el 25 de febrero de 1939 la intervención de la señora Valverde, Julia Valverde Cañas, de la minoría comunista, y empleada de la Compañía, durante la celebración de la sesión del Consejo Municipal el día anterior en el que manifiesta su preocupación por las aglomeraciones abusivas que se observan en las entradas a las estaciones de las dos líneas generadas con el pretexto de ventas y cambios entre los viajeros, diciendo literalmente: "Quería rogar a la Alcaldía que se dirija a las autoridades competentes para evitar el espectáculo que se está produciendo en el Metro de Sol. Los viajeros habrán visto que allí se forman unos grandes núcleos de gentes que obstaculizan el libre tránsito y que me figuro que están haciendo otra cosa que el cambio de pitillos. Una vez que se logra pasar ese valladar en la línea de dirección Sol-Ventas hay unos grupos de mujeres y hombres que no han trabajado en su vida -se les nota en la cara- y los hombres tienen una pinta exótica que por fortuna no abunda en Madrid, con una feminidad muy acusada que están formando grupos; y si hay un estado de guerra que prohíbe la formación de grupos no debemos permitírselo.

Otra cosa es que cuando se suspende el servicio por causas involuntarias, pues los viajeros van por la vía adelante, pudiendo suceder que al darse la orden de reanudar el servicio sean víctimas de un atropello aquellos inconscientes; y no quiero aclarar más porque en la mente de la alcaldía Presidencia y de todos los Consejeros está el que también se pueden producir otros graves daños, y por ello no hay necesidad de especificar más ahora, pero si el Alcalde quiere que se lo aclare puedo ampliárselo después de la sesión." La Alcaldía contestó en el sentido de

Alcantarillado del Arenal. Museo de Los Caños del Peral. Estación Ópera

que se hacía cargo de lo manifestado por la Sra. Valverde y procedía a comunicar personalmente por oficio a las autoridades militares el caso del cambio de pitillos y las aglomeraciones, y al Consejo del Metro la circulación de personas por las vías.

En esta misma sesión el consejero Sr. Álvarez Zamanillo quiso hacer constar el peligro que suponían las aglomeraciones que se formaban en la calle Alcalá esquina a Montera o Alcántara, no recordaba exactamente cuál, motivadas por el intercambio de productos mientras arreciaban los bombardeos.

Aunque no llegó a construirse, por deseo del Estado Mayor del II Cuerpo del Ejército se proyectó la conexión del Palacio Nacional, sede del Cuartel General del Ejército, con la estación de Ópera a través de la galería del antiguo acueducto de Amaniel o bien del alcantarillado del Arenal.

Era complicado construir espacios para los que se necesitaban grandes inversiones económicas que implicaban la detracción de las cantidades destinadas a la compra y fabricación de material de guerra.

En el informe que el jefe de Trabajos de Ingenieros remite con fecha 17 de diciembre de 1937 a su comandante general del Ejército de Centro el autor estudia las posibilidades de esta obra y opina sobre los métodos a emplear: "En los reconocimientos realizados se ha encontrado una galería correspondiente a un viaje antiguo. Su construcción (sección practicable, revestimiento de fábrica) y su dirección, ya que partiendo del arco principal de entrada a la Plaza de la Armería termina en la misma galería del Metropolitano, la hacen perfectamente utilizable para el fin propuesto. Ahora bien, parece que se trata de dar una comunicación directa al núcleo principal del edificio de Palacio, partiendo del interior de él, con la galería del ferrocarril, y eso no se conseguiría sin construir una mina que, desde el perímetro del edificio a la galería del viaje antiguo dicho, mediría más de ochenta metros.

Parece completamente inútil distraer mano de obra especializada, tan necesaria en el tipo de guerra que nos vemos obligados a sostener precisamente en el Frente de Madrid, en construir una galería que no nos aumentaría las posibilidades de evacuación desde el Palacio al Metro, ya que la corriente de tráfico que por ella estableciésemos habría de pasar por parte del viaje antiguo.

Caso de que se considere imprescindible esa comunicación, considero más sencillo y eficaz acometer al viaje antiguo con un descenso desde el arco de la Plaza de la Armería a su punto más próximo a él, realizando el saneamiento y reparación de la galería y deshaciendo la obstrucción que hay en ella al llegar al metro. Esta obra sería sencilla y no modificaría la circulación subterránea en esa zona, con lo que se alejaba el peligro de minados alrededor de zonas que sabemos delicadísimas.

De todas maneras, no creo deba realizarse obra alguna de esta índole sin previo proyecto detallado, debidamente autorizado, y sometido a informe, no solo de esta Comandancia, en su aspecto puramente técnico, sino al alto Mando de este Ejército, ya que sería sumamente peligroso el añadir a nuestro sub-suelo nuevos ramales de circulación desconectados de la red conocida por el personal encargado de su vigilancia.

En la solución propuesta puede objetarse que la entrada no es desde el interior del edificio, lo cual no es en ninguna manera inconveniente ya que la entrada bajo el arco de la Armería puede ser perfectamente protegida y vigilada en caso necesario, sin que padezca otra cosa que la comodidad de quienes hubieran de utilizarla". Así finalizaba el informe que dejaba a criterio del destinatario la decisión pertinente.

En diferentes momentos se realizaron peticiones de trenes para el transporte de fuerzas, como el solicitado el 11 de noviembre de 1936 para el traslado de las tropas que entraban en Madrid por el Sur: el recorrido previsto se iniciaba en Embajadores con destino la glorieta de los Cuatro Caminos.

En noviembre de 1936 también se utilizaron los trenes del ramal de Norte y de la línea 2 para trasladar los víveres almacenados en la Estación del Norte que corrían el riesgo de caer en manos de las fuerzas enemigas: se paralizó el servicio de viajeros durante varios días. Los víveres se acumularon en las estaciones consideradas más seguras: Ópera, Príncipe de Vergara y Ventas, que fueron durante un mes grandes depósitos de comida destinada a la población civil de Madrid. Ventas, por su proximidad a las cocheras, corría el riesgo de ser alcanzada por los efectos de los bombardeos y suponía un inconveniente ya que las oficinas de la Compañía se trasladaron a esta zona del metro. Durante unos días fue preciso paralizar el servicio para poner a salvo con urgencia la mercancía.

Los enterramientos solían realizarse en el cementerio del Este, muy alejado del frente, porque los ataúdes con los cuerpos de los fallecidos se transportaban en los trenes habilitados como coches fúnebres desde la estación de Norte por el enlace de Ópera hasta la de Ventas sin necesidad de cambiar de vehículo. El traslado se hacía de noche y por el subterráneo para que la población no fuera consciente del número de muertos que se producían todos los días. En la plaza de Ventas esperaban los camiones para cargar los ataúdes y trasladarlos al camposanto, distante algo más de kilómetro y medio en cuyo trayecto empleaban unos cinco minutos. Curiosamente, en 1921, escribía Eduardo Andicoberry en su obra *Tartarín en Madrid* que se deberían realizar una serie de reformas en Madrid entre las que incluía un metropolitano dedicado exclusivamente para el transporte de difuntos a las Sacramentales madrileñas.

Recogida de fallecidos. Estación Norte
(Ilustración de Rafael Valero Huerta)

Los coches M-102 y M-103 se transformaron en trenes-ambulancia para el traslado de heridos por la Red. En el ramal de Norte se habilitó el tren MR-4 con el mismo cometido, lo que no impedía su circulación ordinaria: esta afirmación se deriva de su paso por la estación de Goya hacia la de Diego de León el 15 de noviembre de 1937 cuando se produce una explosión que afecta seriamente al coche R-4. Alguno de estos trenes había sido cedido espontáneamente por el Consejo Obrero de la Compañía a la Comisión Nacional de Sanidad del Socorro Rojo Internacional (SRI) a mediados de noviembre de 1936 también con la finalidad de efectuar con rapidez la evacuación de los heridos.

El metro también se utilizó para ir a la guerra. Como muchos otros milicianos, el escritor madrileño José del Corral entrevistado por Pedro Montoliú en *Madrid en la Guerra Civil. Los Protagonistas*, responde: "Iba al frente como se va a la oficina, a las nueve y media o diez de la mañana y en metro. Yo siempre he ido al frente en metro. Me bajaba en Legazpi.". Es posible que este nombre de estación no la identifique correctamente José del Corral: por aquel entonces no se podía llegar en este medio de transporte más allá de la glorieta de Embajadores.

En *La guerra del general Escobar*, escribe José Luis Olaizaola que el entonces coronel Escobar le pidió en una ocasión al general Rojo que le facilitara los datos de algún cura porque se iba a jugar la vida. Le envió al colegio de los Salesianos

Vista actual desde la antigua Dalieda de San Francisco.

de la Ronda de Atocha[169], que funcionaba como cuartel bajo la protección de la Joven Guardia Roja, regimiento del Partido Comunista, y en el que convivieron de manera pacífica sus miembros con los frailes durante toda la Guerra. En el mismo edificio se encontraba la checa llamada de los Salesianos y un centro del Socorro Rojo Internacional. Tras pasar la noche, salió del colegio y llegó andando por la Ronda de Atocha hasta la glorieta del mismo nombre, donde tomó el metro para trasladarse, con transbordo en Sol, hasta la estación de Fermín Galán, en la plaza de Ópera, la más cercana del punto en el que se encontraba su puesto de observación en el frente, aproximadamente donde se ubica en la actualidad la antigua Dalieda, junto a la Real Basílica de San Francisco el Grande. Desde aquí podía conocer de primera mano el avance de las tropas nacionales que asediaban Madrid por los alrededores del Paseo de Extremadura.

En el metro compartió el viaje con personal civil, incluidos niños y mujeres. Le acompañaba un sargento, de apellido Bermúdez, que le manifestó su impresión de que más que al frente parecía que iba al cine, que esto no era serio. No lo era, le

---

169 Situado en el número 23 de la Ronda de Atocha, dedicaba una de sus partes a la fabricación de bombas de mano con un gran número de personas, sobre todo mujeres; en el número 21 se encontraba una checa

respondió el General Escobar, pero sí era más seguro porque los alrededores del Viaducto estaban siendo batidos por la artillería enemiga. Esta es la realidad del dicho "Ir a la guerra en metro", que desmiente la creencia de que se utilizaba esta frase cuando se empleaba el ramal de Ópera a Norte[170] para el traslado de tropas hasta las proximidades del frente en la Casa de Campo. Aunque se utilizaba también para otras tareas: en diciembre de 1937 el reportero Ariel realizó un recorrido por Madrid con el teniente Parra. Entraron por la estación de Sol manteniendo este diálogo iniciado por el militar:

- Vamos a tomar el "Metro".
- ¿Pero vamos a ir al frente con el "Metro"?
- Sí. Así llegaremos antes.

Y cogieron un vagón del Metropolitano hasta la estación de Norte para visitar a las tropas que se encontraban en sus posiciones de combate desde el Paseo de la Florida hasta la Casa de Campo, trasladándose por las márgenes del Manzanares y llegar hasta el lago para finalizar en la Puerta del Ángel.[171]

El metro también era el medio habitual utilizado para regresar del frente. Entonces comenzó a verse como los milicianos cargados con sus pertrechos y los obreros que volvían agotados, haciendo uso de la "galantería proletaria", cedían sus asientos a las mujeres, sobre todo a las que cargaban con criaturas y a las que portaban paquetes.

---

170 Este ramal también era llamado el "tubo de la risa", apelativo con el que se calificaban, y califican, muchos de los túneles ferroviarios. El auténtico fue el construido entre las estaciones de tren de Atocha y Chamartín

171 Solidaridad Obrera. 15 de diciembre de 1937

LÍNEA 4. LAS MINAS

Ante el peligro que amenazaba desde el subsuelo como espacio utilizable por los enemigos los defensores de Madrid procedieron a minar diferentes puntos estratégicos entre los que se encontraba la mayor parte de las instalaciones del metro. Parece que Largo Caballero ordenó a un dinamitero que anegará de dinamita todas las líneas de metro porque tenía en mente que esto sería suficiente para volar todo Madrid: el profesional tenía muy claro que era imposible volar la capital con una sola explosión encadenada y que haría falta una segunda.

La Comisión de Fortificaciones de la Consejería de Guerra de la Junta Delegada de Defensa de Madrid solicitó al Comité de Control de la Compañía la entrega de todos los datos y planos subterráneos de los enlaces ferroviarios a propuesta del Consejo Obrero con el fin de evitar que se colocaran explosivos en las instalaciones del metro; los recibieron el 5 de diciembre de 1936 de manos de Teófilo Molinero, presidente del Comité del Metro. A pesar de la certeza de la colocación de minas en la Red de metro no hay noticia de la explosión de ninguna de ellas: los accidentes del 15 de noviembre de 1937 y 10 de enero de 1938 en las estaciones de Goya y Lista no fueron causados por la colocación de minas sino por la utilización incorrecta de materiales destinados a la industria de la guerra.

La guerra de minas en Madrid comenzó en diciembre de 1936 cuando la Junta de Defensa decidió la colocación de explosivos en una galería subterránea construida para llegar al centro de resistencia enemigo localizado en la Ciudad Universitaria ante el fracaso reiterado de sus ataques en superficie y la imposibilidad de llevar a cabo bombardeos aéreos por encontrarse prácticamente juntos los militares de ambos bandos y el riesgo de que el lanzamiento de bombas desde el aire pudiera afectar por igual a unos y otros. "La superficie de la cuña de la Ciudad es tan reducida, y los rojos se hallan tan pegados a nosotros, que un bombardeo de su aviación, tantas probabilidades tendría de alcanzar nuestras líneas como las suyas"[172].

El 24 de diciembre de 1936 se celebró en el Hospital Clínico la Misa del Gallo oficiada por el Padre Huidobro con un recordatorio a los 39 legionarios de la

---

172 Revista ilustrada de las armas y servicios. Antonio Marías de la Fuente. Mayo 1940

CUARTEL GENERAL DEL GENERALISIMO

ESTADO MAYOR   SEGUNDA SECCION

MINAS.- Confirma nuestro informador lo comunicado en notas anteriores sobre el "Tubo de la Risa" que constituye un importante centro de fabricación y depósito de material de guerra. Se asegura que la carga de dinamita está dispuesta para volarlo todo antes de la entrada de las tropas nacionalistas. Los trozos más importantes son: Plaza de Colón a los Ministerios en construcción (Hipódromo). Neptuno a Estación Mediodía.

Nuestro informador recuerda que no está construido el trozo comprendido entre Neptuno y La Cibeles,o sea que nada hay que temer en dicho sector,así como en otros cercanos a la plaza de Colón. La dinamita parece ser que existe en grandes cantidades.

También hay mucho material de guerra (se crée es el más importante) en el trozo de "Metro" que va del Teatro Real a la Estación del Norte. Se dice también que todo está dispuesto para que vuele en un momento dado,pero no hay manera de comprobarlo.

En lo que respecta a la Calle de Serrano,de la que se dice está minada por la alcantarilla,dice nuestro informador -persona de gran competencia en la materia- que incluso en caso de existir dicha mina no crée en la eficacia de la misma debido a la longitud y enorme extensión de dicha zona de alcantarilla. El interés en volar dicha calle puede estar basado en el hecho de que a ella han ido a parar la mayor parte de edificios públicos.

La gente asegura que están minadas todas las calles del barrio de Salamanca pero se crée lógicamente que dicha afirmación es un absurdo. Puede obedecer al hecho de amedrentar a los habitantes de dicho barrio,totalmente derechista.

En el Barrio de Usera y con objeto de impedir un avance en dicho sector, se sabe existen varias minas. Estas proceden del camino de Ronda (o sea pasado el Puente de la Princesa). Es imposible señalar emplazamiento exacto.

Informe sobre minas. Agosto 1937.

IV Bandera, conocida como "Cristo de Lepanto", que resultaron sepultados el día 11 anterior en este mismo lugar por el estallido de noventa minas con una carga superior a una tonelada que habían colocado los defensores de Madrid.

El número de minas en esta zona se acercaba al centenar. De la colocación de las minas y la instalación de sus cables se encargaban el Grupo de Defensa y Artificios de Guerra, integrado por batallones de mineros, la mayor parte asturianos y extremeños, que gozaban de gran predicamento como mano de obra especializada en trabajos del subsuelo.

Tras la voladura de los puntos de defensa, situados en edificios, refugios, trincheras, etc., se realizaba un ataque inmediato.

Era sumamente eficaz el conocimiento del subsuelo, sobre todo del alcantarillado, información de la que disponían los defensores de Madrid a través de los planos municipales: les reportaba una ventaja sobre el enemigo; también disponían de los planos de los edificios y contaban con mano de obra más cualificada. Así ocurrió en la zona de Estrecho, donde se estudió la posibilidad de unir un colector a los túneles del metro a través de la construcción de una galería de apenas unos 10 metros.

Las minas se construían a mano por el procedimiento de la "cadena de hombres" extrayendo la tierra sin medios mecánicos para evitar ruidos; suponía un inconveniente por la utilización durante los cuatro turnos de un gran número de personas. Un inconveniente más era la gran cantidad de agua que existe en el subsuelo de Madrid debiendo construirse pozos de recogida y efectuarse desagües.

El 12 de marzo de 1937 Franco comunicó por telegrama al general Kindelán que "las líneas del ferrocarril Metropolitano" están minadas y dispuestas para ser voladas si fuera necesario destruir Madrid, al mismo tiempo que el Palacio Real, el Teatro de la Ópera, los edificios públicos y los Ministerios, mediante un circuito eléctrico que tenía los cuadros de mando instalados en el Ministerio de Hacienda de la calle de Alcalá, y en el Palacio Nacional. En una nota de agosto de 1937 de la Segunda Sección del Estado Mayor del Cuartel General del Generalísimo, en la que se relacionan los datos facilitados por un "informador -persona de gran competencia en la materia- ", en el apartado Minas se dice: "También hay mucho material de guerra (se cree que el más importante) en el trozo de "Metro" que va del Teatro Real a la Estación del Norte. Se añade a continuación que todo está dispuesto para que vuele en un momento dado, pero no hay manera de comprobarlo."

Hacia junio del 37 corría por Madrid el rumor de que se estaban minando las afueras de la población para producir una voladura espectacular en el supuesto de que fuera preciso el abandono forzado de la ciudad, según informaba a las Autoridades en Burgos un evadido de la capital. Las minas eran el arma más efectiva contra los tanques. Otras informaciones se referían al minado por las alcantarillas de la calle de Serrano basándose en el hecho de que a ella fueron trasladados la mayor parte de los servicios públicos; incluso se comentaba entre la gente que todas las calles del barrio de Salamanca se encontraban minadas, aunque parece que se trataba de un absurdo que pretendía amedrentar a sus habitantes, considerados mayormente derechistas. También se transmitió por los espías infiltrados en Madrid que en el conocido como "Tubo de la Risa" se almacenaba gran cantidad de dinamita para volar todo Madrid. Durante la guerra sólo estaba construido el túnel del trozo que va de la estación del Mediodía hasta la plaza de Neptuno; al mismo tiempo se realizaban obras entre la plaza de Colón y los Nuevos Ministerios.

LÍNEA 5. LAS DEFENSAS

En octubre de 1936 se oían rumores por la Capital sobre la implantación de un plan de defensa ordenado por la Junta de Defensa de Madrid. El Comité Central de Comisiones de casas al servicio del Frente Popular se dirigía a la Junta para solicitar la incorporación a la elaboración del plan de al menos dos de sus representantes incluyendo en el mismo una serie de medidas al tiempo que ofrecía la colaboración de sus setenta mil miembros. Las materias que relacionaban se referían a la organización de refugios eficaces para salvaguardar a mujeres, niños y ancianos, la movilización de los hombres para construir fortificaciones y refugios que contasen con agua y alumbrado supletorio poniendo a su disposición herramientas y materiales, la organización de la defensa calle por calle conociendo la red de alcantarillado para ser utilizada como vía de comunicaciones, y el emplazamiento de hospitales de sangre, botiquines de urgencia y dotación de camillas.

El Plan de Defensa del casco urbano de Madrid se estableció por el Mando republicano el 15 de noviembre de 1936, fecha coincidente con el cruce del río Manzanares y la entrada en la Ciudad Universitaria de las tropas nacionales por el Puente de los Franceses tras un intenso fuego de artillería y de ametralladora, además del empleo de los tanques "Ansaldo" y el lanzamiento de unas setenta bombas desde ocho aviones "Junkers", también conocidos por *viudas* en el lenguaje de los madrileños. Otros aviones fueron bautizados como "las burras de leche" porque llegaban con sus bombas antes de que saliera el sol, dicho que proviene de la distribución que hacían desde el pueblo de Fuencarral los lecheros con sus burras por todo Madrid a horas bien tempranas.

La planificación de la defensa urbana del casco de la ciudad fue establecida por el general Vicente Rojo Lluch y el entonces comandante responsable de Obras y Fortificación Tomás Ardid Rey a través de tres acciones básicas: fortificación del interior de Madrid, creación de un grupo de élite de combatientes y un plan de repliegue artillero.

Los parapetos se construían en partes estratégicas de la ciudad. Frente a los accesos de las estaciones de Estrecho y Alvarado se colocaron dos de ellos de tres metros de espesor, antitanques y con troneras para fusiles; a lo largo de toda la calle de Bravo Murillo un fuerte dispositivo no impedía el paso de peatones por las aceras y tranvías por la calzada. Además, en todas las calles cercanas al frente de la Casa de Campo y en los barrios del Centro se construyeron estas defensas según avanzaba el ataque sobre Madrid. Las mujeres y los niños, y algunos hombres, levantaban el adoquinado del pavimento como mejor entendían; no había ninguna instrucción al respecto sobre su construcción y en cada barrio, en cada calle, sus vecinos presumían de que su fortificación era la mejor.

Los parapetos existentes dentro del casco urbano fueron protagonistas de una petición realizada por el consejero Melchor Rodríguez García en la sesión del Consejo Municipal celebrada el 30 de diciembre de 1938. Consideraba que no tenía ningún sentido su permanencia tras llevar colocados más de dos años debido al estado de destrucción en que se encontraban al haber sido construidos de muy buena fe y con mucha ilusión por vecinos y obreros sindicados, pero eran de una calidad técnica ínfima; ya se habían convertido en depósito de inmundicias para arrojar basuras, de evacuatorios y de punto de encuentro de parejitas que aprovechaban la llegada de la noche. Cuando llovía se deshacían y en sus huecos se formaban albercas porque faltaban los adoquines que se habían levantado para construirlos con la consiguiente generación de desagradables pestilencias que afectaban a los vecinos. Reafirmaba su posición considerando que era imposible el paso de las tropas enemigas por ellos debido a que las trincheras y fortificaciones que rodeaban Madrid formaban un cinturón y le hacían infranqueable. El alcalde Sr. Henche contestó en el sentido de que se habían retirado unos pocos por iniciativa de algunos tenientes de alcalde, pero que la Comandancia de Ingenieros se negaba a ello por la posibilidad de que funcionaran como segunda o tercera línea de defensa.

Existían numerosas trincheras y fortificaciones de mala calidad y deficiente construcción, "casi todas ellas en ziz-zag, hechas en tierra y con sacos. Sólo los reductos para ametralladoras, situados irregularmente, llevan obra de mampostería. Son completamente vulnerables por la artillería y la aviación." Se utilizaban también "adoquines, bloques y piezas de hormigón, losa de acera, ladrillo cerámico, siempre relleno con arena", calzándose "las piezas en seco con cascotes, lajas de piedra, etc." En noviembre de 1936, el general Miaja ordenó al coronel Ardid que se encargara de la construcción de las fortificaciones para la defensa de Madrid: se levantan de manera ordenada en el interior de la ciudad por cuatro mil obreros de la construcción; en las afueras es una tarea más compleja debido a la urgencia ante el peligro de un ataque inmediato en zonas concretas por las que se piensa pueden atacar los rebeldes. Es preciso conseguir mano de obra sin dilación; los ingenieros disponen de camiones que salen del Ministerio de la Guerra con picos y palas, se dirigen a las bocas del metro y obligan a punta de pistola a los hombres que salen por los accesos a subir en los camiones y los trasladan a los puntos de construcción de las fortificaciones.

La fortificación de las calles de Madrid con montones de adoquines y sacos terreros daba la sensación de que nos encontrábamos en una ciudad destruida. Su cometido era impedir el paso del tráfico rodado, de los pocos coches que circulaban, aunque se dejaba paso para los tranvías disponiéndose los parapetos de tal forma que podían cerrarse rápidamente en caso de necesidad.

Los vehículos automóviles habían quedado adscritos al Comité Nacional de Autotransporte tras su creación el 1 de agosto de 1936 para atender las necesidades de la guerra. Sí se permitía la circulación de los automóviles asignados a las Casas de Socorro. Cuando eran utilizados por los médicos para servicios de asistencia urgente a domicilio y con la finalidad de evitar dificultades y detenciones durante los traslados, desde el 2 de octubre de 1936 se les dotó de una campana similar a las que llevaban los carruajes de incendios que hacían sonar durante la noche.

LÍNEA 6. LOS ESPACIOS MILITARES

L a Red de metro era uno de los lugares más indicados para almacenar y proteger el armamento y las municiones con seguridad. En diciembre de 1936 se ordenó evacuar varias estaciones que servían como refugio ante los bombardeos para destinarlas a depósitos de municiones: son numerosos los puntos de la Red en los que encontramos espacios militarizados.

Depósitos de municiones

Noticias procedentes de la prensa de Roma, fechadas el 12 de diciembre de 1936, informaban sobre la evacuación de varias estaciones de metro que servían como refugio para instalar en ellas depósitos de municiones.

- Ramal de Goya a Diego de León: dinamita, trilita, municiones y otro material de guerra. En mayo de 1937 se suspende el servicio por estar convertido todo el túnel en depósito de municiones, y ya en febrero de 1938, tras la explosión del taller de recarga de proyectiles de artillería instalado en la estación de Lista, se trasladan los talleres a los Cuatro Caminos, siendo uno de sus destinos las instalaciones del antiguo Taller de Precisión de Artillería, situado en la calle de Raimundo Fernández Villaverde; esta industria fue trasladada sobre noviembre de 1936 a la localidad valenciana de Almàssera: su producción se centró entonces en la fabricación de prismáticos y alzas panorámicas.

Este trozo del metro fue una de las instalaciones industriales más vigiladas por la policía secreta, junto con la fábrica Standard y el conocido como *Tubo de la Risa*, que discurría entre las estaciones ferroviarias de Atocha y Chamartín. A pesar de la explosión de enero de 1938, en octubre siguiente se informa por los servicios de espionaje del bando nacional que el depósito sigue funcionando al tiempo que se fabrican y montan bombas de mano y morteros.

- Estación de Príncipe de Vergara. Ocasionalmente, los trenes que circulaban por la línea 2 depositaban las cajas de armamento destinadas al frente en sus andenes, impidiéndose el acceso a los viajeros al tiempo que era preciso desalojar a los refugiados.

- Trozo de Sol a Retiro. Los andenes se utilizaban como depósito de material bélico.

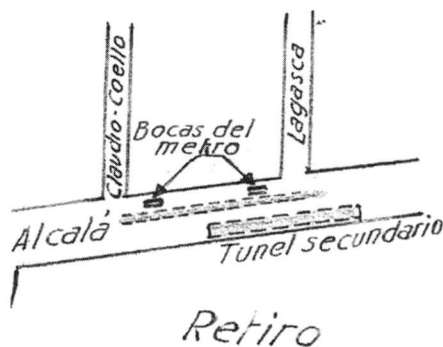

Plano de Estación Retiro. Archivo General Militar de Ávila.

- Túnel secundario de Retiro: espacio comprendido entre las calles de Claudio Coello y Lagasca, en la acera de los pares de la calle de Alcalá. Aquí estaba previsto en el proyecto original que naciera la futura línea de metro del barrio de Salamanca.

- Túnel de Goya a Manuel Becerra.

- Túnel Manuel Becerra-Ventas. En febrero de 1937 se acumulaban entre 40 y 80 toneladas de material bélico.

- Ramal Ópera-Norte: se traslada al ramal Goya-Diego de León en diciembre de 1936.

- Polvorín en un lugar no identificado.

- Polvorín en las Cocheras de Ventas: muy importante en cantidad de explosivos.

- Estación de Atocha. Contaba con un túnel secundario utilizado habitualmente como vía apartadero para estacionamiento de los trenes; se había construido en 1921 cuando era cabecera de línea.

- Estación de Norte.

Depósitos de víveres

- Ramal de Goya a Diego de León. En superficie, la iglesia de los Jerónimos se convirtió en depósito de alimentos de la Reforma Agraria.

- Ramal de Ópera a Norte. En la estación de Ópera se custodiaban los comestibles que se traían de la de Norte, que se encontraba llena de ellos. Uno de sus guardianes fue el conductor Juan Cuacos Gómez, designado para tal cometido por el Consejo Obrero desde agosto de 1936, dotándole de una pistola que devolvió a finales de 1937: la entregó en el Sindicato Ferroviario a cambio de un recibo.

- Estación de Príncipe de Vergara

- Estación de Ventas

Depósitos de armamento

- Estación de Lista, también llamada de Torrijos
- Estación de Diego de León
- Estación de Príncipe de Vergara

Talleres de carga y reparaciones

- Estación de Lista
- Estación de Diego de León
- Ramal Ópera-Norte

Medios de comunicación

- Centro de Transmisiones en el túnel entre Goya y Lista
- Talleres y Cocheras en Cuatro Caminos y Ventas para transporte urbano
- Instalación de sirenas en las Cocheras del metro

De todos estos espacios, llama la atención en cuanto a cantidad los ubicados en la denominada *zona neutral*, que muchos asimilaban al barrio de Salamanca, aunque no era un conocimiento que se ajustara a la realidad sino que el espacio así conocido fue sufriendo diferentes modificaciones en cuanto a su extensión por los cuatro puntos cardinales.

Por decisión de Franco se estableció desde el 6 de noviembre de 1936 la llamada *zona neutral* de seguridad destinada a la población no combatiente de Madrid. La primera delimitación no se correspondía con el barrio de Salamanca que luego sí fue incluido parcialmente en la segunda ampliación el 17 siguiente: un día después volvió a modificarse. La primera se encontraba delimitada por la calle de Diego de León, el paseo de la Castellana en su trozo final, el antiguo Hipódromo (Nuevos Ministerios) y el paseo de Ronda (Joaquín Costa y Francisco Silvela), quedando sin definir el límite por el Este. La *zona neutral* última resultó de mayor superficie, encontrándose sus límites por el Este en el trozo de la calle de Velázquez que transcurría entre el Paseo de Ronda, actual de Joaquín Costa, y la intersección con la calle de Goya; esta y la de Génova marcaban el límite por el Sur; por el Oeste la línea divisoria se amplió desde el paseo de la Castellana hasta la calle de Zurbano.

El Gobierno no aceptaba que existiera una zona neutral porque ello suponía confirmar que el resto de Madrid sí podía destruirse y se incitaba a que los habitantes de la ciudad se trasladaran a ella con poco más que sus colchones a cuestas, siendo imposible que cupieran todos en esta zona. Estos colchones servían para dormir en el suelo de las casas cuando llegaban las bombas, aunque más de un cristal de las ventanas atravesadas por los disparos caía sobre los que intentaban protegerse tumbados en ellos.

En la estación de Tetuán se encontraba ubicado el puesto de socorro de la 7ª Comisión de la Cruz Roja Española: no tenía ningún tipo de función militar. Desarrollaba su trabajo todo el día prestando gratuitamente servicios en materia de medicina preventiva tales como las vacunas antitífica y antivariólica. A principios de diciembre de 1937 esta organización instaló en el túnel de la estación una clínica de urgencias que funcionaba desde primeras horas de la noche hasta el amanecer con el cometido de atender a las personas que se encontrasen enfermas o resultasen heridas por los bombardeos de la aviación enemiga o por cualquier otra causa.

En febrero de 1938 se rogó encarecidamente a los agentes de la Compañía que se vacunaran contra el tifus, ofreciendo esta posibilidad también a sus familiares. Para ello tenían que acudir a la clínica ubicada en el recinto de Ventas. Los que ya habían recibido la vacuna en 1937 tenían que aportar el certificado justificativo para que se les inyectase una dosis menor. Esta acción sanitaria venía motivada por la petición del Ministerio de Instrucción Pública y Sanidad al considerar que Metro era una de las empresas donde se podía llevar a cabo esta vacunación de manera más controlada. Las inyecciones fueron aplicadas por doctores dependientes de la Inspección Provincial de Sanidad.

LÍNEA 7. LOS DAÑOS

Madrid fue la primera capital europea bombardeada desde la Primera Guerra Mundial. Aunque ya se habían bombardeado otras ciudades, la capacidad de los aviones y las bombas habían sufrido un incremento tan importante que causaban numerosas víctimas entre la población civil debido a la imprecisión de los disparos desde los aviones o desde tierra que no alcanzaban los objetivos previstos.

En algunas ocasiones, cuando las bombas perforaban la bóveda de las estaciones de metro utilizadas como improvisado refugio se acababan convirtiendo en auténticas trampas. La gente se asomaba con curiosidad a los bordes de los agujeros contemplando los raíles que brillaban al reflejo de la luz natural. Desde algunos medios de comunicación se aconsejaba que los lucernarios de las estaciones ubicadas en la declarada zona de guerra se protegiesen en evitación de los daños que podría sufrir el personal femenino de servicio en los vestíbulos por el impacto de los obuses.

A las nueve menos cuarto de la mañana del 14 de noviembre de 1936 las bombas destruyen la fachada del Ministerio de Obras Públicas y la boca de acceso a la estación de metro de Atocha matando a ochenta personas: en esta estación solían producirse concentraciones militares. Al lado del Ministerio de Fomento "los efectos de las bombas permitían ver los raíles del metro", según nos relata Mijail Koltsov. Se cree que estas bombas iban dirigidas realmente contra la batería situada en el Cerrillo de San Blas, junto al Observatorio Astronómico y Meteorológico de Madrid. El 17 del mismo mes cae una bomba entre las estaciones de Sevilla y Sol, seguida de otra más que destroza el acceso de Carmen a la estación de metro en la misma Puerta del Sol. El 20 siguiente, domingo, los madrileños abarrotaban la céntrica plaza paseando en busca de adquirir algún producto de primera necesidad de los que ofrecían los vendedores callejeros en sus puestos. En un nuevo bombardeo sobre Madrid un primer proyectil impactó en un estanco de la Puerta del Sol al tiempo que abre un cráter a todo lo ancho de la calle de Alcalá esquina a la plaza que deja al descubierto los raíles y los coches de los trenes de la línea 2: la gente huía despavorida sin destino fijo buscando refugio, pero rápidamente regresaba a su actividad anterior. A los pocos minutos estalló otro frente a una boca de metro en reparación, cubierta solamente con una tabla. Los ciudadanos comentaban enfadados que ni en esta fiesta podían pasear tranquilamente. ¡Fina ironía madrileña! En el acceso de Carmen solía colocarse un ciego que tocaba el acordeón; cuando cayó esa bomba se acabaron su música y su vida, junto a la de otra docena de personas, todas mujeres y niños.[173]

Las bombas que se lanzaban a la Puerta del Sol podrían ir dirigidas contra el edificio del Ministerio de Hacienda, en cuyos sótanos se estableció la Junta de Defensa de Madrid desde noviembre de 1936 cuando el Gobierno de la República sale de Madrid, quedando al frente el general José Miaja Menant. Entre los que intentaron salir de Madrid se encontraba el alcalde Pedro Rico. Fue interceptado por milicianos anarquistas a la altura de Tarancón; le obligaron a regresar a Madrid, se ocultó en la Embajada de México y se exilió a través de Valencia oculto en el maletero del coche de "el Nili", miembro de la cuadrilla de Juan Belmonte como banderillero. Hay dudas sobre este hecho dado que una persona tan gruesa como Pedro Rico pudo viajar en el maletero. Una anécdota de Pedro Rico es la de que durante su primer mandato como munícipe entre el 14 de abril de 1931 y el 1 de octubre de 1934 se convocó una plaza de gato para cubrir la vacante producida en los Archivos Municipales; de los cinco felinos en plantilla uno había muerto atacado por las ratas y era preciso seguir ahuyentando ratones.

Los agujeros que causaban las bombas llegaban a alcanzar tales dimensiones que cabía un tranvía en alguno de ellos impidiendo la circulación en superficie. La revista *Umbral*, en su edición de 19 de noviembre de 1938, transmitía la visión del reportero que había informado desde la Puerta del Sol en diciembre de 1936: "El "metro" tiene una ancha herida en el cemento del túnel. Brillan en el fondo los raíles, y la gente, curiosa, se asoma a los bordes del gigantesco "entonnoir" [174]La metralla ha salpicado los muros y los cristales rotos recortan sus aristas en el día húmedo."

A mediados de enero de 1937 fue bloqueado el acceso directo que había desde la Puerta del Sol para tomar la línea 2 con dirección a Ventas y Diego de León; el 21 y 23 de abril siguientes cayeron varios proyectiles entre las estaciones de Banco y Sevilla, causando algunas víctimas; el 2 de agosto, un obús produjo graves daños en el material móvil estacionado en las Cocheras de Cuatro Caminos: se bombardeaban estas cocheras en superficie porque eran el único punto del metro en que se podía atacar la Red con eficacia. Las Cocheras de Ventas se encontraban

173 *A través de la metralla*. Escenas vividas en los frentes y la retaguardia. Armand Guerra
174 Embudo

muy alejadas de la zona norte y no se vieron afectadas en ningún momento por los bombardeos. Las cocheras de los tranvías existentes en el barrio de Cuatro Caminos fueron atacadas y sufrieron daños muy considerables.

El 11 de octubre siguiente es alcanzado el acceso de Conde de Romanones en la estación de Progreso: fallece una de las personas que se encontraba en el lugar. Este mismo día, entre las 9 y las 10 de la noche, fueron bombardeados el barrio de Lavapiés y las calles de Velázquez y Ferraz con los consiguientes daños humanos y materiales. En octubre de 1938 cayeron bombas sobre el acceso a Montera de la estación de Gran Vía y en la calle de Cartagena. En este mismo mes se "bombardeó" con sacos de pan, que muchos quemaban por temor a que estuvieran envenenados o pudiera causar su ingesta problemas digestivos: se corrió la voz de que uno de ellos había matado a un transeúnte.

En el ramal de Norte parece que se produjeron daños importantes porque fue preciso cerrarlo y realizar trabajos de reconstrucción: en mayo de 1939 se comenzó a prestar el servicio de trenes por una sola vía.

LÍNEA 8. LA EXPLOSIÓN DE TORRIJOS

La concesión del Ferrocarril Metropolitano de Madrid se otorgó el 12 de enero de 1917. Entre las líneas proyectadas estaba la llamada número 3, denominada *Serrano*, cuyo recorrido arrancaría en la plaza de la Independencia discurriendo a lo largo de toda la calle de Serrano y con final en la calle de Diego de León. Las estaciones proyectadas eran cuatro: Diego de León, Lista, Goya e Independencia. En el trozo de la línea 2 de Ventas a Sol se construyó la estación de Retiro en el lugar proyectado originariamente para la de Independencia. La dirección de la compañía consideraba de escasísima utilidad para el público y para la propia Compañía la traza de aquella línea proyectada inicialmente como número 3.

Por este motivo alegado por la Compañía Metropolitano ya en noviembre de 1929 comenzaron a realizarse los estudios pertinentes para solicitar a la Superioridad la sustitución de la línea 3 por otra que transcurriría en paralelo a ella por la calle de Torrijos con origen en la estación de Goya y final en Diego de León, barriada de la Guindalera, quedando preparada para su prolongación hasta la Prosperidad. La orden del Ministerio de Obras Públicas dando su conformidad a esta modificación es de fecha 12 de septiembre de 1935 y su publicación del 18 siguiente cuando esta línea ya se había abierto unos años antes, en 1932.

Por real orden de 4 de julio de 1930 se aprobó el proyecto de esta línea en cuyo texto se relacionaban una serie de prescripciones que tendría que cumplir la Compañía Metropolitano Alfonso XIII entre las que se encontraba la construcción de los accesos en las aceras o andenes sin que en ningún momento pudieran afectar a la calzada y la reconducción de todas las galerías de servicio así como la construcción del alcantarillado necesario, de acuerdo con las instrucciones de los empleados del Ayuntamiento y del Canal de Isabel II. Fue inaugurada sin ningún acto oficial el sábado 17 de septiembre de 1932, contando con la estación intermedia de Lista. El ramal a Diego de León partía de la estación denominada internamente como Goya-bis. Los trenes que llegaban desde Cuatro Caminos a la estación de Goya se dirigían alternativamente a Ventas o Diego de León; los trenes que partían de esta estación llegaban a Goya y continuaban su recorrido hasta

Cuadro de mando. Enclavamiento de la Estación de Goya, Línea 2.
Edición Rafael Valero Huerta.

Cuatro Caminos: los viajeros que se dirigían hacia Ventas tenían que cambiar de andén a través de una pasarela. En los andenes de la línea 2, desde Sol hasta Goya, unos indicadores luminosos informaban de cuál era el destino de cada tren. Este ramal estuvo operativo hasta 1958 aunque perdió su cometido original cuando en 1944 se inauguró la línea 4 entre Argüelles y Goya, conocida como de los *Bulevares* por ser este el nombre que figuraba en el proyecto original con origen en Ferraz y terminación en Goya.

Las autoridades republicanas presumían de que la ciudad de Madrid carecía de objetivos militares a pesar de la existencia de las baterías antiaéreas y de multitud de espacios en los que se almacenaba material de guerra bajo el pabellón de instituciones que tenían la consideración de imparciales por su labor humanitaria.

El lunes 10 de enero de 1938, sobre las 11:47 horas, se oyeron por el centro de Madrid unas explosiones que se averiguó procedían de un incendio en el metro entre las estaciones de Goya y Diego de León, acudiendo de inmediato al lugar el Cuerpo de bomberos del Parque de O'Donnell, las fuerzas militares y los empleados de las compañías del gas y de la electricidad. Se había producido lo que el embajador de Chile temía y había venido advirtiendo de manera reiterada.

En la sesión del Consejo Municipal del día 14 siguiente se dio lectura a una comunicación de la Alcaldía Presidencia dirigida al jefe interino del servicio Contraincendios del Ayuntamiento, y extensiva a todos los miembros del Cuerpo, poniéndole de manifiesto "la complacencia y satisfacción del Consejo por la actuación de dicho Cuerpo plena de sacrificio y heroísmo, con motivo del reciente suceso ocurrido en la calle de Torrijos." El alcalde Sr. Henche añadió que habían prestado, una vez más, un gran servicio exponiendo sus vidas para salvar las de los demás. El delegado del servicio de Bomberos, Sr. Serrano Juan, dijo que el trabajo realizado había sido de una importancia mayor que el conocido y que los madrileños reconocían el sacrificio y heroísmo que aportaba este personal para combatir los siniestros de la guerra. El consejero Sr. Huélamo manifestó que era preciso reconocer a los miembros del Cuerpo de Ambulancias el trabajo realizado por tratarse de empleados municipales. Finalmente, el Consejo acordó por unanimidad que constase en acta la condolencia por las víctimas habidas en el siniestro.

Antes de entrar en materia es importante indicar que las escasas noticias de las que disponemos son muy valiosas, toda vez que la censura por parte de ambos bandos fue lo suficientemente estricta como para que estos hechos tan luctuosos no trascendieran más allá de sus propios intereses. El silencio, el miedo a hablar de este hecho y de todo lo que pasó en Madrid durante esos tres años fatídicos para España estuvo presente durante casi cuarenta años. Todavía hoy hay personas que no quieren hablar de lo sucedido en ese trienio, porque nunca lo han hecho y porque piensan que todavía pueden sufrir más por contar lo que vivieron.

Esta desinformación supone embarcarnos, en primer lugar, en una aventura para conseguir determinar si se trató de un accidente o fue un sabotaje quintacolumnista y, en segundo, conocer de manera incluso aproximada el número de víc-

Calle de Torrijos y Estación de Lista. Enero de 1938. Diseño de Rafael Valero Huerta.

timas. El 31 de julio de 1938 se produjo una explosión de similares características a la de Torrijos cuando saltó por los aires la Casa de Maternidad de O´Donnell dedicada a fábrica de material de guerra. El número de víctimas fue en este caso de unas cuatrocientas personas.

Por un lado, la ya penosa moral de los ciudadanos de Madrid y las tropas que defendían la capital podía verse seriamente afectada; por otro, la de las tropas nacionales podía subir como la espuma si llega hasta sus posiciones la noticia de este espectacular desastre.

Las autoridades militares impusieron el más riguroso silencio a la prensa, que calló este horrible crimen, por lo impopular de los motivos del siniestro para los madrileños, y más si supieran el peligro al que realmente estaban sometidos por las decisiones de los gobernantes. ¡Lo que no aparece en los medios no existe! La previsible información del suceso que recogerían los periódicos tempraneros de la noche supuso la decepción de las personas que la esperaban expectantes: ¡Ni una palabra, ni una línea!

A esta falta de información se añade la dificultad para encontrar testimonios personales de los vecinos y cualquier otra persona de las que intentaron acercarse por la zona tras conocer este hecho trágico.

"En la guerra voló por los aires casi todo el suelo de esta calle. Había debajo una fábrica de hacer pólvora y hubo más de mil muertos", le dice Maruja a Asunción cuando pasan por la calle del Conde de Peñalver, antigua de Torrijos, para encontrarse con Juanito, según nos relata Antonio Ferres en *Los Vencidos*. Además de fábrica de proyectiles, había explosivos y gases asfixiantes. La explosión se escuchó en la zona de Campamento, a unos ocho kilómetros de distancia.

En noviembre de 2019 conocí a don Gregorio Rodríguez Díaz, nacido en 1927, padre de Amparo, una compañera de Metro. Nos contaba que al comenzar el conflicto fue evacuada toda la familia de su vivienda en el barrio de Argüelles, el "barrio mártir"[175], el más bombardeado de la Capital. Se marcharon de la calle de Guzmán El Bueno esquina a Fernando El Católico, 25, hasta la de Núñez de Balboa, 8, a lo que había sido la zapatería de lujo "Calzados Fausty", negocio que cerró su dueño, Carlos Núñez de Prado, al inicio de la Guerra tras ser incautado en agosto de 1936: todo el género fue vendido a precios bajísimos por los milicianos intervinientes. De la explosión en el metro de Lista únicamente recuerda que había llamas y que la cubierta saltó por los aires viéndose un costado del andén. Y añade: "En nuestra familia no sabíamos nada de política y nunca nos metimos en estos temas; cuando nos evacuaron, apenas salíamos de nuestra nueva casa. Todas

---

175 Así lo llamaba el jurista Carlos González Posada

Andenes de la Estación de Lista. 29 de diciembre de 2019.

las noches cenábamos chocolate con picatostes: teníamos un amigo cubano, que creo que se llamaba Isaac, que había montado una confitería[176] en la plaza de Santo Domingo, en la intersección que forman la calle de Veneras y la Costanilla de los Ángeles; nos regalaba *chocolate de hacer*, que mi padre guardaba en dos arcones que había vaciado de herramientas". Aseguraba que la información de lo que pasaba en Madrid no les llegaba por ningún medio: si alguna persona había vivido en primera línea situaciones que pudieran afectar al ánimo de los madrileños no se atrevía a hablar por temor a ser escuchado y consecuentemente procesado.

Don Gregorio nos relató alguno de sus recuerdos personales fuera de esta época: "Hice el Servicio Militar en la calle de la Princesa, número 25; y luego me destinaron a la Central Aérea del Ministerio del Aire, en la calle de Quintana, teniendo a mi cargo el Archivo de Militares porque sabía escribir a máquina, que había aprendido cuando realizaba mis estudios en la Escuela de Comercio". Y añadió que considerar como "zona neutral" el barrio privilegiado en el que se refugiaba, que parecía protegido, era pura teoría: también cayeron bombas, una de ellas en

---

176 El molino también era tostadero de café; tenía tres fachadas y se accedía al interior por el chaflán

una manzana próxima a la zapatería en la que vivía, que hizo saltar por los aires tejados, ventanas y cierres en las viviendas y locales de las calles aledañas.

Mari Cruz de la Fuente Fernández me decía que su madre se refería a menudo a la explosión recordando sobre todo el olor a quemado y la caída de cascotes sobre las lámparas de su casa. Su tía Julia estaba en ese momento en su domicilio con sus dos primeros hijos en la cuarta planta del edificio en el que se encontraba la tienda "Casa de Comestibles Finos y Licores Borregón", en Torrijos, 43, esquina con Lista.[177]

Doña Fuensanta Fernández Ecénarro, nacida en 1927, tía de Mari Cruz y hermana de Julia, me decía que esta acababa de dar a luz a uno de sus hijos. Ante el temor de que se repitiera la explosión las autoridades ordenaron que se procediera al desalojo de toda la zona; la imposibilidad de movimientos de doña Julia obligó a los milicianos a bajarla junto a su bebé por la escalera y trasladarla en el colchón de su propia cama hasta la casa en la que vivía una cuñada en la calle de Alcántara. Doña Fuensanta también recuerda cómo sus padres y el resto de la familia residentes en su mayor parte en Córdoba sentían una tremenda desazón ante la falta de noticias de lo que había ocurrido en el metro de Lista y la imposibilidad de contactar entre ellos: su familia realizaba las comunicaciones enviando la correspondencia a una amiga que vivía en Palma de Mallorca desde donde la hacía llegar a Madrid.[178]

Los hermanos Borregón estaban especializados en cafés y chocolates de elaboración propia y en su tienda se podrían encontrar los comestibles más selectos. Este establecimiento resultó totalmente destruido cuando la explosión del metro quedando sus elementos y enseres definitivamente inservibles: pasó a transformarse en residencia de evacuados sin actividad comercial alguna.

Únicamente se produjo una declaración oficial. El 15 de enero siguiente, desde Barcelona, el ministro de la Gobernación se creyó obligado a facilitar una nota oficiosa para tratar de reducir la indudable importancia del accidente: "Un periódico ha hecho alusión a que la explosión ocurrió en los talleres del subterráneo de Madrid y que hizo numerosas víctimas, especialmente entre los obreros, y causando la muerte del jefe de los talleres, Julio Flores. Las causas de la catástrofe no han podido todavía ser restablecidas, desenvolviéndose las pesquisas muy difícilmente. Los citados talleres se dedicaban a la fabricación de municiones y artefactos explosivos."

Carolina Peralta, en *El comunismo en España. Treinta y dos meses de barbarie en la zona roja. Apuntes de la guerra española*, en el capítulo "La catástrofe del Metro", acusa

---

177 Conversación mantenida el 17 de diciembre de 2020
178 Conversación mantenida el 19 de diciembre de 2020

a las Autoridades republicanas de ocultar los hechos mientras puedan y, llegado el caso, de inventar cualquier mentira para salvar su responsabilidad; también se refiere a los medios de información: "Entretanto, la Prensa calla, y las familias afectadas por la catástrofe llorarán a solas su desventura. No ha pasado nada; puede la farsa continuar. La Prensa tiene bastante para llenar el escaso papel de que dispone con las injurias que vomita contra el obispo de Teruel, caído en poder de los marxistas."

La prensa republicana facilitaba la información con criterios propagandísticos ya que sus periodistas eran unos combatientes más y la realidad se supeditaba a la ideología. La prensa extranjera que había enviado a los mejores periodistas de cada país que se alojaban en los hoteles cercanos a la Plaza de España tampoco era fiable por cuanto exageraba y deformaba la información para despertar mayor interés; como ejemplo, contaba el corresponsal norteamericano H. Edward Knoblaugh que Luis Rubio Hidalgo, jefe de la Sección de Prensa y Propaganda del Ministerio de Estado y hombre de confianza del ministro Álvarez del Vayo, les indicaba que cuando escribieran sus crónicas exageraran el número de víctimas civiles de los bombardeos.

Los corresponsales extranjeros enviaban sus crónicas sometidas previamente a censura de los textos originales que se realizaba en el edificio de Telefónica o en el del actual Ministerio de Asuntos Exteriores en la plaza de Santa Cruz. Para evitar ser acusados de la comisión de algún delito presentaban y recibían una copia sellada en cumplimiento de la disposición publicada en el Boletín Oficial de la Junta Delegada de Defensa de Madrid el 1 de enero de 1937: "A partir de las 12 de la noche del día 30 de Diciembre de 1936, queda terminantemente prohibida la publicación en Madrid de periódicos, diarios, revistas, boletines, tanto de empresas como de organizaciones, políticas, sindicales y de milicias, dibujos, litografías y demás medios gráficos mencionados en el artículo segundo de la Ley de Imprenta[179], con excepción de los libros, sin que previamente hayan sido autorizados por la censura de la Delegación de Propaganda y Prensa de esta Junta." Con este mismo texto publicaba la prensa el 31 de diciembre de 1936 una nota oficiosa firmada por el general Miaja en la que se disponía la obligación de pasar por la censura previa advirtiendo de las sanciones que se impondrían rigurosamente a los autores o responsables del incumplimiento de esta orden.

La misma inspección sufrían también los diarios nacionales. Era habitual encontrar en sus ediciones el texto resaltado y en mayúsculas "ESTE NÚMERO HA

---

179 "Los impresos se dividen en libros, folletos, hojas sueltas, carteles y periódicos. Tienen también la consideración de impresos los dibujos, litografías, fotografías, grabados, estampas, medallas, emblemas, viñetas y cualquiera otra producción de esta índole, cuando aparecieren solas y no en el cuerpo de otro impreso." *Gaceta de Madrid.* Lunes 30 de julio de 1883

SIDO VISADO POR LA CENSURA" que suponía en algunos casos la aparición de espacios en blanco, aunque el Ministerio de Gobernación, que se ocupaba de las cuestiones políticas y civiles[180], había ordenado que no se dejaran sin contenido los espacios eliminados por la censura y se rellenaran con otra información. Se pretendía que el enemigo no pudiera tener conocimiento de hechos que pudieran perjudicar los intereses del Gobierno republicano. La autocensura estaba abocada al fracaso por lo que no se permitió que los propios periódicos se encargasen de llevarla a cabo bajo su responsabilidad: la censura fue acusada de lenta y arbitraria.

Las primeras informaciones que llegaban al extranjero sólo informaban de un grave accidente con explosivos en el metro sin concretar el lugar exacto. Se decía que había numerosas víctimas porque en ese momento pasaba un tren abarrotado de viajeros, achacando a la censura roja la transmisión de noticias que impedía conocer más datos. No parece que el tren al que se refieren estuviera en el ramal Goya-Diego de León sino circulando por la línea 2.

Las embajadas sirvieron de cobijo para miles de personas. Sólo las de Estados Unidos, a cuyo frente estaba el encargado de negocios Eric Wendelin, partidario de otorgar el asilo en contra del criterio de su Departamento de Estado, y Gran Bretaña, se negaron a recibir ningún refugiado, no habiéndose registrado ninguna persona en la de Egipto. Las más "activas" fueron la francesa, con más de dos mil personas en varios edificios, la de Noruega con novecientos refugiados en algún momento, Finlandia (legación sin representación diplomática) y Chile y casi todas las demás hispanoamericanas. En "El Hogar Polaco", edificio propiedad del marqués de Ybarra, sito en la Glorieta de Rubén Darío, 1,[181] los diplomáticos de esa nacionalidad acogieron como asiladas a multitud de personas sin preguntarles su orientación política.

En una nota verbal de la Embajada de Chile, de fecha 4 de diciembre de 1941, por la que se da respuesta a la petición del Ministerio de Asuntos Exteriores, se indica que los refugiados en esta representación diplomática durante los 32 meses de guerra fueron unos 2.300.

La sede de la Embajada de Chile, con su titular al frente, recibió desde el día siguiente al del estallido del Alzamiento militar a personas que acudían a refugiarse ante el sentimiento de que los elementos marxistas pretendían acabar con sus vidas. Se les concedía protección previo interrogatorio para conocer la razón de su petición de asilo. Ello no impedía que desde la sede de esta embajada operaran grupos que actuaban de manera independiente entre ellos: eran cuatro. Uno de

---

180 De las cuestiones militares se encargaba el Ministerio de la Guerra

181 El 24 de mayo de 2021 se colocó en este edificio una placa de agradecimiento en nombre de Madrid

Glorieta de Rubén Darío, 3. Sede de "El Hogar Polaco".

estos grupos paramilitares tenía como misión la toma de las infraestructuras más importantes, entre ellas el metro, en el momento de un nuevo asalto a Madrid y su adaptación a las necesidades de Franco.

El embajador no sólo se preocupaba del presente de las personas refugiadas, sino que pensando en el futuro decidió organizar en la sede por las tardes de 6 a 8 conferencias sobre todo tipo de materias; una de ellas, titulada "Sobre el Metro de Madrid", fue pronunciada por el Sr. Véglison, a la sazón ingeniero jefe de la Compañía.

La acumulación desmedida de municiones en Madrid obligó a habilitar diferentes recintos que no contaban con las mínimas condiciones de seguridad. En los túneles del metro se ubicaban diversos talleres y depósitos de municiones, explosivos y armamento. El riesgo para la vida de las personas era evidente: a pesar de las advertencias que se vinieron realizando a las autoridades competentes por incluso fuentes diplomáticas como el embajador de Chile, Aurelio Núñez Morgado, se hizo caso omiso a las mismas llegando a producirse hechos como el que tratamos en este punto.

El 1 de febrero de 1937 el embajador chileno, decano del Cuerpo Diplomático, escribía de nuevo a Largo Caballero: "En otra oportunidad me he permitido poner en conocimiento de V. E. informaciones privadas que podían significar grave peligro público, tal como fue el caso de mi nota relativa al depósito de explosivos en la línea del "Metro" en Torrijos, entre Goya y Diego de León. Desgraciadamente parece que, a pesar de la comunicación de V. E., se ha continuado depositando allí aquellos materiales que, de un momento a otro, podrían significar la destrucción de uno de los barrios más hermosos de Madrid y la pérdida de millares de vidas." La contestación se limitó a comunicar que se había dado traslado a los organismos competentes. Ante la insistencia del diplomático, el ministro de Estado contesta en el sentido de que no encuentra razones para rectificar las medidas tomadas por el Gobierno toda vez que en las inmediaciones no se encuentra ninguna Misión diplomática ni consular considerando que en la decisión se tuvieron en cuenta tanto las necesidades del vecindario como las de la defensa de Madrid.

Este cruce de correspondencia entre el Gobierno republicano y el embajador de Chile preocupaba a las autoridades ya que si este tenía informaciones sobre la ubicación del taller de Torrijos no era descabellado pensar que también obraban en poder del enemigo. De hecho, en una nota de la Jefatura del Servicio de Información Militar (SIM) del Estado Español fechada en Burgos el 6 de julio de 1937 se transcribe la información recibida del Servicio de Información del Noreste de España (SIFNE) desde Madrid entre la que se indica: "Intensifican el depósito y fábricas de municiones que por cierto está muy vigilado por los de la secreta y milicianos, el tubo de la Risa Standar de Príncipe Pío, Metro de Pedro León a Goya." Y en otra del 15 siguiente se comunica: "que, en la estación del metro de Diego de León, existe un enorme depósito de material de artillería, talleres de recarga y ocupan desde la parada de la calle de Lista hasta aquella plaza." La propaganda de la Junta Delegada de Defensa de Madrid para los servicios del Frente pedía a los milicianos que dirigieran las balas al enemigo y las vainas a la retaguardia para que pudieran volver a utilizarse: estas vainas se recargaban en el taller de la estación de Lista. A modo de curiosidad, la estación del ramal que partía de la de Goya no se llamaba Pedro León, tal como se la nombraba en el informe del SIM.

Al mismo tiempo se descubre la política de la defensa de Madrid de ubicar estos espacios junto a embajadas, hospitales y monumentos importantes para enmascararlos. Al barrio de Salamanca, a los túneles del metro, había trasladado la UGT las principales industrias al enterarse de que no iba a ser bombardeado, además de volverse intransitable porque todo el mundo se trasladó al mismo al considerar que era la zona más segura de Madrid. También el Comité de Control de la Compañía Metropolitano de Madrid juzgaba indispensable advertir a las autoridades sobre el riesgo de accidente y su consecuente catástrofe. Así lo hacía mediante escrito dirigido al Sr. coronel director del Parque del Ejército n.º 1 con fecha 17 de noviembre de 1937, tras el desgraciado accidente ocurrido en la estación de Goya dos días antes. Los dirigentes del Metro temían que los daños personales y materiales que pudieran ocasionarse si se producía una explosión en el trozo Goya-Diego de León fueran incalculables debido no sólo a la gran densidad de población sino a su ubicación bajo edificios muy concurridos como el Cinema Salamanca.

Rodrigo Gil Ruiz, director del Parque de Artillería del Ejército responde al Comité de Control con fecha 20 de noviembre siguiente suponiendo que la explosión del 15 anterior en la estación de Goya se debió a una imprudencia. Restaba importancia a lo sucedido comunicando que para evitar otra nueva había ordenado que no se realizaran operaciones análogas, pero que en ningún caso se produciría una catástrofe, tal como temían los dirigentes del Metro. El previsible efecto de una explosión sería mayor toda vez que los edificios se asentaban directamente sobre el túnel, que constituía así sus propios cimientos.

La Junta de Defensa situó las instalaciones militares en la *zona neutral* para que estuvieran a salvo de los bombardeos, protegiendo a sus milicianos y el material de guerra en cuarteles y almacenes de municiones sobre los que colocaban grandes banderas de la Cruz Roja para intentar protegerlos de los bombardeos. Los edificios confiscados dentro de esta zona sirvieron de centros de decisión, políticos y administrativos del Gobierno de Madrid.

En el ramal que partía de la estación de Goya hasta Diego de León se ubicaba un taller de recarga de piezas de artillería en la estación de Lista; los talleres de fabricación de municiones se encontraban en la estación de Diego de León. En el cine Victoria ubicado en la calle de Francisco Silvela esquina a la de José Picón se almacenaban todos los proyectiles que luego se cargaban en las estaciones del metro. Si la explosión hubiera alcanzado este almacén se podría haber producido una catástrofe de tal magnitud que el barrio de Salamanca hubiera quedado reducido a una escombrera.

Se entraba al trabajo con un tren oculto al público: recogía en Goya a las trabajadoras dedicadas a la carga y preparación de proyectiles, explosivos, bombas de mano y demás elementos militares; al taller se accedía por una puerta casi secreta. El taller se aprovisionaba por la boca del metro, por la que se veían introducir cajas en número apreciable, distribuyéndose posteriormente al frente de Madrid por las líneas del metro porque no se veía sacar esa mercancía por el mismo sitio.

Pórtico de la Estación de Lista. 29 de diciembre de 2019.

Uno de los conductores enviado a transportar durante unos nueve meses material de guerra en este *ramal bélico*, en concreto desde Diego de León a Lista, fue Sinforoso Caballero Gómez: había sido designado por el Consejo Obrero de la Compañía como responsable del tren especial asignado a esos menesteres cuando se entregó este trozo del metro a las autoridades de Madrid para carga y depósito de municiones. Encargarse de este trabajo, para el que se le entrego una pistola, significaba ser considerado como persona de suma confianza por tratarse de un puesto de gran responsabilidad, hecho que llevó a Sinforoso a verse implicado en un procedimiento sumarísimo de urgencia ante el Juzgado Militar Especial del Ferrocarril Metropolitano de Madrid por el delito de auxilio a la rebelión tras la denuncia realizada por el empleado Alejandro González González, que finaliza cuando se produce el sobreseimiento de la causa por no haber incurrido en responsabilidad exigible en vía judicial. Sinforoso mantuvo en todo momento que ignoraba los motivos por los que había sido destinado a la conducción de este tren ya que era muy crítico con la actuación del régimen republicano, llegando a ser considerado como desafecto por sus propios compañeros. En el informe emitido por la Compañía Metropolitano de Madrid con fecha 11 de noviembre de 1939 se le considera como hombre apolítico que desarrollaba una buena conducta político-social, buen empleado y disciplinado. Parece que estuvo desempeñando esas mismas funciones por el ramal de Ópera a la estación de Norte. Cuando dejó de conducir estos trenes fue ascendido a jefe de depósito con carácter provisional porque estaba aprobado desde 1934 tras superar los correspondientes exámenes.

Otros empleados que se encargaron de conducir este tren fueron Antonio Cruzado Alcázar, Marceliano Chichón Ruiz y Manuel García. Finalizada la Guerra Civil, tras los pertinentes expedientes de depuración, Sinforoso continuó prestando sus servicios con carácter provisional durante un año quedando durante este tiempo sometido a observación de su conducta; Antonio fue encarcelado y suspendido de empleo y sueldo durante catorce meses; Marceliano causó baja definitiva por despido y Manuel continuó trabajando como conductor.

Los primeros vehículos de bomberos salieron del parque 2º a las 11:50 horas con destino a la estación de metro de Goya y a la calle de Torrijos esquina a la de Lista; el siguiente partió del parque 4º a la estación de Lista, además del coche electroventilador con un equipo autónomo de luz; a la estación de Diego de León se dirigieron un auto, un tanque y un tanque-aljibe. A las 14:00 horas, momento del cambio de turno, la mayor parte de los bomberos se encontraban atendiendo los efectos de la explosión hasta que comenzaron a regresar a sus bases sobre las 16:00 horas.

"La explosión del Metro abrió un trozo de la calle, cogió a una cola de una panadería y murió mucha gente. También murió el jefe del Parque teniente coronel Flores y fue sustituido por otro llamado Gil. De esto no se deja hablar. Destruyó la explosión un taller muy importante de fabricación de municiones.", dice la nota de la Sección segunda del Estado Mayor del Cuartel General del Generalísimo, fechada en Burgos el 6 de febrero de 1938, en la que se recoge el testimonio de la enfermera de la Cruz Roja Bienvenida -en realidad Bien Aparecida- Pérez Pérez, evacuada de Madrid el 22 de enero por la Embajada francesa. Bien Aparecida trabajaba en el Hospital Central de la Cruz Roja en la calle de O'Donnell, 44; había sido detenida y condenada a una multa de quinientas pesetas y a la pérdida de todos sus derechos civiles y políticos por un tiempo de dos años mediante sentencia de 22 de diciembre de 1936 por asistir con otras mujeres enfermeras a reuniones clandestinas que celebraban en un domicilio de la Avenida de Pablo Iglesias, 15, en las que se vertían "comentarios alegres" cuando se tenía noticia de situaciones favorables para el bando nacional.

De la multa impuesta llegó a pagar en papel de pagos al Estado 450 pesetas que le fueron descontadas del salario por su empleadora, imponiéndosele por el resto "cinco días de prestación obligatoria de trabajo a favor del Estado o del Municipio", al mismo tiempo que se declaraba su insolvencia parcial. No cumplió la pena de los cinco días por encontrarse en paradero desconocido y no haber podido ser localizada tras las gestiones realizadas por miembros de la Comisaría General de Investigación y Vigilancia de Madrid.

Tras la explosión se personó en el lugar de los hechos el comandante militar acompañado de su jefe de Estado Mayor; hecho un reconocimiento en unión del comandante general de Ingenieros del Ejército y jefe del Parque de Artillería se observaron muchos desperfectos en la salida del metro correspondiente a la calle de Lista que alcanzaban también a las fachadas de algunos edificios próximos, ocho manzanas de casas. Se desalojaron las viviendas y se acordonó con fuerzas el lugar para poder facilitar los trabajos de desescombro; al realizar estos se descubrieron numerosos cadáveres, la mayoría pertenecientes a las obreras que trabajaban en el taller de carga de proyectiles de artillería situado en el túnel del metro donde había ocurrido la explosión que quedó localizada a dicho taller de carga sin que sufriera efecto alguno de la misma el depósito de municiones situado también en dicho túnel. Una vez localizado el accidente se permitió la vuelta del vecindario a sus domicilios por considerar que ya no existía peligro en los mismos ni en los cercanos depósitos de municiones.

El informe militar decía: "Los efectos fueron los previstos: la onda explosiva se expandió por el túnel, transmitiéndose a grandes distancias. El tubo del túnel quedó convertido en un formidable cañón haciendo de metralla los seres humanos que en él se encontraban. En el interior del túnel trabajaban principalmente mujeres, dedicadas a carga y preparación de proyectiles, explosivos, bombas de mano, etc., que cobraban trece pesetas diarias, incluido el "plus de guerra". Han desaparecido todas sin dejar ni rastro. Los trenes que circulaban en el trayecto Sol–Ventas fueron despedidos de la vía y empotrados unos coches con otros, quedando convertidos en masas de hierros, seres humanos, maderas, cristales… Personas que se encontraban en diversas estaciones del ya citado trayecto Sol-Ventas, tales como en Banco, Retiro, Príncipe de Vergara, fueron despedidas hacia el exterior por la fuerza de la explosión. Algún testimonio da fe de la existencia de restos humanos colgados de los árboles que se encontraban próximos a los pozos de ventilación de las estaciones de Sevilla y Sol. La circulación del metro quedó suspendida por muchos días, de la misma manera que por la calle de Torrijos, la que ha sido totalmente evacuada."

Estas mujeres que trabajaban en el taller de Lista recargando proyectiles provenían en su mayor parte del mundo de la costura. Les había facilitado su colocación la toledana de Orgaz Petra Cuevas Rodríguez, por aquel entonces secretaria general del Sindicato de la Aguja integrado por modistas y costureras madrileñas dentro de la UGT. Su nombre real era el de Asociación laboral Unión de Modistas. Petra no aceptó ser su presidenta porque decía que apenas sabía leer. A mediados de octubre de 1936 contaba con unas tres mil afiliadas.

Carlos Morla Lynch, encargado de Negocios de la Embajada de Chile y responsable máximo de la misma tras la salida hacia Valencia y Francia del embajador Núñez Morgado en abril de 1937, escribe en *Informes Diplomáticos y Diarios de la Guerra Civil*: "El 10 de enero una explosión formidable deja en ruina una parte importante de uno de los barrios más populares de la ciudad. Por todos lados se ven cavernas enormes abiertas en el suelo y yacen en todas direcciones trozos humanos ensangrentados. Brazos, torsos, cabezas, piernas, todos diseminados en una confusión de horror.

Sabido es que la ciudad está minada en diferentes sitios y, en esta ocasión, se logró detener el fuego que se siguió a la explosión a una distancia de pocos centímetros de un vasto depósito de dinamita, con lo que se evitó que volara entero el distrito llamado de Salamanca, donde se encuentran establecidas numerosas residencias diplomáticas, incluso la casa particular del infrascrito."

Francisco Camba escribe en *Madridgrado*: "La calle de Torrijos estaba toda levantada. Las casas inmediatas habían ardido. Dos trenes de viajeros que pasaban por la estación de Goya quedaron totalmente carbonizados. Los gases y las llamas se extendieron por las galerías, causando víctimas hasta en la estación del Banco. La conmoción en la Puerta del Sol derribó gente sobre los andenes." Aunque achaca a la exageración natural estas impresiones, lo que sí parece es que no se salvó nadie de los que se encontraban trabajando en el taller. Y añade: "Sobre mí, sin embargo, veía la casa de la esquina, negra por el fuego, y empinándome alcancé algo más: levantada la calle como por una tromba, la galería al descubierto en una gran extensión, bloques de argamasa sobre el pavimento."

En *La Torre derrumbada*, cuento de postguerra de Antonio Ferres, una de las protagonistas, Chelo, o *Chelín*, estaba asomada a la ventana de su casa de la glorieta de Quevedo "cuando oyó el estallido largo, más largo que cuando caía una bomba o una granada de artillería…Luego oyó a las vecinas comentar que había volado el polvorín del Metro de Torrijos, Lista y Diego de León, y que había desaparecido ese barrio entero." Salió corriendo a buscar a su hermana Pepita que trabajaba allí. La gente corría en dirección contraria, temiendo que Madrid saltara por los aires porque "el polvorín del Metro estaba ardiendo", mientras gritaban "No Pasar" o "Seguir hacia el campo".

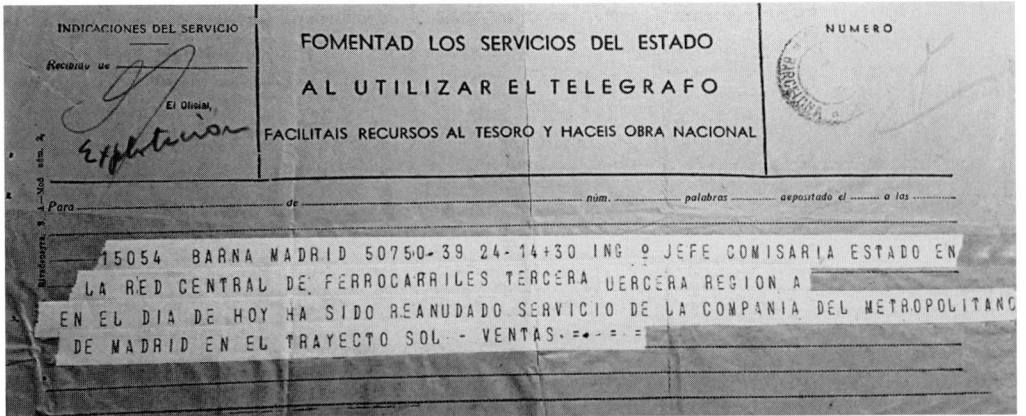

Telegrama. Reanudación del servicio en Línea 2. 24 de enero de 1938.
Fotografía facilitada por César Mohedas.

El lugar de la explosión fue protegido por un grupo de soldados que no permitían el paso, pero no impedían contemplar "el suelo lleno de adoquines sueltos y desperdigados y el comienzo de un hoyo grande y negro", "escombros y trozos retorcidos de hierro".

Chelo da un rodeo por los descampados de Diego de León y llega lo más cerca posible del lugar de la explosión contemplando una gran sima de la que salía una espectacular humareda de color negro. "Una fila de hombres, y muchachas, -como hilera de hormigas- trabajaba al borde del hoyo, sacando camillas con cuerpecitos amontonados, hechos carbón, como muñecas pequeñas y quemadas o como esos exvotos sucios fabricados con cera que colgaban de la pared en la iglesia del pueblo, las casas de enfrente estaban colgadas sobre la zanja abierta por la explosión". Quería encontrar a su hermana, pero "solo veía la fila de hombres y mujeres sudorosas, manchados de pólvora, arrastrando aquellos montones de muñecas quemadas: carbones con formas, brazos, pechos, muslos y cinturas de las muchachas que habían trabajado dentro del polvorín hasta hacía pocas horas, de las chicas que fabricaban balas y bombas para la guerra".

En el gran socavón de Lista se colocaron tablones de madera formando una rampa para evacuar a las trabajadoras del polvorín; aquí encontró Chelo a su hermana Pepita mientras ayudaba a los afectados por la explosión.

Se debió trabajar con rapidez porque el servicio de metro se reanudó el 24 de enero. Además, en pocos días desapareció en la calle todo rastro de lo que allí había sucedido según las informaciones facilitadas por los canales oficiales, hecho que se contradice con que los efectos de la explosión fueron mayores de lo que se había dicho y hecho creer a los madrileños, tal como comprobó el periodista Juan M. Mata 48 horas después de finalizada la Guerra cuando salió de la estación de

Sellos móviles. Archivo Histórico Nacional. Causa 42, folio 1320.

Goya para saludar a parientes y amigos residentes por el barrio de Salamanca y subía por la calle de Torrijos finalizando su recorrido por Madrid para informar a los lectores de la situación real de la ciudad. En esta publicación en *El Avisador Numantino* de 15 de abril de 1939 relata el paseo que había iniciado en Cibeles para observar el estado en el que se encontraban los edificios afectados por los bombardeos. En ese momento, el billete de metro todavía podía pagarse con sellos móviles, periodo de utilización que finalizó el 15 de julio siguiente.

Federico Olivares, capitán del ejército republicano y protagonista de la novela *Las últimas banderas*, no lleva encima documentos que le permitan identificarse ante una patrulla militar por lo que es conducido al puesto de mando de los milicianos que le detienen cerca de la calle de Torrijos una noche de marzo de 1939 tras acompañar a su amiga Matilde hasta su casa, cerca del metro de Goya. Para llegar a su destino tuvieron que dar un rodeo porque en la calle había una gran zanja que mostraba el túnel de la estación de Lista del "metro despanzurrado" por la explosión provocada por los enemigos en las "instalaciones de municionamiento" que se encontraban en su interior.

Daniel Sueiro, en *El Metro de Madrid durante la Guerra Civil y la misteriosa explosión de la estación de Goya*, se refiere a unos apuntes propiedad de don Eduardo Nuez en los que consta mecanografiado el siguiente texto: "El día 10 de enero y debido a un accidente ocurrido en la estación de Lista, se suspende el servicio a las 11:47 horas en la línea Cuatro Caminos-Ventas, restableciéndose a las 12:20 el trayecto Sol-Cuatro Caminos (quedando por tanto suspendido el servicio Sol-Ventas). A partir del día 12 se establece un servicio de un tren entre Sevilla y Ventas, que sólo puede ser utilizado por los compañeros que prestan servicios en el Metro. El día 24 de enero se restablece el servicio Sol-Ventas, o sea, Cuatro Caminos-Ventas."

Sin embargo, el servicio público en el ramal a Diego de León no se reanuda hasta que se autoriza el día 19 de agosto de 1939 por el ingeniero jefe de la Comisaría del Estado en los Ferrocarriles de la Zona Centro; mediante escrito dirigido al Ilmo. Sr. Director General de Ferrocarriles, Tranvías y Transportes por Carretera en Madrid le transcribe el texto del oficio que le ha remitido el ingeniero de caminos encargado del reconocimiento del estado del ramal tras la realización de las obras: "En relación con sy (sic) oficio n°. 648, en que me traslada V. S. una comunicación de la Cía. Metropolitano de Madrid, en la que da cuenta de la terminación de las obras de reparación del ramal Goya-Diego de León y pide el reconocimiento de las mismas a los efectos de la reapertura del servicio público, tengo el honor de manifestarle:=Que en la mañana de hoy se ha verificado dicho reconocimiento por el Ingeniero que suscribe, acompañado del Capitán de Ingenieros de la Jefatura del Servicio Militar de Ferrocarriles Lorenzo García Cabezón, del Ayudante de esta Comisaría, Marcelino Soriano Picazo, del Subdirector de la Cía., Carlos Laffite y varios Ingenieros de la Cía. del Metropolitano de Madrid.- El resultado del mismo ha sido satisfactorio, por lo cual el Ingeniero que suscribe tiene el honor de proponer a V. S. se autorice a la Cía. del Metropolitano de Madrid, para reanudar el servicio público en el ramal Goya-Diego de León." El servicio a los viajeros se abrió de nuevo el día 21, lunes, según la noticia transmitida desde Madrid por la Agencia *Cifra*, insistiendo en el gran número de víctimas causadas en la calle por el "polvorín de los rojos".

Los daños sufridos en las instalaciones fueron muy importantes. En la estación de Goya desaparecieron la casi totalidad de taquillas, revisiones, cabina del jefe en el andén, cristalería y señales, sin verse afectada la estructura de la bóveda. En Príncipe de Vergara los desperfectos fueron análogos a los de Goya, pero en menor intensidad. En Retiro se vieron afectadas las cabinas, señales y parte de la obra construida con madera, daños similares a los que se apreciaban en Manuel Becerra. Los encargados de comprobar estos daños no pudieron valorar los ocasionados en el exterior por encontrarse bajo la jurisdicción de guerra y no permitirse el acceso a la zona, aunque informaban de que en la superficie los daños en viviendas eran de gran importancia ignorando el número de víctimas.

La explosión contribuyó a dificultar los desplazamientos por Madrid, una ciudad sin taxis, con pocos tranvías circulando y, ahora, sin metro por prácticamente toda la línea entre la plaza de las Ventas y la glorieta de los Cuatro Caminos.

Las víctimas

Se desconoce el número real, incluso aproximado, de fallecidos y heridos por este hecho. Por lo tanto, cualquier cifra que se indique está basada en la información recogida en algunos documentos, libros y hemeroteca, y en conjeturas objetivas suficientemente razonadas de manera subjetiva: no es posible fijar con exactitud el número de víctimas.

En el taller trabajaban unas trescientas mujeres, "muchachas guapitas, pobres criaturas," y unos quinientos hombres. Los muertos eran trasladados al aledaño cine Salamanca, convertido en depósito de cadáveres. Algunos cuerpos volaron hasta el segundo piso de los edificios y no quedó ni un solo cristal en las casas de la vecindad.

En Nueva York publicaba la prensa en español el 11 de enero de 1938, con noticia datada en Valencia, que el día anterior se había producido en Madrid una explosión que había destrozado ocho manzanas de casas y causado más de cien muertos; posteriormente se habló de quinientos y el día 14 ya se ampliaba el número de fallecidos a setecientos indicando que había quedado destruida una superficie de 1.090 metros de largo por 198 de ancho y que los dos trenes que entraban en la estación quedaron volcados. El día 15 un grupo de laboristas que habían regresado a Londres manifestaron a los medios de comunicación que oyeron un "horroroso ruido" mientras se encontraban en Madrid sin haberles sido posible acercarse al lugar de los hechos, hablándose de entre quinientas o seiscientas víctimas, que no podían conocer con exactitud debido a la censura del Gobierno.

Según la revisora fija Carmen Chicharro Asenjo cuyo testimonio recoge Tomasa Cuevas en *Mujeres de la resistencia*: "No hubo muertos y gracias que la explosión salió a la calle, que, si sigue en los túneles del metro, todo el personal muere, mil y pico de empleados." Carmen no estaba en lo cierto porque sí hubo víctimas: Pilar Lacasa López, estudiante de 18 años, domiciliada en la calle de Lagasca, 39, falleció oficialmente en el Hospital del Colegio del Pilar al que llegó cadáver por heridas en la cabeza producidas por metralla ese mismo 10 de enero de 1938 en "la calle de Torrijos cuando hizo explosión los talleres, situados en el túnel del Metro."[182] La joven María García Pascual también falleció en esta explosión: era hija de una prima de Fernanda Gallego, la vecina de la plaza de Antonio Zozaya citada anteriormente. Marcelino Gutiérrez Bueno era un joven militar que había luchado en el frente republicano de la Ciudad Universitaria: allí se presentó un día una perra pastor alemán a la que dispararon porque pensaban que venía cargada de explosivos que le habían

---

182 Así lo declaró su madre, María de la Cruz López Alonso, el día 18 de enero de 1940 y consta en la Causa General, 1506, Expediente 1 del Archivo Histórico Nacional

colocado los nacionales; fue herida pero consiguió sobrevivir y recogida y cuidada por Marcelino; en diciembre de 1937 fue trasladado al taller de Torrijos llevando consigo todos los días a la perra, a la que habían puesto "Metralla" como nombre; esta era feliz correteando por los andenes y las vías de la estación de Lista aunque su alegría duró poco porque ambos fueron también víctimas de la explosión del 10 de enero; su sobrina Mila Gutiérrez dice en el libro *Hija de la guerra civil* que sus cuerpos nunca fueron encontrados pero en la relación de inhumados el día 11 de enero de 1938 en el cementerio de la Almudena figura una persona con el mismo nombre en la sepultura sita en la zona Necrópolis Baja, cuartel 16NB, manzana 25, letra D, cuyo titular es el Ayuntamiento de Madrid. También cuenta que murió un amigo de la familia, de nombre Juan y natural de Castuera.

En el cementerio de La Almudena encontramos las tumbas de Amparo Rodríguez Pérez, Inés Pascual Juárez y Leandro Ramos Jiménez, tres de las sesenta

Tumba de D. Leandro Ramos Jiménez. Fallecido el 10 de enero de 1938 en la explosión del taller de recarga de proyectiles de Torrijos. Cementerio de La Almudena (Madrid).

y tres víctimas que fueron inhumadas entre el 11 y el 12 siguientes al día de la explosión. Los fallecidos eran trasladados a este cementerio para recibir sepultura previa identificación en el mismo. El Consejo Municipal del Ayuntamiento de Madrid, en sesión celebrada el 5 de agosto de 1938, dentro de la Comisión de Asistencia Municipal, Sanidad y Policía Urbana, tomo el siguiente acuerdo: "Disponer, en vista de la petición formulada por el señor Presidente de la Comisión organizadora del Homenaje pro Víctimas de la calle de Torrijos solicitando le sea cedido en las mejores condiciones posibles el terreno en que aquéllas reposan en el Cementerio Municipal para erigir un sencillo mausoleo, y de conformidad con el informe emitido por el señor Consejero delegado de Cementerios, la cesión del terreno ocupado por las sepulturas A B y C de la manzana 25 del cuartel 16 N bajo a la referida Comisión, presidida por el Coronel de Artillería D. Rodrigo Gil, en 3.120 pesetas, como valor calculado del coste de las mismas." El Ayuntamiento Constitucional de Madrid había acordado en la sesión celebrada el 31 de julio de 1936 que las cantidades presupuestadas al ensanche de 1935 del cementerio civil para la construcción de sepulturas fueran destinadas para cualquier tipo de ellas teniendo en cuenta las circunstancias actuales. Se incrementó en cien mil pesetas la cantidad para estas obras al tiempo que se realizarían por adjudicación administrativa directa obviando el procedimiento habitual de subasta.

El testimonio de una religiosa evadida de la zona roja a Cádiz tras estar refugiada en una embajada es publicado en el diario *Labor* el 7 de marzo de 1938: "Dice que oyó la explosión del "Metro", en la que, como se sabe, hubo más de mil muertos. Igualmente, el diario lucense *El Progreso* publica el 3 de julio de ese mismo año la información facilitada al diario vitoriano *Norte* por una "anciana señora evadida de Madrid" que oculta su identidad por temor a las represalias que se pudieran tomar con sus familiares, cuando es preguntada sobre si hubo muchas víctimas en la explosión del Metro: "Aquello fue una carnicería. Pasaron de setecientos los desgraciados que encontraron la muerte en la terrible explosión, que fue debida a un descuido de los milicianos que custodiaban la cantidad de municiones que tenían almacenadas en el túnel".

"Hasta la hora presente -posiblemente las 19:50 horas del día de autos- habían ingresado en el Depósito Municipal setenta cadáveres, teniéndose noticias de existir algunos más en los hospitales donde fueron evacuados los heridos, cuyo número sin poderse precisar por el momento es bastante numeroso. Se procedió a nombrar un Juez especial que instruyera las diligencias sobre los hechos.", dice el informe de la Sección de Operaciones del Estado Mayor del Ejército que ordena transmitir por teletipo el segundo jefe al ministro de Defensa y a su general jefe del Estado Mayor, entonces en Barcelona.

En el Hospital Central de la Cruz Roja Española, en la calle de O'Donnell, 44, ingresaron ese día 36 personas procedentes de la explosión, además de otras 12 por otros motivos. Teniendo en cuenta que este hospital civil era un centro de Madrid con pocas camas disponibles, el número de heridos tuvo que ser bastante superior. Por otro lado, en *Madrid en la Guerra Civil. La Historia*, dice Pedro Montoliu que se sacaron 98 cadáveres y resultaron heridas varias decenas de personas.

En el documento firmado en Valencia el 18 de enero de 1938 por Luis Ayuso, comisario del Estado en la Tercera Región de la Red General de Ferrocarriles, dirigido al Ilmo. Sr. Director General de Ferrocarriles y Tranvías en Barcelona, le traslada el informe del ingeniero encargado del Ferrocarril Metropolitano indicando que en la Estación de Goya hubo dos muertos y unos sesenta heridos, la mayor parte de ellos viajeros del tren que efectuaba su entrada en esta estación y que quedó destrozado completamente en las dos unidades de cola y con graves daños en la pareja de cabeza; en el tren estacionado en el ramal a disposición de las autoridades, un muerto y siete heridos, sufriendo graves desperfectos la pareja formada por el M-1 y el R-1; en la de Príncipe de Vergara, tres muertos y aproximadamente unos veintitantos heridos; una mujer herida en la estación de Retiro; en Manuel Becerra sin víctimas de importancia y el tren que circulaba entre esta estación y la de Goya se vio menos afectado ignorándose el número de viajeros heridos, saliendo despavoridos los que pudieron en dirección a Manuel Becerra; en el ramal, 117 muertos y un número desconocido de heridos, no pudiendo conocer el número de víctimas en el exterior dado que no le estaba permitido inspeccionarla por encontrarse la zona bajo la jurisdicción de guerra, aunque los daños en las viviendas contiguas a la estación de Lista son de consideración.

El diario ABC de Sevilla publicaba el sábado 15 de enero que el número de víctimas de la explosión era de setecientas, según datos recogidos por el francés *L'Epoque* y basados posiblemente en el testimonio de la enfermera de la Cruz Roja citada anteriormente. El día 16 llegaba desde Londres la información facilitada por un individuo proveniente de la ex capital española que habla de cuatrocientos muertos, testimonio que se considera como el primer parte no censurado, añadiendo que el Gobierno investiga aún el origen de la explosión. Otra persona que dice fue una de las que auxilió a las víctimas habla de mil muertos.

Carolina Peralta, en el capítulo "La catástrofe del Metro" del libro *El comunismo en España*, dice: "*11 enero 1938.- Ayer fue un día de luto para Madrid. A más de 2.000, según unos, y a 5.000, según otros, asciende el número de víctimas de la voladura del Metro, ocurrida a mediodía, en el trayecto Goya-Diego de León.*

Hace cosa de un año, ante el avance de las tropas de Franco, los técnicos del Ejército popular tuvieron la luminosa idea de convertir en polvorines y talleres de material de guerra varios trozos del recorrido del *Metro*, que cerraron al tránsito. Uno de ellos estaba en la línea Goya-Diego de León, en el que instalaron una importante fábrica de municiones y un depósito de granadas y explosivos. Sin que se sepa a ciencia cierta la causa, ha ocurrido una explosión formidable en el taller en donde trabajaban unas 300 muchachas. Un gran trozo de la calle de Torrijos, debajo de la cual ha ocurrido la explosión, ha sido levantado, lanzando al aire un tranvía y dejando una manzana de casas en estado ruinoso. Los efectos de la explosión han llegado, por los túneles del *Metro*, hasta las salidas del Banco de España, cogiendo cuatro trenes en camino, en los que han perecido todos los viajeros, así como todos los que estaban en los andenes, que a esa hora eran muchos, y empleados, taquilleras, etc.

Toda la tarde de ayer y la mañana de hoy las llevan empleadas en la extracción de cadáveres, y aún no han llegado al lugar de la explosión, y aunque las noticias son muy confusas, pues ni los periódicos ni la Radio han dicho nada, ni dejan hablar de ello, hasta el punto de detener a los que oyen comentar el suceso, se sabe que no ha llegado a explotar el polvorín de Diego de León, y que se temía que se corriera allí el fuego, en cuyo caso desaparecería todo el barrio de Salamanca."

Y tras referirse al Ejército Popular como "tropa de dinamiteros e incendiarios", entre los que hay "artilleros de carrera, de los de la Academia segoviana", "dinamiteros salvajes", incide en el número de muertos: "Pero dos mil, cinco mil vidas han sido ayer inmoladas".

El tranvía al que se refiere Carolina Peralta era uno de los que circulaban desde Torrijos hasta la Puerta del Sol, del disco número 51. La explosión le alcanzó de lleno cuando circulaba frente al Colegio de los Salesianos, según figura en los diarios publicados tras finalizar la guerra, aunque es posible que se estén refiriendo al Colegio Calasancio. Fue despedido con tal fuerza que se posó en el campo de fútbol de este colegio ya transformado en un amasijo de carne y sangre. Y hasta los andenes de Banco de España llegaron a gran velocidad por el túnel prendas de vestir pertenecientes a las víctimas.

En *Madridgrado* leemos que murieron las sesenta y tantas muchachas y más de veinte hombres que trabajaban en el taller, "muertos los centinelas, muerto el practicante de guardia."

El entonces embajador chileno relata que "se calculan las víctimas entre 2.000 y 2.500, ya que nadie puede acercarse al sitio del suceso y los enterramientos tienen lugar de noche y sin identificar a nadie." *El Heraldo de Zamora* publicaba el 5 de febrero que entre muertos y heridos la cifra de afectados alcanzaba los tres mil, según el testimonio de una de las personas que intervinieron en el auxilio de las víctimas, información que ya había facilitado *Pensamiento Alavés* el día 19 de enero anterior. El también chileno Carlos Morla Lynch habla de que en la calle se han recogido cien muertos y hay unos doscientos heridos, sin tener noticia de las 800 personas que trabajaban en el interior.[183]

El diario australiano *The Central Queensland Herald* del 20 de enero siguiente, en su página 48, se hacía eco de una noticia publicada en el *The Times* de Londres sobre la grave explosión sucedida en Madrid indicando únicamente que había un gran número de muertos, sin aventurarse a pronunciarse sobre el número de ellos debido a las estrictas medidas de censura, aunque se refiere a "unos cientos".

En *Memorias del Cautiverio* relata José Luis Mendoza Gimeno cómo su padre Carlos les hablaba durante una comida con Pepe La Rosa y Jesús Rodríguez dos días después de la explosión: "Recuerdo que papá contó lo sucedido en el Metro de Torrijos un par de días antes, que explotó una fábrica de carga de proyectiles de artillería instalada en el interior del túnel, provocando una verdadera catástrofe que costó la vida a unas doscientas personas, causando importantes hundimientos y que papá conocía con algún más detalle por habérselo referido Miguel Otamendi."

Otras fuentes procedentes de París, de contrastada solvencia por tratarse de una misión diplomática, hablaban de setecientos cadáveres y millares de heridos, además del derrumbamiento de catorce casas. En febrero siguiente publicaba la prensa que los efectos de la explosión eran más grandes de lo que se creía en un principio pues el número de muertos y heridos alcanzaba la cifra de tres mil. Informaciones procedentes de Londres y publicadas en La Habana en el *Diario de la Marina* hablaban de una cifra de entre 500 y 600 fallecidos, tratándose de un cómputo preliminar, aunque el día siguiente rebajaba la cifra a menos de cien víctimas.

Mila Gutiérrez escribe en *Hija de la guerra civil* que el número de muertos de los que se habla es de entre trescientos y dos mil, siendo complicado conocer una cifra oficial por la censura de la Junta de Defensa, aunque el número tuvo que ser importante porque la explosión se produjo durante el cambio de turno. En este asunto sus manifestaciones provienen de los datos que le habían facilitado su marido Ignacio y su sobrino Ismael ya que ella se encontraba en esa época residiendo en la localidad madrileña de Villamantilla.

El día de la explosión el niño de 8 años Luis Villarroel Martínez iba a tomar el metro con su madre, Carmen García Fenoy. Me comentó que llegaban con retraso porque se habían entretenido cinco minutos por alguna cuestión que no recuerda y que, sobre las once de la mañana del fatídico día, encontrándose en la calle cerca de una de las bocas de metro de una estación que tampoco recuerda, fueron desplazados ambos de manera violenta hacia atrás cayendo al suelo. "Gra-

---

183 *España sufre. Diarios de guerra en el Madrid republicano, 1936-1939*

cias a que se nos hizo tarde nos libramos de que nos pillara la explosión y lo podemos contar."[184] Luis durmió unas cuantas noches en los andenes de la estación de Gran Vía para protegerse del aterrizaje de los obuses lanzados desde el Hospital Clínico. En otras ocasiones su familia le llevaba a los billares existentes en el cine Salamanca[185], en la calle de Torrijos pares esquina a la de Hermosilla, para que pudiera dormir. Nacido en 1929, a los 15 años comenzó a trabajar en la compañía aseguradora Ges Seguros en la que estuvo toda su vida laboral hasta que cumplió 65 años.

En definitiva, no sabremos a ciencia cierta el número real de afectados por este hecho. Sí podemos afirmar que hubo víctimas. No está en lo cierto la empleada de la Compañía Carmen Chicharro Asenjo cuando manifiesta que no las hubo. Tampoco serían ni aproximadamente las cinco mil de las que habla Carolina Peralta ni las tres mil quinientas que indica un telegrama fechado en París en febrero siguiente a la explosión, ni tampoco más muertos que los habidos por los bombardeos aéreos de las fuerzas atacantes sobre Madrid. Con el beneficio de la duda sí nos atrevemos a fijar el número de muertos y heridos entre los setecientos y los mil. Estas cifras se basan en las trescientas personas que trabajaban en el taller de la estación, los cuatrocientos viajeros que iban en los dos trenes que circulaban por la línea 2 y resultaron alcanzados, otras personas que se encontraban en los andenes de las estaciones a las que llegó la onda expansiva, los ocupantes del tranvía del disco 51que llegaba hasta Sol desde Torrijos, los tenderos y clientes del mercado callejero de Torrijos y los vecinos de las viviendas afectadas, aunque existe algún testimonio sobre la no afectación de los edificios por la explosión pero sí del fallecimiento por asfixia de multitud de personas debido a las emanaciones de gases.

La autoría

A lo largo de la Guerra se produjeron accidentes relacionados con material explosivo que se comprobó se debían a negligencias internas de las personas, civiles o militares, que trabajaban con ellos.

Conocemos varios sucesos. Una explosión acaecida ya el 9 de junio de 1939 en la primera planta del edificio del Teatro Real parece que se debió a una imprudencia de uno de los soldados que prestaban servicio custodiando los materiales: posiblemente estaba fumando y falleció a consecuencia de las heridas sufridas, tal como consta en el Expediente 11660 del Archivo General e Histórico de Defen-

---

184 Conversación mantenida el 13 de agosto de 2021

185 Durante los años 80 se acondicionaron los bajos de este edificio como discoteca, con el nombre de *Retro*

sa. Otra explosión se había producido ya anteriormente, en 1936, en el barrio de Salamanca en un taller de granadas de mano creado por mineros asturianos desde el que se abastecía a todos los frentes: todos los materiales utilizados para la fabricación de estas armas se mezclaban con colillas encendidas; los trabajadores eran todos voluntarios y presumían de su experiencia en el manejo de la dinamita en las minas como relata Arturo Barea en *La forja de un rebelde. La llama*. En agosto de 1936 hubo otra explosión en la plaza de toros de Tetuán convertida en depósito de pólvora: fue destruida por completo por la maniobra inadecuada de uno de los trabajadores que allí se encontraban.

Sobre la autoría de la explosión de Torrijos parece que se trató de un accidente, aunque años después algunas personas vinculadas a los grupos de la quinta columna corroboraron la suposición que circulaba ya por entonces sobre los ejecutores de esta acción. El doctor Vicente Pozuelo Escudero, entrevistado el 18 de julio de 1996 por Pedro Montoliú, responde en *Madrid en la Guerra Civil. Los Protagonistas*: "También informamos de que un grupo, que no era el nuestro, había volado el almacén de municiones existente en el metro de Torrijos, hoy calle del Conde de Peñalver. En aquella acción participó un grupo de artificieros con un ingeniero. A la persona que me informó le dije que no me diera nombres porque tenía miedo a que me los pudieran sacar. En la acción murió uno de los que se jugaron la vida."

En cualquier caso, la quinta columna nunca se atribuyó oficialmente su autoría, salvo lo visto en el Archivo General Militar de Ávila, que contiene documentos sobre el teniente de Artillería Salvador Cruz Cañero, de la organización *Antonio*, encargado de la voladura del taller. Manifiesta que los autores fueron miembros de esta organización, siendo él uno de ellos. Aunque continuemos con la duda Cruz Cañero fue ascendido al empleo de capitán según se publicó el Boletín Oficial del Estado de 9 de junio de 1938, encontrándose destinado ya en la Agrupación Ceuta.

La organización *Antonio* se conoce así por el nombre de su máximo dirigente, Antonio Rodríguez Aguado, teniente de Intendencia. Dentro de la organización se encontraba el conocido como "Grupo Llanas-Burgos", especializado en sabotajes. Su nombre proviene de los pseudónimos que utilizaban sus dirigentes Francisco Grañén Masiá, *Paco Llanas*, y José María Burgos Iglesias, que se hacía llamar Manuel Burgos Cantos desde el inicio del conflicto. En julio de 1936 Grañén era delegado provincial de Falange Española en Guadalajara; Burgos era teniente del Ejército destinado en el Colegio de Huérfanos de Guerra en la misma ciudad.

Santiago Garcés Arroyo, jefe del SIM desde el 7 de abril de 1938 hasta el fin de la guerra siempre mantuvo que "los fachas de la 5ª columna no practicaron terrorismo."[186] Era panadero de profesión y se integró en la columna conocida como *La Motorizada* cuyos miembros actuaban como escoltas de dirigentes socialistas y que había sido creada tras la victoria del Frente Popular en las elecciones de febrero del 36.

Si se trató de un accidente es posible que se produjera por la alteración en la composición de las substancias químicas que se utilizaban debido a un cambio brusco de temperatura, o porque se fumaba en el recinto sin respetar las órdenes de las autoridades sobre el peligro de hacerlo en el interior de toda la Red de metro.

Ángel Pedrero García, natural de Zamora, maestro nacional de profesión, ejerció en la localidad de Majadas (Cáceres) de la que fue nombrado alcalde tras el advenimiento de la República; afiliado al PSOE y a la UGT fue presidente del Jurado Mixto de trabajo Rural en la localidad cacereña de Navalmoral de la Mata. Durante la guerra desempeñó el cargo de agente de Investigación y Vigilancia hasta que en noviembre de 1936 fue nombrado inspector de la Brigadilla de Servicios Especiales del Ejército del Centro. En octubre de 1937 pasó a ocupar el puesto de jefe del Servicio de Información Militar (SIM) del mismo Ejército, nombrado por el entonces ministro de Defensa Nacional Indalecio Prieto, con el que le unía una gran amistad, alcanzando el grado de teniente coronel. A finales de marzo de 1939 se disuelve el SIM, creándose la Policía Militar a cuyo frente, en la de Levante, se le destinó para organizar la evacuación. Fue uno de los máximos dirigentes de la checa de la calle de Martínez de la Rosa junto con García Atadell. El 4 de noviembre de 1939 declaró desde la Prisión de Conde de Toreno lo siguiente: "Las causas de la explosión del Metro de Torrijos fueron completamente casuales y si hubo algún sabotaje debió hacerse en una fábrica inglesa de pólvora donde había adquirido los explosivos el Gobierno republicano. Hay que descartar por completo la posibilidad de que fuera provocada la explosión por agentes Nacionales, puesto que en el lugar y momento en que se produjo, se encontraban solo el teniente coronel de Artillería jefe de aquellos Polvorines Luis Flórez y alguno de sus colaboradores de mayor confianza. El accidente se produjo al caer una caja de explosivos sobre los cables de conducción eléctrica, y cuando luego fueron traídas muestras de pólvora iguales a las allí almacenadas para su análisis, el dictamen de los Peritos fue en el sentido de que el accidente se había producido por una excesiva vivacidad de la pólvora que hacía muy peligroso su manejo. Fue verdaderamente incomprensible que el desastre no alcanzara proporciones terribles, pues la explosión pudo fácilmente correr por los túneles y hubiera desaparecido casi todo el barrio de Salamanca, ya que este se encontraba totalmente minado desde la calle de Goya

---

186 *Los dossiers secretos de la guerra civil.* D. Pastor Petit

hasta la Plaza de Manuel Becerra. Nunca pensó seriamente el Estado Mayor republicano en efectuar voladuras de Madrid para impedir la entrada del Ejército Nacional, pero, como sin embargo algunos jefes militares en su exaltación llegaron a concebir esta idea y existía el peligro de que el ejército en retirada cometiera algún desmán de tal naturaleza, siempre se ejerció una estrechísima vigilancia del subsuelo para evitarlo."[187] Ángel estuvo en el punto de mira de los miembros de la quinta columna que insinuaron en algún momento la conveniencia de eliminarlo debido al gran número de personas que eran detenidas por el SIM: no siguieron adelante por las consecuencias que podía tener para todos los detenidos que no comulgaban con las ideas del Gobierno republicano.

La empleada ya citada anteriormente Carmen Chicharro Asenjo siempre mantuvo que había sido un sabotaje: "Dentro del metro pusieron unos talleres de guerra, en la estación de Lista y Diego de León, que estaban cerradas, y allí se fabricaban armamentos de guerra. Un buen día un cabrón del metro, un fascista, los voló." Se estaba refiriendo quizás a Luis Petrirena Aurrecoechea, que había sido jefe de Personal de la Compañía.

Las relaciones entre personas entraron en un estado psicótico: todos sospechaban de todos. Lo cierto es que los espías del bando nacional no necesitaban esforzarse mucho para conseguir información. Se recomendaba al Ministerio de Instrucción Pública que informara a los milicianos que regresaban del frente sobre la necesidad de guardar un mutismo absoluto en el bar por los efectos del alcohol sobre el equilibrio mental, en el prostíbulo por las mujeres espías que podían obtener información en momentos de debilidad cuándo ofrecían su amistad o sonreían de manera fácil, advirtiéndoles de la desconfianza ante la novia, el amigo, incluso ante sus propios familiares. "Sólo con hacer un par de viajes al día en el Metro se sabe con exactitud la situación de nuestras columnas en el frente..." se leía en el diario *La Voz* el 1 de noviembre de 1936. Irse de la lengua sobre lo que los regresados habían escuchado era una imprudencia que podría llegar a ser considerada un crimen por las graves consecuencias para Madrid. Se recomendaba a todos los camaradas aplicarse lo de "al buen callar llaman sabio" para evitar que con sus comentarios contribuyeran de manera inconsciente al éxito de los planes enemigos.

> "Cuando vayas a Madrid
> ten cuidado con lo que hablas;
> no comprometas el triunfo
> con indiscretas palabras"[188]

---

187 AHN_FC-CAUSA_GENERAL, 1505, Exp.4

188 Coplita publicada en *La Trinchera*. Firmada por Díaz, del Cuarto escuadrón. 24 de diciembre de 1936

Emilio Fernández Peña Pineda, arquitecto, en el expediente sobre Falange Española[189], hace unos comentarios en el Ministerio de Marina sobre la existencia de un puesto de observación en la avenida de Eduardo Dato, 24, y la localización de una batería en Pozuelo manifestando que tenía conocimiento de ello porque se lo había oído contar a unos soldados en la estación de Santo Domingo tras bajar a refugiarse porque estaban cayendo unos obuses sobre la Gran Vía.

Caminar por Madrid o viajar en el metro con la boca cerrada parecía el ambiente habitual en 1936 cuando se hacía en silencio mirando a los ojos sólo por mirarse los que se encontraban de frente. La ciudad que reía a carcajadas y hablaba a voces se había transformado en otra, recelosa, en la que los madrileños se hablaban al oído bisbiseando por miedo a que el viajero de metro, autobús o tranvía o el cliente del bar que se sentaba a tu lado fuera un espía. En mayo de 1936 la periodista Nelly White escribía desde Nueva York en la revista *Mujeres Libres* que era difícil encontrar una sola sonrisa entre los viajeros del metro en cada uno de los vagones. Ella los miraba con cara alegre para intentar arrancarles un gesto de complicidad, pero las caras estaban serias, tristes, angustiadas, como si sólo tuvieran pena. Les parece más higiénico viajar en los tranvías de mulas que en estas "cajas con ruedas"; estos gestos, estas imágenes, eran el prólogo de las caras que íbamos a encontrarnos en el metro poco tiempo después.

Los guardias de seguridad madrileños tampoco necesitaban realizar un esfuerzo desmesurado para oír lo que se comentaba en la calle, en los establecimientos o en los medios de transporte. El 15 de abril de 1938 fue presentado por agentes del Cuerpo de Seguridad en la Comisaría de Vigilancia del distrito de Hospicio el inspector del Metropolitano Emilio Mérida Borja porque penetró en un bar de la calle de Santa Brígida solicitando la documentación a unos clientes y pronunció alguna frase que se consideró como delito de injurias al Ejército cuando comentó que en el mismo "había muchos granujas con uniforme": alegó en su defensa que lo que había dicho es que "había muchos maleantes sueltos y que algunos de estos vestían uniforme militar"[190] y que lo sabía por su trabajo. Añadió que nunca había pedido la documentación a ninguna persona ni había proferido injurias contra los militares. El testigo Luis de la Torre Foronda declaró que había estado tomando unos vinos y cantando flamenco con Emilio hasta que se separaron a las dos de la tarde, ignorando lo que había sucedido después. El Consejo Obrero de la Compañía certificó que Emilio "había observado hasta el momento actual una conducta sindical intachable, demostrando ser personal de absoluta lealtad al Régimen". En

---

189 AHN_FC-CAUSA_GENERAL, 1539, Exp.1

190 AHN_FC-CAUSA_GENERAL, 170, Exp.29

el acto del juicio el fiscal retiró la acusación por lo que el Tribunal Popular número 2 sobreseyó la causa ante la posición del fiscal. Posiblemente este hecho supuso que el expediente de depuración de Emilio finalizase con la suspensión de empleo y sueldo durante cuatro meses, y una duración mayor si antes no se había resuelto por la Dirección esa propuesta de sanción; como añadidura se le inhabilitó definitivamente para ejercer como inspector debiendo reingresar en su categoría anterior como jefe de estación especial en el puesto que le correspondiera en el escalafón.

Largo Caballero ordenó colocar carteles en todos los espacios en los que hubiera un hueco obligando a que las personas estuvieran atentas a cualquier frase o comentario que podían provenir hasta de la propia casa y la familia, a los rumores que podrían enmascarar bulos. A los propaladores de estos les llamaba "fabricantes de derrota".

También se les pedía a los milicianos que se desenvolvieran con amabilidad y civilidad, que fueran buenos camaradas con sus camaradas, y que no se aprovechasen de su uniforme para fumar en el metro.

El tabaco era un lujo tan difícil de encontrar que llevaba al resto de viajeros a lanzar miradas de sorpresa y de sospecha por si se trataba de algún quintacolumnista fumando. La caza de colillas llegó a ser una actividad casi deportiva. Los chavales idearon una forma de recogida de las colillas que arrojaban los afortunados fumadores, que se creía eran extranjeros, a las vías del metro; la prohibición de bajar a la vía era estricta para que no se produjeran incidencias en la circulación de los trenes por verse obligados a detenerse y evitar arrollamientos de modo que no podían recogerlas directamente por lo que se ingeniaron una técnica consistente en atar a una cuerda piedras planas bien untadas de saliva, piedras que tiraban contra la colilla que se pegaba y podían sacarla hasta el andén. Se convirtieron en unos expertos que siempre acertaban al primer lanzamiento. Era un buen negocio porque los cigarrillos que conseguían liar se vendían a un precio similar al de un ojo de la cara.

La prohibición de fumar en el interior de los coches se recogía en el artículo 14 del Reglamento de viajeros de la Compañía del Metropolitano de Madrid aprobado por reales órdenes de 22 de abril de 1924 y 22 de junio de 1926: "Queda terminantemente prohibido fumar en los coches. Los agentes de la Compañía entregarán a la autoridad a los infractores de esta orden, que serán castigados con la multa correspondiente".

El viajero M. Rodríguez García se quejaba ya en 1930 de las molestias que le había ocasionado el ir fumando dentro de un coche cuando se desplazaba desde el Puente de Vallecas hasta Sol; al llegar a esta estación fue detenido por un sargento de la Guardia Civil que le condujo a la comisaría del Centro donde tuvo que abo-

Compañía Metropolitano Alfonso XIII

AVISO

De orden del Excmo. Sr. Gobernador Civil de la Provincia, queda terminantemente prohibido fumar y escupir en los coches de la Compañía; los infractores serán castigados con la multa de 5 pesetas, que harán efectiva los agentes de dicha Autoridad.

Madrid, 24 de Enero de 1927.

LA DIRECCIÓN

Aviso a los viajeros sobre la prohibición de fumar y escupir en el interior de los coches de la Compañía. Enero de 1927.

nar cinco pesetas de multa en papel de pagos al Estado. Su enfado venía porque consideraba que los agentes del Metro tenían que tener esos documentos para pagar las multas y no tener que desplazarse a otros lugares para hacerlo.[191] En el mes de diciembre se debatía en la Comisión permanente del Ayuntamiento sobre la publicación de la información relativa a que se permite fumar en el metro dado que no son tranvías sino un ferrocarril, y que la Compañía lo que tiene que hacer es habilitar dentro de los coches espacios para fumadores, posición que apoyaba algún periodista basándose en que los recorridos habituales no duraban más allá de diez minutos y los coches disponían de ventilación suficiente que se acrecentaba con la velocidad a la que circulaban.

Volviendo a la explosión y sus consecuencias, hasta el día 23 de enero, los policías había detenido y encarcelado a más de 150 individuos acusados de haber provocado esta explosión, de la que se dice ha causado más de cuatrocientos muertos y unos mil heridos.

No parece viable que alguna de las trabajadoras que ese día no acudieron al taller por diferentes motivos hubiera sido capaz de sabotear las instalaciones. Angélica, la "Sor" de *Madridgrado*, cuenta que soñó la noche anterior cómo la avisaban de lo que iba a pasar esa mañana de enero del 38: "No vayas por la mañana al taller". Hizo caso al sueño: faltó al trabajo alegando que tenía que hacer la compra

---

191 Diario *La Libertad*. 11 de diciembre de 1930

de unas cosas que no le vendían por la tarde. Esta trabajadora se había rapado el pelo y así disimular de manera efectiva su aire monjil para no caer en manos de los milicianos: era monja.

En días siguientes se publicó en varios diarios una noticia fechada en Salamanca el 20 de enero en la que se responsabilizaba al Gobierno de Madrid: "La infamia de los rojos llega hasta el extremo de explotar las desgracias que sufren. Con motivo de la explosión de un polvorín en los subterráneos del Metro madrileño en el que como se sabe resultaron muchas víctimas, pretenden hacer creer que la catástrofe fue debida a un bombardeo de los nacionales. Aunque las leyes de guerra permiten que se ataquen aquellos lugares donde el enemigo tiene depósitos de explosivos y material, no es cierto que la voladura del Metro se debiera a los nacionales que, a pesar de la razón expuesta, actúan siempre con la máxima humanidad."

En el periódico *El Avisador Numantino* encontramos esta noticia el 5 de febrero de 1938: "La prensa roja da amplios detalles de la explosión que hace unos días ocurrió en el Metro de Madrid, y dice que sus efectos han sido más grandes que los que en un principio se supuso, pues alcanza a 3.000 el número de muertos y heridos por consecuencia de aquella catástrofe. Parece comprobarse que la explosión fue debida a causas fortuitas". tal como manifestaban personas evadidas de Madrid que achacaban el hecho al descuido de los milicianos que custodiaban las municiones almacenadas en el túnel.

El 9 de agosto de 2018 me encontré en el Archivo General Militar de Ávila con mi tocayo Sandoval Pinillos. Comentando sobre la autoría de la explosión, me dijo que había hablado personalmente con un señor bastante mayor que nosotros y que le manifestó que habían sido ellos, miembros de la quinta columna.

Un testimonio más que podría inclinarnos por la autoría quintacolumnista es el del estudiante Emilio Gómez Amigo ante el Juzgado de Instrucción número 3 de los Tribunales Especiales de Guardia de Madrid, en el Sumario número 46, incoado el 14 de agosto de 1938. Cuando se le recuerda que en una ocasión dijo que la explosión en el túnel de Torrijos había sido ocasionada por "ellos" manifiesta "que días después de ocurrida la citada explosión le dijo Esperanza Ortega que habían sido dos elementos que habían perecido dentro del citado túnel; pero él ignora quienes fueron", añadiendo que en ese momento él se encontraba en Ocaña. En sus declaraciones judiciales Esperanza indicó que ella no tenía ni idea de quién había cometido este hecho y que únicamente lo hacía para crearse una aureola de conspiradora.

Esperanza era una vecina de la calle de Hermosilla, 84, que estaba sin duda en casa en el momento de la explosión. Se ausentó a continuación por la alarma causada y regresó cuando anochecía, según manifestaba el portero de la finca ante el mismo Juzgado en el que declaró Emilio Gómez. Esperanza afirmó "que es absolutamente inexacto que haya dicho que conociese con anterioridad la explosión de la calle de Torrijos; que cuando ésta ocurrió estaba la declarante en su domicilio, precisamente en Hermosilla esquina a Torrijos, con su hijo, niño que no tenía aún los tres años de edad, y que podría haber dispuesto de su vida, pero nunca de la de su hijo; que cuando ocurrió tal explosión tuvo que salir la que habla enseguida simplemente con un abrigo, y su niño casi sin ropa, pues estaban en la cama."[192]

El actor José Riesgo Cortina, motorista durante la Guerra Civil, cuando es preguntado por Pedro Montoliú sobre la existencia de la quinta columna responde en *Madrid en la Guerra Civil. Los Protagonistas* que durante ese período no era sabedor de ella, pero que tras la finalización supo que la voladura del taller de la estación del metro de Lista fue un sabotaje, que estuvo a punto de pillarle de lleno porque el solía bajar con la moto por la calle de Torrijos: "La gente salió disparada por la boca del metro, como un obús y algunos trozos se quedaron enganchados en los árboles. Aquello fue horroroso pues llegó a tumbar a la gente que estaba en el andén del metro de la Puerta del Sol."

No fue este el único desastre de este tipo ocurrido en Madrid. Sucedió otro en una fábrica de material de guerra ubicada cerca de la Casa de Maternidad de O'Donnell, hablándose de casi cuatrocientas víctimas. Para seguir con la norma, los medios de comunicación silenciaron cualquier información sobre este suceso. La ubicación de los depósitos, almacenes y talleres en puntos rodeados de casas de vecindad suponía un grave riesgo para la población civil.

El ABC madrileño publicaba en la edición de la mañana del 7 de febrero la siguiente información: "**Una suscripción**. La suscripción abierta a favor de las familias de las víctimas de la explosión de la calle de Torrijos asciende a 65.285,40 pesetas."; el 19 de marzo siguiente el importe era de 171.567,70 pesetas, alcanzando ya el 15 de abril la suma de 333.964,65 pesetas.

Pocos meses después se intentaba recaudar fondos para las víctimas de esta explosión; se creó la Comisión Organizadora del Homenaje Pro-Víctimas de la Explosión de Torrijos con la misión de celebrar todo tipo de actos necesarios en favor de los afectados por este accidente que dieron su vida mientras cumplían con su deber. Entre otros, se programaron festivales para las diez de la mañana del Primero de mayo siguiente en los teatros Calderón, Proyecciones y Pardiñas confeccionándose un programa que fue remitido el 15 de abril a las organizaciones

---

192 AHN_FC-CAUSA_GENERAL,156, Exp.53

políticas y sindicales con la finalidad de que fuera dado a conocer a sus afiliados en la esperanza de que resultasen un éxito por su carácter humanitario.

En el diario *La Libertad* se publicaba el 5 de mayo la siguiente información: "**A beneficio de las víctimas de la explosión del túnel de Torrijos**. El domingo, día 8, a las diez en punto de la mañana, se celebrará un gran festival en el teatro Calderón, a beneficio de las víctimas de la explosión del túnel. El ilustre general Miaja inició, a su debido tiempo, la subscripción con 25.000 pesetas. Esperamos que el teatro Calderón se vea totalmente lleno de un público entusiasta para contribuir a tan noble fin como el de aportar un consuelo material a las víctimas de la catástrofe. El programa de la función es realmente espléndido. En él figuran todos los artistas notables que trabajan en Madrid." La Compañía Metropolitano aportó 20.000 pesetas.

Se organizó también un sorteo de regalos en beneficio de los familiares de estas víctimas, debiendo ser retrasado desde la fecha inicial a principios de junio de 1938 hasta el día 30 por el gran número de objetos donados solidariamente por los comerciantes madrileños. Lo donado se exponía en los diferentes establecimientos pudiendo adquirirse los boletos hasta cinco días antes de la fecha fijada. La lista de los números premiados se colocó en los mismos establecimientos que habían vendido los boletos. La recogida de los regalos se podía realizar durante todo el mes de julio por las personas agraciadas en la calle del Pacífico, 56, sede del Parque de Artillería.

Un documento fechado en Burgos recoge la declaración del agente de la Compañía, Anastasio Tejero Aparicio. Incluye el siguiente texto: "Explosión del polvorín de Lista. - Como ya sabrían la línea de Diego de León, era todo un polvorín desde el inicio y un día a las doce del día explotó levantando la estación de Lista íntegra y varios trozos más de la línea. En esta Estación había una industria de cargar cartuchería, lo demás de la línea estaba para depósito de pólvora y obuses como también los accesos en la Estación de Ventas a la Plaza de Toros. Todo esto una vez ocurrido esta catástrofe creo Miguel reunió al Consejo Obrero y un delegado de Guerra y se impuso a que habría más polvorines en la línea exponiéndoles que era para viajeros o era para Guerra exclusivamente y parece hizo efecto éste y se quitó cuanto había en las estaciones quedando para viajar libre de todo. Por efectos de esta explosión no hubo servicio de Sol a Ventas durante un mes."

Pasados unos días se publica en diversos periódicos información que amplía la conocida hasta entonces, sobre todo la recogida de testimonios presenciales. En su edición del 24 de enero, el diario *Labor* publica un texto basado en las manifestaciones de una señorita cubana, recién llegada de Madrid, que ha dado a un redactor de la Agencia "Logos" una información detallada de la catástrofe del "Metro", ocurrida el lunes de la semana última.

Este es el texto de lo manifestado por la citada señorita: "El accidente ocurrió en el ramal de Goya a Diego de León, comprendido entre esta última calle y la de don Ramón de la Cruz. Allí había un gran depósito de municiones y explosivos.

Es verdad que ha habido muchas víctimas, pero es incierto que las casas inmediatas hayan sufrido el menor daño. La explosión fue en sentido horizontal y se extendió por los túneles de una y otra dirección. Los efectos llegaron hasta la estación de Goya, donde murieron carbonizadas las señoritas taquilleras.

De todos modos, la techumbre del "Metro", que no estaba preparada para sufrir presión semejante, se abrió y saltó el pavimento de la calle. Esto es lo que produjo el mayor número de víctimas que no se ha podido fijar, no tanto por la voladura de adoquines y piedras y trozos de pavimento, railes del tranvía, etc., sino por las emanaciones de los gases de la explosión que asfixiaron a numerosas personas.

Sabido es que la calle de Torrijos era ya antes de la guerra una de las principales vías de comercio de Madrid, un gran zoco del trueque, no solo por los numerosos establecimientos situados en su primera mitad sino también por la gran cantidad de tenderetes colocados en las aceras, establecimientos y número de puestos que aumentaron en grandes proporciones al refugiarse la mayor parte de la población en el barrio de Salamanca, a la llegada de las tropas nacionales a la Ciudad Universitaria y barrios del suroeste. Muchos de estos puestos eran mantas extendidas en el suelo.

La guerra había hecho surgir un comercio ambulante que modificó la fisonomía comercial de las calles madrileñas. La iniciativa particular nace para atender la demanda colectiva al tiempo que supone una fuente de pequeños ingresos. No hay marcas renombradas, pero sí productos que cubren necesidades inmediatas de los madrileños que los conocen por el anuncio verbal de los vendedores. Los productos se habían encarecido de tal manera que las protestas de los compradores eran soportadas por los vendedores pagando el pato sus oídos; tenían que dar la cara, les echaban la culpa de todo, incluso de su obligación de mantener el orden en las colas provocado por los transgresores; además, se quejaban de que el beneficio que obtenían ahora era menor motivado por la imposición de los precios que podían cobrar y el riesgo de que parte de los productos que les entregaban en el Mercado no estuvieran en condiciones de ser vendidos por encontrarse estropeados.

Uno de los productos estrella que se podía adquirir en el mercadillo, -o zoco- de la calle de Torrijos era una funda de plástico en la que se podía guardar la cartilla de racionamiento, cuyo récord de ventas consiguió un tendero en un día que vendió mil quinientas. Los bocadillos eran ahora de tortilla de patata -con y sin huevo-, de guisantes, de algo parecido a butifarras y morcillas, de carne de caballo como "plato estrella" que se vendían a setenta céntimos, a 1,25 ó 2 pesetas, según el tamaño; ya no se veían los de jamón, chorizo y salchichón.

No solo se vendían alimentos. Los hornillos eléctricos triunfaban a pesar de la escasez de suministro; y otro modelo, inventado por un atrevido desempleado que consistía en un "ladrillo refractario, horadado por unos pequeños surcos que albergaban la resistencia."[193]

Los productos de limpieza y para la higiene eran un buen negocio: la lejía que se ofrecía en barreños se vendía a granel, los productos de calidad de las perfumerías y droguerías estaban a la vista; sólo podía lavarse con agua porque escaseaba el jabón declarándose varias epidemias. Otros vendedores ofrecían gasolina para los mecheros a cambio de la voluntad de los consumidores; su técnica comercial les suponía ser de los más pobres.; en la entrada del metro de Goya se colocaba uno de estos *bouquinistes*[194] madrileños.

Las librerías del centro de la ciudad se habían trasladado al barrio de Salamanca. Los propietarios no encontraron locales suficientes para instalarse y procedieron a colocar tenderetes en la calle de Alcalá, entre las de Príncipe de Vergara y Torrijos, y en ambas aceras a lo largo de esta; en los *puestos culturales* se podían encontrar ejemplares de autores conocidos y otros provenientes de los saqueos de palacios y conventos y de los robos en pisos. Se comentaba en los periódicos de la *zona roja* que se vendían más libros en el Madrid sitiado que en épocas de paz, basando sus argumentos en que el pueblo había cambiado ansioso por saber e instruirse, aunque parece más cierto que la falta de bares y restaurantes de calidad, y una ciudad sin vida nocturna, llevaba a los ciudadanos a matar el tedio a nivel domiciliario con la lectura como única distracción. La venta de libros fue un negocio floreciente durante toda la Guerra; cuanto más voluminosos eran más atractivo tenían, y si llevaban *estampas*, subía el precio. La realidad es que la cultura impresa estaba barata porque un gran número de los ejemplares que se vendían procedían del saqueo de los almacenes de las editoriales.

Así sucedió que, al producirse el accidente, fueron alcanzados por la explosión un gran número de vendedores callejeros y dueños de los puestos colocados

---

193 Revista *Mundo Gráfico*. 24 de febrero de 1937

194 Este término francés sirve para referirse a los vendedores de libros que en París tienen sus quioscos en ambas orillas del río Sena

en las aceras. El pavimento se levantó únicamente entre Lista y Don Ramón de la Cruz.

En este trozo de la calle está la iglesia del Rosario, de los Dominicos, que fue quemada al estallar la revolución. Se temió que la catástrofe alcanzase mayores proporciones, pues el Cine Salamanca, situado en la misma calle de Torrijos, esquina a la de Hermosilla, ha sido convertido en uno de los mayores depósitos de municiones y explosivos, de los varios que tienen los rojos en la capital".

En cuanto a los responsables de lo ocurrido, nos dice nuestra interlocutora que los rojos lo achacan a la "quinta columna", pero parece que en realidad se debe a las malas condiciones en que se había almacenado el explosivo."

La Dirección General de Seguridad informaba el día 14 de enero que la Policía madrileña había procedido a detener a 153 individuos implicados en la explosión. No se pudo demostrar que hubieran participado en lo que las autoridades de Madrid consideraban un sabotaje de la quinta columna: se trataba de una organización de tipo militar infiltrada en centros oficiales para conseguir datos y traspasar la información obtenida sobre los planes de guerra a las tropas nacionales; tenían organizado el Socorro Blanco y conseguían evadir a determinados elementos al bando enemigo.

LÍNEA 9. LA EXPLOSIÓN DE GOYA

No por más conocida e investigada, la explosión acaecida en Torrijos no fue la primera de grandes proporciones que ocurrió en la Red de metro: ya en noviembre del año anterior se había producido otra en la estación de Goya, de la línea a Diego de León.

Al frente de la guardia que custodiaba los explosivos depositados en la estación de Goya se encontraba el agente Juan Vergara Alonso-Rubio[195], con la categoría de responsable de estación especial. Al iniciarse la guerra Juan había portado una pistola entregada por el Comité Obrero del Metropolitano para la custodia y conservación del material depositado en los talleres; cuando mediante otra orden del Comité se dio a elegir a los agentes armados entre la movilización o devolver el arma, optó por esto último, ignorando si otros compañeros lo hicieron. Regresó entonces a su puesto de trabajo en la estación de Cuatro Caminos. En 1925 había sido vocal en representación de los trabajadores en el Comité Paritario. La Consejería de Orden Público había dispuesto el 13 de noviembre de 1936 que todos los dirigentes políticos y sindicales podían disponer de armas sin la necesaria licencia, además de hacerlo las personas que estos designaran por razón de su cometido: era preciso que se proveyeran de la autorización para su uso.

A pesar de las advertencias que se venían realizando desde diversos ámbitos a las autoridades encargadas de la defensa de Madrid sobre el riesgo potencial de accidentes en el metro aquéllas seguían insistiendo en la necesidad de utilizar estos espacios subterráneos con fines militares.

Haciendo historia, ya el 28 de enero de 1937, mediante oficio dirigido a la Comisaría del Estado en los Ferrocarriles, Zona Centro, la Dirección de la Compañía del Metropolitano de Madrid había manifestado que no tenía inconveniente alguno para la utilización de la estación de Goya correspondiente a la línea de Diego de León por parte del Parque de Artillería número 1 del Ejército, si bien declinaba cualquier responsabilidad en las posibles consecuencias derivadas

---

195 AGHD. Sumario número 35307. Consta el desempeño de ese cargo en Goya en el informe del Fiscal Jurídico Militar de 16 de noviembre de 1939 en el procedimiento sumarísimo de urgencia instruido por el Juzgado Militar Permanente número 18

de accidentes que pudieran ocasionarse toda vez que la línea 2 seguía abierta al público y a la circulación del material móvil a las cocheras y talleres de Ventas; y añadía: "no deben depositarse ni manipularse en dicha estación substancias que puedan producir explosiones.=Siendo conveniente establecer tabiques de ladrillo que incomuniquen ambas estaciones", al tiempo que solicita el suministro de estos materiales por la Comisaría al ser escasos los existentes en la Compañía. Se había solicitado este espacio para "usos de guerra consistentes en carga y clasificación de proyectiles y depósito de municiones". El ayudante encargado de esta zona del metro manifiesta que "pudiera existir peligro al manipular en la carga de proyectiles substancias explosivas, máxime teniendo en cuenta la circunstancia de hallarse situada en un plano inferior la primera de dichas estaciones para el público, por lo que caso de ser de ineludible precisión el utilizar el expresado andén, deben adoptarse las máximas precauciones y garantías…por los accidentes que con este motivo pudieran ocurrir."

Tal como se temía, a las 15:45 horas del 15 de noviembre de 1937 se produce una explosión en la estación de Goya del ramal a Diego de León; a consecuencia de ello la estación homónima de la línea 2 se llena de humo, ocasionando la onda expansiva la rotura de todos los cristales del coche R-4, última unidad del tren 8

Antiguo túnel de enlace del Ramal Goya-Diego de León
Inaugurado en 1932 y clausurado en 1958.

que circulaba en ese momento a la altura de la bifurcación. Fue preciso cerrar el acceso a la estación de Goya, en la que no paraban los trenes que seguían circulando entre Sol y Ventas; a las 17:45 horas, tras disiparse el humo y comprobar los técnicos que no existía peligro alguno, la estación de Goya vuelve a abrirse al público. También llegó el humo hasta la estación de Diego de León, a la que acudieron los bomberos con uno de sus electroventiladores regresando a su base sin novedad.

Los datos que tenemos de los daños personales ocasionados por esta explosión son muy escasos: únicamente hemos encontrado una referencia a ellos en la nota que emite la Compañía del Metro con fecha 2 de diciembre de 1937: "En este accidente hubo algunas víctimas en el personal militar, y en los viajeros que ocupaban el tren que pasaba y en la estación se produjo un gran pánico y salieron despavoridos." Según los bomberos del Ayuntamiento de Madrid hubo un muerto, tal como comprobaron durante su intervención los miembros del parque número 2.

Tras esta explosión se hacía necesario depositar material de guerra en otra ubicación; por ello, el 1 de diciembre de 1937 se solicita desde el Parque de Artillería número 1, conocido como "Plaza de toros Monumental", que se ponga a su disposición con suma urgencia uno de los accesos a la estación de Ventas: la respuesta de la Compañía es de acatamiento al ser considerada esta petición una orden. Las consecuencias inmediatas son las siguientes: los elementos y servicios (Oficinas administrativas, técnicas y de recaudación) de Metro depositados y ubicados en Ventas son trasladados al acceso de Claudio Coello -que se cierra al público- en la estación de Retiro, y el cierre de la de Ventas hasta la que llegarán los trenes para hacer la maniobra de cambio de vía, ya sin viajeros que previamente han sido desalojados en Manuel Becerra. Una decisión más es tomada por la Compañía Metropolitano de Madrid tras la caída de algunos proyectiles en las cocheras y talleres de Cuatro Caminos: el traslado del material móvil a Ventas, quedando este como único depósito de trenes, almacenes y talleres.

Tras la explosión de Goya, al considerar demasiado costoso para los ciudadanos interrumpir el servicio de Tetuán a Vallecas y de Ventas a Cuatro Caminos, se decide trasladar el material móvil a la línea de Embajadores a partir del 2 de diciembre de 1937. Esta decisión motiva que la línea 5, Sol-Embajadores, funcione como estacionamiento de trenes, siendo cerrada a partir de las 20 horas, abriéndose a la hora habitual, las 6:30 de la mañana. Un motivo más para el traslado es el riesgo de que las cocheras de Ventas sean bombardeadas con la consiguiente afectación del material móvil. En esa última fecha, el 2 de diciembre, la Compañía se lamenta del perjuicio que se causa a los ciudadanos por el cierre de estaciones como Diego de León, Lista, Goya y Ventas al privarles de un refugio eficaz en caso

63-380-3

Explotación

COMISARIA DEL ESTADO EN LA
RED GENERAL DE FERROCARRILES
TERCERA REGION

Núm. 213

Ilmo. Sr.:

El Director de la Compañía Metropolitano de Madrid, con fecha 18 del actual, me dice lo siguiente:

"Con fecha 17 del actual, hemos dirigido al Sr. Coronel Director del Parque del Ejército nº 1, el siguiente escrito:= "Muy Sr. nuestro:= El desgraciado accidente ocurrido el día 15 del corriente en la estación de Goya en la línea de Diego de León, con motivo de la explosión allí ocurrida, ha puesto de manifiesto de nuevo el peligro de que se almacenen o manipulen materias explosivas en aquella estación y en general en la línea Goya-Diego de León, ya que no solamente atraviesa ésta en todo su recorrido una zona de gran densidad de población, sino que además tiene situada la mencionada estación de Goya y el ramal de arranque exactamente debajo de edificios importantes de las calles de Alcalá y Torrijos, entre otros el Cinema Salamanca.= La rotura de nuestra bóveda por una explosión tendría por tanto, no solo las graves consecuencias que en cualquier otro trozo de la red madrileña se podrían originar, sino que en aquella línea causaría inevitablemente el derrumbamiento total de estos edificios, ya que asientan directamente sobre nuestro túnel, que constituye así sus propios cimientos.= Este Comité de Control, que en todo momento ha dado pruebas de un gran espíritu de sacrificio por la causa, no creando la menor dificultad a las autoridades, juzga indispensable indicar los peligros que encierra el actual empleo que se ha dado al citado trozo Goya-Diego de León, como elemento auxiliar de guerra, pues entiende es su deber llamar la atención sobre ellos para evitar la catástrofe que pudiera ocasionarse y que todos tenemos la obligación de esforzarnos para que no se produzca.= En espera de que se atenderán nuestras observaciones, quedamos a su disposición para cuantas soluciones se propongan por los Organismos Oficiales".= Lo que trasladamos a V. para su debido conocimiento y efectos".

Lo que me apresuro a poner en conocimiento de V.I.

para los fines que estime oportunos ordenar.

Valencia, 23 de Noviembre de 1.937
EL COMISARIO,

Julio Aynoy

Ilmo. Sr. Director General de Ferrocarriles y Tranvías.- Barcelona

Explosión de Goya. Comunicación de la Comisaría del Estado en la Red General de Ferrocarriles en Valencia al director general de Ferrocarriles y Tranvías en Barcelona. 23 de diciembre de 1937. Colección César Mohedas.

de peligro, y más a la población obrera que reside en los alrededores de esta última porque sus edificios ofrecen poquísima resistencia.

En este mismo escrito, del ya reseñado 2 de diciembre, se propone el ya citado traslado de los elementos depositados en la línea de Torrijos a la de Embajadores, recibiendo como respuesta la imposibilidad del traslado de los materiales depositados en la estación de Ventas. Viéndose en esta tesitura la Compañía considera que, como solución inmediata, el Ministerio de Defensa debería construir rápidamente "algún abrigo subterráneo en las inmediaciones de la Plaza de Toros, cosa bien sencilla aprovechando el gran talud del desmonte que hay en su parte posterior, y de una capacidad análoga a la del acceso, consistente en un cañón de treinta metros de largo y tres de ancho, permitiendo trasladar los elementos depositados en la estación de Ventas que supondría la disminución de riesgo para la maquinaria y elementos de gran volumen existentes en la cochera adyacente". Un lamento final cierra esta nota cuando el firmante dice que no se han construido locales subterráneos apropiados a pesar del tiempo transcurrido quedando como única solución la paralización de un servicio tan importante como es el de metro.

Finalizada la guerra, los trenes del metro vuelven a circular en composiciones de 4 coches, aunque sólo por el día ya que se aprovechaba la noche para realizar en las líneas las reparaciones necesarias para que las instalaciones afectadas durante el conflicto volvieran a ser transitables con todas las garantías de seguridad tanto para los viajeros como para el personal de la Compañía.

En junio de 1939, el director del Metropolitano manifestaba que se iban a fabricar un gran número de coches muy modernos de fabricación española para que los viajeros pudieran disfrutar de todo tipo de comodidades en sus desplazamientos.

Una vez más, el trabajo de los agentes llevaba a la Compañía Metropolitano de Madrid a superar cualquier dificultad.

LÍNEA 10. EN HOMENAJE

Durante las obras de restauración de la Central Eléctrica de Reserva ubicada en la Nave de Motores de Pacífico se encontró en 2007, en el sótano frente al alternador más cercano a la entrada principal, una placa de mármol con los nombres de doce agentes de la Compañía, considerados de derechas, que fueron asesinados durante el período bélico. En la Junta General de Accionistas de la Compañía celebrada el 27 de marzo de 1940 se había dado lectura a la relación de los mismos.

Con criterio de prudencia y deseo de reconciliación se decidió que tenía que ser destruida para evitar la discriminación que suponía no incluir en esa relación a todos los agentes de Metro muertos entre el 17 de julio de 1936 y el 1 de abril de 1939. Un ingeniero de la Compañía indicó al encargado de la empresa que realizaba los trabajos que se deshiciera de ella con total discreción, lo que procedió a realizar troceándola y arrojándola al vertedero entre escombros. Parece que así se hizo toda vez que no conocemos a persona alguna que haya vuelto a verla.

La relación alfabética por apellidos de los agentes del Metro que perdieron la vida desde el 17 de julio de 1936 y como consecuencia de la Guerra Civil, durante la misma o en los meses posteriores a su finalización, es la siguiente:

Aglio Delgado, Indalecio
Aguilar Sánchez, Victorio
Alcázar Manteca, José
Ballesteros López, Enrique Celestino
Balza Lazcano, Melitón
Barrera Mandillo, Alfonso
Bayo Colás, Avelino
Benito Compte, Emilio
Cámara Barranco, Dionisio
Cámara Barranco, Socorro
Cañizares Botana, Vicente
Casas San Antonio, Cesáreo

Cruz Navarro, Martín
De Castro Ríos, Juan
Díaz González, José
Díaz Míguez, Martín
Encinas Álvarez, Doloroso
Espín Fanarut, José María
Fernández Mera, Gregorio
Fuertes Yarza, Enrique
García Fanarut, Antonio
García Fanarut, Mercedes
Garrido Carrillo, José
Gete García, Hipólito
Gete Hernández, Luis
Gómez Hernández, Francisco (desaparecido)[196]
Gómez Hernando, Francisco
Guijarro Gallardo, José
Jareño Beteta, Antonio
López Urbano, Diego
López y López, Antonio
López-Tola Múñoz, Tomás
Magaz García, Daniel
Martín Hernández, Ángel
Martín y Martín, Joaquín
Menéndez Rebollo, José María
Mimendi Diego, Fernando
Naval García, Luisa
Navarro Sánchez, Pedro
Navío Bartolomé, Pedro
Nogueira Ruiz, José
Pérez Bermejo, Agustín
Pérez González, Miguel (desaparecido)[197]
Rico Manquillo, Gonzalo
Ríos Pedreño, Mariano

---

196 Así figura en la relación del personal de la Compañía tras finalizar la guerra; en los nombres registrados en los ficheros que corresponden a las personas asesinadas durante la dominación marxista aparece relacionado en la signatura FC-CAUSA_GENERAL,1533, Exp.44, en el Archivo Histórico Nacional

197 Ídem anterior

Rodríguez López, Ramón

Ruiz Castellanos, Zacarías

Sáinz y Sáinz, Paulino

Sánchez-Peña Loarces, Reyes

Sanchidrián Casillas, Juan

Santos Santamaría, Leocadio

Sarazola Luisa, Marcial

Segura Granjel, Eladia

Simón Arias, Juan Manuel

Torón Flores, José

Varo Reina, Francisco

Ventosa García, Justo

Yebra Vanderberghe, Ramón

Zamarrón Polo, Enrique

En la sesión celebrada el 20 de mayo de 1939 el Consejo de Administración de la Compañía Metropolitano adoptó una serie de medidas encaminadas a reparar algunos de los perjuicios sufridos por los empleados que fueron expulsados de sus puestos desde el 18 de julio de 1936 y a otros que en esta fecha se encontraban fuera de Madrid y no pudieron incorporarse de nuevo hasta la finalización de la guerra. Se acordó abonarles los salarios correspondientes hasta el 28 de marzo de 1939 descontando los importes que pudieran haber recibido por realizar otros trabajos durante ese período siempre que presentasen una declaración jurada que sería comprobada por la Dirección del Metro y se certificase su leal adhesión al régimen. Igual medida se tomó con aquellos agentes que sufrieron durante el conflicto bélico la rebaja de sueldos o categorías. A los agentes que habían formado parte del Ejército Nacional como oficiales o soldados no se les descontó el importe correspondiente a sus retribuciones militares. Estas medidas tenían carácter graciable por lo que no existía la posibilidad de impugnarlas.

Las discrepancias entre los miembros de una organización y las diferencias de pensamiento y creencia entre los trabajadores de una empresa son lícitas y enriquecedoras. Todas las ideas, y más cuando se defienden con argumentos convincentes, son beneficiosas para la Sociedad. En el momento que surge un conflicto, y más si es bélico, tendemos a imponer nuestras ideas y criterios, por la fuerza si es preciso, sin pararnos a medir las consecuencias, dañándonos los unos a los otros, como *los canes de Zorita que, cuando no tenían a quien morder, uno a otro se mordían.*

Es cierto que entre los trabajadores de la Compañía Metropolitano de Madrid se produjeron hechos suficientemente desagradables que llevaron a la muerte a bastantes agentes porque pensaban y se manifestaban de manera diferente a los que lo hacían por otros ideales, fueran de tipo político, social o sindical.

Los miembros del Consejo Obrero y del Comité de Control decidían los destinos del Metro intentando mantener siempre su funcionamiento con vistas a evitar su destrucción y que en el futuro fuera lo menos costoso posible volver a la normalidad. Sus miembros impidieron la incautación de la Compañía, consiguieron mantenerla en funcionamiento y siguieron colaborando con los ingenieros y el resto del personal técnico para que los madrileños pudieran continuar utilizando la Red. Los madrileños pudieron seguir viajando por el subsuelo gracias al concepto de responsabilidad que los agentes mantuvieron en todo momento ante el pueblo y el seguimiento de una línea de conducta presidida por un amplio sentido de unidad.

Finalizada la Guerra volvió a funcionar el Consejo de Administración cuya primera decisión fue la de reconstruir las instalaciones destruidas por la explosión de Torrijos, reponer las piezas de recambio agotadas en los almacenes y reparar los graves daños sufridos en los edificios y el material móvil del Metro, que podía equiparase a un mutilado de guerra más. El servicio de metro era fundamental para intentar volver a la normalidad ya que los tranvías y taxis, al estar en superficie, habían sufrido tales destrozos que no permitían recuperar la situación anterior como sí lo hacía el ferrocarril subterráneo de Madrid.

Los ingresos por la venta de billetes se resintieron debido a que los militares de cualquier graduación y empleo y los integrantes de las milicias y organizaciones viajaban gratis en el metro por su participación en la preparación de las fiestas que se organizaron en Madrid para celebrar el fin de la Guerra, eventos que culminaron con el Desfile de la Victoria. A partir del 10 de junio de 1936 todos ellos estaban obligados a adquirir el correspondiente billete si querían viajar, de acuerdo con lo dispuesto en el bando dictado por el gobernador militar una semana antes. Esta obligación era también para los viajes en tranvía.

En esa sesión celebrada el 20 de mayo de 1939 se autorizó el estudio para la construcción de un edificio social en el que tuvieran cabida todas las oficinas, en ese momento dispersadas en diferentes espacios de la Compañía; se ubicaría en los terrenos de los Talleres y Cocheras de Cuatro Caminos propiedad de Metro, tras estudiar la viabilidad económica del mismo una vez conocido el presupuesto. El proyecto se encargó al arquitecto Antonio Palacios, pero se quedó en papel, aunque algunos pilares de hierro que se pueden contemplar en el recinto junto a la avenida de la Reina Victoria parecen indicar que sí se empezaron las obras de este edificio conocido como "La Casa del Metro".

El día 21 de agosto de 1939 ya funcionaba toda la Red como lo hacía antes del inicio del conflicto; antes de acabar el año el número de trenes en circulación era superior al máximo que habían circulado antes del 18 de julio de 1936, según la Memoria de 1939 presentada por el Consejo de Administración a la Junta General de Accionistas el día 27 de mayo de 1940. Y ello a pesar de la situación que se había producido poco antes del inicio de la Guerra cuando las relaciones entre los trabajadores, que amenazaron con una huelga general, y la Dirección de la Compañía eran de extrema tensión durante la negociación para aprobar unas nuevas Bases de trabajo en las que se pretendía fijar unos incrementos salariales de un 400 por 100 de los jornales vigentes, cuando estos eran más elevados que los de cualquier otra empresa ferroviaria o tranviaria en España, además de una serie de ventajas sociales tales como las referidas a la protección de la salud, prestaciones de seguridad social para los trabajadores y sus familiares, pases de libre circulación para estos siempre que figurasen en la cartilla sanitaria, la eliminación de las contratas y la absorción de sus empleados por la Compañía y rebajar la talla mínima a 1,56 metros para aquellos aspirantes a un puesto de trabajo que fuesen familiares de alguno de los empleados.

Lo más importante era la necesidad imperiosa de superar y olvidar cualquier resquemor, las rencillas y conflictos entre los trabajadores que siempre han formado y forman la gran familia que es el Metro de Madrid desde la originaria Compañía Metropolitano Alfonso XIII.

Pasó el tiempo y se consiguió. Cada uno seguimos pensando y actuando como estimamos más conveniente, nos enriquecemos con esas diferencias, pero siempre contribuyendo a que nuestra Empresa sea un referente mundial de trabajo y solidaridad.

Madrid, sin el metro, sin los hombres y mujeres de Metro, no habría sido Madrid.

GLOSARIO

5º Regimiento

El 5º Regimiento de Milicias Populares fue una unidad militar creada por el Buró Político del Partido Comunista de España en los primeros días de la Guerra Civil con voluntarios movilizados en defensa de la legalidad republicana, entre los que se encontraban anarquistas que se habían desilusionado con la indisciplina de sus propias unidades y jóvenes apolíticos atraídos por el espíritu del Regimiento. Es el número 5 porque en Madrid existían hasta entonces cuatro batallones. El Gobierno, en concreto José Giral como presidente del Consejo de Ministros, insistía en considerar que era un batallón: tuvo que cambiar el tratamiento cuando consiguieron seis mil hombres. El responsable de su creación fue Enrique Castro Delgado, luego *comandante Castro*; años más tarde le fue negada la misma cuando desertó tras perder la fe en Moscú y ser repudiado por su propio partido por contar cosas que le podrían haber afectado de manera muy negativa. Murió "suicidado" al arrojarse por una ventana del sanatorio en el que estaba recluido tras regresar de su evacuación a Moscú.

Sus miembros recorrían las calles en busca de voluntarios que consiguieron entre los refugiados llegados a Madrid desde otras regiones españolas porque los jóvenes madrileños se abstuvieron masivamente. Para ser admitido en este regimiento era preciso reunir tres condiciones sin las que no se iba a superar el proceso de selección: en primer lugar, estar concienciado políticamente bien por convencimiento o por haber adquirido una profunda formación política; como segundo requisito se exigía gozar de buena salud y, finalmente, estar preparado deportivamente.

Los integrantes tenían que pronunciar el siguiente juramento: "Yo, hijo del pueblo, ciudadano de la República española, me comprometo ante el pueblo español y el Gobierno de la República a defender con mi vida las libertades democráticas, la causa del progreso y de la paz, a abstenerme de actos deshonrosos e impedir que sean cometidos por mis camaradas con el pensamiento colocado en el alto ideal de la República democrática".

Sede del cuartel del 5° Regimiento. Convento Salesianos
de Francos Rodríguez.16 de noviembre de 2020.

La jefatura política y las oficinas tenían su sede en un palacete de la calle de Lista. Estableció su sede operativa en el antiguo convento de los Salesianos, en la calle de Francos Rodríguez, 5, tras ser requisado por elementos de las Milicias Antifascistas Obreras y Campesinas (MAOC) de la barriada de los Cuatro Caminos, fuerza paramilitar existente ya desde 1933, después de regresar del asalto al Cuartel de la Montaña. Tras instruir en teoría y práctica militar en la Dehesa de la Villa a cerca de setenta mil hombres fue disuelto oficialmente el domingo 20 de diciembre de 1936 tras la integración de sus miembros en las brigadas mixtas del Ejército Regular Popular, aunque los últimos milicianos lo hicieron en enero de 1937, realizando el último acto oficial, de liquidación, el miércoles 27 en el cine Goya. Los mandos quedaron a disposición del ministro para su distribución en las unidades que se estaban reorganizando. Antes de finalizar 1937 casi todos los destinados en los Salesianos se trasladaron a los barrios de Salamanca, Guindalera y Prosperidad dedicándose desde entonces el cuartel a Centro de recuperación y chatarra permaneciendo en el mismo un número reducido de soldados hasta la finalización de la guerra.

Ricardo de la Cierva considera que la cifra de setenta mil es una exageración propagandística ya que el número de ellos no llegó a los cinco mil. El italiano Vittorio Vidali, conocido como comandante Carlos Contreras, manifestó en Valencia que fuera de Madrid habían instruido a más de cincuenta mil hombres por lo que su número total alcanzaba los cien mil.

Del 5ª Regimiento dependieron unas milicias que actuaban por su cuenta trasladando a los detenidos a los cuarteles de Francos Rodríguez o de Príncipe de Vergara. Cuando realizaban sacas, los condenados eran conducidos hasta el kilómetro 11 de la Carretera de Aragón, según manifestó Manuel Rascón Ramírez, miembro de las checas de Bellas Artes y de Fomento.

El 5º Regimiento era un modelo de organización y disciplina reconocido en otros países, además de ejemplo de esfuerzo y heroísmo. El historiador francés y corresponsal de guerra, Georges Soria, le dedicó una página en la edición de *Regards* del 21 de enero de 1937 alabando su estructura y organización. La mayoría de los empleados de la Compañía Metropolitano de Madrid que fueron movilizados se integraron en este regimiento incorporados a las Milicias Ferroviarias. Los comunistas destacaban como grandes organizadores y así se demostró con la importancia que tuvo el 5º Regimiento como base de la creación de un ejército regular de la República y su intervención en la defensa de Madrid.

La nómina del 5º Regimiento era cinco veces superior a la de las Milicias Confederales y su importe total era prácticamente igual a la que sumaban el resto de las organizaciones y partidos del Frente Popular. Era una prueba de que el Estado pagaba al Partido Comunista, cuestión que no resultaba agradable a otras organizaciones políticas. Igualmente, este regimiento recibía un trato preferente en relación con la asignación de las armas que llegaban procedentes de la Unión Soviética y la posibilidad de que sus miembros se adiestraran en Rusia como tanquistas.

Una caravana de camiones de este regimiento se encargó de trasladar hasta Valencia los cuadros evacuados del Museo del Prado. Entre ellos, uno de Goya titulado "Duelo a garrotazos", símbolo de los enfrentamientos fratricidas que suponen las guerras civiles y de la violencia innata y la maldad del ser humano.

El 15 de febrero de 1939, Enrique Líster, recién llegado de Toulouse, intenta rehacer desde Albacete el 5º Regimiento buscando por la zona centro-sur soldados entre las unidades comunistas. No lo consiguió.

Existió un tipo de bomba conocida con el nombre de "5º Regimiento"; en julio de 1937 se descubrió un sabotaje que afectó a 475 de ellas que estaban en poder de la 112ª Brigada Mixta cuando las inspeccionaron y vieron que en su interior sólo había recortes del periódico *Mundo Obrero*, algunos de la edición del 25 de mayo anterior, muy poca pólvora y carecían absolutamente de balines.

Desde este regimiento se decidió la creación de una compañía especial denominada "Compañía de Acero" que diera ejemplo de disciplina con una serie de consignas que la hicieran de hierro; entre ellas, la de no dejar nunca en manos del enemigo un camarada herido o muerto y la de estar autorizados a disparar contra los propios camaradas si avanzaban o retrocedían sin haber recibido órdenes previas para ello.

El poeta Miguel Hernández decía que era "el regimiento de Madrid, de España entera".

Altavoz del Frente

Altavoz del Frente fue una institución nacida en septiembre de 1936 por iniciativa del Partido Comunista. Era un servicio de Agitación y Propaganda creado con la finalidad de difundir entre los soldados las consignas políticas y generarles un estado de ánimo optimista para que su lucha nunca decayera. Los responsables de estas actividades eran los comisarios de Cultura a través del Subcomisariado de Propaganda del Ministerio de la Guerra.

Este organismo difundía sus ideas a través de prensa escrita y de la emisora Unión Radio Madrid a partir del 14 de septiembre de 1936. Estos programas emitían charlas con diferentes dirigentes comunistas, música revolucionaria y poemas cantados. En noviembre siguiente construyeron un vehículo blindado al que acoplaron unos potentes altavoces para realizar labores propagandísticas en primera línea y dirigirse a las filas contrarias. Tras conocer las noticias parece que soldados del bando nacional se pasaban al republicano cargados con sus fusiles y ametralladoras realizando manifestaciones en el sentido de que la propaganda les había llevado a tomar esta decisión al tiempo que animaban a redoblar en todos los frentes la agitación.

En *Frente Extremeño*, periódico del Altavoz del Frente de Extremadura, de 27 de junio de 1937, se leía en la primera página: "ALTAVOZ DEL FRENTE, organizado y dirigido por escritores, periodistas, poetas y amigos de la cultura, es el exponente de la política del Frente Popular; es el que entre nuestros combatientes, al lado de los Comisarios de Guerra, ha ayudado y ayuda a forjar nuestro gran Ejército popular, es el que realiza la agitación entre las filas enemigas; es el que lleva a nuestros hermanos que viven en el territorio de nuestra España pisoteado por las pezuñas extranjeras el ánimo, el aliento para que sigan luchando, para que tengan te en nuestra victoria."

Brigadas de choque

Las brigadas de choque se crearon en las industrias por iniciativa de los sindicatos o las secciones de los partidos políticos. Los militantes de estas organizaciones se integraban en ellas y tenían como principal cometido incorporar a las mismas a todos los obreros de la empresa, fábrica, taller, oficina o comercio. Esos militantes tenían que extender su influencia a todas las industrias cercanas para que no quedara ninguna sin su propia brigada de choque. Llegar a los campos era fundamental para concienciar sobre la necesidad de que no quedara un trozo de tierra sin aprovechar y producir en el mundo rural leal a la República las mismas cantidades que se generarían en todo el territorio nacional en años anteriores.

Su misión fundamental era trabajar para la guerra, intensificando la producción, no haciéndolo más y mejor sino mejorando la economía con el aprovechamiento de todos los materiales. En la Compañía Metropolitano de Madrid la producción había aumentado en un 300 por 100 a fecha junio de 1937.

Otra más consistía en combatir en sus ratos libres el analfabetismo de los que no habían tenido ocasión de estudiar y en organizar conferencias culturales para evitar que la incultura que fomentaban las clases opresoras continuase siendo un arma potente en sus manos. Llegaron a crearse premios consistentes en días de permiso para los soldados que más avanzasen en el aprendizaje de la lectura y la escritura. La Cultura se consideraba un arma magnífica como complemento de los efectivos del Ejército.

En el frente de batalla se intentaba que existieran estas brigadas para concienciar a los combatientes sobre la necesidad de no malgastar inútilmente municiones, ropa o comida contribuyendo con ello a obtener mejores resultados con los mismos medios.

Cerro Negro

Cerro Negro era el nombre con el que se conocía el espacio en el que se produjeron cruentos combates durante el mes de septiembre de 1936. Estaría situado entre el parque de Entrevías y Mercamadrid. En 1952 se aprobó por el Consejo de Administración de Renfe la construcción de unas cocheras y talleres específicos en este espacio para la reparación de los coches automotores TAF (Tren Automotor Fiat) que también se utilizaron para los TER (Tren Español Rápido). Actualmente está dedicado a los talleres del Tren de Alta Velocidad (AVE).

Checa

El término checa o cheka proviene del nombre con el que se designaba a la cruel policía soviética creada tras la Revolución de octubre de 1917.

Las checas, o "cárceles artesanas" como las definía Mijail Kolstov, eran centros de detención, tortura y asesinato controlados por partidos políticos y organizaciones de izquierdas suficientemente conocidos por el Gobierno del Frente Popular en las que unos *tribunales* formados por individuos sin formación jurídica decidían la suerte de los detenidos que pasaban por ellas: "en libertad, a fortificaciones, para fusilar o a disposición de la Dirección." En un gran número de casos la llegada a uno de estos centros era para estar en él unas horas antes de ser conducidos a los *patíbulos*. Incluso llegaron a crearse unas checas que simulaban ser los Consulados de Siam y Letonia a las que se trasladaba con engaños a algunas personas afectas a la Causa Nacional que pensaban iban a poder salvar la vida pero que eran saqueados económicamente, posteriormente trasladados a la Dirección General de Seguridad y luego asesinados tras haber indicado nombres de otras personas que podían tener sus mismas ideas contrarias al Gobierno de la República. De SIM a Siam sólo había una letra de diferencia.

Los miembros del SIM las llamaban "preventorios" por su carácter de provisionalidad.

El general Miaja tuvo como objetivo desde la primera reunión de la Junta de Defensa de Madrid acabar con la "canalla roja"; el 5 de diciembre de 1936 cuando recibió el parte diario de la Policía con el texto "Sin novedad" se irguió satisfecho al comprobar que era la primera noche en que no aparecía ningún cadáver por las calles de Madrid o en los lugares habituales de los asesinatos.

En Madrid se han documentado 345 checas, regentadas por socialistas, comunistas, anarquistas o grupos de milicianos no integrados en partidos políticos. Los asesinatos cometidos en ellas van desde los 1.800 hasta los 3.600 según diferentes autores. El periodista asturiano Carlos Luis Álvarez Álvarez, *Cándido*, decía: "La checa es una institución que marca el límite de la indignidad humana y de las perversiones de la fantasía."

Comité de Control

Los Comités de Control se crean nada más iniciarse la Guerra por los trabajadores que tenían un mínimo de preparación sindical y política con base en su capacidad revolucionaria para enfrentarse al levantamiento de la clase capitalista poniendo en manos de los trabajadores todas las actividades de la producción y la distribución.

De manera democrática eligieron sus representantes entre miembros de las organizaciones sindicales y los trabajadores que ya venían realizando labores de responsabilidad sindical. Se trataba de los que consideraban más profesionales en sus puestos porque destacaban en la lucha política y sindical con un alto grado de consideración moral sin otro interés que la defensa a ultranza de sus industrias. Se organizaron sin una orientación general que llevó a la existencia de comités constituidos bajo diferentes criterios, sin coordinación, lo que condujo a que hubiera algunos eficaces, otros inútiles, e incluso otros perjudiciales. Los que se constituyeron con excesivo número de miembros supusieron la generación de excesivas discrepancias tanto para la toma de acuerdos como para su ejecución.

El mayor inconveniente para su funcionamiento fue la discrepancia entre los miembros de cada una de las organizaciones sindicales: Unión General de Trabajadores y Confederación Nacional del Trabajo. Durante su existencia fueron una constante las manifestaciones de los principales dirigentes sindicales en aras de lograr la unidad de actuación. Un inconveniente más al que se enfrentaron fue el rechazo de asesoramiento por especialistas en la actividad laboral que llevó en ocasiones a despreciar la participación de los técnicos de las propias industrias en el funcionamiento y mantenimiento de los equipos y materiales con el consiguiente perjuicio ocasionado por el desconocimiento de aspectos imprescindibles.

Confederación Nacional de Sindicatos Obreros Católicos

La Confederación Nacional de Sindicatos Obreros Católicos se fundó en julio de 1919. Se integraba por diferentes federaciones de ámbito nacional, regional y local entre las que destacaban las de ferroviarios. Su origen estuvo en la primera Asociación de Obreros Católicos de 1867 aunque los primeros movimientos sindicales cristianos en España se remontan a 1864 cuando el castellonense padre jesuita y biólogo Antonio Vicent Dolz creó en Manresa el primer Círculo Católico de Obreros.

Defendían la consecución de derechos sociales e intereses profesionales, pero no la lucha de clases que, incluso, condenaban. Procuraban el bienestar material de los obreros sin obviar el espiritual. Su importancia estuvo a gran distancia de la UGT y la CNT tanto por su número de afiliados como por la acción sindical desarrollada.

Disco Rojo

Disco Rojo fue una publicación que se definía a sí misma como "el órgano de la célula comunista del Metro. Pero su misión es defender a todos nuestros compañeros de trabajo, sin distinción de matices" y todo lo que significara justicia social.

Desde septiembre de 1937 cesó en su misión de órgano de la Célula Comunista de Metro para convertirse en el portavoz del Grupo de Orientación Sindical Revolucionaria. Había nacido a finales de 1933 como "orientador de los trabajadores del Metro" llegando hasta octubre de 1934 en que vio interrumpida su publicación tras el nombramiento del nuevo Gobierno el día 4, las huelgas generales del día siguiente y la represión gubernamental. Reapareció unos días antes de estallar la Guerra, aunque solo pudo publicarse un número. En marzo del 37 volvió a salir con periodicidad mensual promoviendo siempre la unidad sindical.

Guerrillas de España

Con este nombre se organizaron a principios de 1935 durante la Segunda República Española como milicia un grupo de miembros jóvenes de Renovación Española encuadrados en la órbita de José Calvo Sotelo. Su existencia como organización paramilitar duró unos meses disolviéndose tras no llegar nunca las armas prometidas desde Italia por lo que su existencia fue más bien testimonial al dedicarse a repartir folletos propagandísticos con la idea de auxiliar y ayudar económicamente a los guerrilleros detenidos y encarcelados y defenderlos en juicio.

Mengemor

La compañía mercantil denominada "Mengemor", acróstico de los apellidos de los ingenieros Mendoza, González Echarte y Moreno, se había fundado como sociedad anónima el 14 de marzo de 1904 como una conjunción técnico-empresarial con la familia Crespi de Valldaura, cuyo miembro Carlos, conde de Serramagna, fue el primer presidente del Consejo de Administración.

Su objeto social era la "explotación de negocios industriales y relacionados con la profesión de ingeniero civil." Carlos Mendoza y Alfredo Moreno Osorio habían organizado ya en 1898 una sociedad de consultoría profesional (Mendoza y Moreno, Oficina Técnica de Ingeniería) con la finalidad de cubrir las necesidades de pequeños municipios que no incorporaban ingenieros a sus plantillas por la imposibilidad de retribuirles económicamente.

El momento de la fundación de "Mengemor" se produce tras la compra de una central eléctrica movida por dos motores de gas pobre de sesenta caballos, propiedad de un familiar de Mendoza. Esta pequeña fábrica de electricidad estaba situada en el barrio de Tetuán de las Victorias, Ayuntamiento de Chamartín de la Rosa, al norte de Madrid.

El 31 de diciembre de 1926 este negocio es traspasado a la Fábrica de Electricidad del Pacífico.

Quinta Columna

Se conocía con el nombre de Quinta Columna al conjunto de partidarios de la Causa Nacional que se encontraban ocultos o infiltrados entre las organizaciones marxistas con la única finalidad de salvar la vida pero que estaban esperando con ansiedad la entrada de las tropas en su ciudad: el contacto con los servicios secretos del bando nacional era permanente. Es el caso del teniente coronel de Estado Mayor José Centaño de la Paz, director de la Fábrica de Experiencias Industriales de Aranjuez y jefe del madrileño Parque de Artillería número 4, que se entrevista con Segismundo Casado en febrero de 1939 y se ofrece como interlocutor en las negociaciones con Franco para fijar las condiciones de la rendición de Madrid manifestándole que en realidad es un miembro del espionaje nacional, jefe de la Quinta Columna designado directamente por Franco, conocido como José Serrano Guerra, e integrado en la organización secreta *Lucero Verde*.

Rancho de campaña. Recreación Grupo "Frente de Madrid".
La Batalla del Jarama. 15 de marzo de 2014.

Las miras de esta organización eran las de practicar espionaje civil y militar, desmoralizar al enemigo en la retaguardia y cuidar del orden público y mantener los servicios públicos cuando las tropas nacionales entrasen en Madrid por todos los frentes tras una gran ofensiva y evitar el derramamiento de sangre. Incluso se establecieron grupos que se dedicarían a intervenir en todos los sectores, como ocurrió con los actores de teatro de Madrid, de cuyas plantillas se encargaría Julio Infiesta de Siria, un actor que tenía su domicilio en el municipio de Chamartín de la Rosa.

La fina ironía de los madrileños, incluso en situaciones de auténtica necesidad, cambió ese nombre por el de *noventa por ciento* dado que el hambre de la población civil hizo que ésta, en este porcentaje, desease la entrada de las tropas de Franco lo antes posible como única solución para poder vivir; incluso los residentes en las "grandes zonas que al principio simpatizaron con la causa marxista, son ahora partidarios de que" triunfe Franco como única solución para disponer de lo mínimo para la existencia: comer, dormir, vestirse y calzarse, asearse y calentarse los días de frío. Los soldados que defendían Madrid también estaban deseando que las tropas enemigas entraran en Madrid hartos de sus penosidades mientras los jefes se daban la gran vida. Se considera que el hambre causó entre los madrileños más muertes que los disparos y las bombas.

Incluso en la cárcel de Ventas, tras finalizar la guerra, se detectaron mujeres que haciéndose pasar por republicanas se dedicaban a obtener información del resto de las presas y facilitarla a miembros de la Quinta Columna.

Creada a finales de 1936, se atribuye el origen de este nombre a la respuesta que dio el General Mola a preguntas de un grupo de periodistas cuando se interesaron por saber cuál de las cuatro columnas que se dirigían a la Capital sería la primera en entrar en Madrid: Guadarrama, Somosierra, Guadalajara y el Tajo. "Con ninguna de las cuatro; lo voy a hacer con la quinta, la que se encuentra dentro de la Ciudad". Desde este momento y hasta el fin de la guerra, la Quinta Columna se convirtió en una obsesión para la República. Conscientes del perjuicio que suponía su actuación para el Gobierno republicano, el Consejo de Ministros adoptó a principios de octubre de 1936 la decisión de crear un tribunal de urgencia y tipo restringido para juzgar a todos los desafectos al régimen que a través de múltiples actuaciones y matices mostraban su enemistad a la República.

En noviembre de 1938 se condenó en un juicio celebrado en Barcelona a varios dirigentes y miembros del comité ejecutivo del POUM tras ser acusados de connivencia con la Quinta Columna y ser calificado judicialmente como partido traidor y saboteador de la defensa nacional.

Los informadores de la República infiltrados en las tropas nacionales eran conocidos como "guerrilleros de exploración".

Servicio de Información Militar (SIM)

Siguiendo una propuesta de expertos rusos, el SIM republicano fue creado por el entonces ministro de Defensa Nacional Indalecio Prieto tras la publicación de un decreto de 7 de agosto de 1937 en la Gaceta de la República con la finalidad de que sus miembros ejercieran todo tipo de acciones y llevaran a cabo actuaciones relacionadas con el espionaje y contraespionaje al tiempo que esta labor no fuese realizada por elementos incontrolados ni estuviera en manos de los propios rusos. Era un feudo comunista que tenía por finalidad administrar la justicia de los partidarios de Stalin. En octubre de 1937, a propuesta de la Comisión Ejecutiva del Partido Socialista fue puesto al frente del SIM Ángel Pedrero García, inspector de la Brigadilla de Servicios Especiales del Ejército del Centro desde noviembre de 1936, aunque la realidad es que estaba dirigido por Grischia Orlow, organizador de las checas rusas.

Para su funcionamiento tenía una asignación anual de catorce millones de pesetas de las que 150.000 mensuales se destinaban para gastos de su Jefatura. El personal en plantilla era de 1.200 individuos "visibles" y unos 4.000 agentes "invisibles" distribuidos por los diferentes cuerpos del Ejército. Los primeros tenían la categoría de inspector de Cuerpo del Ejército, de División y de Brigada; estos inspectores de Brigada nombraban tres agentes por cada compañía, a los que se conocía como "invisibles" porque ninguno de los otros inspectores ni el propio jefe del SIM los conocían.

En el bando nacionalista existió el Servicio de Información y Policía Militar (SIPM) con la finalidad de realizar funciones de espionaje e inteligencia militar. En el verano de 1936 se habían creado el Servicio de Información Militar (SIM) y el Servicio de Información de la Frontera Nordeste de España (SIFNE). Ambos servicios se pusieron bajo el mando del coronel de Estado Mayor José Ungría Jiménez en noviembre de 1937 por orden de Franco.

El SIPM llegó a contar con 30.000 agentes distribuidos en secciones en los Ejércitos de Tierra, Mar y Aire; dependía directamente del Cuartel General del Generalísimo. Su misión era dirigir y coordinar el entramado construido para llevar a cabo funciones de espionaje en las zonas de España controladas por el bando republicano. El SIPM funcionó como Policía secreta en los meses finales de la guerra y los que siguieron a su finalización.

El SIPM fue disuelto en 1939. Sus antiguos agentes se integraron en su mayoría en el nuevo cuerpo de Policía secreta creado en 1941, la Brigada de Investigación Social, o Brigada Político-Social, dependiente del Servicio de Información del Alto Estado Mayor (SIAEM).

Socorro Blanco

Si el Auxilio Social se asociaba a la Falange, otra organización con fines similares se dedicaba a ayudar a las familias necesitadas de corte tradicionalista y a otras perseguidas por sus ideas, así como a liberar a presos nacionalistas sobornando a algunos dirigentes republicanos: se denominó Socorro Blanco. Obtenían sus recursos a través de cuotas de sus asociados y de donativos provenientes, entre otros, de personas adineradas que todavía se consideraban respetables por la República. El dinero, alimentos y ropa conseguidos lo entregaban a los familiares y allegados de los sublevados, tanto de los evadidos como de los sancionados por la Justicia. Desde las propias cárceles se organizaban para hacer llegar información de los quintacolumnistas al exterior.

Los presos eran objetivo directo para hacerles más llevadera su falta de libertad. Se les entregaban pequeñas cantidades de dinero para cubrir sus necesidades higiénicas tales como la posibilidad de comprar cepillos de dientes y para su bienestar como lo era la compra de zapatillas. Los miembros del Socorro Blanco también se ocupaban de presos que no eran de derechas; se encargaban de averiguar el domicilio de las familias cuyo cabeza de familia estaba preso o había fallecido y en función del número de hijos les entregaban cantidades suficientes para cubrir sus necesidades más básicas.

El empleado de la Compañía Manuel Zapatero Martínez contribuyó al mantenimiento del Socorro Blanco con dinero y víveres en la medida de sus posibilidades, teniendo escondida en su casa a su hermana Nicolasa, jefa del Parque Central de la Cruz Roja, durante algunos períodos anteriores y posteriores a la Guerra a sabiendas del riesgo que corría porque también actuaba para el Socorro Blanco y participaba en multitud de actividades relacionadas con la Causa Nacional.

Francisco Largo Caballero tomó varias decisiones cuando llegó a la Presidencia del Gobierno: una de ellas, de orden preventivo, se refería a la urgencia de acabar con el Socorro Blanco.

Socorro Rojo Internacional

La antítesis del Auxilio Azul María Paz fue el Socorro Rojo Internacional (SRI). Era una "organización sin partido, porque ayuda a todas las víctimas de la reacción, de la injusticia y de la lucha por la paz sin distinción de tendencias, pertenezcan o no al Socorro Rojo, y porque sus organizaciones están integradas y dirigidas por hombres y mujeres de sentimientos libres de todas las ideas políticas y sindicales." Se definía a sí mismo como "la Cruz Roja de los millones de hombres y mujeres libres, sin distinción de partido, de religión, de raza y de nacionalidad, que luchan por una sociedad mejor."

Esta organización había sido fundada en 1922 por un grupo de viejos luchadores rusos integrados en la Internacional Comunista: se disolvió en 1942. En España se instala clandestinamente en 1923, saliendo a la luz pública en octubre de 1934 durante la Revolución de Asturias como movimiento solidario para apoyar a los presos políticos y a sus familias.

La sección española estaba compuesta por cerca de noventa mil afiliados, de los que unos sesenta mil eran comunistas que estaban obligados a ser miembros del SRI, integrados en 52 secciones provinciales. Existía el Comité ejecutivo oficial y otro clandestino que era el que llevaba toda la organización y propaganda.

En definitiva, el SRI era una organización de guerra bajo la apariencia de un organismo humanitario.

Tanto el Socorro Blanco como el Socorro Rojo Internacional eran utilizados por los servicios de espionaje de cada bando.

ARCHIVOS CONSULTADOS

- Archivo BBVA. Vizcaya
- Archivo de Bomberos del Ayuntamiento de Madrid
- Archivo de Villa. Madrid
- Archivo General e Histórico de Defensa. Madrid
- Archivo General Militar de Ávila
- Archivo Histórico Nacional. Madrid
- Archivo Metro de Madrid
- Centro Documental de la Memoria Histórica. Salamanca

FUENTES BIBLIOGRÁFICAS

- AGUSTÍN DE FOXÁ. *Madrid de corte a cheka*. Ediciones Espuela de Plata. Sevilla. 2016
- ALEJANDRO PÉREZ OLIVARES. *Victoria y control en el Madrid ocupado. Los del Europa (1939-1946)*. Editorial Traficantes de Sueños. 2018
- ALFONSO DE ASCANIO SISTERNES. *Paloma en Madrid. Memorias de una española. de julio 1936 a julio 1937*. Ediciones San Román. Madrid. 2021
- ALFREDO ALCINA MADUEÑO. *La política educativa de las enseñanzas de sordomudos en España a través del Colegio nacional de Sordomudos de Madrid (1875-2000)*. Tesis doctoral. UNED. 1914
- ANA MARÍA ÉCIJA, REYES GARCÍA Y SOLEDAD VALCÀRCEL. *Luz Ámbar. Historia gráfica de 75 años al servicio de la ciudad*. Editorial La Librería. 1996
- ANDRÉS TRAPIELLO. *Madrid*. Ediciones Destino. 2020
- ÁNGEL DEL RÍO. *Varas y bastones de la Villa y Corte. Historias y anécdotas de los alcaldes de Madrid*. Ediciones Temas de Hoy. 1994
- ÁNGEL MARÍA DE LERA. *Las últimas banderas*. Editorial Planeta. Barcelona. 1967
- ANTONIO-MIGUEL BERNAL. *Ingenieros-empresarios en el desarrollo del sector eléctrico español Mengemor, 1904-1951*. Revista de Historia Industrial Nº 3. Año 1993
- ANTONY BEEVOR. *La Guerra Civil española*. Le Libros http://LeLibros.org/
- ARMAND GUERRA. *A través de la metralla. Escenas vividas en los frentes y la retaguardia*. Editorial La Malatesta. 2005
- ARTURO BAREA. *La forja de un rebelde. La llama*. Volumen III. Copyright Arturo Barea y Herederos. 1951
- AURORE DUCELLIER. *Los poemas-misiva en las cárceles del primer Franquismo: una escritura cotidiana de supervivencia*. Vegueta: Anuario de la Facultad de Geografía e Historia de Las Palmas de Gran Canaria. Número 19. 2019
- BAYO GRIS. *Terencia*. Ondina Ediciones. 2022
- BURNETT BOLLOTEN. *El gran engaño. Las izquierdas y su lucha por el poder en la zona republicana*. Luis de Caralt Editor, S.A. Barcelona, 1965
- CARLOS GIMÉNEZ. *Todo 36-39 MALOS TIEMPOS*. Penguin Random House Grupo Editorial. 2018

- CARLOS IGLESIAS SELGAS. *El sindicalismo español*. Editorial Doncel. 1974
- CARLOS MORLA LYNCH. *España sufre. Diarios de guerra en el Madrid republicano, 1936-1939*. Editorial Renacimiento. 2008
- CARLOS MORLA LYNCH. *Informes Diplomáticos y Diarios de la Guerra Civil*. 2010. Ediciones Espuela de Plata, Sevilla
- CAROLINA PERALTA. *El comunismo en España. Treinta y dos meses de barbarie en la zona roja. Apuntes de la guerra española*. Librería M. Aguilar. 1940
- CÉSAR FALCÓN. *Madrid*. Editorial Nuestro Pueblo. Madrid-Barcelona. 1938
- CÉSAR MOHEDAS. *Varios documentos sobre las explosiones de Goya (1937) y Torrijos (1938)*. Colección particular
- CÉSAR VIDAL. *Checas de Madrid. Las cárceles republicanas al descubierto*. Editor digital jandepora. 2014
- DANIEL SUEIRO. *El Metro de Madrid durante la Guerra Civil y la misteriosa explosión de la estación de Goya*. En "El Metro de Madrid: Gente, Colores y Gestos". Edición Compañía Metropolitano de Madrid. 1985
- DOMINGO ORELLANA. *El Metropolitano de Madrid al servicio de la Guerra*. Revista Blanco y Negro. 15 de septiembre de 1938
- EDUARDO COMÍN COLOMER. *El 5º Regimiento de milicias populares*. Editorial San Martín. 1973
- EDUARDO FERNÁNDEZ JURADO. *Madrugada sin retorno*. Ed. Doce Calles. 2020
- EDUARDO GLEZ. CALLEJA. *La violencia y sus discursos: los límites de la "facistización" de la derecha española durante el régimen de la Segunda República*. Revista "Ayer". 71/2008
- EDUARDO PONS PRADES. *Los niños republicanos en la guerra de España*. Lectulandia, editor digital: ugesan64. 1997.
- EL CABALLERO AUDAZ. *El Novelista que vendió a su Patria o Tartarín, revolucionario (Triste historia de actualidad)*. Editorial Renacimiento. Madrid, 1924
- EL CABALLERO AUDAZ. *Horas del Madrid rojo*. Ed. Caballero Audaz. Madrid, 1941
- ELISA CUARENTAL. *El nido de la paloma*. Ediciones "El Museo Universal". 1992
- ENRIQUE GONZÁLEZ DURO. *Las rapadas. El franquismo contra la mujer*. Editor digital Titivillus. 2012
- ENRIQUE NAVARRO. *Diario de un fracaso: 14 de julio de 1931 – 15 de julio de 1936*. Amazon Italia Logística S. r. l. 2022
- ERNEST HEMINGWAY. *Despachos de la guerra civil española 1937-1938*. Editor digital Titivillus. 1988
- ESTER MÉNDEZ PÉREZ. *La Compañía Metropolitano Alfonso XIII: una historia económica (1917-1977)*. UNED Ediciones. 2000
- EUGENIO TORRES. *Los 100 Empresarios Españoles del siglo XX*. Lid Editorial Empresarial, S.L. 2000
- FÉLIX MORALES PARRA. *Tetuán ce las Victorias*. Madrid. 1960
- FERNANDO CONHEN. *El Círculo de Bellas Artes en la Guerra Civil*. Círculo de Bellas Artes. 2018

- FERNANDO FERNÁNDEZ HOLGADO. *Mujeres encarceladas: la prisión de Ventas, de la República al franquismo 1931-1941.* Marcial Pons Ediciones de Historia, S. A. Madrid. 2003
- FRANCISCO ALÍA MIRANDA. *Negrín ante un enemigo "invisible". La Quinta Columna y su lucha contra la República durante la Guerra Civil Española (1937-1939).* Universidad de Castilla-La Mancha. 2015
- GABRIEL JACKSON. *La República española y la Guerra Civil.* México. 1965
- GREGORIO GALLEGO. *Madrid, corazón que se desangra. Memorias de la guerra civil.* Ediciones libertarias. 2006
- GUILLERMO CORTÁZAR. *Alfonso XIII Hombre de negocios.* Alianza Editorial. Madrid 1986
- GUILLERMO FÍSCER LAMELAS. *Episodios del Madrid Republicano.* Ediciones La Librería. 2018
- GUTMARO GÓMEZ BRAVO (coordinador). *Asedio. Historia de Madrid en la guerra civil (1936-1939).* Ediciones Complutense. 2018
- HERNÁN RODRÍGUEZ VELASCO. *Una historia del SIM: antecedentes, origen, estructura y reorgani-zaciones del contraespionaje republicano.* Ayer, Revista de la Asociación de Historia Contemporánea. 81/2011
- HUGH THOMAS. *La guerra civil española: Camino para la paz. Los historiadores y la guerra civil.* Ediciones Urbión, S.A. Madrid. 1979
- JESÚS DE GALÍNDEZ. *Los Vascos en el Madrid Sitiado.* Editorial Vasca Ekin. Buenos Aires. 1945
- JESÚS GÓMEZ FERNÁNDEZ-CABRERA. *Petra Cuevas. Una luchadora.* Asociación Orgazinizia. 2013
- JESÚS IZCARAY. *La guerra que yo viví. Crónicas de los frentes españoles (1936-1939).* Editorial Cuadernos para el Diálogo. 1978
- JORGE DOMINGO CUADRIELLO. *El exilio republicano español en Cuba.* Editorial Siglo XXI de España. Madrid. 2009
- JOSÉ LUIS JEREZ RIESCO. *Historia gráfica de la Falange 1931-1937.* Editorial Actas. 2018
- JOSÉ LUIS OLAIZOLA. *La Guerra del General Escobar.* Premio Planeta 1983
- JOSÉ LUIS MENDOZA GIMENO. *Memorias del Cautiverio.* 1940
- JOSÉ LUIS MONEREO PÉREZ. *Carlos González Posada (1890-1948). La teoría del seguro social y su institucionalización en España.* Revista de Derecho de la Seguridad Social Laborum. Número 13. 2017
- JOSÉ MARÍA ARMERO y MANUEL GONZÁLEZ. *Armas y pertrechos de la Guerra Civil Española.* Ediciones Poniente. 1981
- JOSÉ MARÍA GIRONELLA. *Un millón de muertos.* Editorial Planeta. Barcelona. 1961
- JOSÉ MARÍA IRIBARREN. *El porqué de los dichos. Sentido, origen y anécdota de dichos, modismos y frases proverbiales.* Editorial Ariel. 2015

- JUAN CARLOS MATEOS FERNÁNDEZ. *Bajo el control obrero. La prensa diaria en Madrid durante la guerra civil, 1936-1939.* Tesis doctoral. Madrid 2002
- JUAN ESLAVA GALÁN. *Una historia de la Guerra Civil que no va a gustar a nadie.* Editorial Planeta. 2013
- JUAN PALOMAR DE MIGUEL. *Gran Diccionario de Madrid.* Editorial Fondo de Cultura Económica. Madrid 2018
- JULIA MORENO HILERA. *Historias de la Abueluchi.* Néstor, servicios lingüísticos y audiovisuales, S. L. 2004
- JULIÁN DIAMANTE. *De Madrid al Ebro. Mis recuerdos de la Guerra Civil Española.* Edita Fundación Ingeniería y Sociedad. Madrid. 2011
- JUSTO ALBERTO HUERTA BARAJAS. *Gobierno y Administración Militar en la II República Española (14 de abril de 1931 / 18 de julio de 1936).* Agencia Estatal Boletín Oficial del Estado. 2016
- LEON NICOLE. *En Espagne républicaine et sur le Front de Madrid.* Librairie du journal "Le travail". 11-28 noviembre 1937
- LUIS ENRIQUE DELANO. *4 meses de guerra civil en Madrid.* Editorial Panorama. Santiago de Chile. 1937
- LUIS MONTÁN. *Episodios de la Guerra Civil. Por qué fue rojo Madrid.* Episodio número 7. Librería Santarén. Valladolid.
- LUIS RODRÍGUEZ ROSALENY. *Memorias.* 2005
- MADRID, CIUDADANÍA Y PATRIMONIO. *El taller de precisión de artillería en la guerra civil española.* Octubre 2016
- MANUEL CHAVES NOGALES. *Crónicas de la guerra civil.* Ediciones Espuela de Plata. Sevilla. 2011
- MANUEL CHAVES NOGALES. *Los secretos de la defensa de Madrid.* Ediciones Espuela de Plata. Sevilla. 2017
- MANUEL GONZÁLEZ MÁRQUEZ. Aportaciones en charlas y diálogos personales
- MANUEL RUBIO CABEZA. *Diccionario de la Guerra Civil Española.* Editorial Planeta. 1987
- MANUEL DE VICENTE GONZÁLEZ. *Fuentes primarias, documentales y gráficas para una historia militar de Madrid durante la Guerra Civil 1936-1939.* M.º de Defensa. 2014
-MANUEL DE VICENTE GONZÁLEZ. *Los refugios antiaéreos de Madrid durante la Guerra Civil (1937-1939).* Ministerio de Defensa. 2019
- MANUEL DE VICENTE GONZÁLEZ. Trilogía *Historia Militar de la Guerra Civil en Madrid.* Ministerio de Defensa y MK Editora. 2014
- MARINO GÓMEZ SANTOS. *El Metro de Madrid. Medio siglo al servicio de la ciudad 1919-1969.* Editorial Escelicer. 1969
- MARY NASH. *Rojas: las mujeres republicanas en la Guerra Civil.* Barcelona. Penguin Random House Grupo Editorial. 1999
- MAURO BAJATIERRA. *Crónicas del Frente de Madrid: La guerra en las trincheras de Madrid.* Oficinas de Propaganda y Prensa C. N. T. Comité Nacional. 1937

- MAXIMIANO GARCÍA VENERO. *Madrid, julio 1936*. Ediciones Tebas. 1973
- MERCEDES FERNÁNDEZ PARADAS. *La compañía eléctrica Mengemor en la Guerra Civil Española (1936-1939)*. Revista de Historia Industrial nº 47, páginas 51-76. 2011
- MIGUEL CABAÑAS BRAVO. *Arte desplazado a los hielos. Los artistas españoles del exilio de 1939 en el país de los sóviets*. Editorial Renacimiento. Sevilla. 2017
- MIGUEL DE CERVANTES. *Don Quijote de la Mancha*. Segunda parte, Capítulo XLIII. 1615
- MIGUEL GILA CUESTA. *Y entonces nací yo*. Ediciones Temas de Hoy. 1995
- MIGUEL HERNÁNDEZ. *Crónicas de la Guerra Civil. Un poeta en el frente*. Edición Diario Público. 2009
- MIGUEL OTAMENDI. *Central térmica del Metropolitano Alfonso XIII*. Revista Obras Públicas. Tomo I 2402_04. 1924
- MIJAIL KOLTSOV. *Diario de la guerra española*. Akal Editor. 1978
- MIKA ETCHEBÉHÈRE. *Mi guerra de España*. Editorial Cambalache. 2014
- MILA GUTIÉRREZ. *Hija de la guerra civil. Memorias de guerra y postguerra de una joven madrileña entre dos bandos*. Fundación Mari Paz Jiménez Casado. Madrid, 2020
- PEDRO CORRAL. *Vecinos de sangre. Historias de héroes, villanos y víctimas en el Madrid de la Guerra Civil 1936-1939*. Editorial La Esfera de los Libros. 2022
- PEDRO MONTOLIÚ. *Madrid en la Guerra Civil. La Historia*. Vol. I. Sílex. Madrid, 2000
- PEDRO MONTOLIÚ. *Madrid en la Guerra Civil. Los Protagonistas*. Vol. II. Sílex. Madrid, 1999
- PIERRE MARQUES POSTY. *La Cruz Roja durante la Guerra Civil Española 1936-1939*. Editorial El Harmattan. 2000
- PÍO BAROJA. *Miserias de la guerra*. Alianza Editorial. Madrid. 2015
- PÍO MOA. *Los orígenes de la Guerra Civil Española*. Encuentro Ediciones. Madrid, 1999
- RAÚL C. CANCIO FERNÁNDEZ. *La explosión del Metro de la Calle Torrijos. ¿Accidente o sabotaje quintacolumnista?* Revista de Gefrema. Abril 2016
- REGINA GARCÍA. *Yo he sido marxista, El cómo y el porqué de una conversión*. Editora Nacional. Madrid, 1946
- REGINA GARCÍA. *El bulo de los caramelos envenenados*. Temas Españoles. Núm. 68. 1953
- RICARDO DE LA CIERVA. *Historia ilustrada de la guerra civil española*. Tomos I y II. Ediciones DANAE, S. A. Séptima edición. Mayo 1975
- ROBERTO ROBERT, ED. *Las españolas pintadas por los españoles*. Edición Fundación Francisco Largo Caballero. 2008
- ROSA MARÍA ARAGÜÈS ESTRAGÉS. *Escritura y memoria: alfabetización de las presas republicanas en la cárcel de mujeres de Zaragoza*. Vegueta: Anuario de la Facultad de Geografía e Historia de Las Palmas de Gran Canaria. Número 19. 2019
- STANLEY G. PAYNE. *El camino al 18 de julio. La erosión de la democracia en España (diciembre de 1935-julio de 1936)*. Editorial Espasa Libros, S. L. U. Barcelona. 2016
- SUSANA OLIVARES ABENGOZAR. *Antonio Palacios metro y metrópoli. El ferrocarril subterráneo en Madrid*. Metro de Madrid, Servicio de Patrimonio Histórico. 2019
- TACHÍN. *El humor en el Madrid rojo*. Talleres "Prensa Española, S. A.". 1973

-TEODORO CUESTA. *De la muerte a la vida*. Editorial San Román. Madrid. 2022

-TOMASA CUEVAS GUTIÉRREZ. *Mujeres de la resistencia*. Ediciones Siroco. Barcelona 1985-1986

-TOMASA CUEVAS GUTIÉRREZ. *Testimonio de mujeres en las cárceles franquistas*. Instituto de Estudios Altoaragoneses. 2004

-VARIOS AUTORES. *Andén 1*: Asociación de amigos del Metro de Madrid, *90 años de metro en Madrid*. Editorial La Librería. 2010

-VARIOS AUTORES. *La Guerra Civil en Castilla-La Mancha 70 años después*. Ediciones de la Universidad de Castilla-La Mancha. 2008

-VICENTE BLASCO IBÁÑEZ. *Por España y contra el rey (Alfonso XIII, desenmascarado)*. París, 1925

-VICENTE ROJO. *Así fue la defensa de Madrid. Aportación a la historia de la Guerra de España, 1936-1939*. Era Ediciones. México, 1967.

-WENCESLAO FERNÁNDEZ FLÓREZ. *Crónicas de la Guerra Civil*. Ediciones 98 S.L. 2022

-WENCESLAO FERNÁNDEZ FLÓREZ. *El terror rojo*. Ediciones 98, S.L. 2021

FUENTES HEMEROGRÁFICAS

- *Diario ABC*. Ediciones de Madrid y Sevilla. Varios números

- *Acción Española*. Mayo de 1936

- *Ahora. Diario de la Juventud*. 2 y 4 de mayo de 1934, 5 de mayo y 3, 21 y 25 de diciembre de 1936, 26 de marzo y 3 de noviembre de 1937, 5 y 11 de enero y 9 de abril de 1938

- *Al Ataque*. Órgano de la Brigada del Campesino. 17 de enero de 1938

- *Alianza*. Órgano del Sector Oeste del Partido Comunista de España. 27 de julio de 1937

- *¡Arriba!* Revista Semanal Ilustrada. Buenos Aires. 18 de abril de 1938

- *¡¡A sus puestos!! Revista Político-Militar. Artillería Ejército del Centro*. Número 1, febrero 1938. Editado por el Comisariado de Artillería del Ejército del Centro

- *A toda marcha*. Boletín del Consejo Obrero de MZA. 28 de enero de 1937

- *Avanzar*. Órgano de la Federación Nacional de Juventudes Sindicalistas. 12 de septiembre de 1937

- *Ayuda. Semanario de la Solidaridad*. 7 de noviembre de 1936 y 2 de enero y 13 de febrero de 1937

- *Azul: órgano de Falange Española de la J.O.N.S.* 12 de diciembre de 1936

- *Boletín ¡Al Frente!* 26 de agosto de 1936

- *Boletín de Información. 69ª División, Puesto de Mando*. 10 de noviembre de 1937

- *Boletín del Consejo Municipal de Madrid*. Números 2171 (10 de agosto de 1938), 2191 (28 de diciembre de 1938), 2201 (8 de marzo de 1939) y 2203 (22 de marzo de 1939)

- *Boletín oficial de la provincia de Santander*. 17 de julio de 1936

- *Boletín Oficial de los Canales del Lozoya*. Enero de 1938

- *El Avisador Numantino*. Periódico de Soria. 22 de enero y 5 de febrero de 1938 y 15 de abril de 1939

- *Boletín Oficial de la Junta Delegada de Defensa de Madrid.* 1 de enero de 1937
- *El Adelanto.* Diario político de Salamanca. 25 de enero de 1925 y 10 de octubre, 24 y 29 de noviembre de 1936 y 11 de marzo de 1939
- *Caminos de Hierro.* Boletín de la Sección de Ferrocarriles y Tranvías del SRI. Números 2, 4 y 6. Julio, septiembre y noviembre de 1937
- *El Cantábrico.* Diario de la Mañana. Santander. 15 de noviembre, 26 de diciembre de 1936 y 19 de febrero de 1937
- *Carril.* Órgano de la fracción comunista de ferroviarios. Madrid, 21 de sep. de 1938
- *Casa del Miliciano.* 2 de enero de 1937
- *CNT.* Órgano de la Confederación Nacional del Trabajo. 15 y 17 de septiembre y 31 de diciembre de 1936, 29 de abril, 3 de mayo, 28 de junio y 25 de noviembre de 1937 y 30 de marzo y 16 y 17 de junio y 27 de diciembre de 1938 y 28 de febrero de 1939
- *Crónica.* Madrid. 30 de mayo y 6 de junio de 1937 y 9 y 30 de enero y 20 de marzo de 1938
- *El Debate.* 5, 6, 9 y 13 de octubre de 1934 y 8 de octubre de 1935
- *Defensa de la Cultura.* Número 7. Ediciones 5º Regimiento
- *El Defensor de Córdoba.* 29 de diciembre de 1936
- *El Día de Palencia.* 7 y 12 de octubre de 1936
- *Diario Azul: órgano de la Falange Española de las J. O. N. S.* Córdoba. 20 de enero de 1938
- *Diario de Almería.* 8 de agosto de 1936 y 30 de julio de 1938
- *Diario de Burgos.* 23 de noviembre de 1936, 12, 15, 19 y 20 de enero y 8 de febrero de 1938
- *Diario de Córdoba.* 28 de noviembre de 1936 y 13 de enero de 1938
- *Diario de la Marina: periódico oficial del apostadero de La Habana.* 9 de marzo de 1936, 13 y 22 de enero, 2 de febrero y 22 de diciembre de 1937, 13, 14 y 17 de enero y 18 de julio de 1938 y 31 de marzo de 1939
- *Diario de Valencia.* 13 de enero de 1925
- *Diario Oficial del Ministerio de la Guerra.* 24 de julio de 1935
- *Diario de Palencia.* Palencia. 27 de junio de 1939
- *El Adelantado de Segovia.* 27 de mayo de 1944
- *El Avisador Numantino.* Soria. 5 de febrero de 1938 y 15 de abril de 1939
- *El Diario Palentino.* 30 de abril de 1936
- Diario *El Liberal.* Madrid. 3 de agosto de 1933, 2 y 9 de agosto, 19 de octubre y 15 de noviembre de 1936, 3, 7, 23 y 24 de febrero, 16 y 29 de abril de 1937 y 23 de octubre de 1938
- Diario *El Liberal.* Murcia. 18 de noviembre de 1914
- Diario *El Progreso.* Lugo. 10 de octubre de 1936, 7 de marzo, 3 de julio y 4 de octubre de 1938 y 4 de julio de 1939
- Diario *El Sol.* 27 de febrero y 14 de octubre de 1934, 8 de agosto, 29 de septiembre y 17 de noviembre de 1936, 24 y 29 de septiembre, 10 de octubre y 2 y 4 de noviembre de 1937 y 26 de junio de 1938
- *Disco Rojo.* Órgano de la Célula Comunista del Metro. Marzo-agosto 1937

- *Disco Rojo. Órgano del Grupo de Orientación Sindical Revolucionaria del Metro.* Desde septiembre de 1937
- *Ejército, Revista ilustrada de las armas y servicios. Ciudad Universitaria, reducto de honor y de heroísmo.* Mayo 1940. Antonio Marías de la Fuente
- *El Correo.* 7 de febrero de 1910
- *El Luchador diario republicano.* 22 de junio de 1936
- *El Noticiero Gaditano.* 12 de enero de 1925
- *El Orzán.* 1 de julio de 1921
- *El Progreso.* Diario de Lugo. 3 de julio de 1938 y 20 de agosto de 1939
- *El Pueblo.* Diario republicano de Valencia. 24 de diciembre de 1921
- *El Tiempo.* 1 de mayo de 1934
- *Semanario España Popular.* México. 17 de abril y 1 de mayo y 26 de junio de 1953
- *Revista Estampa.* Madrid. 6 de noviembre de 1937
- *Frente Extremeño.* 27 de junio de 1937
- *Faro-Guía de Madrid de Madrid y su provincia.* 1935
- *Frente Libertario.* Madrid. 2 de febrero y 18 de agosto de 1937, 30 de abril y 16 de agosto de 1938
- *Gaceta de Madrid.* 30 de julio de 1883, 18 de septiembre de 1935, 5 de abril, 16 y 19 de agosto y 30 de octubre de 1936
- *Gaceta de la República.* 10 de octubre de 1936, 23 de octubre de 1937 y 11 de enero de 1938
- *Gaceta de Tenerife.* 16 de enero de 1938
- Diario *Guión.* 10 de octubre de 1936
- *Heraldo de Zamora.* 12 de enero de 1925, 5 de febrero de 1936 y 5 de febrero de 1938
- Diario *Heraldo de Madrid.* 11 de noviembre de 1936 y 13 de octubre de 1937
- *Hoja Oficial del Lunes.* 15 de octubre de 1934, 7 de enero de 1935, 20 de julio, 3 y 16 de agosto y 18 de octubre de 1936 y 1 de mayo de 1939
- *Hora de España.* Revista Mensual I. Enero de 1937 y agosto de 1938
- *Imperio: diario de Falange Española Tradicionalista y de las JONS.* 27 de agosto de 1937 y 9 de enero, 6 de febrero y 7 de abril de 1938
- *Independencia 1808-1937.* Órgano de la 18ª División. 15 de septiembre de 1937
- *Revista Interviú.* Número 88. 19 al 25 de enero de 1978
- *Justicia Social.* Órgano de la Federación Socialista Menorquina y de la Federación Obrera de Menorca. 18 de octubre de 1938
- *La Ametralladora.* Edición Sudamericana. Buenos Aires. Noviembre de 1937
- *La Ametralladora.* Revista Humorística Española. Edición Argentina. 1 de marzo de 1938
- *La Batalla.* Órgano Central del Partido Obrero de Unificación Marxista. 27 de diciembre de 1935 y 2 de agosto de 1936
- Diario *Labor.* Soria. 15 de noviembre 1937 y 24 de enero de 1938
- Diario *La Cruz.* 14 de enero de 1925
- *La Época.* 7 de febrero de 1910 y 6 y 12 de octubre de 1934
- *La Ilustración Moderna.* 31 de agosto de 1938

- Diario de noticias *La Independencia*. 14 de enero de 1925
- Diario *La Libertad*. 5 de junio de 1929, 18 de noviembre y 4 y 11 de diciembre de 1930, 28 de mayo, 27 de junio, 1 de septiembre y 18 de octubre de 1933, 2 de mayo y 14 de octubre de 1934, 14 de mayo, 10 de julio, 14, 19 y 29 de agosto, 4 de septiembre, 10 de octubre, 2 de noviembre y 16 de diciembre de 1936, 4 y 26 de marzo, 14 de abril, 17 de junio y 11 y 21 de diciembre de 1937, 1 de febrero, 26 de marzo, 27 de abril, 5 de mayo, 3 de junio, 22 de julio, 25 de agosto, 5 de octubre, 24 de noviembre y 6 de diciembre de 1938 y 28 de enero y 25 de febrero de 1939
- *La Mañana*. 27 de septiembre de 1917
- Diario *La Opinión*. 12 de enero de 1925
- Diario republicano *La Prensa*. 1 de septiembre de 1936 y 12 de enero, 4 de julio y 1 de septiembre de 1937
- *La Prensa*. El único diario español e hispanoamericano de Nueva York. 11, 14 y 15 de enero de 1938
- *La Región*. Diario de izquierdas. Santander. 19 de marzo y 14 de agosto de 1936
- *La Rioja*. Diario imparcial de la mañana. 15 de enero de 1925 y 18 de enero de 1938
- *Las clases medias*. Junio 1936
- *Las Provincias*. Diario de Valencia. 10 y 16 de octubre de 1934
- *La Tierra*. 15 de octubre de 1934
- *La Trinchera*. *Boletín del Frente Moncloa*. 24 de diciembre de 1936 y 25 de febrero de 1937
- Diario Independiente de la noche *La Voz*. 1 de noviembre de 1936 y 26 de octubre, 6 y 14 de febrero y 15 y 25 de noviembre de 1937
- Diario *La Voz*. 16 de junio de 1933, 2 de septiembre y 1 de noviembre de 1936, 25 de octubre, 2 de noviembre y 21 de diciembre de 1937
- *La Voz de Asturias*. 1 de mayo de 1934
- *La Voz del Cantábrico*. 5 de octubre de 1934
- *Libertad*. Diario nacional-sindicalista. 7 de mayo de 1939
- *Libertad*. Órgano de Falange Española Tradicionalista de las J.O.N.S. 6 de junio de 1938
- *Lucha*. 4 de noviembre de 1937
- *Milicia Popular*. Diario del 5º Regimiento de Milicias Populares. 28 y 30 de agosto, 23 y 29 de septiembre, 8 y 29 de octubre y 3 y 24 de noviembre de 1936
- *Mujeres*. Revista del Comité Nacional de Mujeres Antifascistas. 15 de octubre de 1936 y mayo de 1937
- Revista *Mujeres Libres*. Números 2 (junio 1936), 5 (septiembre 1936) y 6 (febrero 1937)
- *Mundo Gráfico*. 14 y 21 de octubre, 23 de septiembre, 18 de noviembre y 2 de diciembre de 1936 y 24 de febrero, 21 de abril, 19 de mayo y 23 y 30 de junio de 1937
- *Mundo Obrero*. 20 de febrero y 9 de noviembre de 1936, 2 y 6 de noviembre de 1937 y 15 de enero de 1938
- *Nuestra Brigada*. *Órgano de la Brigada Mixta número 2*. 7 y 18 de febrero, 13 y 29 de marzo, 1 de abril, 30 de mayo, 1 de julio, 30 de septiembre, 10 de octubre, 18 de noviembre y 12 y 21 de diciembre de 1937 y 9 y 16 de enero y 22 de abril de 1938

- *Ofensiva. Juventud socialista unificada sector oeste.* 27 de febrero de 1937
- *Pensamiento alavés.* Vitoria. 6 de noviembre de 1936 y 19 y 20 de enero de 1938
- *Peñalara.* Revista Ilustrada de Alpinismo. Enero de 1932
- Diario de la mañana *Política.* 24 de noviembre de 1936
- Diario *Política Republicana.* Mahón, 5 de febrero de 1939
- *Proa.* Diario de Falange Española de las J.O.N.S. 16 y 20 de abril de 1939
- *Rail.* 1 de noviembre y 23 de diciembre de 1936 y 28 de enero, 23 de febrero, 1 de abril, 1 de mayo, 5 de junio y 11 de septiembre de 1937
- Diario *Pueblo.* 30 de noviembre de 1978
- *Regards.* 17 y 24 de diciembre de 1936, 21 de enero de 1937 y 10 de noviembre de 1938
- *República. Semanario defensor de la causa antifascista.* Niza. 30 de mayo de 1937
- *Solidaridad Obrera.* 15 de diciembre de 1937 y 23 de agosto de 1938
- *The Central Queensland Herald.* Australia. 20 de enero de 1938
- *Trabajadoras.* Julio de 1938
- *Trincheras.* Semanario del soldado. Editado por Juventudes Socialistas Unificadas. 1938
- *Umbral.* 19 de noviembre de 1938
- *Unidad. Órgano de la federación de grupos de O. S. R.* 11 de junio, 9 de julio y 11 de septiembre de 1937 y 18 de febrero de 1938

ENLACES INTERNET

- http://www.agenteprovocador.es/publicaciones/una-veloz-maquina-del-ensueno Última visita 3 de diciem-bre de 2022
- https://www.cronistasoficiales.com/?p=33641 Última visita 3 de diciembre de 2022
-    https://guerraenmadrid.net/2019/03/09/la-navidad-en-las-trincheras-del-frente-de-madrid/   Última visita 3 de diciembre de 2022
- Mis fotos de Madrid: El día que el Metro de Madrid explotó madridfotoafoto.blogspot.com Última visita 3 de diciembre de 2022
- https://www.youtube.com/watch?v=w8EA6K2I5VE&t=8s La batalla de Madrid: octubre de 1936. Parte 1. Instituto CEU de Estudios Históricos. Última visita 3 de diciembre de 2022
- https://www.youtube.com/watch?v=xD9JBD9F47I La batalla de Madrid: octubre de 1936. Parte 2. Institu-to CEU de Estudios Históricos. Última visita 3 de diciembre de 2022
- https://www.mhcat.cat/enmhc/collection/the_museum_presents/papel_moneda_catalan_del_1936_al_1939 Última visita 3 de diciembre de 2022

CONVERSACIONES PERSONALES

- Ana María Álvarez Sanz
- Victoria Barajas Martín
- María Luisa Barbero Flores
- M.ª Antonia Berrocal Sánchez-Valiente
- Pedro Carro Garrote
- Arturo Casado Granda
- María del Carmen Espinosa López
- Fuensanta Fernández Ecénarro
- Mari Cruz de la Fuente Fernández
- Manuel González Márquez
- Jesús Lafuente Barbero
- Ana María Llorente González

- Ana Isabel Losada Álvarez
- Carlos Mendoza Tertre
- César Mohedas García
- Ana Onega Gallego
- Gregorio Rodríguez Díaz
- Eduardo Rosuero Rodríguez
- Luis Rodríguez Rosaleny
- Montserrat Ricart Agut
- Pedro Sánchez Obregón
- Victoria Santiago Morales
- Rafael Valero Huerta
- Luis Manuel Villarroel Martínez

El autor con los actores Ramón Durán (General Cabanellas) y Manuel de Blas
(General Mola). Rodaje de *Dragon Rapide*. 1986. La Moraleja (Madrid)